TOBIAS RÜTHER

HERRNDORF

EINE BIOGRAPHIE

ROWOHLT · BERLIN

2. Auflage September 2023
Originalausgabe
Veröffentlicht im Rowohlt · Berlin Verlag, September 2023
Copyright © 2023 by Rowohlt · Berlin Verlag GmbH, Berlin
Satz aus der Kis Antiqua
bei Pinkuin Satz und Datentechnik, Berlin
Druck und Bindung CPI books GmbH, Leck
ISBN 978-3-7371-0082-3

INHALT

1. KAPITEL

«3x anklopfen, ich denke nach.»

Norddeutsche Kindheit und Jugend, 1965 bis 1986

Über den Feldern von Garstedt sieht der Himmel so aus, als hätte Wolfgang Herrndorf ihn gemalt. Vor dem Wohnblock am Friedrichsgaber Weg liegt ein großzügiges Stück Rasen, das an einem Parkplatz endet. Eine Hecke begrenzt ihn hin zur zweispurigen Straße: Der Friedrichsgaber Weg durchquert das neuere und das ältere Garstedt. Noch ein letzter Zaun, aber dann: ein Weizenfeld. Eingefasst von großen Bäumen. Darüber weißgraue Wolken in einem weiten, blassblauen norddeutschen Himmel.

Das ist das Bild, das sich gezeigt hat, Tag für Tag, aus dem Fenster des Kinderzimmers im ersten Stock eines rot geklinkerten Wohnblocks. Garstedt, Ortsteil von Norderstedt. Ein norddeutsches Feld mit Wolken und Himmel: Dieses Bild, dieser kleine Ausschnitt der Welt, taucht in den Werken Wolfgang Herrndorfs immer wieder auf, mal verwandelt und eingepasst in andere Szenen und Landschaften, mal mehr oder weniger so, wie es sich an Ort und Stelle darstellte. Es taucht auf in Herrndorfs bildnerischen Arbeiten genauso wie in den Büchern. Oft ist es dann nur dieser Himmel mit den enormen Wolken, die sich am Horizont verlieren, irgendwo ganz weit dahinten. Manchmal kommt aber auch ein Feld dazu. Noch in den letzten Texten, die Wolfgang Herrndorf geschrieben hat und die erst nach seinem Tod erscheinen konnten, ist der Malerblick präsent, mit dem er die Landschaften gestaltete, in denen seine Geschichten spielen. Hier, in Garstedt, ist dieser Malerblick geweckt und geschärft worden:

Aus dem Kinderzimmer wanderte er über die Felder in den Himmel. Hier wurden die Farben und Formen seiner Wahrnehmung geprägt. Und das in einer Intensität, dass man den Eindruck bekommt, Herrndorf habe für alles, was er je in seinem Leben geschaffen hat, an diesem kleinen Ausschnitt ganz am Anfang seiner Welt Maß genommen. So dass man in den Himmel über den Feldern von Garstedt nicht schauen kann, ohne Herrndorfs Farben und Formen darin zu entdecken: Farben und Formen und Stimmungen, die einem aus seinen Illustrationen und Bildern vertraut sind, und vor allem aus seinen Büchern, die man nicht lesen kann, ohne wiederum den norddeutschen Himmel zu erahnen, der über den Geschichten liegt. Wolfgang Herrndorfs Künstlerblick ist ein Kinderblick gewesen, lebenslang.

Ein Wohnblock mit weißen Balkonen und einem Rasenstück davor und einem Rasenstück dahinter, auf den wieder so ein roter Block folgt und dann noch einer und so weiter: Das ist der Möhlenbarg. Die dreiköpfige Familie Herrndorf ist 1965 in die Neubausiedlung gezogen, kurz nach Wolfgangs Geburt. Entlang des Friedrichsgaber Wegs stehen heute mächtige Eichen, damals säumten ihn noch keine befestigten Bürgersteige oder Fahrradwege, all das entstand gerade erst, als Wolfgang hier aufwuchs, unter seinen Füßen wurde die Welt langsam gepflastert. Garstedt, das ist damals ein Dorf kurz vor dem Verschwinden, oder besser: vor der Einverleibung in ein größeres Ganzes. Denn Norderstedt wird als Stadt 1970 überhaupt erst gegründet, als Zusammenschluss der Gemeinden Garstedt, Harksheide, Friedrichsgabe und Glashütte. Es ist eine typische technokratische Entscheidung jener Zeit, Mitte der sechziger, Anfang der siebziger Jahre, Dörfer zu einer größeren Verwaltungseinheit zu verbinden. Das ist effizient, modern, vielleicht ein bisschen kalt, aber gut gemeint. Hamburg ist vom neu gegründeten Norderstedt aus mit der U-Bahn-Linie 1 zu erreichen, eine Dreiviertelstunde Fahrt zwischen den Garstedter Feldern und dem Hauptbahnhof an der Mönckebergstraße.

Und so verstädtert das Umland im Laufe der Jahre mehr und mehr. Die Leute wollen Platz zum Wohnen mit eigenem Grün vor der Tür und finden beides in den verschlafenen Orten rund um Hamburg. In jede Himmelsrichtung sieht es bald ganz ähnlich aus: Wohnblöcke und Reihenhäuser und Doppelhaushälften und roter Klinker, Verwaltungsbauten aus Beton, Einkaufszentren, Bushaltestellen. Als Wolfgang Herrndorf Jahrzehnte später im Internetforum der «Höflichen Paparazzi» für seine Freundinnen und Freunde ein Foto aus seiner Heimat posten soll, wählt er nicht die Pferdekoppeln oder die wenigen reetgedeckten Fachwerkhäuser an der Alten Dorfstraße von Garstedt oder die Felder vor seinem alten Kinderzimmer, sondern eine Luftaufnahme vom Bahnhof Norderstedt Mitte. Wo die Busse und Bahnen ins Umland oder nach Hamburg zusammenlaufen, wo die Leute umsteigen auf ihrem Weg zur Arbeit und zurück, das Zentrum einer aus vier Teilen zusammengesetzten Stadt ohne Mitte, eine Transitstation, ein Nicht-Ort, Vorwahl 040.

Als die Herrndorfs an den Möhlenbarg ziehen, aus einer dunklen Souterrainwohnung an der Ulzburger Straße drei Kilometer weiter an den Rand der holsteinischen Felder, ist Garstedt aber noch immer ein Dorf: mit Kirche, Grundschule, Feuerwehrteich, Kopfsteinpflaster und den Eichen. Irgendwann hatte es am Möhlenbarg auch eine Windmühle gegeben, daher der Name. Wie sich Garstedt dann verändert hat, im Laufe der Jahre, kann man an der Neubausiedlung am Friedrichsgaber Weg bis heute ablesen. Sie wird damals «Paukanien» genannt, weil in den rot geklinkerten Blöcken so viele Lehrerinnen und Lehrer wohnen, die an den Schulen des neuen Norderstedt unterrichten. Polizisten leben allerdings auch hier mit ihren Familien, und so gibt es noch einen Spitznamen für den Möhlenbarg: «Klopstock und Knüppel».

Christian Herrndorf ist Lehrer für Sport und Geschichte an der nahen Realschule am Aurikelstieg, Karin Herrndorf, genannt Katrin, leitet die Tanzgruppe des Sportvereins Eintracht Garstedt und betreut die Kinder in der kirchlichen Vorschulgruppe am Ort. Wolfgang kann zu Fuß zu seiner Grundschule laufen, einmal den Friedrichsgaber Weg hinunter, ein paar Hundert Meter sind es nur, auf unbefestigtem Weg.

Vor dem letzten Hausteil des dreigeschossigen vorderen Riegels am Friedrichsgaber Weg steht eine Birke. Der Blick aus dem Kinderzimmer, in dem Wolfgang Herrndorf die ersten sechzehn Jahre seines Lebens aufwächst, fällt aber noch ungehindert von Bäumen und Hecken oder Büschen über den Parkplatz und die zweispurige Straße auf die Felder und in den Himmel. Wolfgang kann vom Kinderzimmer aus die Sonne auf- und untergehen sehen. Zur Rückseite seines Wohnblocks, sechs Parteien pro Eingang, liegt ein Rasenstück, auf dem die Kinder von Paukanien nach der Schule Fußball spielen. Der Möhlenbarg ist eine abgeschlossene Welt, ein einziger Kinderspielplatz: Die Herrndorfs zählen mit ihrem Einzelkind Wolfgang zur Minderheit, die meisten Familien hier haben mehrere Kinder. So wie die Kurowskis, die Büchlers und die Schmidts aus dem Block der Herrndorfs. Stefan Büchler und Wolfgang Herrndorf sind gleichaltrig, Karsten Schmidt ist ein Jahr jünger. Mit Sonja Kurowski wird Wolfgang bald in die gleiche Grundschulklasse gehen, aber richtig befreundet ist er mit ihrer etwas älteren Schwester, Tatjana.

Schwarzweiße Kinderfotos vom Wohnblock am Friedrichsgaber Weg: ein Junge und ein Mädchen auf einem Fahrrad, im Sommer in Rock und kurzen Hosen, mit Mütze und Schlitten im Winter, mit den anderen Kindern vom Möhlenbarg, ein ganzer Sandkasten, ein ganzes Planschbecken voller Kinder. Geburtstage mit Kerzen und Kuchen, Rollschuhe, Schnee, der Wohnblock noch ganz neu, die Wege noch ungepflastert, die Jungs in

Lederhosen. Tatjana und Wolfgang spielen mit Murmeln, sie spielen Wilder Westen, sie streuen einander Juckpulver in den Nacken, sie pflücken die Blätter von den Berberitzen und kauen darauf herum, sie rodeln im Winter auf dem Müllberg, einmal den Friedrichsgaber Weg hoch, sie machen Krach auf dem Möhlenbarg, bis einer der Nachbarn, Herr Klever, mit seinem Dackel auf den Balkon kommt und die Kinder beschimpft, und er kommt ständig und schimpft. Und wenn die beiden fernsehen bei den Herrndorfs und es unheimlich wird, macht Tatjana die Augen zu, Wolfgang versteckt sich hinter dem Sofa.

Die Kinder vom Möhlenbarg, erinnert sich Tatjana, waren immer im Pulk unterwegs, nur mit Wolfgang sei sie damals schon allein befreundet gewesen, einem sensiblen Jungen mit großer Fantasie. Das Sensible, sagt sie, habe sie wohl zu ihm hingezogen, vielleicht sei es auch eine Art von Kinderliebe zwischen den beiden gewesen. Aber geküsst habe Wolfgang nur ihre Schwester, da sind die beiden kaum acht Jahre alt. «Einen Jungen küssen», habe Sonja gesagt, «… ist doch nichts dabei.» Tatjana lacht bis heute darüber. Sie war ein eigenwilliges Mädchen mit Zöpfen – und die erste in einer Reihe von Freundinnen, die Wolfgang Herrndorfs Leben prägen werden. Verwandelt, aber erkennbar werden sie in seinen Geschichten wiedererscheinen. Wie der Himmel über Garstedt.

Die Hausteile im Wohnblock am Friedrichsgaber Weg sind unterkellert und mit Türen durchgängig verbunden. Man kann also von einem zum anderen Hausteil laufen, von einer Tür zur nächsten. Im Dachgeschoss hat Wolfgang mit seinen Freunden Karsten und Stefan ein geheimes Versteck, von ihnen «Wischibonga» genannt. Wolfgangs Mutter weiß zwar, dass die drei einen Ort ganz für sich allein haben, aber nicht, wo der sein könnte. Vor diesem Wischibonga-Verschlag auf dem Dachboden hatten sich die drei Jungen eine Erdkuhle in den Knick aus Büschen und Bäumen gegraben, der zwischen den Wiesen und Feldern vor ihrem Wohnblock verlief. Die «Mütze» hatten sie diesen Treffpunkt genannt, nichts geht ohne einen Namen. Aber der Mütze fehlte ein Dach, blöd, wenn es regnet. Der Dachboden ist für die drei Jungen ideal.

Süßigkeiten, «Bravo», «Lustige Taschenbücher» bei Kerzenschein oder im Taschenlampenlicht, und der leichte Thrill, dass die Erwachsenen im Haus nicht mitbekommen, was die drei da oben tun, oder sogar überhaupt nicht wissen, wo sie sind: eine Kinderbuchwelt. Oder einfach: eine Kindheit, wie sie damals nicht nur auf dem Land alltäglich gewesen ist, wo die Kinder nach der Schule und dem Mittagessen zum Spielen verschwanden und erst in der Dämmerung nach Hause kamen, die Eltern überließen sie einfach sich selbst. Einmal fackeln die drei Jungen mit einer Kerze fast den Dachstuhl ab. Sie verabreden keine Uhrzeiten, sie treffen sich hier im Verschlag oder eben draußen, dann spielen sie Fußball auf dem Rasen zwischen den Häusern mit Karstens Gummipille, Aufdruck «WM 1974». Der Kinderpulk vom Möhlenbarg: Mädchen, Jungen, alle zusammen müssen es ungefähr fünfzehn Kinder gewesen sein.

Sie haben sich auch ein anderes Spiel ausgedacht, «Strafraumwuhling»: ein Torwart zwischen zwei Bäumen, alle anderen versuchen, den Ball zu versenken, der Name für das Spiel kommt wieder von Stefan, so wie Stefan auch dem Versteck der drei Jungen seinen Namen gegeben hat. Stefan ist ein Anführertyp. Karsten eifert Wolfgang nach, Wolfgang beobachtet. Und Karsten beobachtet, wie Wolfgang Stefan bewundert. Der ist durchsetzungsstärker, rücksichtsloser, freier. Stefan ist das, was Wolfgang nicht ist, aber vielleicht auch gar nicht unbedingt sein will: ein Junge, dem die Welt gehört, oder der vielleicht auch nur so tut, als gehörte sie ihm. Aber was macht das für einen Unterschied, wenn man acht, zehn, zwölf Jahre alt ist? Vielleicht ist ja gerade das so anziehend, nicht zu hadern, sich nichts gefallen zu lassen, einfach loszulegen. Wolfgang bewundert diese rebellische Freiheit und neidet sie Stefan nicht. Er hat offenbar etwas übrig für Angeber wie Stefan, ohne selbst einer zu sein, so sagen es die, die sich an diese Jahre erinnern.

Aus Wolfgang, dem Jungen, der sich hinter dem Sofa versteckt hatte, wenn es im Fernsehen zu spannend wurde, wird mehr und mehr ein Leser und Maler und Bastler. Er ist beliebt, aber er sucht sich seine Freunde danach aus, ob die was im Kopf haben, verprellt zwar nicht die anderen, bei denen das nicht so ist, nur mit denen gibt er sich dann auch nicht ab. Und das ist allen Beteiligten klar. Mit Wolfgangs Kopf und Wolfgangs Talenten, so erzählt es Karsten Schmidt, kann damals eh niemand mithalten am Möhlenbarg.

Wolfgang streicht reihenweise Ehrenurkunden bei den Bundesjugendspielen ein. Eine Zeitlang läuft er mit der Papptrommel eines Waschmittels herum, als Handtasche. Das Etikett hat er täuschend echt umgestaltet, so dass da jetzt nicht mehr «Schmutzig rein – sauber raus» steht, sondern «Sauber rein – schmutzig raus». Wolfgang hat irgendwann auch mal den Lenker von seinem grünen Fahrrad abmontiert, Marke Liga, gekauft bei Fahrrad Hertel am Ochsenzoll. Stattdessen schraubt er dem Rad einen kreisrunden Lkw-Lenker an. Dieser Lenker ist nicht nur einfach irgendwie anders, er ist auffällig anders. «Typisch Wolfgang», sagt Karsten Schmidt. «Keinen praktischen Mehrwert, aber du bist echt ab von der Norm.»

Wie man Räder repariert, hat ihm sein Vater Christian im Keller des Friedrichsgaber Wegs beigebracht. Die stille Welt des Schraubens und Feilens, des sorgsamen Auseinandernehmens und Zusammensetzens, die Würde der Genauigkeit, das Material, auch das wiederverwertete, das Neue aus dem Alten, das Alte, neu gemacht durchs Neue, dieses Geheimnis der Werkstatt als Ort, an dem sich zeigt, ob man etwas kapiert hat, draufhat, im Griff hat, verstanden hat und ab jetzt anwenden kann im Sinne der eigenen Sache: noch ein lebensprägender Schauplatz Wolfgang Herrndorfs.

Der Grundschüler Wolfgang gibt auch eine Zeitung heraus, die «ZfS», kurz für «Zeitung für Schwachsinnige». Es stehen vor allem gute Gags und Kalauer in der «ZfS», an eine leere Seite, auf der «Ostfriesland im Nebel» steht, kann sich Karsten erinnern. Wenn Wolfgang bei seiner Großmutter in Preetz zu Besuch ist, schneidet er mit ihrer Erlaubnis die Witze-Seiten aus der «Hörzu» und klebt sie auf DIN-A4-Blätter, um sie in einem Aktenordner abzuheften. Die besten Witze umkringelt er mit orangefarbenem Filzstift und zeigt sie seinen Freunden. Das sind die Jahre, bevor er, als Jugendlicher, die «Titanic» abonniert.

Wolfgang hat am Möhlenbarg ein eigenes, großes Kinderzimmer und muss es nicht mit Geschwistern teilen wie Tatjana und Karsten und Stefan und die vielen anderen Kinder hier. Er, der Werkstattjunge, spielt mit elektromechanischen Bausätzen von Fischertechnik. Aber vor allem liest und malt er. Er malt und malt und malt. Seine Mutter kauft ihm Zeichenblöcke, Bastelpapier, Berge von Papier, sie besorgt auch Material für die anderen Kinder vom Möhlenbarg, die zum Malen in die Wohnung der Herrndorfs kommen. Dann liegen die Kinder auf dem Teppichboden über ihrem Zeichenpapier rings ums Tuschwasserglas. Auch die Preetzer Großmutter Frieda versorgt ihren Enkel Wolfgang mit Papier. Ohne sie hätte er vermutlich gar nicht mit dem Zeichnen begonnen. Frieda Franz, Katrins Mutter, malt nämlich auch. Sie war in den siebziger Jahren an Krebs erkrankt, in der Kur hatte sie begonnen, Aquarelle zu malen. Wolfgang ist fasziniert. Und macht es nach.

Seit Wolfgang malt, malt er den Himmel und die Wolken, Serien von Himmeln und Wolken, wieder und wieder, so lange, bis er es hinkriegt und es ihm gefällt, aber dann trotzdem noch mal und von Neuem und von vorn. Wolfgang braucht viel Papier. Er wird immer viel Papier brauchen. Sein Zeichenpapier, sein Arbeitsmaterial nennt er damals die «Pappen». Sein Freund Stefan hat es nicht so mit der Malerei, Karsten dagegen versucht, auch so gut zu sein wie Wolfgang und sogar eine eigene Zeitung herauszugeben, angelehnt an die «ZfS».

In der ersten Klasse malt Wolfgang seiner Lehrerin ein Bild. Es muss so außergewöhnlich für das Alter des Jungen gewesen sein, dass Frau Nikolai es aufbewahrt, um es Wolfgang eines Tages wiederzugeben. In der zweiten Klasse schreibt Wolfgang ihr zu Ostern einen Brief, und auch den findet Frau Nikolai so wunderbar, dass sie ihn jahrzehntelang aufbewahrt: «Haben Sie auch so viele Ostereier wie die anderen Kinder», schreibt Wolfgang, «sonst wünsche ich Ihnen sehr, sehr schöne Ferien und Ihrem Mann dasselbe und auch noch ein paar bunte Ostereier.» Im gleichen Schuljahr führt Wolfgang mit seinem Banknachbarn Rolf als Assistent Tricks aus einem Zauberkoffer vor, den ihm seine Eltern geschenkt haben. Die anderen Kinder in der Klasse sind von Wolfgangs Darbietung so hingerissen, erinnert sich die Lehrerin, dass etwas passiert zwischen ihnen und diesem Wolfgang, das glaubt Frau Nikolai zu spüren: eine Bindung, ein spezielles Vertrauen entsteht.

Fast dreißig Kinder sind in Wolfgangs Grundschulklasse, einmal setzen sich alle für ein Foto auf die Stufen am Eingang zur Schule. Auch dieses Foto hat Constanze Nikolai, die heute Pallasch heißt, aufbewahrt (und Herrndorf wird es später nachmalen), es ist ihre erste Schulklasse überhaupt: die Mädchen in Ringelsocken, die Jungen in Ringelpullovern, Wolfgang im gelben T-Shirt, die blonden Haare tief in der Stirn. «Ein zarter, lebhafter Junge mit klugen Augen und einem wachen Geist», erinnert sich seine Lehrerin. Wenn sie im Rechenunterricht Mengenlehre durchnehmen, macht Wolfgang beim Ausmalen der Felder kleine Kunstwerke daraus. Andere Kinder finden das ätzend, er stellt sich selbst eine Aufgabe und erfüllt sie in stiller Leidenschaft. In der vierten Klasse bittet die Lehrerin die Jungen und Mädchen, Schilder für ihre Kinderzimmertüren anzufertigen: Es geht um Privatsphäre, darum, dass die Eltern nicht einfach so hineinplatzen, sondern vorher anklopfen. Frau Nikolai will einen moderneren Unterricht und die Sachen anders machen, als das Schulamt es damals vorsieht. Bei ihr müssen die Mädchen und Jungen auch nicht immer bleistiftgerade sitzen, sondern dürfen ihre Beine unter dem Po verknoten oder unter ihren Tischen durchkriechen auf dem Weg zur Tafel. Einmal ruft sie Wolfgang für eine Aufgabe nach vorn, und der klettert, sobald er fertig ist, über die Heizkörper zurück auf seinen Platz wie über einen Gebirgszug, nur weil er es kann, und er tut es, weil es das bringt.

«3x anklopfen! Ich schlafe!», steht auf einem der Schilder, die Wolfgang sich für seine Zimmertür einfallen lässt, er malt mit Filzstift Gesichter, Wolken und Herzen dazu. «Wenn's wichtig ist 3x anklopfen», steht auf dem nächsten neben einer Sonne über Wolken, durch die ein Blitz fährt, «ich will in Ruhe gelassen werden.» Auf dem dritten sind fast nur Blitze zu sehen, «3x anklopfen, ich bin wütend», hat Wolfgang dazugeschrieben. Das vierte zeigt ein Herz und Gesichter: «3x anklopfen, ich habe ein Geheimnis.» Und das letzte: «3x anklopfen, ich denke nach.» Seine Grundschullehrerin hebt sie alle auf. All diese Wolkenbilder der Kindheit.

Der junge Wolfgang malt, zeichnet, bastelt, zaubert, er schreibt offenbar auch Gedichte, zeigt sie aber niemandem, spielt Handball, Eishockey, Fußball, fährt Rollschuh, er baut Bumerangs im Werkunterricht von Wilhelm Bretfeld, dem beliebten Direktor der Grundschule. Bretfeld, der erst mit Christian Herrndorf an der Realschule am Aurikelstieg unterrichtet hatte, dann aber an die Grundschule wechselte, ist eine Art Berühmtheit in dieser Disziplin: Der «Spiegel» berichtet eines Tages über ihn, und auch ein Standardwerk wird Bretfeld über sein sehr spezielles Hobby schreiben, «Das Bumerang-Buch: Wie man Bumerangs baut, wirft, fängt und warum sie fliegen». Auf dem Umschlag sieht man den Grundschuldirektor, wie er einen Bumerang in den Himmel über den Garstedter Wiesen wirft, gleich gegenüber vom Möhlenbarg. Das Buch steht auch bei der Familie Herrndorf im Schrank. Vater und Sohn werfen zusammen, die Kinder kommen gerannt, wenn Bretfeld die Bumerangs fliegen lässt, auch Tatjana schaut zu.

Das ist der eine Wolfgang, der unendlich neugierige, immer unter Strom stehende, aufmerksame, künstlerisch begabte, in die Welt hinausstürmende Sportler und Bastler. Und das andere ist der in sich gekehrte Junge, der sich zurückzieht, oft und lange und in einem Ausmaß, dass es seine Eltern beunruhigt. «Ich bin ja so sabishii», sagt Wolfgang dann, wann immer diese Traurigkeit kommt, den Ausdruck hat er irgendwann im Fernsehen aufgeschnappt, es ist Japanisch und heißt so viel wie einsam, allein. Wenn Wolfgang «sabishii» ist, versucht seine Mutter, ihn abzulenken, irgendwie auf andere Gedanken zu bringen, ihn zu beschäftigen mit Dingen, die ihm Spaß machen – nur ist es nicht so, dass Wolfgang einfach langweilig gewesen wäre. «Das war Traurigkeit», versichert Katrin Herrndorf auch heute noch, «richtige tiefe Traurigkeit.» Sie sorgt dafür, dass Wolfgangs Kinderzimmer immer belebt ist, sie kauft ihm nicht nur den Bastelkarton und die Zeichenblöcke für die Kinder, die zum Spielen kommen, sie verabredet Wolfgang später auch zum Tennis, da ist er elf. Sein Vater spielt ebenfalls, im Verein ist zeitweilig die Hamburger Fußballlegende Uwe Seeler Mitglied. Aber Tennis ist so ungefähr der einzige Sport, den Wolfgang nicht mag, wegen der Leute dort; und es ist natürlich auch nicht so, dass Wolfgang, selbst wenn er erst elf ist, nicht merken würde, was da vor sich geht mit diesem Verabredungsprogramm seiner Mutter. Die Herrndorfs wissen seit Wolfgangs Geburt, dass ihr Sohn ein Einzelkind bleiben wird, aber allein soll er deswegen nicht sein. Vielleicht meinen sie es auch etwas zu gut mit ihm, das Bedürfnis, allein zu sein, kennt ja jedes Kind. Sie sind in Sorge, also stehen bei ihnen die Türen offen, und das Kinderzimmer ist voll.

Wenn Samstagabend um sechs die Turmuhr der Christus-kirche schlägt, springt Wolfgangs Freund Karsten auf sein Rad, um von Alt-Garstedt, wo die Schmidts einen Schrebergarten ha-ben, zurück zum Möhlenbarg zu rasen: Die «Sportschau» fängt an, und Karsten sitzt dann im Wohnzimmer der Herrndorfs mit Wolfgang und dessen Vater und anderen Kindern vorm Fernse-her, und wer die Bundesliga-Ergebnisse richtig tippt, kriegt von Christian Schokolinsen geschenkt. Die Kinder dürfen hier an den Kühlschrank gehen, ohne zu fragen. Tatjana erinnert sich genau an die Schokolade, zu Hause hat sie nämlich keine bekommen.

Er sei antiautoritär erzogen worden, wird Wolfgang Herrn-dorf später seinem Nürnberger Freund Calvin erzählen. Seine Garstedter Freunde sagen: Die Herrndorfs waren anders, Wolf-gang durfte länger aufbleiben, bekam mehr Taschengeld als die anderen Kinder hier, und er hatte das größte Zimmer von allen.

Eine Kindheit in den späten sechziger und siebziger Jahren der Bundesrepublik, vor den Toren einer großen Stadt, aber trotz-dem noch irgendwie auf dem Dorf, mit Institutionen, die sich allmählich durch soziale Reformen verändern werden oder das längst tun, in einem öffentlichen Raum, der effizienter organisiert wird von einer Politik, die Verwaltung moderner gestalten will: Hier wächst Wolfgang Herrndorf auf. Und er erlebt zugleich eine Kindheit unter freiem Himmel mit Wolken und Geheimverste-cken und Berberitzen und Juckpulver und Sonnenuntergängen und Freundinnen und Freunden, mit Fußball, weiten Feldern und kaum Kontrolle. Wolfgangs Eltern Katrin und Christian sind keine Achtundsechziger, dafür sind sie etwas zu alt, aber sie gehören zur Generation der «Willy-Wähler», wie man das damals genannt hat: sozialdemokratisch, fortschrittlich, weltoffen, fit. Die Modernität der Herrndorfs ist die Modernität, die sich mit den Olympischen Spielen von 1972 im ganzen Land durchsetzt, eine hellere Welt mit «Spiegel»-Abo und Fernreisen (Ägypten, Griechenland im Zelt) und einem anderen Verständnis davon, was Kinder dürfen und können, müssen und sollen. Die Herrndorfs, eine Sportlerfamilie, sitzen auch 1972 in München im Olympiastadion und schauen zu, wie Heide Rosendahl im Weitsprung Gold holt und Ulrike Meyfarth als Sechzehnjährige im Hochsprung gewinnt, 1,92 Meter.

Der Möhlenbarg Ende der sechziger, Anfang der siebziger Jahre: eine bundesrepublikanische Welt, deren pestizidbehandelte Landschaften aber noch ein romantisches Geheimnis für Kinder bergen, wenn die wissen, wie und wo man danach sucht. Und auch diese Welt hinterlässt ihren Abdruck für immer, so dass man ihn auf den Bildern und in den Geschichten Wolfgang Herrndorfs findet: eine Straßenkuppe mit Bäumen und Telegrafenmasten, hinter der die Sonne aufgeht. Felder vor den Toren einer Stadt, in der ein Fernsehturm steht. Eine Müllkippe in den Lausitzer Mittelgebirgen. Das ist die Landschaft, in die hinein Wolfgang Herrndorf aufwächst, wo über flurbereinigten Feldern die Sonne aber immer noch aufgeht, wie sie es schon für die Ahnen tat, und wo die Wolken sich türmen und über den Himmel ziehen wie auf den Gemälden der Alten Meister. Dieser Widerspruch wird nicht nur Herrndorfs Wahrnehmung früh schärfen, er wird zum künstlerischen Impuls: einen Augenblick lang, wenn das überhaupt gelingt, die Schönheit in der Vergeblichkeit und der Vergänglichkeit sichtbar zu machen.

Die Bundesrepublik, die Norderstedt und seine Bevölkerung mustergültig verkörpern, ist noch jung. Der Zweite Weltkrieg ist erst zwanzig Jahre vorbei, als Wolfgang Herrndorf geboren wird. An den Wänden bei den Großmüttern im holsteinischen Preetz hängen noch die Schwarzweißfotografien von Männern in Uniform, Wehrmacht und Marine. Beide Großväter sind im Krieg geblieben. Otto Herrndorf, Christians Vater, ein promovierter Jurist und Landgerichtsrat im pommerschen Schneidemühl, hatte sich gleich 1939 freiwillig gemeldet. Eigentlich wäre er schon zu alt für den Dienst gewesen. Er fällt an der Ostfront, bei Stalingrad. Ottos Frau Ruth flieht im Januar 1945 mit ihren drei Kindern nach Kiel: Christian, geboren im Juni 1937, ist da keine acht Jahre alt. Und auch das ist eine typische Familienerzählung aus der deutschen Kriegs- und Nachkriegszeit: wie der kleine Christian auf dem Kieler Bahnhof ganz allein auf die Koffer seiner Mutter und Geschwister aufpassen muss – und diesen Augenblick nie mehr vergessen wird. Die Familie Herrndorf wird schnell in Raisdorf einquartiert, ein Dorf etwas südlich von Kiel, zu viert kommen sie erst einmal in einem Nebenraum eines Schweinestalls unter, bis sie in den nächsten Ort weiterziehen können: nach Preetz.

Dort, in Preetz, einem holsteinischen Dorf umgeben von Seen und sanften Hügeln, wird Wolfgangs Mutter Katrin Franz im Mai 1943 geboren. Ihr Vater Richard stammt von Helgoland und hat auf der Insel als Laborant der Biologischen Anstalt gearbeitet, bevor er zur Wehrmacht eingezogen wird. Der Vater von Katrins Mutter Frieda betreibt in Preetz einen Mähdrescherverleih, zieht mit seiner Lanz-Maschine von Gut zu Gut und Hof zu Hof in Schleswig-Holstein und bietet seine Dienste bei der Ernte an, nebenher verdient er sein Geld auch als Messer- und Scherenschleifer. Im Frühjahr 1945, zwei Monate vor Kriegsende, ist Katrins Vater Richard als Unteroffizier im Einsatz in Norwegen, als er dabei erwischt wird, wie er Schnaps aus den Etappenvorräten unterschlägt. Ihm droht das Standgericht. Richard nimmt eine Waffe und erschießt sich.

Wenn Wolfgang seine Mutter nach ihrer Kindheit in Preetz fragt, erzählt sie ihm von ihrem Großvater, dem Mähdrescherverleiher und Scherenschleifer Wilhelm Busch, von dessen riesiger Werkstatt, von der Dreschmaschine, die sie noch im Einsatz erlebt hat, davon, wie Busch, der in Reimen redete, wenn er mal wieder einen sitzen hatte, mit seiner Enkelin auf dem Motorrad quer durch Schleswig-Holstein gefahren ist, sie mitgenommen hat zur Landwirtschaftsmesse nach Rendsburg. Ein Foto der Dreschmaschine seines Urgroßvaters wird Wolfgang bis zum Ende seines Lebens aufbewahren.

Aber das ist nur der eine Teil der Erinnerung an die Preetzer Familie Busch. Der andere ist die an Katrins Großmutter, die eines Tages schwer erkrankt. Emma Busch leidet an einer Gelenkversteifung, sie kann sich bald nicht mehr selbst versorgen, und ihr Mann fühlt sich nicht zuständig. Also entscheidet Katrins Mutter Frieda, dass ihre Tochter die Großmutter pflegen soll. Katrin ist da sechs Jahre alt. Bis sie siebzehn ist und selbst krank von der Belastung wird, besteht Katrins Tag daraus, morgens aufzustehen, zur Schule zu gehen und danach ihre Großmutter zu versorgen. Kommt Katrin mittags zurück, verlässt ihre Mutter das Haus und überlässt der Tochter die Pflege, Frieda lebt inzwischen mit ihrem Lebensgefährten in einem anderen Haus in Preetz. Katrin ist noch ein Kind, viel zu jung für die Verantwortung, die ihr von der Mutter aufgebürdet wird, Gegenwehr unmöglich, ein Ausbruch völlig aussichtslos. Sie hat kaum Zeit für sich. Warum hast du mir das angetan, wird Katrin Herrndorf vierzig Jahre später ihre Mutter fragen, als sie mit ihrem Sohn an deren Sterbebett sitzt. «Eine musste ja bleiben», antwortet die, «sonst hätte ich nicht gehen können.»

Der junge Wolfgang liebt seine Großmutter Frieda. Sie schenkt ihm die ersten Farben, und er fängt mit dem Malen an. Hinter ihrem Haus in Preetz liegen eine riesige Wiese und der Wald. Wenn die Herrndorfs hier zu Besuch sind, gehen sie auch mal hinaus und schießen mit einem Kleinkalibergewehr Blechdosen vom Zaun. Eigentlich ist das Gewehr dazu da, die Stare aus dem Kirschbaum zu vertreiben, aber wer sollte schon kommen und fragen. Im Akademiestudium der Malerei in Nürnberg wird er ein Porträt seiner Großmutter anfertigen, im Stile Hans Holbeins des Jüngeren.

Die junge Katrin dagegen kann ihren Freiheitsdrang nur im Sport ausleben. Auch für die Norderstedter Familie Herrndorf, Vater, Mutter und Kind, wird der gemeinsame Sport elementar. Auf dem zugefrorenen Postsee bei Preetz lernt Wolfgang früh das Schlittschuhlaufen, mit vier Jahren. Sport bindet die Herrndorfs zusammen, Sport ist Nähe. Sie fahren nicht nur Schlittschuh zusammen, sie spielen auch Eishockey im Team, Wolfgang fährt Rollschuh, spielt Fußball gegen seinen Vater (und verliert), Schach spielen sie ganz genauso (auch hier verliert der Sohn). Seine Mutter tanzt leidenschaftlich und nimmt ihren Sohn auch in ihren Kurs mit. Leichtathletik machen die Herrndorfs alle drei. Sie sind aber nicht nur sportlich, sie sind ehrgeizig und unermüdlich, sie wollen gewinnen.

Christian und Katrin haben sich 1961 in Preetz kennengelernt, im April 1963 heiraten sie. Christians Mutter, die sich mit «Frau Doktor» anreden lässt, ist erst nicht gerade begeistert von der Wahl ihres Sohnes, aber sie war genauso wenig begeistert, als er nach dem Abitur die Bundeswehrausbildung zum Leutnant abgebrochen hatte. Kein Jahr dauerte es, dann hatte er genug vom Stumpfsinn, vom Drill. Er hatte sich zum Dienst verpflichtet, um sich ein Studium zu finanzieren, jetzt ist er einfach nur erleichtert, die Uniform wieder ausziehen zu können. Christian beginnt ein Lehramtsstudium in Kiel, er genießt die akademische Freiheit, das andere Leben. Sein Freund Klaus bringt ihn irgendwann auf die Idee, schon nach acht Semestern abzuschließen, um schneller mit dem Arbeiten anfangen, um direkt in den Real- und Gesamtschuldienst gehen zu können. Also tun die beiden das. Neumünster wäre auch eine Option gewesen, Christian Herrndorf aber entscheidet sich mit seiner Frau Katrin für Garstedt.

Wolfgang kommt am 12. Juni 1965 im Hamburger Krankenhaus Heidberg zur Welt. Es ist eine dramatische Geburt, Komplikationen, der Junge läuft blau an, Wolfgang kommt direkt auf die Frühgeburtenstation der Kinderklinik. Seine Eltern haben unterschiedliche Rhesusfaktoren, das ist immer heikel für gemeinsame Kinder. Katrin war zudem, als sie mit siebzehn Jahren vor Überlastung krank geworden war, im Krankenhaus eine falsche Blutkonserve verabreicht worden, das hatte sie damals nur knapp überlebt.

Der neugeborene Sohn der Herrndorfs, Wolfgang Otto Georg, erhält also sofort einen kompletten Blutaustausch. Sechs Wochen soll das Baby danach eigentlich in der Kinderklinik des Krankenhauses bleiben, die liegt auf dem gleichen Gelände wie die Geburtsstation, aber etliche Häuser weiter und vier Treppen hoch. Nach drei Tagen schafft Katrin es endlich, ihren Sohn zum ersten Mal zu sehen. Die Ärzte wollen ihn zur Beobachtung in der Klinik behalten, eine Trinkschwäche wird diagnostiziert. Christian und Katrin aber halten es nicht mehr aus. Sie nehmen ihren Jungen mit zu sich nach Hause: auf eigene Verantwortung. Und in ein Kissen gebettet, das Christian mitbringen musste. Es gibt keine offizielle ärztliche Übergabe. Die Eltern sind in großer Sorge, ob ihre Entscheidung richtig ist, aber sie wollen ihren Sohn keinen Tag länger allein in dieser Klinik lassen. Doch dem Baby geht es gut. Nichts passiert. Seine Eltern sind unendlich erleichtert, aber es war ein dramatischer Start ins Leben für den kleinen Jungen.

Wolfgang bleibt ein gesundes Kind mit einem wachen Geist und einer großen Beobachtungsgabe und frühen Fragen an die Welt. Fragen, die Katrin und Christian Herrndorf unvorbereitet treffen und bald überfordern. Sie wundern sich, wie schnell Wolfgang versteht, was um ihn herum geschieht, wie genau er die Menschen wahrnimmt – und vor allem sich selbst. «Der Junge ist so introvertiert», sagt Katrin eines Tages zu einer Nachbarin, und Wolfgang hört das zufällig, er weiß noch nicht, was das Wort bedeutet, aber es setzt sich trotzdem fest. *Introvertiert.*

Wolfgang wusste, wer er ist, erinnert sich sein Freund Karsten, sagt auch seine Freundin Tatjana, und sie erzählen hier von einem Jungen, der gerade erst die Grundschule besucht. Und Wolfgang wusste deswegen wohl auch genau, wer und was zu ihm passt. Seine Lehrerin Frau Nikolai erinnert sich ganz ähnlich: an einen Jungen, in sich gekehrt, aber mit einem außergewöhnlichen Wahrnehmungsapparat für die Welt um ihn herum. Mit dem Bewusstsein, aber auch dem starken Drang und der Last, anders zu sein. Wolfgang nimmt sich diese Welt nicht, wie sein Freund Stefan Büchler es tut, aber er wird solche Typen immer bewundern.

Eines Tages, Wolfgang ist da erst drei Jahre alt, sitzt er mit ausgestreckten Beinen auf dem Boden der Garstedter Wohnung. Schaut zu seiner Mutter auf und sagt: «Mama, ich werde sterben.» Stellt das so fest. Macht das klar. Es ist keine Frage. Es ist eine Erkenntnis. «Ich war zu jung zu verstehen, wie ich auf diesen Jungen reagieren sollte», sagt Katrin Herrndorf. Auf einen Jungen, der weiß, was ihn von den anderen Kindern unterscheidet, ein Junge, der Freunde hat, auch wenn er es sich nicht leicht macht, sie zu finden, der aber auch oft für sich sein will. Wie viele Kinder gibt es, die so sind? Und wie viele Kinder malen ihrer Grundschullehrerin ein Bild, das so außergewöhnlich ist, dass diese Lehrerin beschließt, es aufzuheben, um es dem Erwachsenen eines Tages zurückzugeben? Wolfgang ist begierig zu sammeln, zu sehen, zu begreifen, was auf ihn einstürzt an Eindrücken und Erkenntnissen.

Als im September 1971 eine Passagiermaschine auf der nahen Autobahn A7 bei Hasloh notlanden muss, steht der ganze Möhlenbarg auf der Straße und schaut über die Felder hinweg zur Rauchsäule hinüber. Auch die drei Freunde aus dem vordersten Wohnblock, die spüren, wie unruhig die Erwachsenen sind: Wolfgang will mit seinen Eltern hinfahren, Stefan wird behaupten, das ganz allein getan zu haben. Die Jungen sind fünf, sechs Jahre alt. An der Wiesenstraße, nicht weit vom Möhlenbarg entfernt, brennt später ein altes Bauernhaus mit Reetdach ab, die rauchenden Ruinen beschäftigen die Garstedter tief, die alten wie die jungen. Kindheitserlebnisse, Stoff für die Vorstellungskraft, auch das lebenslänglich.

Aber Freundschaft ist auch so ein Stoff. Und auch, wie Freunde verloren gehen. Stefan Büchler wird der erste der drei sein, der ein Mofa und eine Lichtorgel hat und was mit Mädchen, während Wolfgangs Interesse an der Malerei und der Literatur in der Pubertät stärker wird. Aber das ist nicht Stefans Welt, und Wolfgangs Welt sind nicht die Mofas, und so verschwindet, unweigerlich, der eine aus dem Leben des anderen, da sind sie beide vierzehn, 1979. Und dass die Büchlers wieder umziehen in Garstedt, wird dabei ebenfalls eine Rolle gespielt haben.

Die Garstedter Kindheit endet aber auch für Wolfgang, unwiederbringlich. Zwei Jahre später, 1981, ziehen die Herrndorfs weg. Christian und Katrin haben sich ein Reihenhaus in der Schwentinestraße gekauft, die liegt in Glashütte, einem anderen Teil des weitläufigen Verbunds von Norderstedt. Das neue Haus ist wie schon das in Garstedt das letzte in seiner Reihe, und drum herum stehen viele andere Häuser, die genauso aussehen und nah am Ossenmoorpark liegen. Aber das hier hat nichts mehr mit Dorf zu tun, das hier ist reines bundesrepublikanisches Neubaugebiet, und der Park, dessen Bäume Wolfgang von seinem Jugendzimmer im ersten Stock aus sehen kann, ist auch nicht die Feldmark. Keine Wiesen, keine Felder mehr direkt vor den Augen, dafür haben die drei Herrndorfs jetzt ihren eigenen kleinen Garten. Das Reihenhaus ist ein typischer Bau seiner Zeit, mit großem Wohnzimmer und kleiner Küche und niedrigen Decken, Wolfgang schläft unter einer Dachschräge. Ihm wird dieses Haus nie so gefallen, wie er den Möhlenbarg geliebt hat.

Seit 1975 geht Wolfgang auf das Coppernicus-Gymnasium. Er ist ein guter Schüler, besonders in Mathe und Physik, den Stoff wird er bald besser verstehen als sein Vater. Und auch was die handwerklichen, künstlerischen Talente angeht, ist es ähnlich: Was seine Eltern können, kann Wolfgang bald besser. Viel besser. Und wenn Wolfgang etwas aus der Geschichte weiß, was Christian nicht weiß, freut er sich. Wolfgangs Vater arbeitet gern mit Holz, schnitzt und baut Schränke, im Keller hat er sich eine Werkstatt eingerichtet, das ganze Haus ist angefüllt mit Christians Arbeiten. Hier unten schnitzen Vater und Sohn an den Bumerangs. Wolfgangs Mutter töpfert, der Sohn muss auch das nicht lange ausprobieren: töpfert eine Eule als Spardose, einfach so. Töpfert eine Teekanne mit perfekten Proportionen und einem kunstvollen Loch im Bauch. Die Möhlenbarger Freunde haben sich längst aus den Augen verloren, obwohl sie auf das gleiche Gymnasium gehen. Auch Tatjana ist dort, auf dem «Copp», aber der Kontakt zwischen den beiden ist noch früher verloren gegangen.

In der neuen Schule fühlt sich Wolfgang lange nicht wohl, erst als er in die Oberstufe kommt, legt sich das. Bis zum Abitur wird Wolfgang immer nur besser. Seine Zeugnisse erzählen dabei mehr vom Naturwissenschaftler als vom Künstler: Wolfgang bekommt weiter fast durchweg sehr gute Noten in Mathematik und Physik. Er wählt die beiden Fächer auch als Leistungskurse, dazu noch Deutsch und Geschichte. Im schriftlichen Abitur hält er den Notenschnitt der Vorjahre: dreizehn Punkte in Mathematik, vierzehn in Physik. Das Abitur macht Wolfgang als Jahrgangsbester, Durchschnittsnote 1,5.

Vor der Abschlussfeier versteckt Katrin Herrndorf das zerschlissene Lieblings-T-Shirt ihres Sohnes in der Wäsche, damit er es nicht anzieht. Sie ahnt da etwas, und sie ahnt es zu Recht. Denn Wolfgang sucht und sucht und findet das T-Shirt trotzdem und trägt es zur Zeugnisübergabe, mit Jeans und Turnschuhen. Wolfgang hätte auch irgendein anderes Shirt anziehen können, wenn es ihm wirklich egal gewesen wäre, wie er zu seiner Abiturfeier erscheint. Aber es muss unbedingt dieses zerlöcherte T-Shirt sein. Es ist der 22. Mai 1984.

Dass Wolfgang den Wehrdienst verweigern wird, ist schon lange klar. Von der Musterung ist er enttäuscht zurückgekommen: Die Ärzte stufen ihn T1 ein, tauglicher kann man nicht sein. Wolfgang hat sich zum Zivildienst bei der evangelisch-lutherischen Gemeinde der Thomas-Kirche beworben, weil der Pfarrer dort unkonventionelle Wege geht. Er kann mit dem Rad dorthin fahren, die Kirche liegt im gleichen Norderstedter Stadtteil Glashütte: ein moderner sakraler Bau, wie man ihn in Norddeutschland überall finden kann, rot geklinkert, zweckmäßig, bundesrepublikanisch. Es wäre die Gemeinde seiner Eltern gewesen, wenn die nicht längst aus der Kirche ausgetreten wären.

Wolfgang soll Fahrdienste für die Gemeinde übernehmen, und so bringt er als Zivi dann die Kindergartenkinder heim, holt die Älteren zu Gottesdiensten und Andachten ab, zu manchen von ihnen wird er auch zum Putzen geschickt. Er erledigt Papierkram im Kirchenbüro, und wenn es für das kleine Gemeindeblatt etwas zu zeichnen gibt, macht er auch das. Er entwirft Poster für die Theatergruppe der Gemeinde, etwa zu Sartres Stück «Bei geschlossenen Türen», das Motiv ist ein Raum in Form eines Totenkopfs.

Auf dem Führerscheinfoto aus dem Frühjahr 1984 sieht man einen jungen Mann mit blondem, längerem Haar und vollen Lippen, der fast ausdruckslos über die Kamera hinwegschaut. Auf den Farbfotos aus dem Alltag jener Jahre sieht man diesen jungen Mann deutlicher, seinen athletischen Körper, das volle Haar, die aufmerksamen, blauen Augen. Ein schöner junger Mann, sagen die, die ihn in jenen Jahren erleben.

Mit seiner ersten Freundin Stephanie und einer Mitschülerin fährt Wolfgang nach dem Abitur mit dem Rad in die Ferien, wochenlang nach Skandinavien. Aber es gibt da noch ein anderes Mädchen, das auch auf seiner Schule war. Eine Mitschülerin, die sich für Kunst interessiert. Seit Wolfgang vierzehn Jahre alt ist, geht sie ihm, A. wird er sie später in seinem Buch «Arbeit und Struktur» nennen, nicht aus dem Kopf. Aber sosehr er sich auch für dieses Mädchen interessiert, A. interessiert sich nicht auf diese Weise für ihn. Nur ändert das nichts, was hätte so etwas auch je geändert, die unerfüllte Liebe zu ihr begleitet Wolfgang die nächsten fünfzehn Jahre seines Lebens, und sie wird, wie der Himmel über der norddeutschen Landschaft, in den Bildern und Geschichten auftauchen, die er schafft.

Die Eltern wissen vom Liebeskummer ihres Sohnes, seit Jahren. Sie sehen ja auch die Bilder, die Wolfgang von ihr in seinem Zimmer malt. Katrin Herrndorf hofft, dass es nach der Schule besser wird, wenn Wolfgang fortzieht. Dass er fortziehen muss, steht für ihn fest. Dass er Malerei studieren will, steht auch fest, seit er in die Oberstufe gekommen ist. Seine Mutter ist entsetzt, als sie von diesem Plan das erste Mal hört, sein Vater unterstützt ihn, wie er wohl auch jede andere Entscheidung Wolfgangs unterstützt hätte: Der Sohn soll tun, was er will, und glücklich damit werden. Die Schule schlägt Wolfgang nach dem Abitur für die Hochbegabtenförderung der Studienstiftung des deutschen Volkes vor, die Stiftung schickt Wolfgang die Bewerbungsunterlagen, der Name ist schon eingetragen, Sommer 1984. Aber Wolfgang ignoriert das und heftet die Unterlagen einfach ab. Dass er sie kaum in der Hand gehabt haben kann, weil die Bögen wie neu in seinem Nachlass liegen: Daran merkt man noch Jahrzehnte später, wie gleichgültig ihm die Sache gewesen sein muss.

M ein Blick war von Anfang an auf die Vergangenheit gerichtet», wird Wolfgang Herrndorf fünfundzwanzig Jahre später in seinen Blog schreiben, den er beginnt, nachdem bei ihm ein Hirntumor diagnostiziert wurde. Man hat diesen Satz als Kindheitsfixierung verstanden, denn er steht ganz am Anfang jener Passage seines Tagebuchs «Arbeit und Struktur», in der Herrndorf von seiner allerersten Erinnerung an die Welt erzählt: Wie er aufwacht, mit vielleicht zwei Jahren, in seinem Kinderzimmer in Garstedt, «die grüne Jalousie ist heruntergelassen, und zwischen den Gitterstäben meines Bettes hindurch sehe ich in die Dämmerung in meinem Zimmer, die aus lauter kleinen roten, grünen und blauen Teilchen besteht, wie bei einem Fernseher, wenn man zu nah rangeht, ein stiller Nebel, in den durch ein pfenniggroßes Loch in der Jalousie bereits der frühe Morgen hineinflutet.» Ist die Jalousie hochgezogen, bietet sich ihm der Blick auf das Garstedter Feld vor seinem Haus, den er sein Leben lang in sich trägt. Wenn man sich anschaut, wie Herrndorf diesen Blick in Malerei überführt hat, dann wird man erkennen, dass dabei jedes Mal auch ein anderer Prozess einsetzt: Kaum ein Bild, kaum eine Zeichnung, auf dem nicht ein Element von Kopie oder Zitat eingearbeitet ist. Die Bilder, die so entstehen, sind auch Bilder, die sich ins Verhältnis zu anderen Bildern setzen, die vor ihnen kamen und an denen Maß genommen wird.

Schon bei den aus Herrndorfs Schulzeit erhalten gebliebenen Bildern und Zeichnungen fällt auf, wie imitierend die meisten von ihnen gearbeitet sind: ein Vogel auf dem Feld in den expressiven Strichen van Goghs von 1983 oder ein Selbstporträt unter einem Rundbogen, das an die großen Maler der Renaissance angelehnt ist, die der Schüler Wolfgang damals fasziniert studiert. In diesem Stil finden sich auch Porträts von A., Porträts der Eltern, weitere Selbstporträts, in denen man erahnt, dass Wolfgang sich mit Dürer beschäftigt, ihm nacheifert, sich in dessen Sujets hineinmalt.

Als Künstler hat Wolfgang Herrndorf das später immer wieder getan, er hat den Bildern anderer hinterhergemalt, irgendwann hat er sogar davon gelebt, wie genau er die Vorlagen imitieren konnte. «Mein Blick war von Anfang an auf die Vergangenheit gerichtet», das bedeutet also zugleich, dass er dort, im Vergangenen, in der Kunstgeschichte, bei den Alten Meistern, den Maßstab erkennt, an dem er misst, was er selbst tut. Als Schüler war Wolfgang in die Kunsthalle nach Hamburg gefahren, um ein Porträt zu kopieren, das Lucas Cranach der Ältere vom sächsischen Kurfürsten Friedrich dem Großmütigen angefertigt hatte, Teil eines Triptychons von drei Herrscherporträts, entstanden um 1532. Wolfgang malt in Öl, aber er mischt die Farben falsch, wie sich herausstellen wird, das Bild zerfällt. Was dabei am Ende entsteht, und wie gelungen es ist, das ist in Kategorien von Perfektion oder Ähnlichkeit nicht zu messen. Es ist vielmehr ein intellektuelles Projekt, das über die Beherrschung der Technik hinausgeht, und das Projekt hat Wolfgang schon als Schüler aufgenommen: Er will herausfinden, wie man einen Cranach malt, weil für ihn offenbar nur das Bestand hat unter den ewigen Sternen. Weil so zu malen bedeutet, mithalten zu können mit dem, was die Überlieferung hinterlassen hat. Es ist nicht Anmaßung, es ist das aufrichtige, einsame, leidenschaftliche Projekt eines Jugendlichen, der sein Reihenhaus in Norderstedt verlässt, an Vorgärten und Naherholungsgebieten vorbei zur U-Bahn radelt, um nach einer Dreiviertelstunde am Hamburger Hauptbahnhof wieder auszusteigen, die paar Hundert Meter zur Kunsthalle zu laufen und dort ein fünfhundert Jahre altes Bildnis von Lucas Cranach dem Älteren nachzumalen, aber mit Farben, die nicht überdauern. Eigentlich fertigt Wolfgang Herrndorf der Jüngere hier sein Selbstporträt an.

Schon im Jugendzimmer an der Schwentinestraße beginnt aber damit auch der Konflikt, der Wolfgang Herrndorf für die nächsten Jahre seines Lebens zutiefst unglücklich machen wird: Er lebt im späten 20. Jahrhundert. Was an seiner historisierenden, realistischen Malerei sofort als eigenständig erkennbar ist, das ist die intellektuelle Pointe, die Herrndorf mit ihr setzt und die sich jedes Mal aus jenem Abstand des Anspruchs zur Wirklichkeit ergibt. So malt in den Achtzigern und Neunzigern doch kein Mensch mehr. Aber das ist ja gerade der Punkt.

Wolfgang Herrndorf meint diese Pointe ernst. Sein ganzes Kunststudium ist eine ernste Pointe, die ihn in finsterste Verzweiflung treibt; andererseits kann er es auch nicht aufgeben. Er hat sich selbst historische Maltechniken beigebracht in seinem Jugendzimmer, er hat sich eine Camera obscura gebaut, in der Werkstatt seines Vaters, und er wird niemanden finden, der oder die solche alten Techniken besser als er selbst beherrscht oder als Instrument zeitgenössischer Kunst überhaupt in Betracht ziehen würde. Doch Wolfgang hat noch nie etwas aufgeben können, was er für existenziell und notwendig hielt, so wie ihm umgekehrt mit vierzehn ein paar Besuche bei der evangelischen Jugendgruppe reichen, um zu beschließen, dass er so einen Quatsch auf keinen Fall braucht. Seine Eltern waren früh aus Ärger über die Raffgier der Norderstedter Gemeinde aus der Kirche ausgetreten, Christians Antiklerikalismus ist ähnlich leidenschaftlich wie die Liebe seines Sohns zur Perfektion.

Wolfgang hat als Kind die Wolken gemalt und noch einmal gemalt und dann noch einmal von vorn, er hat sich die Kinderbücher von seiner Mutter wieder und wieder vorlesen lassen, selbst dann noch, als er diese Geschichten längst laut miterzählen konnte und das auch tun musste, weil es ihn sonst zerrissen hätte. Er hat nicht aufgehört, sein Herz an eine Mitschülerin zu verschwenden, obwohl er wusste, wie vergeblich das ist, und so wird er auch das Malereistudium, das ihn unglücklich macht, nicht abbrechen. Der Wunsch nach Perfektion, den schon seine Grundschullehrerin am Werk sah, als der Zweitklässler hingebungsvoll die Felder der Mengenlehre ausmalte, hält ihn davon ab.

Auch als Schriftsteller wird er sich später ständig mit Formatfragen beschäftigen und Vorbilder studieren. Er wird einen Debütroman schreiben, der sich stilistisch anlehnt an die Popliteratur der neunziger Jahre, er wird zwei Jahre danach ein Jugendbuch beginnen, das so etwas wie das endgültige Jugendbuch werden soll, erarbeitet aus dem Studium der Jugendbücher, die er schon als Kind wieder und wieder gelesen hat. Er wird einen Thriller beginnen, einen Kriegsroman plotten, einen Science-Fiction-Roman. So eigenwillig und frei und unabhängig Wolfgang Herrndorf auch auf so gut wie alle Menschen wirkt, die ihn je kennengelernt haben: Seine künstlerische Originalität nimmt ihren Anfang mit der genauen Kenntnis der Werke, die vor seinen eigenen waren. Und falls er diese Werke nicht verwirft, weil er nichts von ihnen hält, erkundet er ihr Eigenleben, studiert ihre Gesetze. Sein Interesse am Technischen, an Funktionsweisen, am Vollendeten, am nicht mehr Steigerbaren, am Endgültigen ist grenzenlos.

Aber wie der Abstand zu den Werken und Künstlern, die er bewundert, mit den Jahren weiterwächst, so wächst auch der Abstand zur Kindheit, die er, erst malend, dann auch schreibend, immer wieder zu sich heranholen wird. Immer wieder wird er den Himmel von Garstedt über seine Geschichten spannen, wird er Figuren und Landschaften seiner Kindheit und Jugend in mehr oder weniger verwandelter Form auferstehen lassen. Je größer das Bewusstsein, wie vergeblich das ist, umso genauer malt er es sich aus.

Die Eltern Herrndorf interessieren sich so leidenschaftlich für Malerei und Bildende Kunst, wie das Ehepaare mit akademischem Hintergrund im Allgemeinen tun – also so, dass man ins Museum geht, wenn man mal in Paris ist. Dürer, Cranach, van Eyck, Vermeer hatten im Leben von Christian und Katrin Herrndorf keine Rolle gespielt, bis ihr Sohn sie mit nach Hause brachte. Und selbst wenn Wolfgang später mit der vermeintlich mangelnden Intellektualität und Belesenheit seiner Eltern hadert, könnten sie die Fixierung ihres Sohnes auf die großen Meister, und zwar nur die großen Meister, vorbereitet haben. Sie könnten den Perfektionsdrang in ihrem Sohn angelegt haben, die Unerbittlichkeit im Urteil gegen sich und andere – indem sie Wolfgang von klein auf Ehrgeiz und Siegeswillen vorlebten, anerzogen und einimpften, und all das dann auch gemeinsam mit dem Sohn auslebten. Und zwar: im Sport. Katrin Herrndorf erinnert sich an einen Wintertag in Norderstedt, als die Kälte die nahe Kiesgrube zufrieren ließ und die drei zum Eishockeyspielen rausgingen, am Eis auf ein paar junge Sportstudenten trafen, die sie zum Match herausforderten: Team Herrndorf gewinnt. Danach sitzen Vater, Mutter und Sohn, Seite an Seite, und genießen den Moment, ohne viel zu sagen, es ist ja eh alles klar.

Noch bevor Wolfgang aufbricht, sein Elternhaus verlässt, geschieht etwas Dramatisches in seinem Leben, das zu einer bitteren Pointe werden wird, ein seltsamer Zufall, so wie es einige seltsame Zufälle im Leben Wolfgang Herrndorfs geben wird, der aber beteuert, an so etwas wie höhere Mächte oder Schicksal nicht zu glauben. Gegen Ende seines Zivildienstes, im Frühjahr 1986, muss er sich an den Mandeln operieren lassen, im Krankenhaus Barmbek. Ein Routineeingriff, natürlich – aber als die Narkose eingeleitet wird, erleidet Wolfgang einen epileptischen Anfall. Die Ärzte brechen die Operation sofort ab, der Anfall wird mit Valium gestoppt, Wolfgang zur Beobachtung im Krankenhaus behalten. Der Anfall wiederholt sich nicht, dafür zeigen sich in einer MRT-Aufnahme, die für die Diagnose gemacht wird, helle Flecken in Wolfgangs Gehirn. Er wird in ein anderes Krankenhaus verlegt, Tage ratloser und wachsender Verzweiflung und Todesangst folgen. Katrin Herrndorf besucht ihn jeden Tag, gemeinsam mit seiner ersten Freundin Stephanie, bis sich durch Unregelmäßigkeiten bei den Aufnahmen anderer Patienten des Barmbeker Krankenhauses herausstellt: Das MRT-Gerät ist defekt. Wolfgang wird ein zweites Mal an den Mandeln operiert, diesmal ohne Komplikationen, und bald darauf entlassen.

Zwischen Zivildienst und Studium schiebt Wolfgang ein Praktikum bei der Druckerei Wulf-Offset im Norden Norderstedts ein. Die Studienordnung der Akademie der Bildenden Künste Nürnberg schreibt das so vor, «eine praktische Tätigkeit von mindestens neun Monaten in einem einschlägigen Berufszweig». Wolfgang arbeitet bei Wulf wie ein ganz normaler Angestellter, nur wird er nicht so bezahlt; die Aufgaben, die von ihm verlangt werden, unter anderem die grafische Gestaltung von Werbung am Computer, bringt er sich selbst bei und erledigt sie. Auch das wird er sein Leben lang so machen: eine Technik lernen, auf eigene Faust, und sie dann durchziehen.

2. KAPITEL

«Wirklicher als die Wirklichkeit»

An der Akademie in Nürnberg, 1986 bis 1992

Ein junger Mann, ausgestattet mit den größten Talenten und einem ansprechenden Äußeren, verlässt sein Elternhaus, um in einer fernen Stadt das Glück zu suchen. Er stößt dort aber schnell auf Hindernisse, Zweifel, Abwehr bei denjenigen, die ihn aufgenommen haben und doch eigentlich fördern sollten: weil der junge Mann nach etwas anderem sucht, als sie ihm geben wollen. Und bieten können. Und sooft der junge Mann es auch versucht und neuen Anlauf nimmt, sosehr er sich bemüht, er wird wieder und wieder abgewiesen. Hat er sich übernommen? Gehört er am Ende gar nicht hierher? War alles nur eine Illusion? Der junge Mann findet zwar einen Freund, mit dem er sich austauschen kann über seine Gedanken und Pläne, er findet auch Liebe – aber muss doch erkennen, dass seine Bemühungen vergeblich waren, seine Talente ihm nichts nützen, weil sie hier nicht erwünscht sind, mehr noch, weil sie hier nicht gebraucht werden, nicht zu den herrschenden Moden passen. Und so gibt er schließlich auf. Zieht weiter. Da ist er aber längst kein junger Mann mehr, dafür reicher an Erfahrung, kälter gegen sich selbst, härter gegen alle Illusionen, die sich mit seinen Talenten früh wie von selbst eingestellt hatten. Klüger als alle anderen hatte er sich allerdings sowieso immer empfunden. Er lässt die Stadt hinter sich und zieht in die nächste, ein neuer Anlauf, etwas Besseres als das hier wird er überall finden. Und fragt ihn jemand danach, nach dieser Zeit, dann blickt er nur verbittert zurück.

Fast zehn Jahre bleibt Wolfgang Herrndorf in Nürnberg, vom Oktober 1986 bis zum Juli 1996. Dass sich diese zehn Jahre erzählen lassen wie die Handlung eines seiner Lieblingsbücher, wie «Anton Reiser» von Karl Philipp Moritz oder «Rot und Schwarz» von Stendhal, funktioniert zwar als Pointe, aber besonders gut ist sie nicht. Denn das eine ist die Literatur, das andere die wahre Geschichte eines jungen und hochbegabten Mannes, der kam, um zu lernen, stattdessen nur immer trauriger wurde, weil ihm niemand mehr als das beibringen konnte, was er eh schon wusste von der Malerei. Was er sich selbst, zu Hause in Norderstedt unter seiner Dachschräge mit den Jugendzimmermöbeln, beigebracht hatte. Ein junger Mann, der sich so zurückgewiesen fühlt, dass er übersieht, wann er Erfolg hat, gefördert, gelobt wird.

Wolfgang Herrndorf liest Literatur mit einem Hang zum Identifikatorischen. Das ist aber eigentlich noch zu schwach ausgedrückt: Herrndorf liest Literatur am liebsten identifikatorisch. Er liest Romane, deren Konstellationen seine eigene Rolle in der Welt durchspielen, nachspielen, in eine literarische Tradition stellen: junger Mann am Rand, beobachtend; junger Mann mit Ambitionen, im Aufstieg stagnierend und scheiternd; junger Mann, der nicht dazugehört, auch wenn er sich zu Höherem berufen sieht; junger Mann, der sich abgestoßen fühlt von den Kompromissen, Arrangements und Hofknicksen, die er machen müsste, um zugelassen zu werden zu Kreisen, über die er sich eigentlich erhaben wähnt. Proust, Moritz, Stendhal, selbst Salinger: So wie er in seiner eigenen Kunst, in Bildern wie in Texten, permanent autobiographische Elemente und Motive verarbeitet, so liest er auch am liebsten Bücher, deren Heldinnen und Helden Erfahrungen sammeln, die seinen eigenen ähneln.

Herrndorf liest natürlich auch massenhaft andere Literatur, aber seine Lebensbücher, «Auf der Suche nach der verlorenen Zeit», «Rot und Schwarz», vor allem «Anton Reiser», die Verfallsgeschichte eines Studenten mit großen Ambitionen und Gaben in einem ungnädigen Umfeld, spiegeln oberflächlich seine Situation, sein Empfinden: Junger Mensch versucht es und scheitert, kann aber auch nicht anders – oder glaubt fest daran, nicht anders zu können. Es sind allesamt Bücher über randständige Beobachter mit einem enormen, unüberwindbaren Sonderbewusstsein und einem Unwillen, sich auf jene bürgerlichen Lebensmodelle einzulassen, die sie zugleich aufmerksam studieren. Es sind auch Bücher mit einem feinen Humor, einer verständnisvollen Ironie, die frei von Illusionen ist über den menschlichen Charakter und seine Anfälligkeit für Selbsttäuschung und falsche Hoffnungen.

Was zwischen dem Beginn des Nürnberger Kunstversuchs und dessen Scheitern liegt, ist die Qual der wachsenden und sich vertiefenden Erkenntnis, die eigenen Ansprüche an die vorgefundenen Verhältnisse weder anpassen zu wollen noch zu können. Hier an der Akademie will keiner, was Wolfgang Herrndorf malt, ist seine Manier verdächtig. So empfindet Herrndorf es jedenfalls. «Steigen Sie von Ihrem hohen Ross, die Renaissance ist vorbei», soll seine Professorin Christine Colditz zu ihm gesagt haben. Das vertieft sein Sonderbewusstsein nur. Und sein Unglück. Dass er dennoch belobigt wird und Preise erhält für das, was er abliefert, wiegt es für ihn nicht auf.

Seine Pläne erfüllen sich nicht. Aber was nützen schon Pläne: Was der Mensch wird in der Welt – das ist eine Erkenntnis, die Herrndorf wieder und wieder wiederholt, auch später –, das wird er sowieso nicht dank seiner Planung oder seines Willens. Am Ende funktioniert halt irgendetwas oder nicht. Andererseits kann Herrndorf aber auch nicht aufgeben, was er einmal angefangen hat, und deswegen zieht er dann selbst das Aufgeben in die Länge. Es dauert Jahre, bis er endlich mit Nürnberg Schluss macht, und ein paar Jahre mehr, bis er auch die Malerei drangibt.

An der Münchener Akademie hatten sie den Bewerber Wolfgang Herrndorf abgewiesen. Die Nürnberger Akademie aber nimmt ihn auf, nach mehrtägiger Eignungsprüfung, am 31. Oktober 1986. Der praktische Teil dauert zwei Tage, ein halber für einen Akt oder ein Porträt, ein weiterer halber Tag für ein Stillleben, ein ganzer Tag für eine freie Komposition, in Farbe oder grafisch. Beim anschließenden Prüfungsgespräch in der Aula der Akademie, für das etwa zehn Minuten angesetzt sind, soll, so erinnert sich Christine Colditz, die in der Kommission sitzt, einer der Professoren gefragt haben, was Herrndorf von Paul Klee halte. «Gar nichts», antwortet er lustigerweise. Eine Szene, die sich später in der ersten, ohnehin stark autobiographischen Erzählung seines Bandes «Diesseits des Van-Allen-Gürtels» wiederfindet: «Der Weg des Soldaten».

In Herrndorfs Bewerbungsmappe sind auch Arbeiten in Lasurtechnik, die er im Selbststudium in Norderstedt ausprobiert hat, so, wie er sich eine Camera obscura gebaut hatte, um Motive kopieren zu können. Nach der Lasurmalerei in seiner Mappe befragt, erklärt Herrndorf, diese Technik habe er von einem Polen gelernt, der vierzehn Sprachen beherrsche. (Er lebte nicht weit entfernt von den Herrndorfs auf einem alten Bauernhof, der zugleich seine Werkstatt war. Ob er aber so sprachbegabt war, daran kann sich Katrin Herrndorf, die ihn auch einmal besucht hat, nicht erinnern.) Christine Colditz entschließt sich dazu, den Bewerber in ihre Malereiklasse aufzunehmen.

Herrndorf wird später immer wieder herablassend darüber sprechen, dass Menschen glauben, sie würden im Leben dorthin gelangen, wohin ihr Plan sie geführt habe. Zum Plan dieses jungen Mannes gehört aber elementar die Erlangung und Verteidigung der eigenen Autonomie, auch um den Preis der Erfolglosigkeit. Das Risiko, das er einzugehen bereit ist, zeigt sich in dieser Anfangsszene genauso wie seine intellektuelle Arroganz.

Eine Überheblichkeit, mit der er zeit seines Lebens immer wieder Menschen vor den Kopf stoßen wird. Kann sein, dass es ein Missverständnis ist und er gar nicht anders kann, kann sein, dass es ihm nicht wichtig ist, wie er wirkt. Und dass er es eh nicht böse meinte: Die, die ihn lieben, beteuern das immer sofort. Aber auf den ersten Blick wirkt Wolfgang Herrndorf einschüchternd. Unnahbar. Eingenommen von sich selbst.

Zur Wahrheit gehört aber auch, wie Wolfgang seiner Mutter schon zu Schulzeiten gestanden hatte, wenn die mal wieder die Hände über dem Kopf zusammenschlug, weil ihr Sohn jemanden verprellt hatte, Mitschülerinnen vor allem, die sich für ihn interessierten: dass er sich schwertut, in den Gesichtern anderer Menschen zu lesen, zu erahnen, was die von ihm erwarten, was sie sich wünschen, mit was sie rechnen, dass ihr Gegenüber tun sollte und könnte. Wolfgang Herrndorf ist kein geschmeidiger Socializer. Und zur Wahrheit gehört schließlich auch, dass er das auch nicht hätte sein wollen, selbst wenn er es gekonnt hätte. Gesellschaftliche Konventionen bedeuten ihm erklärtermaßen nichts. Er studiert sie zwar, aber in Büchern, beispielsweise in Prousts «Suche nach der verlorenen Zeit», die er mehrmals liest. Später, im Paparazzi-Forum, wird er einmal erklären, dass man Filme und Bücher unter anderem genau deswegen studiert: weil aus ihnen zu lernen ist, wie man sich verhält, wenn man jemanden kennenlernt. Aber zur alltäglichen Höflichkeit muss er sich entscheiden. Er hat ein zerebrales Verhältnis zu sozialen Umgangsformen.

Wolfgang Herrndorf ist einundzwanzig Jahre alt, als er nach der bestandenen Aufnahmeprüfung nach Nürnberg zieht. Er hat irgendwo aufgeschnappt, dass die Akademie dort traditioneller in den Kriterien sein solle als andere, was zu seinen Zielen und Wünschen passe – ein folgenschwerer Irrtum, wie sich herausstellen wird. Katrin Herrndorf fährt ihren Sohn mit dessen paar Sachen im Herbst hierher, bleibt für eine Nacht und fährt dann zurück nach Norderstedt. Wolfgang bezieht eine kleine Unterkunft im Wohnheim am Westtorgraben, das vor allem für Studierende der Musik gedacht ist. Es ist 1986. Boris Becker, den Herrndorf später malen wird, hat Wimbledon zum zweiten Mal gewonnen, beim Bundesligisten 1. FC Nürnberg spielt damals noch der spätere Weltmeister Stefan Reuter im Mittelfeld, aber auch wenn Herrndorf sich für Fußball interessiert: nicht für den Club. Seine Welt verkleinert sich auf ein paar Kneipen und Discos, die Akademie, die er lieber gar nicht besucht, sein Zimmer – und seine Projekte.

Das Westtor ist ein historisches Gemäuer, Teil der alten Stadtmauer, mit Türmen und Bögen und einem Brückenschlag über die Pegnitz. Eine touristische Sehenswürdigkeit, aber davon ist Nürnberg ja voll – die Lorenzkirche, das Dürerhaus, die Kaiserburg. Als der Hausmeister des Wohnheims die Bilder sieht, die Wolfgang von zu Hause mitgebracht hat, Selbstporträts, Landschaften, schlägt er ihm einen Deal vor: ein besseres Zimmer für ein Porträt. Also malt Wolfgang den Hausmeister – und darf im Januar 1987 vom Zimmer 25 ins Zimmer 27 ziehen. Ein großer Raum, eine Nische zum Schlafen, eine Kochzeile. Das geteilte Bad liegt auf dem Laubengang. Aus der 27 sieht man auf den Vorplatz des Areals, das auf dem Fundament der einstigen Stadtmauer steht, dahinter verläuft, vierspurig, der Westtorgraben. Die Fenster des Zimmers, in dem Wolfgang Herrndorf für die nächsten zehn Jahre wohnen bleibt, wird er immer wieder malen, bis er das Studium als Meisterschüler beendet. Aber nie die Aussicht dahinter.

Unter ihm, im Erdgeschoss, wohnt ein Hornist aus Polen, Leszek, der sich bei seinem neuen Nachbarn noch an dem Tag vorstellt, als der über ihm einzieht – und sich gleich für die Geräusche entschuldigt, die nach oben dringen könnten. Wolfgang wird genervt davon sein, sich aber hin und wieder trotzdem mit ihm treffen, dann gehen sie in die Gaststätte «Graf Moltke», ein griechisches Restaurant, ein paar Straßen weiter. Auf seinem Flur leben aber auch einige ältere Bewohner. Bis Ende der achtziger Jahre hat das Altenwohnheim Kettensteg Zimmer in der Anlage belegt. Kettensteg, so nennt sich die stählerne Brücke über die Pegnitz gleich unterhalb des alten Gemäuers. Da ist ein Herr beispielsweise, der nicht besonders gut lesen kann, weshalb Herrndorf ihm immer wieder was zu lesen gibt: Briefe, die angeblich zufällig bei ihm gelandet seien, ob der Herr ihm denn sagen könne, an wen sie eigentlich adressiert gewesen seien? Oder Herrndorf bittet ihn darum, den Stromzähler abzulesen – nur um sich dann über die Ausflüchte zu amüsieren, mit denen sich der arme Nachbar aus der Situation zu ziehen versucht. Solche Pranks bleiben ein lebenslanges Hobby von Herrndorf. Nebenan wohnt auch noch eine ältere Dame, die auf seine Wohnung aufpasst, wenn er mal nicht da ist. Herrndorf backt ihr immer einen Kuchen zum Dank. «Er hat mir einen Kuchen gebacken!», ruft die Dame dann über den Flur, «Er hat mir einen Kuchen gebacken!», so erzählt Herrndorf es seiner Mutter. Vielleicht tut er das auch als diskret platziertes Signal, dass er ein ganz normales Leben mit Nachbarn und Gefälligkeiten lebt. Und nicht als Dürer-und-Vermeer-Lasur-Emerit versumpft. Denn er weiß aus seiner Kindheit, wie sehr sich seine Eltern sorgen, ihr Sohn könnte sozial verkümmern, sich zurückziehen und mit seinen verkopften Projekten stranden.

Nürnberg ist eine Kulisse wie gemacht für einen jungen Malereistudenten mit einem eigensinnigen Plan. Ein Student, der sich an Albrecht Dürer orientiert, der Aktstudien von sich selbst im Stile Dürers anfertigt, der seit der Schulzeit Techniken Dürers studiert und anwendet. Dürer, 1471 hier geboren und 1528 hier gestorben, ist allgegenwärtig in der fränkischen Stadt. Nürnberg vermarktet sich mit ihm. Wolfgang Herrndorf wird auf der

Suche nach den Motiven des Malers die Stadt wie das Umland absuchen.

Die Akademie, an der er studiert, schaut ebenfalls auf eine lange Tradition zurück, sie ist bei ihrer Gründung im Jahr 1662 die erste staatliche Kunstakademie im deutschsprachigen Raum überhaupt. Aus einer bundesrepublikanisch effizient organisierten, gesichtslosen Schlafstadt am Rande Hamburgs landet Herrndorf also hier, in der Stadt Dürers, der «Meistersinger» von Richard Wagner und der Reichsparteitage von Adolf Hitler. Und wieder sieht es überall gleich aus, nur ist es kein roter Klinker und keine Doppelverglasung mehr wie in Schleswig-Holstein, sondern Fachwerk und Kopfsteinpflaster und Butzenscheiben. (Und ein Rotlichtviertel an der Stadtmauer, nicht weit von Herrndorfs Westtor entfernt, kein Vergleich, wie Herrndorf seiner Mutter erzählt, zum Kiez von St. Pauli.) Aus einer erfundenen Urbanität ohne Mitte und Atmosphäre gerät er in die mittelalterliche, verwinkelte Enge einer gewachsenen, reichen, teutschen Stadt. Eben noch überhaupt keine Geschichte, jetzt überall.

Aber Herrndorf ist nicht wegen der Kulissen nach Nürnberg gekommen. Oder um eine Art Dürer-Cosplay zu betreiben. Er interessiert sich für Nürnberger Ansichten nur dann, wenn sie zu Ansichten der Kunst geworden sind, gemalt und in Szene gesetzt, und er spielt auch nicht herum, er meint es ernst: Er will es in den alten Techniken der Malerei zur Perfektion bringen, Techniken, in denen mathematische Präzision und Kunstfertigkeit eins geworden sind. Malerei mit überprüfbaren Regeln. Kontrollierte Malerei. Langwierige Malerei auch: Die Lasurtechnik, bei der Ölfarben Schicht um Schicht aufgetragen werden, um Raum und Tiefe zu erzeugen, braucht ihre Zeit, weil die eine Schicht erst durchgetrocknet sein muss, bevor die nächste aufgetragen werden kann. Die Motive, auf die Herrndorf solche alten Techniken in den achtziger Jahren des 20. Jahrhunderts anwendet, sind konventionell: Selbstporträts, Stillleben, Aktzeichnungen, Landschaften. Und falls er an der Münchener Akademie genommen worden wäre, dann hätte er sein Projekt halt dort durchgezogen, aber es ist nun einmal Nürnberg geworden, und deswegen ist Wolfgang Herrndorf jetzt in Nürnberg.

Der Witz seines Projekts ergibt sich aus dem Abstand der historischen Maltechniken und Manieren zur Gegenwart. Aber er ergibt sich nur dann, wenn man daran glaubt, dass es da ein Missverhältnis gibt zwischen Technik und Gegenwart. Wenn man also nicht mit Herrndorfs Augen darauf schaut, sondern der Lehrmeinung folgt, mit der Herrndorf jetzt an der Nürnberger Akademie kollidiert und die ihm auch in der Schule schon beigebracht worden sein wird: dass Renaissance und Barock Fundamente der Kunst und der Kunsttheorie gelegt haben, die aber seither massiv erschüttert wurden – was den menschlichen Wahrnehmungsapparat so geschärft hat, dass es Verrat an der Kunst und ihrem Ausdrucksreichtum und ihrer Formenfreiheit wäre, am Ende des 20. Jahrhunderts noch so zu tun, als hätte es all das nicht gegeben: Impressionismus, Expressionismus, Abstraktion. Als könnte man dahinter zurück, einfach so.

Wolfgang Herrndorf ist aber davon überzeugt, dass man das tun kann. Es ist für ihn auch kein Weg zurück, die realistischen alten Techniken anzuwenden, sondern wieder hinauf: Die Kunstgeschichte der vergangenen zweihundert Jahre betrachtet er als einen einzigen Abstieg und ihre Ergebnisse als «Schrott». Und das ist keine theoretische Haltung, kalkuliert provozierend, vielleicht über ein paar Biere nach dem Seminar herausgehauen, wie das Studenten tun, wenn sie andere Studenten kennenlernen: Es ist sein fester Glaube, und der bestimmt die Praxis. Herrndorf hat keine Fragen an Stofflichkeit, er will auch nicht Farben in Dialog bringen oder die Verhältnisse zum Tanzen oder Formen befragen oder sonst irgendwas, er will keine modischen, rhetorisch aufgerüsteten Experimente auf Leinwand oder in *mixed media*, keine zersplitterten Welterfahrungen konkurrierender Wahrheitskonzepte. Er will, wie er mit seinem Nürnberger Freund Calvin wieder und wieder besprechen wird, eine Malerei, die «wirklicher als die Wirklichkeit» ist. So wie die Wolken auf den Gemälden Vermeers als Bild die Wirklichkeit einer Wolke übertreffen.

Was das für Herrndorfs Alltag bedeutet, kann Calvin in den Jahren ihrer Freundschaft genau beobachten: Sein Freund Wolfgang erforscht, wie das Licht auf die Pinsel im Wasserglas fällt, das er auf den Fenstersims des Zimmers 27 gestellt hat, um das Licht zu verstehen, um genau das richtige Licht auf die Leinwand zu bringen, um das Licht zu beherrschen, wie Vermeer es tat.

Die Akademie der Bildenden Künste liegt im Osten der Stadt, am Tiergarten. Entworfen hat sie Sep Ruf, Anfang der fünfziger Jahre. Ruf ist der Architekt der Bonner Republik und des legendär gewordenen Kanzlerbungalows, in Nürnberg wird er auch das Germanische Nationalmuseum bauen. Die Akademie ist ein weiteres seiner Wahrzeichen. Ihre Pavillons, in denen die Ateliers der Fachbereiche eingerichtet sind, auch die lichten, langen Gänge der Flachbauten, die Offenheit des parkhaften Areals, das Sep Ruf angelegt hat, die ganze Leichtigkeit dieses Orts: All das ist das komplette Gegenteil der Nürnberger Trutzigkeit. Ein Gegenentwurf zur verwinkelten Enge der Altstadt, durch die massenhaft Touristen stolpern und an deren Rand Herrndorf zehn Jahre lang leben wird.

Als Herrndorf in Nürnberg zu studieren beginnt, wird Rufs Bau am Tiergarten gerade generalsaniert. Die Akademie gilt in den achtziger Jahren tatsächlich «im bundesweiten Konzert der Kunsthochschulen als zu konservativ», so ihr damaliger Präsident Rainer Beck. Wo immer Herrndorf das aufgeschnappt hatte: Ganz verkehrt war es also nicht, es mit einer Bewerbung in Nürnberg zu probieren. Beck tritt an, um diesen konservativen Ruf zu ändern. Christine Colditz, die Herrndorf in ihre Malereiklasse aufgenommen hat, ist zu diesem Zeitpunkt in den achtziger Jahren die einzige Professorin unter lauter Professoren an der Akademie. Sie unterrichtet, so heißt es im Merkblatt der Hochschule, das Herrndorf ausgehändigt wird, das «Studium der Erscheinungswelt auf Grundlage des Naturstudiums» und das «Erarbeiten freier Gestaltungsformen und Techniken». Die Professorin selbst arbeitet gegenständlich wie abstrakt, sie malt und schafft Skulpturen. Christine Colditz ist eine typische zeitgenössische Künstlerin ihrer Generation.

Ihr Student Herrndorf arbeitet ausschließlich zu Hause an seinen Bildern und Projekten. Damit ist er allerdings keine Ausnahme, so machen es die meisten Studierenden der Nürnberger Akademie damals. Die Pavillons auf dem Campus stehen oft leer, und sie wären auch gar nicht groß genug, um die Klassen komplett unterzubringen. Sechs Studierende finden in der Malereiklasse allenfalls Platz, und wer nicht hier arbeitet, arbeitet eben zu Hause oder in angemieteten Ateliers in der Stadt.

In die Akademie fährt Herrndorf auf Rollschuhen, am liebsten drückt er sich aber. Allerdings ist er regelmäßig mittwochs um 18 Uhr dort, wenn der Kurs im Aktzeichnen abgehalten wird. Oder wenn er in der Werkstatt vom Lehrer für Malermittel, Heinz Stürzebecher, seine Rahmen spannt und Leinwände vorbereitet. Stürzebecher lässt ihn in seiner Werkstatt auch Bumerangs schleifen und lackieren. Die Werkstatt ist etwas kleiner als die Ateliers, aber sie ist ein atmosphärischer Ort ganz in Herrndorfs Sinne: Wer hier am Material arbeitet, muss die Zusammensetzungen kennen, die Beschaffenheit der Farben, muss exakt sein, eine ruhige Hand haben, wissen, was zu tun ist. Zu Heinz Stürzebecher, einem ruhigen, gewissenhaften Mann, der wunderbar erklären kann, entwickelt Herrndorf ein freundschaftliches Verhältnis. Zu ihm kommt er gern, den Rest der Akademie beginnt er schnell zu meiden. Herrndorf ist einfach so gut wie nie draußen am Tiergarten, und das funktioniert, weil die Akademie ihren Studierenden größtmöglichen Freiraum gewährt. Einmal im Semester müssen sie trotzdem alle präsentieren, woran sie gearbeitet haben. Und diese Präsentationen vor seiner Professorin und seinen Kommilitoninnen und Kommilitonen erlebt Herrndorf als einen solchen Horror, dass sie seine Abneigung, in die Akademie zu fahren, nur noch vertiefen.

Dass Herrndorf seine Bumerangs mit nach Nürnberg genommen hat, um sie an den Wiesen an der Pegnitz zu werfen und in der Werkstatt der Akademie zu schleifen, und dass er auf Rollschuhen dorthin fährt und sie sogar in ein Selbstporträt hineinmalt: Auch darin zeigen sich die Autonomie und der Eigensinn des Studenten Herrndorf. Er studiert Malerei, und er fährt Rollschuh, was soll schon sein.

Dieses undatierte Selbstporträt mit Rollschuhen zeigt den Maler Herrndorf im Spiegel, in den Hintergrund gerückt, die Rollschuhe erscheinen im Vordergrund: Sie liegen auf dem Boden in der halb geöffneten Tür, wie eben erst ausgezogen, die Jacke hängt griffbereit am Haken im Flur. Neben dem Spiegel, in dem sich der Maler zeigt, steht eine Vase mit Tulpen, die ihre Blätter verlieren. Herrndorf, in Jeans und weißem T-Shirt wie auf vielen seiner Nürnberger Selbstporträts, hält seine Palette in der Hand. Neben ihm hockt eine rothaarige Frau auf dem Boden unterhalb der beiden Fenster. Die ganze Szene wirkt, auch wenn die Farben licht und freundlich sind, nicht wie eine Atelierszene konzentrierter Arbeit und Kontemplation – mehr wie ein Schnappschuss, ein Atelier, in das der Künstler nur kurz hineingestürzt ist, um bei offener Tür zu malen, aber jederzeit auch wieder verschwinden zu können, der Fluchtwagen wartet mit laufendem Motor vor dem Haus.

Das genaue Selbstbild. Die skrupulöse Beobachtung, wie er wirkt, während er tut, was er tut, und inwiefern sich das von den Normen und Moden seines Milieus abhebt. Der permanente Abgleich dieses Bilds mit den Moden der Gegenwart, in der er sich bewegt. Auch die Fluchttendenzen: All das vertieft sich in Nürnberg und hinterlässt Spuren auf den Bildern, die hier entstehen. Sie dokumentieren ein weiteres Leitmotiv im Leben Wolfgang Herrndorfs: die Beschäftigung mit dem Bild, das er abgibt, als Künstler.

Mittwochabends, 18 Uhr, wird also das Aktzeichnen in der Akademie geübt, der Kurs findet klassenübergreifend in einem der Erweiterungsbauten statt. Auch eine Studentin des Grafik-Designs bei Professor Schillinger nimmt daran teil, sie heißt Dorothee Köhl und ist ein Jahr nach Wolfgang Herrndorf in Nürnberg angenommen worden. Die beiden lernen sich kennen, sie werden ein Paar, um 1989, 1990. Dorothee kommt aus einer großen Familie in Ulm und wohnt am Paniersplatz unterhalb der Kaiserburg in einem recht kleinen Zimmer, deswegen arbeitet sie, anders als die meisten, in der Akademie. Das Zimmer 27 im Westtor nennt sie Wolfgangs «Höhle». Er hat dort auch lange Zeit kein Telefon. Einmal vertut Dorothee sich bei einer Verabredung, und als er ihr dann am Tag darauf die Tür zum Westtor öffnet, sagt er: «Du kommst vierundzwanzig Stunden zu spät.»

Herrndorf lebt zurückgezogen. Und er hält die Kreise voneinander getrennt, in denen er unterwegs ist. Da ist die Akademie, da ist seine Freundin Dorothee, und da sind die Freunde, mit denen er Rollschuh fährt: eine Gruppe von Einheimischen, die er auf der Straße kennengelernt hat, wo sie mit ihren Rollschuhen herumfahren. Wolfgang geht hin, fragt, ob er mitfahren darf, und gehört ab da dazu.

Diese Rollschuhgruppe, ein zufälliger Zusammenschluss ganz

unterschiedlicher Menschen, die nichts mit der Akademie zu tun haben, nichts mit dem eremitischen Dasein, das er am Westtor führt, wird ein Halt in Herrndorfs Leben. Das Rollschuhfahren ist eine ernste Sache für ihn. Er schraubt an seinen Rollschuhen ständig herum, wechselt das Kugellager aus («vierundzwanzigtausendmal», sagt Dorothee), tauscht die alten Rollen gegen neuere, weichere, bessere. Die Gruppe unternimmt auch größere und längere Fahrten in die Umgebung. Und plant sogar einen Trip nach Frankreich. Also nicht *mit* ihren Rollschuhen: *auf* ihren Rollschuhen. Bis nach Paris. Und demnach wohl auch wieder zurück. 1400 Kilometer auf Rollschuhen, insgesamt.

Aber vor allem spielen sie in der Gruppe Rollhockey miteinander, fahren auf Tempo, üben Sprünge, so viele Sprünge, dass Herrndorfs Knie das nicht gut verkraften, wie er irgendwann merkt. Wie alles andere im Leben, das er beginnt, betreibt er auch das Rollschuhfahren hingebungsvoll und genau und so lange, bis es nicht mehr geht. Wolfgang Herrndorf daddelt nicht herum. Er wird niemals bei irgendetwas herumdaddeln, und selbst wenn er ein Computerspiel zockt, wird er bei der Sache sein (oder direkt selbst ein Spiel programmieren).

Rollschuhfahren ist aber nicht nur Sport, es entstehen Freundschaften, Nähe, und als Jahre später einer aus der Gruppe bei einem Motorradunfall ums Leben kommt, nehmen Herrndorf dessen Tod und die Beerdigung so mit, dass er seiner Mutter absagen will, zur Beerdigung der eigenen Großmutter nach Preetz zu kommen: Ein zweites Mal so kurz hintereinander könne er das nicht ertragen. Aber Katrin Herrndorf besteht darauf. Es ist die Lieblingsgroßmutter, die Großmutter, mit der die Malerei begonnen hatte.

Hinter die Namen der anderen Skater aus seiner Gruppe hat Herrndorf in seinem Adressbuch kleine Rollschuhe gemalt, Piktogramme: Etwas vergleichbar Liebevolles gibt es für seine anderen Freundinnen und Freunde in diesem Büchlein nicht. Kleine, schwarze Rollschuhe neben den Nummern, völlig unnötig eigentlich, das im Adressbuch extra zu markieren, denn Wolfgang weiß ja, wer sich hinter Bernd und Thorsten und Chopper verbirgt. Immer wieder wählt Herrndorf in diesen Nürnberger Jahren Straßen als Motive: Ausfallstraßen, Straßenkuppen, hinter denen sich ein Horizont auftut, hinter denen man ein metaphysisches Irgendetwas erahnt, es sich vielleicht auch nur einbildet, weil man trainiert darauf ist, eine weite Aussicht für eine Frage zu halten und in sich selbst nach einer Antwort darauf zu suchen.

Der Abendhimmel, in den hinein Herrndorf sich auf einem dieser Bilder selbst einmal als Rollschuhfahrer malt, steht voll mit Laternen und Funktürmen, über denen Schleierwolken hängen. Das Ölgemälde ist irgendwann ab 1993 entstanden, im Jahr nach dem Ende seines Akademiestudiums und zu einer Zeit, als Herrndorfs Kniegelenke so arthritisch geworden sind, dass er kaum noch Rollschuh fahren kann.

Die Landstraße auf diesem Bild ist eine Sackgasse, jedenfalls steht da ein Schild, das sie ankündigt. Und nicht nur den Nürnberger Fernmeldeturm rechts im Hintergrund hat Herrndorf in diese Kompositlandschaft gemalt. Im Vordergrund steht auch der Hamburger Fernsehturm, und zwei weitere, uncharakteristische in der Ferne. Der Rollschuhfahrer, in Jeans und weißem T-Shirt, unverkennbar auch in seiner Kontur der Maler selbst, dreht dem Betrachtenden den Rücken zu.

Ein Typ, der wirkt wie Herrndorf, fährt also in eine Sackgasse hinein. Eine Abschiedsszene. So wie das unvollendete Selbstporträt mit Rollschuhen und Jacke auf dem Flur eine Aufbruchsszene gewesen ist. Das Geheimnis dieser Bilder versteckt Herrndorf nicht sehr. Sie sind technisch beeindruckend, aber sie haben auch eine Wortwörtlichkeit, die wenig Fragen offenlässt. Seine Professorin, Christine Colditz, erinnert sich daran, mit ihrem Schüler

Wolfgang Herrndorf über dessen Wunsch gesprochen zu haben, in Bildern «Geschichten zu erzählen». Und auch wenn seine Freundin Dorothee bezweifelt, dass sich Wolfgang in einem Gespräch mit seiner Professorin so geöffnet und über seine Motive ausgelassen haben könnte: Die Bilder selbst geben den Wunsch nach Erzählung preis.

Wolfgang wird auch seine Freundin Dorothee regelmäßig zeichnen und malen. Und Dorothee wiederum nimmt ihren Freund mit auf Exkursionen in die Fränkische Schweiz, zwei, drei Mal, wenn ihr Professor Schillinger, der ein Fan Wolfgangs gewesen ist, wie Dorothee sagt, seine Klasse in der Natur arbeiten lässt. Herrndorf zeichnet Landschaften, Felder, ein Dorf mit Kirchturm, Übungen, Perspektiven, Blicke vom Hügel. Vielleicht aquarelliert er auch mal. Aber vor allem entstehen schwarzweiße Studien in der Art, wie Herrndorf sie schon seit Schulzeiten angefertigt hat von den Landschaften, in denen er lebt.

Aber der Himmel ist anders hier, in Franken. Nicht so weit wie zu Hause in Norderstedt. Wolfgang und Dorothee reden kaum über die Projekte, an denen sie arbeiten, aber sie reden ausgiebig über den Himmel und über die Wolken, wenn sie spazieren gehen, und sie gehen viel spazieren, entlang der Pegnitz, um die Kaiserburg herum. Der norddeutsche Himmel ist in den Gesprächen mit Wolfgang immer präsent. Irgendwann ist Dorothee dann bei seinen Eltern zu Besuch in Norderstedt und sieht den Unterschied mit eigenen Augen: den weiteren, enormen Horizont. In Süddeutschland kann der Blick nicht so endlos wandern. Und Dorothee beobachtet auch, wie viel Wolfgang seinen Kommilitoninnen und Kommilitonen technisch voraushat, sie selbst eingeschlossen. Sie erkennt, dass aus der Fakultät niemand Wolfgang beibringen könnte, was der hier an der Akademie sucht, ja, dass Professorin Colditz und auch die anderen Professoren die unzeitgemäßen Techniken, von denen ihr Schüler hier in Nürnberg noch mehr lernen will, womöglich nicht einmal selbst so gut beherrschen.

Herrndorf wird diesen Konflikt sechs Jahre lang austragen, vor allem mit seiner Professorin. Dorothee Köhl beschreibt die Atmosphäre an der Akademie in diesen späten achtziger Jahren ganz allgemein als angespannt, als eine Umbruchszeit: Zu der Konkurrenz, die unter den Studierenden gerade in den angewandten Künsten traditionell herrsche, sei die Verunsicherung angesichts neuer Ausdrucksformen und Techniken und Medien gekommen: Performance, Installation und Video finden auf dem langen Weg aus den Metropolen auch den Weg nach Nürnberg.

Herrndorf interessiert sich selbstverständlich überhaupt nicht für die neuen Trends. Umso stärker wirkt seine aus der Zeit gefallene Lasurmalerei auf die anderen Studierenden wie eine Provokation. Turnusmäßig müssen sie vorstellen, woran sie arbeiten. Und die wenigen Bilder, die Herrndorf mitbringen kann, wenn er an der Reihe ist – seine Technik nimmt viel Zeit in Anspruch, der Ertrag fällt entsprechend gering aus –, werden von seinen Kommilitoninnen und Kommilitonen zum Teil brutal auseinandergenommen. Unzeitgemäß, was soll das, was will der, *strange*.

Als Herrndorf dann aber, nach nur zwei Semestern in Nürnberg, im Akademiewettbewerb des Jahres 1987 von der Fakultätsjury mit einer Arbeit ausgezeichnet wird, die er noch in Norderstedt begonnen hatte und die den Maler mit Jeans und nacktem Oberkörper neben seiner unerreichbaren Jugendliebe A. zeigt, unter einem Torbogen vor einer ins Ungefähre verlaufenden arkadischen Landschaft, setzt einer seiner Mitstudenten ein Protestschreiben auf. Und bringt es an der Akademie in Umlauf. Mit Klarnamen signiert. Eine offene Kampfansage.

«Wer Qualität fordert, muss sie auch zeigen», damit ist der Protest überschrieben. Der Absender schildert zunächst ausgiebig das jährliche Ritual des Nürnberger Akademiewettbewerbs und die plötzlich ausbrechende Gesprächsbereitschaft unter den Studierenden, wenn sie die Entscheidungen der Jury diskutieren, «alle Jahre wieder also die gleiche Prozedur». Müßig sei es, überhaupt über diese Preise zu diskutieren, da sie, behauptet der Autor, scheinbar «genauso zufällig vergeben werden, wie es Zufall ist, ob jemand bei der Aufnahmeprüfung in dieses akademische Publikum angenommen wird oder nicht. Über die Qualität der Arbeit oder des Studenten sagt dies meist wenig aus.»

Man spürt, auch Jahre, nachdem diese Zeilen getippt worden sind, wie die Finger über der Schreibmaschine vor Wut und empörter Selbstgerechtigkeit gezittert haben müssen, mit jeder Zeile stärker: Hier schreibt sich jemand zum erhabenen Beobachter eines fragwürdigen Prozesses herauf. Dies hätte er, bricht es endlich aus dem Verfasser heraus, fast nicht geschrieben, «wenn nicht unter den Preisträgern eine Arbeit gewesen wäre, die mehr als einen Schlag ins Gesicht eines jeden Kunststudenten egal welcher Richtung darstellt. Ein derart biederes und einfaches Porträt, das – wenn überhaupt – eher für eine Aufnahmeprüfung geeignet sein mag, bis in die letzte Runde gelangen zu lassen, erscheint an Unverschämtheit und Verlogenheit gegenüber den anderen Wettbewerbsteilnehmern nicht mehr zu überbieten und bedeutet eine Entqualifizierung der Jury selbst. Geht man davon aus, dass an einer Akademie um neue, frische Kunst gestritten wird, Kunst, die sich mit dem Hier und Jetzt, der Gegenwart auseinanderzusetzen versucht, um zu neuen Formeln zu gelangen, dann darf man diese Entscheidung nicht nur als glatten Ausfall bezeichnen. Künstlerisch Verantwortungslose sind da am Werk, die gleich unserem momentanen politischen Klima ganz darauf aus sind, uns und andere einzulullen.» Das Protestschreiben endet mit dem Ausruf: «Hier ist eine Akademie und kein Spießerverein!»

Bieder. Einfach. Ein Schlag ins Gesicht aller anderen, die hier studieren. Unverschämtheit. Verlogenheit. Künstlerische Verantwortungslosigkeit, politische Einlullung: Herrndorf hat diesen Brief unter den Papieren aus seinen Nürnberger Jahren aufbewahrt. Die beiden Preisurkunden seiner Akademie – die erste für das Bild, um das es sich in dem Protestschreiben dreht, stammt aus dem Jahr 1987, die zweite, eine Belobigung, aus dem Jahr 1990 – hat er gefaltet und zu seinen Zeugnissen und Mietverträgen geheftet, säuberlich, aber doch einigermaßen lieblos. Das Protestschreiben hat er abgelegt zwischen den Dingen jener Zeit, die sein Leben und seine Stimmungen in Nürnberg dokumentieren. Als Herrndorf es damals in die Hände bekam, war er erst ein gutes Jahr in Nürnberg, die Urkunde datiert auf den 1. Dezember 1987. Er steht noch ganz am Anfang, aber auf dem Campus muss man ihn offenbar schon gekannt haben. Der Autor attackiert die Jury wie den Studenten, nennt aber keine Namen, dafür hat der Absender seinen Brief, wie gesagt, handschriftlich und gut lesbar signiert. Er wird davon ausgegangen sein, dass sein «akademisches Publikum» ohnehin versteht, von wem und von welchem Bild hier die Rede ist. Und er muss sich sicher gewesen sein, als er dieses Schreiben tippte, vervielfältigte und verteilte, dass er durchkommen würde mit der Härte der persönlichen Konfrontation. Er wird mit Beifall gerechnet haben. Selbst die politische Kulturkritik, in die er seinen Protest münden lässt, kommt ohne Namen aus, vertraut auch hier darauf, Namen gar nicht nennen zu müssen, weil ja eh klar ist, wo der Gegner steht: «Künstlerisch Verantwortungslose sind da am Werk, die gleich unserem momentanen politischen Klima ganz darauf aus sind, uns und andere einzulullen» – geschrieben zur Jahreswende 1987/88, kann man sich aussuchen, ob damit der Spießer Strauß oder der Spießer Kohl gemeint ist.

Auch das aber wird nicht ausgesprochen. Denn es ist eh klar, worum es geht: dass so eine Malerei wie die Herrndorfs nur reaktionär sein kann und sich die Jury des Akademiepreises der Nürnberger Akademie für Bildende Kunst zu Handlangern der «geistig-moralischen Wende» des Bundeskanzlers Kohl gemacht hat. Indem sie das Bild eines jungen Mannes aus Norderstedt prämierte, der sich selbst gemalt hat mit den Techniken einer Kunstgeschichte, die genauer zu studieren er nach Nürnberg gekommen war.

Dieser Protestbrief ist das Dokument eines *juste milieu*, zu dem Wolfgang Herrndorf zeit seines Lebens auf keinen Fall gehören will. Es ist das *juste milieu* gesicherter geltender Annahmen über die angemessene Machart und politische Verantwortung von Kunst. Und einer Erwartungsborniertheit. Die Enttäuschung des Absenders dagegen hätte man vielleicht sogar verstehen können, wenn sie anders vorgetragen worden wäre: Da kommen wir an die Akademie nach Nürnberg, um am Ende des 20. Jahrhunderts wie junge Künstlerinnen und Künstler auf der Höhe der Zeit zu arbeiten, aber unser Kommilitone hier malt wie 1588 und erhält auch noch einen Preis dafür!

Wenn zwanzig Jahre später beim Bachmann-Wettbewerb in Klagenfurt die Jury in diesem Tonfall reden wird über die Kunst, wird sich Herrndorf darüber lustig machen. Seine Berliner Freundinnen und Freunde werden eine Phrasendreschmaschine der «automatischen Kulturkritik» erfinden, die mit ähnlichen Sätzen gefüttert ist und auf Knopfdruck druckreife Klischees absondert. Aber hier, in diesem Protestbrief, redet ein Student über einen anderen. Es braucht nicht viel Einfühlung, um die persönliche Enttäuschung zu erkennen, die sich hinter der Attacke des Kommilitonen verbirgt, der sich von der Akademie düpiert fühlt. Es braucht aber auch nicht viel Einfühlung, um in Herrndorfs prämiertem Bild den Versuch eines Künstlers ganz am Anfang seiner

Karriere zu erkennen. Und dass sich hinter diesem Bild noch eine andere Geschichte verbergen könnte, die Geschichte einer sich intensivierenden Auseinandersetzung eines jungen Künstlers mit den Traditionen: Wer bin ich, gemessen an denen, die vor mir waren? Was habe ich verstanden von den Traditionen, in die ich mich hier einreihe? Und werde ich den Maßen meiner Idole gerecht? Herrndorf meint es ernst – und untergräbt seinen Eifer zugleich, indem er sich selbst auf diesem prämierten Bild in einem T-Shirt malt und sich einen Wischmopp in die Hand drückt.

Über dieses Protestschreiben, erinnert sich Dorothee Köhl, hat Wolfgang damals wenige Worte verloren, nur am Rande. Es sei nicht seine Art gewesen, über einen Kommilitonen zu lästern, der ihn attackiert habe. Aber aufbewahrt hat Herrndorf das Schreiben trotzdem.

Die Auseinandersetzungen mit Christine Colditz beschäftigen ihn tiefer, und sie hinterlassen lebenslange Spuren, jedenfalls in dem Sinn, dass sie sich auch in den späteren Werken Herrndorfs wiederfinden. «Meine alte Kunstprofessorin», wird Herrndorf in «Arbeit und Struktur» schreiben, war «die schlimmste, menschlich unangenehmste Person, die mir in meinem Leben begegnet ist.» Er hält sie ganz offenbar für eine Dilettantin. Noch bevor Herrndorf aber in seinem Blog über seine desolaten Erfahrungen in Nürnberg schreiben wird, erwähnt er die Professorin im Laufe der Jahre immer wieder. Benutzt ihren Namen, um ihr erfundene, hohle kunsthistorische Zitate zuzuschreiben. Als Herrndorf später Bücher des Schriftstellers Gerhard Henschel illustriert, wird er dem einmal in einem Brief vorschlagen, für eine besonders unangenehme Nebenfigur, für ein «menschliches Tschernobyl», den Namen seiner alten Malereiprofessorin zu verwenden.

Niemand an der Akademie kann Herrndorf die Techniken beibringen, die er braucht, um so zu malen wie die Alten Meister, die er bewundert: Das ist der eine Nürnberger Konflikt. Der andere ist die persönliche Auseinandersetzung des jungen Studenten mit seiner Professorin, die ihn, wie Herrndorf es darstellt, wie es aber auch alle beschreiben, die damals die Situation beobachten können, von dem Weg abbringen will, den er seit Jahren eingeschlagen hat. «Aus meiner Sicht war das Verhältnis zwischen den beiden immer gestört», sagt Dorothee Köhl. Sie habe sich oft gefragt, warum Wolfgang dann aber nur in der Malerei geblieben sei, warum er nicht, beispielsweise, in die Grafikdesign-Klasse ihres Professors Schillinger wechseln wollte, der Wolfgang bewundert und sich für ihn auch bei den Akademiewettbewerben eingesetzt habe.

Zur verfahrenen Lage gehört auch, und macht sie nur noch deprimierender: dass Herrndorf gar nichts von den Arbeiten seiner Kommilitoninnen und Kommilitonen hält, die sie gemeinsam in der Klasse besprechen. Und die Herrndorf in der Luft zerrissen habe, wenn er später mit Dorothee darüber redete. Aber nur privat habe er das getan, eben nicht im Atelier, mit den anderen. Er tauscht sich nicht in der Klasse aus.

Es sei für ihn auch niemals eine Option gewesen, sagt Dorothee Köhl, mit seinen Arbeiten auf den Kunstmarkt zu gehen oder sie in einer Galerie zu präsentieren. Das hätte einfach nicht zu ihm gepasst. Eine doppelte und tragische Belastung zeigt sich hier, in der Nürnberger Zeit: Einmal ist da das «gestörte Verhältnis» zwischen der Professorin und ihrem Schüler, das Dorothee Köhl aus nächster Nähe beobachten kann – und dann das gestörte Verhältnis des Schülers zu seiner eigenen Rolle an der Akademie. Sein künstlerisches Werk entsteht gegen den Widerspruch, ja Widerstand seines Umfelds und noch dazu unter Ausschluss der Öffentlichkeit. Es verwundert überhaupt nicht, dass Wolfgang Herrndorf Erfolgserlebnisse und Selbstbestätigung weit außerhalb der Akademie sucht.

Und dann ist da noch, erkennbar an dem Bild, für das er den

Akademiepreis 1987 erhält, die andauernde, unüberwundene Geschichte mit A., die er an seine Seite in den Torbogen hineinmalt. Ihre Nummer steht auf der ersten Seite seines Adressbuchs.

Im Wintersemester 1989 zieht ein anderer junger Mann mit Talenten ins Wohnheim am Westtor. Er kommt aus einer Ecke der Welt, die noch weiter entfernt liegt als Norderstedt: Auckland in Neuseeland. Calvin Scott heißt dieser junge Mann, ist gerade zwanzig Jahre alt und studiert Oboe und Klavier. Er zieht in den Turm oberhalb der Pegnitz, Zimmer 61, ein etwas hellerer Raum als die Nummer 27, mit kleiner Küche und einem Blick direkt auf den Fluss und den Kettensteg. Im Jahr zuvor hat er bei einem internationalen Treffen von Jugendorchestern in Brisbane Werner Andreas Albert kennengelernt. Der war in den siebziger Jahren Chefdirigent der Nürnberger Symphoniker, ist dies inzwischen beim Queensland Symphony Orchestra und fädelt jetzt ein, dass Calvin am Nürnberger Konservatorium zu Ende studieren darf. Also zieht Calvin einmal um die Welt ans Westtor, als einer der internationalen Musikstudierenden, für die das Wohnheim eigentlich gedacht ist, so wie Leszek, der Hornist im Apartment unter Herrndorfs Nummer 27.

Calvin und Wolfgang laufen sich im Westtor ohnehin über den Weg, aber sie haben auch beide Freundinnen, die an der Akademie studieren, und so ermutigt Angela ihren Freund Calvin, Wolfgang anzusprechen. «Er war vorsichtig in seiner Wahl der Bekanntschaften und Freundschaften», sagt Calvin über Wolfgang, aber die beiden finden direkt zueinander. Es beginnt eine tiefe und intensive Freundschaft.

Ohne Calvin, behauptet Katrin Herrndorf, wäre ihr Sohn verloren gegangen in Nürnberg: Die beiden lernen sich zu einem Zeitpunkt kennen, als Wolfgangs Konflikte mit seiner Professorin Colditz schon mehr als drei Jahre andauern – und er sich nicht nur mit seinen Farben und Bildern eingegraben hat in der Nummer 27, sondern auch in der tiefen Auseinandersetzung mit seinem eigenen Weg feststeckt.

Wolfgang und Calvin könnten kaum unterschiedlicher sein: Der eine spielt Klavier und Oboe, der andere hat nicht mal eine richtige Plattensammlung. Der eine kommt aus einer presbyterianischen, gläubigen Familie und trägt den Namen eines großen Kirchenreformators, der andere wurde von Eltern erzogen, die aus der Kirche ausgetreten sind, mit einem Vater, der kaum an sich halten kann, wenn die Rede auf den Papst kommt. Der eine glaubt an die Seele, der andere nicht, der eine an den Sinn des Lebens, der andere an biochemische Empirie, und beide lieben sie die Literatur. Also ziehen sie los und reden über alles, reden und reden und reden über Proust, immer wieder Proust, Dostojewski, Thomas Mann, Stendhal, Becketts «Murphy» und Salingers Erzählungen und natürlich Moritz, «Anton Reiser» schenkt Wolfgang seinem Freund. Umgekehrt muss Calvin ihm mit einem Dichter wie Stefan George gar nicht erst kommen, Rilke hasst Wolfgang sowieso, bei Hildesheimer finden die beiden sich dann wieder. Calvin spielt ihm Bach vor, die Kantaten, «Wir eilen mit schwachen, doch emsigen Schritten», und Wolfgang schwärmt Calvin von der wirklicheren Wirklichkeit Vermeers vor. Zeigt seinem Freund auf Vermeers Bildern, wie deren Schönheiten und Wirklichkeitsüberschuss mathematische Verhältnisse zugrunde liegen – auch das ist der Versuch, die Seele in den Gesprächen mit Calvin aus der Welt zu reden. Die mathematischen Verhältnisse des Bildes, mit dem Herrndorf 1987 den Akademiepreis gewinnt, lassen sich an den exakten Berechnungen der Vorskizze erkennen, auf der er bis auf die Kommastelle genau ausrechnet, wie sich die Figuren darauf zueinander verhalten sollen – und den Goldenen Schnitt markiert.

Und sie ziehen redend durch Nürnberg, Calvin und Wolfgang, zwei Studenten, wie sie im Buche stehen, und ein bisschen sehen die beiden sich wohl auch so. Haltlose, große Reden und Posen und Bier. Das «Treibhaus», nicht weit entfernt vom Westtor, wird ihre Stammkneipe, «Graf Moltke» ist ihr Wirtshaus. Und ständig sind sie bei «Sechs auf Kraut», einer Improvisationstheatergruppe, die auf Zuruf reagiert, «Spielt mal einen Selbstmord!», ruft Wolfgang, «Aber im Stil Mörikes!» jemand anderes. Sie reden Quatsch und machen Quatsch, sie werfen Bierflaschen in ein Schaufenster mit Brautmoden, und manchmal, wenn sie saufen gehen, sagt Wolfgang, bevor sie bestellen: «Wir wollen heute Abend über nichts sprechen, das von irgendeiner Metaphysik angekränkelt ist!» Und dann fängt er mit mathematischen Gleichungen an, und Calvin hält dagegen: «Du redest darüber, weil sie ein Geheimnis für dich haben, das sich nicht lüftet!» So trinken und reden sie, zwei Studenten, die sich gefunden haben.

«Er hasste bürgerliche Ideale», sagt Calvin, aber über die Bürgerlichkeitsbeschreibungsexzesse in Prousts «Suche nach der verlorenen Zeit» reden sie trotzdem stundenlang. Sie gehen zum Brüllen auf eine Demo gegen Helmut Kohl. Sie kochen im Wok, den Wolfgangs Mutter ihrem Sohn geschenkt hat, immer das Gleiche: Huhn mit Cashewnüssen und Ananas, ein Rezept von Calvin, Wolfgang kocht nicht oder jedenfalls nicht nach Rezept. Sie suchen die Plätze und Orte auf, die Dürer gemalt hat, sie gehen zum Tanzen in Clubs, ins «Desi» zum Beispiel, und es kann dann auch mal vorkommen, dass Wolfgang Calvin vorschickt, damit der sich deplatzierte Musik beim DJ wünscht. Einmal ist das Debussys «Nachmittag eines Fauns», da leert sich die Tanzfläche sofort, und sie werden fast rausgeschmissen – Wolfgang freut sich, Calvin ärgert sich.

Aber Calvin bleibt auch der junge Mann vom anderen Ende der Welt, der sich bei den Deutschen beliebt zu machen versucht, indem er besonders seltsame Worte einfach so in sein mittlerweile bestechendes Deutsch einfließen lässt, «ungeschlacht», «ich erinnerte mich seiner», «unersprießlich», so redet Calvin dann, und Wolfgang lacht sich darüber kaputt. Wolfgang habe immer viel für Randfiguren übriggehabt, erinnert sich Calvin, er habe sich selbst auch so gesehen – «und ich hatte die Exotenkarte»: ein Neuseeländer, der Bach und Stifter liebt und daran glaubt, dass der Mensch eine Seele hat. Wolfgang dagegen glaubt an die Schönheit mathematischer Gleichungen, und dann reden sie also darüber, ob in dieser Schönheit nicht auch ein Mysterium liegt, und sie finden kein Ende, und dann fangen sie wieder von vorn an.

«Es ging oft», erinnert sich Calvin Scott, «um die Determiniertheit des Menschen durch Notwendigkeiten, deren Zusammenhänge er nicht durchschauen oder ergründen kann. Die Formung des Individuums durch prägende Erfahrungen der Kindheit war auch ein unerschöpfliches Gesprächsthema, und das hat das Elternhaus, Erziehung, die Schulzeit und andere Umweltfaktoren umfasst. Meist lief es dabei dann auf die weitschweifige Frage hinaus, inwiefern man angesichts so viel Fremdbestimmung überhaupt jemals der Schmied seines eigenen Glücks werden könne. Wolfgang behauptete immer wieder, er würde mich um meine allgemeine britisch-kirchliche Vorprägung beneiden, da ich dadurch etwas gehabt hätte, gegen das ich als mündiges Individuum aufbegehren konnte – um mich somit aus dem Widerstand heraus selbst zu formen. Er sei in einer antiautoritären Atmosphäre aufgewachsen, in der alles gleichwertig und gleich erlaubt gewesen sei, so dass er am Ende nichts Vergleichbares gehabt hätte, gegen das wiederum er sich hätte stemmen und an dem er sich hätte formen können. Vielleicht rührt auch daher dieses Bedürfnis nach Arbeit und Struktur. In dem Zusammenhang muss ich oft an La Fontaine denken, der einmal gesagt hat, man treffe sein Schicksal oft auf jenen Wegen, die man eingeschlagen hat, um ihm zu entgehen. Je mehr man also versucht, nicht so zu sein wie die eigenen Eltern, desto mehr ähnelt man ihnen vielleicht.»

Calvin beobachtet seinen Freund, die Randfigur Wolfgang, dabei, wie er die Kreise auseinanderhält, in denen er in Nürnberg lebt. Dann sieht er einen jungen Mann, der in seinem kleinen Zimmer haust, stickig von den offenen Ölfarben, der das Licht auf den Pinseln studiert und wie die Pinsel sich im Glas räumlich zueinander verhalten – und sieht den gleichen Freund, wie er in seiner Rollschuhgruppe die Nähe von Menschen sucht, die überhaupt nicht wissen, wer Vermeer oder Proust ist. Starke Biertrinker mit direktem Humor, Handwerker, jedenfalls alles andere als Leute, die offene Briefe gegen unmoderne Kunst schreiben würden. Einmal treffen sich Calvin und Wolfgang mit einem von ihnen und trinken zusammen, es ist Bernd, «ein sehr erdiger Kerl aus der Nürnberger Arbeiterschicht», erinnert sich Calvin, dann hören sie sich gemeinsam Musik von György Ligeti an. «Wolfgang und Bernd fanden sie ziemlich scheiße.» Hinter Bernds Telefonnummer hat Wolfgang in seinem Adressbuch natürlich auch einen Rollschuh gezeichnet.

Wolfgang, behauptet Calvin, habe seine Rollschuhfreunde beneidet – beneidet um das sorglose Leben, das sie führten, während er sich mit seinen Bildern zermarterte und den Fragen nach dem Sinn des Ganzen. Das war natürlich Projektion. Und letztlich hat er diesen Freunden damit Rollen zugewiesen in seiner eigenen andauernden Selbstbeobachtung und Abgrenzung und Platzsuche in der Welt. «Er war so sensibel», sagt Calvin, «und er wollte das nie zugeben, er hat sich aber über mich lustig gemacht, weil ich so sensibel war. Er war ein Romantiker, aber *in life-long denial.*»

Und dann stehen die beiden Freunde wieder abends am Westtor, wo die Fledermäuse nisten und in der Dämmerung ihre Kreise über dem Gemäuer ziehen, und Wolfgang wirft den fliegenden Fledermäusen Kieselsteinchen zu, und dann lauschen die beiden, ob die Steinchen auch wieder auf den Boden fallen. Er hat sich immer für Dinge interessiert, die am Himmel fliegen, sagt Calvin. In Wolfgangs Zimmer stapeln sich die Bumerangs. Er fertigt auch genaue Typen- und Eigenschaftsbeschreibungen von ihnen an, in welchem Winkel sie zu werfen seien. «Und ist nicht so ein Bumerang», fragt Calvin, «ein Instrument, um die Weite des Himmels auszumessen?»

Die getrennten Kreise des Wolfgang Herrndorf: Dorothee weiß von Calvin, und Calvin von Dorothee, aber die sagt auch, dass Wolfgangs Freundschaft zu Calvin «eine exklusive und intensive Männerfreundschaft» war. Und da sind natürlich noch andere Freundinnen und Freunde, mit denen Wolfgang sich trifft, Rudolf beispielsweise, und Friederike, eine enge Freundin, die an der Akademie Gold- und Silberschmiedekunst studiert und später auch nach Berlin ziehen wird. Freundschaft ist eines der Leitmotive im Leben und Werk Herrndorfs – und ein anderes, von ihm selbst in seinen Texten angestimmt: wie schwer er sich angeblich damit getan habe, sie zu finden und zu schließen.

Aber eigentlich zeigt sich doch, dass dieser eigenbrötlerische, in sich gekehrte, zurückgezogene Wolfgang Herrndorf offenbar trotzdem über einen Überschuss an sozialer Energie verfügt haben muss, den er auf verschiedene Menschen zugleich verteilen konnte. Es mag ihm die Selbstverständlichkeit gefehlt haben, wie der sonnige Neuseeländer Calvin Scott einen Raum zu betreten und die Leute ohne Zögern anzusprechen. Dass Wolfgang Herrndorf aber seine sozialen Bedürfnisse zu organisieren und zu befriedigen verstand, gilt für jede Phase seines Lebens. Ob er das selbst so gesehen hat, ist eine andere Frage.

Herrndorf hat jedenfalls später, in «Arbeit und Struktur», von seinem «inexistenten Sozialleben» in Nürnberg gesprochen, «wenn ich in den Semesterferien manchmal drei Monate mit keinem Menschen sprach außer mit der Supermarktkassiererin».

Und er hat davon geschwärmt, wie er sein Freundschaftsglück in Berlin gefunden habe. Vielleicht liegt das Geheimnis dieses Berliner Glücks aber darin, dass er in dem großen, übers Internet organisierten Kreis seiner Freundinnen und Freunde alle Interessen gleichzeitig stillen konnte, ohne sie, wie vorher in Nürnberg und davor in Norderstedt, auf mehrere Köpfe verteilen zu müssen. Und vor allem, ohne das Zimmer verlassen zu müssen.

Was aber nun die Nürnberger Supermarktkassiererin angeht: Sie hieß Frau Kellermann und arbeitete im «HL» am Kontumazgarten, einmal über den Westtorgraben hinweg. Wolfgang Herrndorf hat auch sie gemalt – Calvin zumindest meint ihr Porträt in einer späteren Buchillustration wiederzuerkennen, verewigt als Großmutter des Fußballkommentators Heribert Faßbender. Mit Frau Kellermann spricht Wolfgang regelmäßig, wenn er einkaufen geht, er ist fasziniert von ihr – und Frau Kellermann fragt dann umgekehrt auch nach dem freundlichen Ausländer, mit dem Wolfgang hier sonst zum Einkaufen vorbeikommt. Dieser freundliche Ausländer, Calvin, beschreibt das Verhältnis des Kunststudenten Herrndorf zur Verkäuferin Kellermann nach dem Muster, mit dem er auch Wolfgangs Interesse an den Rollschuhfreunden beschreibt: Da sei ein Mensch mit einem beneidenswert schlichten Herz und einfachen Bedürfnissen, «ohne diese dräuenden Fragen nach dem Wozu». So richtig wird man das Gefühl nicht los, dass Wolfgang und Calvin ihr Leben in dieser Stadt etwas zu intensiv als Roman verstanden haben, aber sie sind ja noch jung, als ihnen das passiert, und es ist auch nicht verboten. Und außerdem lachen sie dabei über sich selbst.

Auch Calvin erlebt die Auseinandersetzung zwischen seinem Freund Wolfgang und dessen Professorin aus nächster Nähe: «‹Herrndorf, das ist einfallslos! Herrndorf, das ist kindisch!› Es war einfach nur ad hominem», erinnert er sich. «Sie hat seine

Ideale zerstört. Das ist doch eine merkwürdige Pädagogik, wenn du einen Studenten nie ermunterst, sondern immer nur fertigmachst.» Von dieser «niederschmetternden Erfahrung» habe sich Wolfgang nicht mehr erholt – aber zugleich habe Calvin sich darüber geärgert, dass sein Freund sich nicht gewehrt hat, dass er die Klasse nicht wechselte.

Wenn Christine Colditz sich an ihren Schüler Wolfgang Herrndorf erinnert, dann deutet sie die Option eines solchen Wechsels an: «Unsere Hochschule hatte damals die Klassen schon geöffnet, so dass die Studierenden sich auch anderen Rat holen konnten», antwortet sie, befragt nach den Konflikten und ihrem Verhältnis zu Herrndorf. «Aber er blieb, wechselte nicht an eine andere Hochschule oder den Lehrer.»

Ihren Schüler beschreibt sie von Anfang an als «eigenwillig und mutig», ein junger Mann, der «deutlich machte, dass er etwas Eigenes vorhatte», und der schon in der Aufnahmeprüfung davon gesprochen habe, den Himmel malen zu wollen. «Dieser Elan gefiel mir, und mich interessierte dieser Student als einziger.» Er sei «recht verschlossen» gewesen, sie habe seine Arbeiten sondiert, «vielleicht etwas zu früh für ihn», auf der Suche «nach Möglichkeiten, aus dem Angebot weiteres zu erarbeiten. Das war Vorschlag und Korrektur, kein Verdikt.»

In ihren Gesprächen habe Herrndorf erklärt, dass er in seinen Bildern Geschichten erzählen wolle. «Mir gefiel das, und ich riet ihm, da weiterzumachen, bis er sich im Feld der Malerei auch einen Raum erarbeitet habe, technisch und die Motive betreffend.» Meint sie damit, dass sich im Kunstschüler Herrndorf also schon der Epiker Herrndorf abgezeichnet habe? «Die Wunschvorstellung hat ihn sicher geleitet, aber in der Malerei stand er am Anfang.»

Das Bild, für das Herrndorf beim Akademiewettbewerb 1987 ausgezeichnet wird und das er noch zu Norderstedter Zeiten be-

Tatjana Kurowski (rechts) wohnte mit ihrer Familie im selben Garstedter Wohnblock wie die Herrndorfs. Später taucht sie wie viele Freundinnen und Freunde in den Geschichten von Wolfgang Herrndorf auf, die oft die Abenteuer, das Glück und die Geheimnisse der Kindheit beschworen.

Christian Herrndorf, gezeichnet von seinem Sohn, 1985.

Karin Herrndorf, genannt Katrin, gezeichnet von ihrem Sohn, 1986.

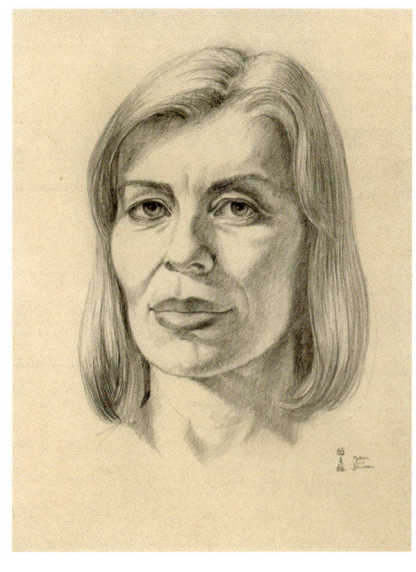

Der Himmel über Garstedt und dem Werk Wolfgang Herrndorfs: Aus dem Kinderzimmer am Möhlenbarg fiel sein Blick über Felder und Bäume ins Blaue.

Für den Umschlag seines Romans «Das Ouzo-Orakel» (2006) wünschte sich Frank Schulz einen «hellenistischen Himmel» von seinem Freund Herrndorf. Der verewigte auf der letzten Illustration, die er anfertigte, abermals den Blick aus seinem Kinderzimmerfenster.

Das frühe Ölgemälde
(1983), das einen Vogel
über einem Feld zeigt,
ist eine expressionis-
tische Seltenheit: Der
Maler Herrndorf findet
moderne Kunst und ihre
Stile eigentlich unter
seinem Niveau, um es
freundlich zu sagen.

Frieda Franz war die
Lieblingsgroßmutter von
Wolfgang Herrndorf.
Sie hat selbst gemalt und
ihren Enkel zur Malerei
gebracht, ihm Farben und
Papier geschenkt.

Die Akademie der Bildenden Künste im Nürnberger Tiergarten, entworfen zu Beginn der fünfziger Jahre von Sep Ruf, einem der berühmtesten Architekten der Bundesrepublik.

Pegnitz, Wohnheim im Westtor und Kettensteg: Zehn Jahre lang lebt Herrndorf in Nürnberg, von 1986 bis 1996.

Wolfgang Herrndorf
Klasse Sack-Colditz

Im Jahr 1987 erhält Herrndorf einen Akademiepreis. Das ausgezeichnete Bild dokumentiert seine Beschäftigung mit altmeisterlichen Maltechniken. Damit fällt er an der Nürnberger Akademie aus der Zeit.

Porträts des Künstlers
im Laufe der Zeit:
Wolfgang Herrndorf,
vom Garstedter Jungen
bis zum Berliner Autor.

Als Maler hat Herrndorf sich oft selbst porträtiert. Diese Bleistiftzeichnung entsteht im ersten Studienjahr an der Nürnberger Akademie, 1987.

Mit der Akademie-
klasse seiner damaligen
Freundin und Kommi-
litonin Dorothee Köhl
geht Herrndorf für
Landschaftsstudien in
die Fränkische Schweiz.
Diese Arbeit stammt aus
dem Mai 1989.

In Nürnberg fährt
Wolfgang Herrndorf
mit einer Gruppe
von Freunden
Rollschuh. Diese
Leidenschaft hat
er auch auf einem
Ölbild verewigt, ein
weiteres Beispiel für
autobiographische
Motive in seinem
künstlerischen
Werk – und seine
Liebe zum Spiel.

gonnen hatte, hat Christine Colditz noch in Erinnerung: «Ein Romeo-Julia-Motiv», sagt sie. «Ich fand das in den achtziger Jahren von einem Hamburger Jungen mutig, romantisch, voller Gefühl.» Als sie aber versucht habe, dieses Bild in der begleitenden Akademieausstellung auf dem Campus einem anwesenden Kunsthistoriker nahezubringen, habe der sich «peinlich berührt» abgewendet, noch so einer also, der sich belästigt gefühlt haben muss von Herrndorfs Malerei. «Ich hatte erwartet, dass die ‹Spielwiese Akademie› nicht gleich so hart abgetastet würde», sagt Christine Colditz heute dazu. Dieses Erlebnis und vor allem das Bild habe sie aber gleichzeitig bestärkt, Herrndorf in seiner Malerei «zu einfachen, aber hervorragend gearbeiteten Motiven wie Porträt oder Landschaft» zu bewegen.

Als sie ihm dann einen Auftrag zu vermitteln versucht habe, mit dem ein fränkischer Burgherr an sie herangetreten sei, der sich ein Bild seines Anwesens unter einem tiefblauen Himmel gewünscht habe: Da habe Herrndorf das abgelehnt. So wie er auch ihre Hinweise auf die Einflüsse von Punk und Jugendkultur ignoriert habe. «Geistig formt und verändert sich eine Akademie ständig, als Summe ihrer Lehrenden und Studierenden», erklärt Christine Colditz. «Es entsteht ein Klima in den einzelnen Klassen und im Gesamten.» Hört man denen zu, die Herrndorf damals nahestehen, seiner Freundin Dorothee, seinem Freund Calvin, seinen Eltern natürlich auch, dann hat Herrndorf dieses Klima aber nie anders als feindlich empfunden. Und seine Professorin als Gegnerin. «Wolfgang Herrndorf hat Erinnerungen hinterlassen, die seine Wahrheit sind», sagt Christine Colditz. «Das akzeptiere ich.»

Und so, wie Herrndorf in seinen Rollschuhbildern autobiographische Spuren seiner Jahre in Nürnberg hinterlässt, so entstehen in dieser Zeit auch Gemälde, die von der Auseinandersetzung des Kunststudenten mit seiner Lage erzählen, mit der

Professorin, die ihn unterrichtet, mit sich selbst und dem, was er eigentlich will und sucht und versucht. Wolfgang Herrndorf kopiert einen Vermeer, die «Briefschreiberin in Gelb» – nur schaut sie nicht freundlich-gelassen von ihrem Tisch auf, sondern stützt frustriert den Kopf auf die Hand, vor ihr zerknüllte Seiten, aufgetürmte, dicke Bücher. Herrndorf porträtiert seine geliebte Großmutter Frieda Franz (dieses Bild, sagt Professorin Colditz, habe ihr wirklich gefallen). Er malt ein Triptychon mit Dorothee, auf den Flügeln links und rechts eine Birke, auf der Mitteltafel der Akt seiner Freundin, über ihr am Himmel eine Linienmaschine der Lufthansa, ein bundesrepublikanisches Arkadien.

Aber Wolfgang Herrndorf malt sich vor allem selbst, immer wieder, in seiner kleinen Wohnung. Er malt die vollgestellte Spüle, dann wieder die Mülltüten an der Küchenzeile und, kaum erkennbar, im Halbdunkel des Hintergrunds: den Maler selbst. Er malt sich an seinem Nürnberger Fenster, er malt auch den Tisch unter dem Fenster, und einmal wirft er dann doch den Blick malend aus diesem Fenster hinaus – aber tut doch nur so: Denn was sich dort eröffnet, ist nicht die Aussicht auf die kleine Grünanlage vom Westtor, sondern eine vage norddeutsche, flache Landschaft. Das Weizenfeld von Garstedt malt er auch, immer noch.

Wenn später, im Rückblick, Wolfgangs Freunde wie Holm Friebe im Auftreten und in der Malerei des jungen Nürnberger Studenten auch die Abwehr einer opportunistischen, passiv-aggressiv eingeforderten Kommentar- und Bekenntniskunst an der Akademie erkennen wollen und in der Entscheidung für die altmeisterliche Lasur auch den Rückzug in einen Freiheitsraum, dann ist das nicht falsch. In der Malerei Herrndorfs aber, die damals entsteht, sind die Dinge nicht verrätselt.

Ernst und prüfend schaut der Maler auf sich selbst. Selten ist der Humor spürbar, den er besitzt und von dem alle erzählen, die ihn kennen, oder so etwas wie eine Pointe: Einmal, in einer

Aktzeichnung, angelehnt an die Aktzeichnungen des berühmten Hasenmalers Dürer, hält Herrndorf den Stoffhasen in der Hand, den ihm seine Eltern zur Geburt geschenkt haben. Und ein anderes Mal, wieder bei einem Selbstporträt, hält Herrndorf Bohrmaschine in der einen und Bohrschlüssel in der anderen Hand. Die Haltung und auch der starre Blick dieses Brustbilds erinnern an den «Christus Pantokrator» aus der orthodoxen beziehungsweise byzantinischen Ikonografie: Jesus als Weltherrscher, hier aber eben nicht mit der Heiligen Schrift, sondern mit der Bohrmaschine in der Hand. Immerhin war dessen Vater Josef ja ein Zimmermann (so wie Herrndorfs Vater letztlich irgendwie auch). Aus dieser Überhöhung eines technischen Geräts als Instrument der Herrschaft und des Weltfriedens lässt sich am Ende auch mehr Liebe als Ironie herauslesen, Herrndorf wird immer technische Geräte lieben.

Dieser junge Nürnberger Maler malt sich tiefer und tiefer in seine Welt, in die kleine Wohnung am Westtorgraben, wo die Ölfarben stinken und die Luft steht, und einmal stellt er sich sogar in die äußerste Ecke des Zimmers. Mit dem Rücken zur Wand. Ausweglos. Aussichtslos. Man hat wirklich keine Fragen, wenn man dieses Bild sieht.

Auf den Passfotos, die Herrndorf ab der Mittelstufe auf dem Coppernicus-Gymnasium von sich machen ließ, findet sich immer wieder der gleiche, prüfende, ruhige, ernste Blick. Man kann diese Passfotos aber ähnlich wie die Selbstporträts, die ebenfalls schon seit der Mittelstufe entstehen, als serielles Projekt der Selbstüberprüfung verstehen. In dieser Selbstüberprüfung und Selbstbetrachtung auf Wiedervorlage ist ein Muster angelegt, das sich später beim Schriftsteller Herrndorf auch zeigen wird: Wenn der am Manuskript in einem Satz ein Komma hin- und herschiebt. Passt es so? Sitzt es hier richtig? Oder doch besser dort? Und wann ist der Ruhepunkt erreicht?

In den Jahren, die Wolfgang Herrndorf in Nürnberg verbringt, verändert sich das Land dramatisch. Die Mauer fällt, der ganze Ostblock zerfällt, die Grenze zur Tschechoslowakei ist von Nürnberg aus nicht weit, zwischen 1989 und 1991 sollen ungefähr neuntausend Menschen aus der ehemaligen DDR in die Stadt gezogen sein. Züge voller Menschen kommen im Herbst 1989 aus Sachsen in Nürnberg an. Interessiert, sagt Calvin, sein engster Freund, habe Wolfgang das alles nicht. Fußball schon, aber dafür habe sich wiederum Calvin nicht interessiert. Und den Einheitskanzler hätten die beiden mehr oder weniger pflichtschuldig ausgebuht, als er nach Nürnberg kam. Wolfgang Herrndorf hat keine Antennen für Weltgeschichte, ist damals ganz in sich gekehrt, mit seiner eigenen Geschichte beschäftigt, von sich selbst absorbiert.

Es gibt eine Geste, von der alle, die Wolfgang Herrndorf kannten, irgendwann erzählen: wie er, im Kino, in der Kneipe, beim Gespräch, wann immer ihn etwas besonders freute, er besonders lachen musste oder etwas nicht aushalten konnte, seinen Kopf umschlang, unter vollem Einsatz beider Arme und Hände. Als müsse er da etwas umarmend festhalten, weil es sonst reißt. Eine innige Geste: In der Verhaltenstherapie (die Herrndorf wie jede Psychologie verachtete) wird nach solchen Gesten gesucht, weil sie Innerstes preis- und zugleich Halt geben, ohne dass ein Wort darüber verloren werden muss. Die Begeisterungsfähigkeit, die Euphoriefähigkeit, die Herrndorf so eigen ist, seine ganze innere Bewegtheit findet in dieser Geste ihren Ausdruck.

Beobachtet und malt sich aber der gleiche Wolfgang Herrndorf, der sich mit vollem Körpereinsatz die Haare raufen kann, in Nürnberg selbst, steht alle Bewegung still. Dem Blick hält er stand, prüfend, unsentimental, ein *staring contest* mit sich selbst.

Und auch die Zeit scheint in diesen Porträts stehen geblieben zu sein, und die Temperatur zu sinken. Bei manchen von ihnen fragt man sich, ob der Maler überhaupt Mitgefühl mit dem hat, den er da porträtiert, oder ob er aus Interesse auf Distanz zu sich selbst geht, um besser sehen zu können auf diesen Mann, der aus seiner Haut nicht herauskann. Nicht aus seiner Ecke kommt.

Das Meisterwerk dieser Jahre ist ein Selbstporträt aus der Froschperspektive, am Fenster der Nürnberger Wohnung, vollendet schon früh in der Akademiezeit, am 21. Juni 1988: Der Maler Herrndorf – in geflickter Jeans, mit weißem T-Shirt und nackten Füßen – schaut auf sich selbst (im Spiegel) herab und der Betrachtende deswegen zu ihm herauf. Der Faltenwurf des weißen T-Shirt-Stoffs ist so atemberaubend präzise wie die Unschärfe des Aufdrucks der Terpentinflasche auf dem Fenstersims. An den Wänden hinter dem Künstler sind zwei Bildzitate kopiert: Die «Madonna mit dem Stieglitz» von Raffael (1506/07) hängt als größere Reproduktion an der Wand zwischen den Fenstern. Und mit Klebestreifen ist darunter eine Fotografie des Reiterdenkmals des Condottiere Gattamelata von Donatello befestigt, das in Padua steht. Auch das ist eine Anspielung auf Vermeer, der auf seinen berühmtesten Gemälden ebenfalls andere Kunstwerke an die Wände hängt – in seiner Imitation der Vermeerschen «Briefschreiberin in Gelb» hatte Herrndorf exakt so eine Komposition nachgestellt. In diesem hyperrealistischen Bild jedenfalls ist alles gleich wichtig, die Bildreferenzen an der Wand sind so wichtig wie die Pinsel auf dem Fenstersims und der gleißende Sonnenfleck auf dem Stuhl und der gulliverhafte Riese mit langem Haar, der auf diesem Stuhl in diesem Zimmer sitzt – und wegen der perfekt gestalteten Perspektive so dominierend wirkt. Gut anderthalb Jahre ist Wolfgang Herrndorf auf der Nürnberger Akademie, als er dieses Bild vollendet. Ein zweifelnder Herrscher in den kleinen vier Wänden seiner eigenen Welt.

Jan Vermeer, für Wolfgang Herrndorf Maß aller Dinge, hat übrigens, soweit man weiß, kein einziges Selbstporträt angefertigt. Unter den gut dreißig Bildern, die erhalten sind, vermutet man höchstens auf einem, «Bei der Kupplerin» (1656), dass sich der Maler in einer der Figuren verewigt haben könnte.

Calvin Scott beobachtet, wie sein Freund mit den Jahren verbitterter und misanthropischer wird, wie Herrndorf hadert mit der Frage, wie er nur in diese Lage kommen konnte, welchen Sinn und Zweck all die ewige Arbeit an der Kunst haben soll – und wie er andere Menschen, die ihm wenig bis nichts bedeuten, die aber Freunde von Freunden sind, vor den Kopf stößt. Einmal nimmt Calvin ihn auf eine Geburtstagsfeier nach Österreich mit, zu den Eltern seiner Freundin Angela, auf einen Hof in Annaberg im Salzburger Land. Wolfgang benimmt sich dort so daneben, setzt sich einfach an den Tisch und beginnt zu essen, bevor alle anderen es tun, dass Calvin sich schämt. «Er hatte keine Tischmanieren», sagt Calvin, «und sich überhaupt nicht bemüht, sich einzufügen. Und alle anderen als Spießer beschimpft.» Es kommt zum Eklat, der noch Jahre bei denen nachwirkt, die dabei waren.

Im Jahr 1992 schließt Wolfgang Herrndorf das Akademiestudium in Nürnberg ab. Im Juni ernennt ihn Christine Colditz zu ihrem Meisterschüler, im September dann erhält er ein Zeugnis der Akademie: «Herr Wolfgang Herrndorf, geboren am 12. Juni 1965 in Hamburg, war vom 1. Oktober 1986 bis zum 30. September 1992, mithin zwölf Semester Student der Akademie der Bildenden Künste in Nürnberg. In dieser Zeit studierte er in der Klasse für Malerei bei Professor Christine Sack-Colditz.» Es folgt ein Absatz zu den absolvierten Pflichtveranstaltungen und endet mit dem Satz: «Er hat sein Studium mit sehr gutem Erfolg abgeschlossen.»

Wolfgang Herrndorf wird das nicht so gesehen haben.

Was jetzt? Wie weiter? Herbst 1992. Sechs Jahre sind vergangen. Wolfgang Herrndorf ist siebenundzwanzig. Und er bleibt einfach dort, wo er ist. In der letzten Phase seines Studiums hatte er begonnen, wieder an Karikaturen zu arbeiten, kehrt damit, wenn man so will, an den Anfang seines künstlerischen Schaffens zurück, zu den ausgeschnittenen Witzen aus der «Hörzu» seiner Großmutter und den Gags aus seiner eigenen «Zeitung für Schwachsinnige». Seine Arbeiten über Ausstellungen oder Galerien auf den Kunstmarkt zu bringen, hatte er ja prinzipiell ausgeschlossen. Diese Karikaturen – «scharf und teilweise verstörend», sagt Dorothee Köhl – seien eine Alternative gewesen, einerseits, um sich auszudrücken, andererseits, um eine Art von Existenzsicherung vorzubereiten.

Nicht mehr Vermeer und Malerei, die wirklicher als die Wirklichkeit ist, sondern also ab jetzt: Karikaturen. «Den Himmel zu malen, fand ich toll», sagt Christine Colditz über diese späte Wende Herrndorfs im Studium, «und blieb der Karikatur gegenüber unnachgiebig. Auch fand ich, dass ich dazu nicht die richtige Sparringspartnerin sei. Das habe ich Wolfgang Herrndorf deutlich gemacht» – aber er «legte mir weiterhin Karikaturen vor, wortlos und überzeugt».

In dieser Zeit entstehen unter anderem Entwürfe für einen Comicstrip, «Auf der Suche» genannt (in Anlehnung an Prousts «Auf der Suche nach der verlorenen Zeit»). Er bleibt unvollendet. Die Hauptfigur heißt «Calvin Scott», auch eine Formatspielerei, denn «Calvin» ist nicht nur der Name eines Kirchenreformators, sondern auch der einer legendären Comicfigur, des kleinen Jungen aus «Calvin & Hobbes». Der Calvin aus Herrndorfs Geschichte aber ist «ein Neuseeländer und im richtigen Leben ein hart arbeitender Mensch», und er erlebt in diesem Strip lauter Dinge, die an den Alltag der beiden Freunde vom Westtorgraben erinnern: Er trinkt zu viel (Wodka, flaschenweise), randaliert nachts an Baustellen und diskutiert mit dem Erzähler seiner Geschichte Fragen, die jenen ähneln, die Wolfgang und sein Freund bei den Bierabenden im «Treibhaus» genau so diskutiert haben könnten, beispielsweise die, «ob Leidenschaft ohne Illusion überhaupt möglich ist».

Eine Korrektur des mit Filzstift auf Papier gezeichneten Strips weist die beiden Figuren einmal als «Scott und Amundsen» aus. Das wird aber nicht beibehalten, auch nicht, als die beiden durch die Antarktis ziehen und einer «anthropophagen Schneewehe» begegnen. Nebenfiguren tauchen auf: eine «Silke», die Geburtstag feiert und mit dem Erzähler ein «Ersatzgespräch» führt (sie tanzen); und «Klaus Dieter, der Tekkno-Trottel»; und eine «Carola», bei der der Erzähler zu landen versucht, die sich aber «wider Erwarten nicht für die Feinheiten der Desillusionstechnik im Hauptwerk Marcel Prousts» interessiert.

Auch dieser Strip ist also autobiographisch durchwirkt und vor allem voller Selbstzitate und Referenzen. Herrndorf nimmt Gags auf, die er schon als Kind in der «Zeitung für Schwachsinnige» gemacht hatte, etwa als er über eine leere weiße Seite «Ostfriesland im Nebel» schrieb – diesmal ist sie beschriftet mit: «Meine Zimmerdecke». Und es gibt perspektivische Experimente in Form eines Selbstporträts im Spiegelbild – mit dem Spiegelbild als sichtbarem Element der Komposition: eine Zeichnung, die, so grob sie auch hingehauen ist, an Herrndorfs genialisches Selbstporträt im Löffel erinnert, ein weiteres kleines Meisterwerk seiner Akademiezeit. Und es taucht hier schon, als Skizze, jene kubistische Hitlerporträtparodie auf, die Herrndorf Jahre später zum Cover eines Buches von Jürgen Roth machen wird: «Die große Wehmut der Instrumente» (2002).

Das ganze Projekt ist nicht besonders gut, der Strich wirkt wie die Imitation jener Antizeichner der «Titanic», die Herrndorf liest, aber es ist trotzdem interessant – weil es wieder einmal das Leitmotiv autobiographischer Verwertung zeigt, selbst in einem rohen, hingedonnerten, schwarzweiß gezeichneten Comicstrip. Der Stoff: doofe Kalauer von schwerstintelligenten Menschen im Suff. Dass Herrndorf mit solchen oder ähnlichen Karikaturen in die Malereiklasse seiner Professorin kommt, ist auch eine Art von Autonomieerklärung. Am Ende des Studiums, nach Jahren obsessiv gearbeiteter, hyperrealistischer Malerei, wirkt die Präsentation wie ein «Fuck you». Er präsentiert diese Karikaturen an der Akademie ja wortlos, wie Christine Colditz es beschreibt.

In Erinnerung geblieben ist Christine Colditz von ihrem Meisterschüler ein «hervorragendes kleines Selbstporträt von circa 20 bis 30 Zentimetern». Ob es sich dabei um seine Abschlussarbeit handelt, wie sie meint, lässt sich nicht mehr klären: Es muss aber eines jener Porträts sein, die Herrndorf damals von sich selbst mit Kopftuch angefertigt hat, auch Dorothee Köhl hat noch vor Augen, wie er daran saß. «Es war ihm gelungen, die Qualität von Stoff in Malerei zu übersetzen», sagt Christine Colditz: «Die weiche Beschaffenheit eines Poloshirts, Inkarnat und Haar, den Himmel. Die Akademie vergab keine Abschlussdiplome. Ich ernannte Wolfgang Herrndorf zum Meisterschüler, und er bekam in der Jahresausstellung einen Preis für das Bild. Mit dieser kleinen, unübersehbaren Malerei erfüllte er sein Vorhaben, dazu mit vielen Zeichnungen sowie der unnachgiebigen Suche nach Ausdruck. So war am Ende des Studiums ein vielversprechender Anfang gesetzt für die Erzählung in Malerei. Die intensive Naturbeobachtung bereitete den Boden für die eindrücklichen Bilder in seinen Büchern.»

Aber Professorin und Meisterschüler gehen trotzdem nicht so ohne Weiteres auseinander: Christine Colditz besucht Wolfgang Herrndorf noch einmal in dessen Wohnheim am Westtorgraben, irgendwann um das Ende des Studiums herum – um mit ihm zu besprechen, wie es weitergehen könnte, behauptet sie. Calvin Scott erinnert sich daran, dass Wolfgang ihm vom Besuch seiner

Professorin erzählt hat, Dorothee Köhl ist zu diesem Zeitpunkt im Frankreich-Auslandsjahr und bekommt davon nichts mit, empfindet es aber im Rückblick als absolut ungewöhnlich, ja als einen Tabubruch an der Akademie: Ihr eigener Professor Schillinger, zu dem sie ein gutes Verhältnis gehabt habe, wäre nie auf solch eine Idee gekommen. Aber vielleicht mag es stimmen, was Calvin Scott behauptet: Christine Colditz habe ein «schlechtes Gewissen» angetrieben, sie habe gespürt, dass diese Geschichte nicht gut ausgegangen sei – Calvin lässt keinen Zweifel daran, dass die Professorin aus seiner Sicht die Verantwortung dafür trägt.

Auf den Konflikt zwischen Herrndorf und ihr angesprochen, darauf, ob Herrndorf in Nürnberg nicht gefunden haben könnte, was er gesucht hatte, antwortet Christine Colditz: «Auch wenn er meinte, an der Akademie nicht zu finden, was er suchte, sehe ich seine Studienzeit, die ihm den Blick schärfte, nicht als verloren an.»

Am 1. Oktober 1992 beginnt Wolfgang Herrndorf, bei der Verladestelle der Deutschen Post auf dem Nürnberger Hauptbahnhof zu arbeiten, vierundzwanzig Stunden in der Woche, die Einstellungspapiere verzeichnen ihn als «Arbeiter». Herrndorf scheint das zu gefallen, oder er empfindet es einfach als konsequent. Als Calvin ihn einmal einem Bekannten mit «Das ist mein Freund Wolfgang, der ist Künstler» vorstellt, staucht Wolfgang ihn später zusammen: Er wolle nicht als Künstler vorgestellt werden, lieber als Arbeitsloser.

Calvin ist in dieser Zeit vom Konservatorium, wo ihm bald langweilig wurde, an die Universität Erlangen gewechselt, jetzt studiert er dort Germanistik und Musik im Nebenfach. Und Wolfgang begleitet ihn ins Seminar – barfuß.

«Er hat eine verlängerte Adoleszenz ausgelebt», sagt Calvin.

«Dass er später dann so einen erfolgreichen Jugendroman wie ‹Tschick› schreiben konnte, überrascht mich nicht. Das war sein Lebensstil.» Aber er sei auch deprimiert gewesen über seine Lage – und habe diese Lage zugleich kultiviert. Diese Ambivalenz beschreibt Calvin Scott nicht zum ersten Mal bei seinem Freund, er schildert sie auch in dem Wunsch Herrndorfs, zu den Außenseitern zu gehören, sich dann aber unter diesen Außenseitern auch wieder nur selbst als Außenseiter zu fühlen. Wie in der Rollschuhgruppe: Wolfgang habe seinen Freunden dort geneidet, dass sie, wie er glaubte, nicht wissen, wer Stifter war und was Existenzphilosophie ist und dass sie keine Idee von der eigenen Sterblichkeit besitzen – während er selbst immerzu um so etwas gekreist sei.

Calvin nimmt seinen barfüßigen Freund Wolfgang also mit in die Uni Erlangen, wo sie gemeinsam Vorlesungen bei der Hebbel-Spezialistin Monika Ritzer hören, die Calvin verehrt, genau wie den Rilke-Experten Manfred Engel. Näher als hier, an der Uni Erlangen, wird Herrndorf der institutionalisierten Germanistik, die er später beschimpfen wird, nicht mehr kommen, und falls der Vielleser seinen Germanistenhass nicht schon bis dahin genährt hatte, findet er ihn jetzt bestätigt. Auch wenn er Calvins Sympathie für Ritzer und Engel teilt. Aber diese ganze Welt der Sprechstunden und der professoralen Selbstbeweihräucherung, die spießigen Studierenden, die aufs Staatsexamen hinarbeiten, aber nie selbst gelebt haben, sondern das Leben nur aus Büchern kennen und die deswegen nicht wissen, worum es in diesen Büchern geht – diese Welt ist ihm zuwider.

So erinnert sich Calvin an den Wolfgang Herrndorf jener Jahre. Wie er bei der Post gearbeitet und sonst in seinem Zimmer gesessen habe, um in seinem Defätismus zu brüten, «es war beinah, als hätte er sich aufgegeben». Aber wenn Wolfgang in Calvins Turmzimmer hinaufkommt, wo der an seiner Magisterarbeit sitzt, sprechen die beiden über Literatur. Calvin liest damals Wolfgang Hildesheimer, Herrndorf ist begeistert vom Begriff der «Ersatzantwort», den Hildesheimer prägt, und von der Idee, dass wir nur Ersatzantworten finden auf die existenziellen Fragen, die wir uns stellen.

Und es ist, als läge in diesem Begriff vom «Ersatz» auch das ganze Dilemma der Nürnberger Jahre: wie da ein ehrgeiziger und talentierter junger Mann an die Akademie kommt, um zu lernen, im Stil seiner Idole und Meister zu malen, das niemals erreicht, sondern nur den Ersatz dessen abliefert, was er abliefern wollte, sein antrainierter Ehrgeiz und Ambitionswille ihn aber immer und immer weitermachen lässt. «Ich konnte nicht das, was ich wollte», wird Herrndorf zwanzig Jahre später seiner Freundin Kathrin Passig im Interview erklären.

Aber was er trotzdem in dieser Phase ein für alle Mal für sich organisiert, ist ein Lebensstil, den er bis zu seinem Tod beibehalten wird: mit wenig auskommen, zu Hause arbeiten, solange es geht. Ewig rennt er mit den gleichen weißen Turnschuhen mit hohem Schaft in Nürnberg herum, bis die Sohlen wie Krokodilsmäuler herunterklappen. Wenn er bei seinen Eltern in Norderstedt ist, will seine Mutter mit ihm unbedingt neue Klamotten und Turnschuhe kaufen, aber Wolfgang weigert sich, und wer verstünde das nicht, er ist fast Ende zwanzig. Eines Tages aber klingelt in Norderstedt das Telefon, und Wolfgang erzählt seinen Eltern eine Geschichte: dass er mit seinen Turnschuhen durch die Fußgängerzone von Nürnberg gelaufen sei und ihn ein Mann angesprochen habe. Er arbeite beim Sportartikelhersteller Adidas in Herzogenaurach, habe der Mann gesagt, ob er Herrndorf dessen Turnschuhe für das Adidas-Archiv abkaufen könne? Für hundert Mark?

Mag sein, dass Herrndorf seinen Eltern nur eine gute Geschichte erzählt hat, um sie zu beruhigen. Mag aber auch sein, dass sie stimmt. Dass er seine zerfledderten Sneaker direkt dort in der Fußgängerzone ausgezogen und dem Mann von Adidas für hundert Mark in die Hand gedrückt hat, um danach barfuß nach Hause zu laufen: Das ist nicht ganz unwahrscheinlich. Herrndorf fuhr ja auch mit Calvin barfuß in die Uni nach Erlangen. Und die Firma Adidas in Herzogenaurach, eine halbe Stunde nördlich von Nürnberg, unterhält tatsächlich eine historische Sammlung der Sportartikel aus ihrer Produktion: unter anderem mit sechzehntausend Schuhen, die sorgfältig konserviert werden. Bei der Abteilung für «History Management» in Herzogenaurach können sie das Rätsel aber nicht lösen: «Wir haben eine intensive Recherche bei uns im Archiv durchgeführt, müssen Ihnen aber leider mitteilen, dass wir keine Aufzeichnungen über diesen Vorgang in unseren Akten finden konnten.» Ohne den Namen des Schuhmodells oder des Adidas-Mitarbeiters sei es schwierig, noch weiter zu forschen, das Archiv sei auch erst 2009 professionalisiert worden.

Es gibt zwar ein, zwei Fotos von Herrndorf, die ihn damals in Nürnberg mit seinen weißen Turnschuhen zeigen, aber sie sind zu verschwommen, um das Modell zu erkennen. Auf einem dieser Fotos erkennt man dafür ihn im Kreis seiner Freundinnen und Freunde: Sie sitzen, Calvin ist auch dabei, bei Wein in einem Hinterhof um einen Tisch herum. Herrndorf ist eine Leiter hinaufgeklettert, hat sich auf einem Fensterbrett niedergelassen und schaut von dort oben auf alle anderen hinunter.

«Ich bin frei», habe Herrndorf Calvin erklärt, wenn der ihn auf seine prekäre Situation angesprochen habe. Aber es könnte sein, dass diese Freiheit eine Ersatzfreiheit im Hildesheimerschen Sinne ist: die Freiheit, ein Komma hin- und herzuverschieben, solange man will. Herrndorf arbeitet, er arbeitet ununterbrochen, aber jahrelang an der Armutsgrenze. Und Wahrnehmungsschwelle.

Im September 1993 beantragt Wolfgang Herrndorf Wohngeldzuschuss bei der Stadt Nürnberg, die bewilligt ihn. Wenn er nicht Postsäcke am Bahnhof verpackt, arbeitet er in seinem Zimmer an Zeichnungen, Parodien, Cartoons. Eine neue Mappe entsteht. Dann bringt er diese Mappe endlich zur Post. Und schickt sie an die «Titanic».

3. KAPITEL

«Es ist doch ein schönes Gefühl, von Idioten umgeben zu sein.»

Letzte Jahre in Nürnberg, erste in Berlin, 1992 bis 1998

Vom Postarbeiter Wolfgang Herrndorf gibt es kein Selbstporträt. Jahre später wird zwar das Aquarell eines Postarbeiters auf einem nächtlichen Bahnsteig entstehen: ein Mann in blauer Uniform auf Gleis 2, um kurz nach drei. Es ist erkennbar nicht Herrndorf. Aber der Zug, der auf diesem Gleis erwartet wird, fährt nach Berlin. Und alles andere passt zu dem Arbeitsleben, das Herrndorf damals hat. Ein Vierzeiler unterlegt die Szene: «Ein Zug fährt in die Welt hinaus – / Ein Zug fährt in den Bahnhof ein, / Ich lad die Säcke ein und aus; / Ich muss der Sackverlader sein.» Das Aquarell stammt aus dem Jahr, in dem Herrndorfs erster Roman erscheinen wird, 2002.

Es gibt also kein Selbstporträt des Arbeiters Wolfgang Herrndorf – wie er aber ausgesehen hat, damals, kann man sich vorstellen. Denn Herrndorf wird über zwei Jahrzehnte hinweg die Jacke tragen, die ihm die Nürnberger Post im Oktober 1992 zur Verfügung stellt. Er trägt sie auch auf einem der bekanntesten Fotos, das Isolde Ohlbaum zwölf Jahre später, im Jahr 2004, von ihm machen wird: Da hockt er an einer Hauswand in Jeans, Turnschuhen und einem blauen Parka. Das Innenfutter der Jacke kann man ein- und ausknöpfen, je nach Jahreszeit. Er trägt sie bis zuletzt.

Die Biographie eines Menschen anhand der Klamotten zu erzählen, die er trug: Bei Herrndorf würde das eine Uniform ergeben. Eine scheinbar neutrale Wiedererkennbarkeit mit identitätsstiftender Wirkung. Interessant, wie bei einem Künstler, der beteuert, so wenig Wert auf Äußerlichkeiten zu legen, der zum Abitur das zerschlissenste T-Shirt trägt, das er besitzt, der Kleidungsstil trotzdem so prägnant wird. Herrndorf weiß genau, was er wann trägt und zu welchem Anlass. Es gibt keine Abwesenheit von Entscheidung, auch nicht im Alltag. Herrndorf sendet und empfängt immer. Und er kann sich offenbar selbst von seinen ausgelatschten Turnschuhen nicht trennen, ohne eine Geschichte daraus zu machen.

Jeans, T-Shirt, Turnschuhe, Parka: eine ewige Jungsmode. Es gibt Herrndorf nicht im Oberhemd. Es gibt Herrndorf nicht im Anzug. Es gibt Herrndorf nicht mit Krawatte. Es gibt Herrndorf nicht im Poloshirt. «Weißes T-Shirt und gut», sagt Dorothee Köhl über die Nürnberger Zeit (und man sieht es auch auf den Selbstporträts von damals). Die grüne Trainingsjacke, die er in seinen letzten Lebensjahren tragen wird, hat er in den letzten Roman, an dem er arbeiten konnte, noch hineingeschrieben. Es gibt auch ein T-Shirt mit einem schön-rätselhaften Aufdruck in diesem Buch: «Heimat. Lockerheit. Österreich.» Wenn später von Wolfgang Herrndorfs Abschiedsauftritt in seiner eigenen Literatur die Rede ist, dann von dem Mann in der grünen Trainingsjacke in «Bilder deiner großen Liebe».

Überhaupt sind T-Shirts ein wiederkehrendes Herrndorf-Motiv. Im berühmt gewordenen, ironischen Bachmannpreis-Bewerbungsvideo von Kathrin Passig aus dem Jahr 2006, Regie führt der spätere «Tschick»-Drehbuchautor Lars Hubrich, trägt Herrndorf in seinem kurzen Gastspiel als Bettler ein T-Shirt mit dem Aufdruck «Kelag Publikumspreis 2004». Das hatte er sich selbst für diesen Film bedrucken lassen: Der Klagenfurter Energiekonzern Kelag gehört zu den Sponsoren des Wettbewerbs und hatte jenen Publikumspreis gestiftet, den Herrndorf bei seiner Teilnahme zwei Jahre zuvor in Klagenfurt gewann. Am Tag der damaligen Preisverkündung, es ist der 27. Juni 2004, trägt Herrndorf ein T-Shirt der Zentralen Intelligenz Agentur (ZIA), so nennt sich die Organisation für Textproduktion, Webdesign und Veranstaltungen, die einige seiner Berliner Freundinnen und Freunde gegründet haben. Er trägt es erneut auf dem Gruppenbild der ZIA, das zu Harald Stauns Artikel in der «Frankfurter Allgemeinen Sonntagszeitung» im Juli 2006 erscheint – und in dem es auch um die T-Shirts geht, die all diese Berliner Menschen «aus dem Internet» tragen, die jetzt in einer konzertierten Aktion den Bachmann-Preis zu erobern scheinen, organisiert von der ZIA, unter anderem eben auch: dieser Wolfgang Herrndorf.

Den Nürnberger Postarbeiter Herrndorf erkennt man nicht an einem T-Shirt, sondern am Parka. Er liebt ihn – und schwärmt davon, wie praktisch der sei. Aber dieser Parka ist auch ein Statement. Ein fast schon brechtmäßiges Statement eines Künstlers, der so nicht genannt werden will, «Künstler» – der aber seine Zeit phasenweise entweder mit dem Verladen von Postpaketen auf dem Nürnberger Bahnhof verbringt oder mit der Produktion von Kunst. (Einen Brecht mit Schiebermütze, aber im Anzug wird Herrndorf übrigens auch anfertigen.)

Zwischen diesem Herbst 1992 und dem Sommer 1994 entsteht bei der Kunstproduktion die Mappe, die Herrndorf an die «Titanic» schickt. «Für unverlangt eingesandte Manuskripte wird keine Gewähr übernommen», das ist die Standardreaktion deutschsprachiger Verlage und Redaktionen, sie steht oft im Kleingedruckten. In der Praxis heißt dieser Satz: Was hier bei uns ankommt und wir nicht bestellt haben, wird gelesen und freundlich abgesagt, bestenfalls. Oft mit dem Nachsatz, dass die Einsendung zur Entlastung direkt wieder zurückgeschickt wird – so war es jedenfalls in der Ära vor dem Internet und der Löschtaste. Es gibt eine Anekdote vom amerikanischen Schriftsteller Truman Capote, der in den fünfziger Jahren beim «New Yorker» für die

Bearbeitung der Cartoon-Einsendungen zuständig war, das amerikanische Magazin ist ja berühmt für seine Illustrationen – der aber die Post immer hinter einem Schrank in der Redaktion entsorgt hat, weil er einfach keine Lust hatte, sich mit dem Zeug zu beschäftigen.

Wolfgang Herrndorf probiert es mit seiner Mappe einfach aus. Er schickt sie zu der einen Zeitschrift, die er liest, seit er sechzehn ist, also nicht nur seit seiner eigenen Frühgeschichte, sondern auch schon seit der Frühgeschichte der «Titanic» selbst. Das Magazin ist 1979 gegründet worden von den wichtigsten Leuten der «Neuen Frankfurter Schule»: Gernhardt, Waechter, Traxler, Poth. Zwei Jahre später schon beginnt der Mittelstufenschüler Herrndorf, sie zu lesen.

Oliver Maria Schmitt, damals Chefredakteur des Satiremagazins, hat den Tag beschrieben, irgendwann Ende 1994, als er vom Layoutchef der «Titanic» gerufen wird, Tom Hintner, weil bei dem eine große, grüne Mappe mit Arbeiten eines Nürnberger Künstlers eingegangen ist, von dem sie bis dahin noch nie gehört hatten: «Comics, Cartoons, Illustrationen, Studien, Scribbles – viel mehr, als man normalerweise bei einer Zeitschrift einreichen würde.» Hintner und Schmitt sind begeistert von dem, was sie da unverlangt eingesandt bekommen haben. Vor allem Schmitt ist angetan von dem Formenreichtum des Bewerbers, der mit seinen Arbeiten «dem Auge richtig viel bot» – anders als viele der absichtlich karg und verbogen zeichnenden Karikaturisten, die damals sonst für die «Titanic» arbeiten, Rattelschneck zum Beispiel, OL, Tex Rubinowitz.

Die «Titanic» ist viel mehr als ein Satiremagazin. Sie wirkt stilbildend für Generationen von Autorinnen und Autoren, die sie erst gelesen beziehungsweise auswendig gelernt haben – und dann auch so schreiben wollten. Die Lektüre der «Titanic» schult in elementaren Dingen des Kunst- und Weltverständnisses:

Witz, Genauigkeit, Unbestechlichkeit, Ideologiekritik, Aversion gegen falsche Sätze und lahme Meinungen. Dabei bewegt sie sich frei zwischen den Genres: Illustrationen sind im Heft genauso wichtig wie die satirischen Texte, die Kolumnen oder die «Humorkritik». Aber die Übergänge sind immer fließend. Humor und sprachkritische Sprachliebe (wie bei Max Goldt) erzeugen Gegenwartserkenntnis, so wie sich die politischen Texte in der «Titanic» absetzen müssen vom Magazinjournalismus, vom Journalistenschulsound, von den Phrasen und abgedroschenen Meinungen.

Oliver Maria Schmitt und Tom Hintner sind also begeistert von dem Material in der grünen Mappe und engagieren den unbekannten Nürnberger sofort. Für einen jahrelangen Leser des Magazins wie Herrndorf muss sich das wie ein Traum angefühlt haben, der in Erfüllung geht, vor allem nach den demoralisierenden Erfahrungen an der Akademie. Er kommt direkt bei einem Magazin an, das er seit Schulzeiten liest. Wie vielen Berufseinsteigern geht das so?

Aber von allzu großem Jubel findet sich keine Spur. Herrndorf ist neunundzwanzig Jahre alt, vielleicht liegt es daran. Und Geld kann man mit solchen Illustrationen und Zeichnungen nicht verdienen, vor allem, wenn man sie in Arbeitsstunden umrechnet. Zudem ist Herrndorf bei der «Titanic» – das spürt man schon beim Lesen, und Herrndorf wird es erst recht gespürt haben – unter Leuten, denen Gefühlsüberschwang, Jubel und Freude suspekt gewesen wären. Herrndorf geht es ja genauso. Oliver Maria Schmitt kann sich jedenfalls nicht daran erinnern, dass sein neuer Illustrator sich begeistert davon gezeigt hätte, engagiert worden zu sein.

Im Oktober 1994 wird Herrndorfs erster Cartoon abgedruckt, zur Illustration der allmonatlichen «Humorkritik»-Rubrik, die immer wechselnde Autoren füllen. Im Dezember 1994 folgt gleich der nächste für die «Titanic»: Die in Mischtechnik entstandene Zeichnung zeigt Mutter und Kind an einem Wintertag, draußen vor dem Fenster schneit es in großen, runden Flocken, die Mutter hat es sich mit einem Buch im Lesesessel gemütlich gemacht, vielleicht schläft sie auch, ihr Kind aber steckt im Zimmereck in einer schlichten Folterkonstruktion: Es ist an das eine Ende eines Seils gebunden, das, über drei Rollen geführt, von der Decke hängt – am anderen Ende hängt ein Schlitten. Aber das Seil ist zu kurz, mit jedem Schritt, den das Kind mit ausgestreckten Armen auf den Schlitten zugeht, ruckt der hoch in Richtung Decke. Es ist also aussichtslos, aber das Kind kann sich trotzdem ewig damit beschäftigen, es kommt nicht davon los, etwas zu haben, das es nicht kriegt.

Im Monat darauf, im Januar 1995, erscheint dann die erste Illustration, die Wolfgang Herrndorf für die «Titanic»-Kolumne der Autorin und Satirikerin Fanny Müller anfertigt, «Mit den Augen einer Frau». Bis zum August 1996 folgen elegante Zeichnungen zu dieser Frauenzeitschriftenparodie, die Herrndorfs Talent zeigt, auch illustrative Traditionen zu imitieren: «die Dame» beim Einkauf, am Strand, auf der Stehparty. Seine Schwarzweißbilder hätten so auch 1957 in der «Quick» erscheinen können. Unwahrscheinlich, dass er sich bis zu diesem Zeitpunkt näher mit dieser Formensprache beschäftigt hatte. Herrndorf, schreibt Oliver Maria Schmitt, «konnte schlechterdings alles» – und wird so zur «Geheim- und Allzweckwaffe für die Redaktion».

Mit den Auftragsarbeiten für die Fanny-Müller-Kolumne ist Herrndorf im ersten Jahr als Freiberufler bei der «Titanic» regelmäßig beschäftigt. Er bringt zwischendurch auch noch zwei, drei andere Witzzeichnungen aus seinem Bestand unter. Aber nicht viel mehr, denn die Witzzeichnungen, sagt Oliver Maria Schmitt, seien nicht so überzeugend gewesen, düster, drastisch, gewollt. Schmitt erinnert sich andererseits auch daran, dass sie sich in der

Redaktion darum gestritten hätten, wer eine neue Lieferung in Auftrag gegebener Illustrationen von Herrndorf auspacken darf. (Er malt unter anderem Fotos ab, deren Abdruck die «Titanic» sich nicht leisten kann.) Man muss es so sagen: Wolfgang Herrndorf schlägt bei seinem damaligen Lieblingsmagazin, anders als beim Studium in Nürnberg, gleich im ersten Anlauf voll ein.

Aber leben kann er davon nicht, wie gesagt. Zudem befördert Herrndorf sich damit in eine schizophrene Situation, die jahrelang bestehen bleiben wird. Denn auch wenn die «Titanic» Herrndorfs Zeichnungen druckt und ihn sofort zum festen Bestandteil macht: Seine größten Erfolge in diesem Magazin wird er mit exakt jenen altmeisterlich-malerischen Imitaten erzielen, die an der Akademie jahrelang niemand gelten lassen wollte. Herrndorf hat trotzdem weiter an diesen Imitationstechniken gearbeitet, inzwischen beherrscht er sie perfekt, und das kommt ihm jetzt zugute.

Aus dem Zusammenhang einer Kunstakademie gerissen, erscheint seine altmeisterliche Technikbeherrschung hier, auf den Seiten eines Satiremagazins, endlich am richtigen Ort: Hier können diese Techniken, angewandt auf Gegenstände und Motive der Gegenwart, ihr subversives Genie und ihren Witz entfalten. Herrndorf hatte zwar auch schon in seinen altmeisterlichen Imitaten an der Akademie ironische Elemente eingebaut oder die Bilder spielerisch verfremdet: die Vermeersche Briefschreiberin, die erschöpft ihre Briefe zerknüllt. Das Dürersche Selbstporträt mit Stoffhase. Der Christus Pantokrator mit Bohrmaschine. Ob dahinter aber der Plan stand, in der Satire zu landen?

Pläne gehen halt nicht so auf, wie man es will, so hat Herrndorf es auch seinem Freund Calvin erklärt. «Am seltsamsten finde ich dabei immer wieder die atemberaubende Selbstverständlichkeit», schreibt er ihm im Mai 1996, «mit der die meisten Menschen das, was sie geworden sind, als notwendige Folge ihres Willens ansehen, als ob der Aufwand, den sie betrieben haben, um Arzt oder Architekt zu werden, nicht unter anderen Umständen genauso gut ausgereicht hätte, sie zu Bäckermeistern oder Amokläufern zu machen.»

Dank der «Titanic» geht also ein Plan auf – das wird ihm klar gewesen sein, als er Calvin diesen Satz im Frühjahr 1996 schreibt. Ein Plan, mit dem Herrndorf so wohl gar nicht angetreten war. Auch wenn sein Respekt vor der Malerei als Kunst im Laufe der Jahre gesunken ist. Es gibt ein berühmtes Zitat von Mark Twain, dessen Klassiker «Huckleberry Finn» Herrndorf leidenschaftlich gelesen hat – und das vom Missverständnis handelt, das Twain als amerikanischen Schriftsteller und Humoristen weltberühmt gemacht hat. «Ich habe immer gepredigt», erklärte Twain in einem seiner autobiographischen Texte, «das ist der Grund, warum ich es dreißig Jahre lang ausgehalten habe. Falls sich Witz wie von selbst und unaufgefordert eingestellt hat, dann habe ich es ihm erlaubt, in meiner Predigt Platz zu nehmen – aber ich habe die Predigt nicht um des Witzes willen geschrieben.» Ein koketter Satz, einerseits, aber andererseits beschreibt er auch, wie produktiv Missverständnisse wirken können.

Das ernste Projekt der altmeisterlichen Malerei hatte Herrndorf an der Akademie in Nürnberg keinen Erfolg gebracht – das lustige Projekt der altmeisterlichen Technik bringt den Erfolg bei der «Titanic» mehr oder weniger sofort. Er bleibt sich aber auch als Zeichner für die «Titanic» treu darin, autobiographische Arbeiten abzuliefern. Im Cartoon mit dem Kind und seinem Schlitten ahnt man, wie es ihn beschäftigt hat, in einem gleichzeitig liberalen und ehrgeizigen Elternhaus groß geworden zu sein, es passt zu den Gesprächen über Erziehung und Rebellion, die er mit Calvin führt. Sein Cartoon über den «Westerntopf mit Jagdwurst» dann, erschienen im «Titanic»-Heft vom Mai 1995, erzählt in Bildern und Reimen die wahre Bildergeschichte eines

Mannes, der für sein Leben gern den Westerntopf mit Jagdwurst aus der Dose von der Firma Henkelmann isst. Sie ist wahr, weil sie Herrndorfs eigene Geschichte erzählt, der bis an sein Lebensende ständig solche Fertiggerichte aus der Dose gegessen hat. Gleichzeitig steht der «Westerntopf» in der «Titanic»-Tradition, schlechtes Essen zu feiern, verwandt mit Rattelschnecks «Stulli, das Pausenbrot» und immer neuen Witzen über Wurst in allen Aggregatzuständen.

Im letzten Bild der Herrndorfschen Bildergeschichte sieht man einen Mann mit rasiertem Schädel im blauen Sweatshirt, der mit einer Einkaufstasche vom «HL»-Markt davonstürmt, eine Dose Westerntopf in der Hand, die blaue Mütze fliegt ihm vor Glück vom Kopf. Das erste Bild wiederum ist einfach nur das abgelöste und aufgeklebte Originaletikett eines «Henkelmann»-Westerntopfs. Wer weiß, vielleicht hatte Frau Kellermann aus der «HL»-Filiale am Kontumazgarten Herrndorf ja exakt diese Dose verkauft, und deren Etikett hat es dann in die «Titanic» geschafft.

Zum Ende des Jahres 1995 gewinnt Herrndorf den nächsten Arbeitgeber dazu, das Berliner Satiremagazin «Eulenspiegel», für das Herrndorf auch Zeichnungen aus der «Titanic» zweitverwerten will. Zwischen den beiden Magazinen geht es kurz um die Frage, wer eigentlich die Rechte an diesen Zeichnungen hält; im Oktober 1995 schreibt der «Titanic»-Chefredakteur deswegen dem «Eulenspiegel»-Chefredakteur – und nennt Herrndorf in diesem Brief «unseren Zeichner und Illustrator».

Eigentlich geht es hier nur um Geld. Das besitzanzeigende Fürwort *unser* ist trotzdem ein Hinweis darauf, dass Wolfgang Herrndorf inzwischen irgendwo angekommen ist. Wohin er vielleicht gar nicht gewollt hatte. Er löst sich jetzt nach und nach aus der als klaustrophobisch empfundenen, aber auch als klaustrophobisch kultivierten Nürnberger Lage.

Doch bevor er geht, gehen andere. Nach einem letzten gemeinsamen Frankreich-Urlaub im Sommer 1994 ist die Beziehung zwischen Dorothee Köhl und Wolfgang Herrndorf beendet. Ihre gemeinsamen Freunde Friederike und Rudolf sind nach Berlin gezogen. Und Calvin ist nach dem Magisterabschluss nach Neuseeland zurückgekehrt.

Mit wachsender Sorge beobachtet Calvin, wie enttäuscht Wolfgang vom Leben und von der Erfahrung an der Akademie ist. Geradezu paralysiert sei er gewesen, erinnert sich Calvin, habe aber seinen Defätismus auch gleich wieder gepflegt: «Er hat den Menschenfeind gespielt.» Aber auch mit dem, was er dann für die «Titanic» geliefert habe, sei Wolfgang nicht zufrieden gewesen. «Ich habe sehr wenig Verständnis für diesen Selbstmitleidstrip gehabt», erklärt Calvin, spricht dann auch von der «Selbstsucht» des Einzelkinds Wolfgang, nach dessen Willen sich alle und alles zu richten gehabt hätten. Selbstsucht ist ein Ausdruck, den man im Zusammenhang mit Wolfgang Herrndorf selten hört. Das stimmt, sagt Calvin, «im Nachhinein sehe ich das aber auch etwas anders: Es war nicht so, als hätte er in dieser Phase nichts getan. Es kommt mir so vor, als hätte er damals Kräfte gesammelt für die großartigen Leistungen, die noch kommen sollten.»

Bumerangwerfen an der Pegnitz. Im Winter Schlittenfahren am Torgraben, nachts auf einem umfunktionierten Backblech, mit der Finnin Tiina, seiner neuen Freundin: Nur an «Kinderfreuden» habe Wolfgang damals noch Spaß gehabt, erinnert sich Calvin. Da er zu dieser Zeit schon wieder zurück in seiner Heimat ist, schreiben sich die beiden Freunde Briefe. Es ist Januar 1996, und Wolfgang berichtet, dass Nürnberg unter einer zehn Zentimeter hohen Schneedecke liegt und er aus einer Plastikwanne einen Schlitten bauen wollte – und sich dabei so schwer an der linken Hand verletzt hat, dass er in die Notaufnahme musste. Stundenlang sei er operiert worden. Den Horror verwandelt er direkt in

Pointen. «Die Menge Blut, die ich dabei verloren habe, hätte ausgereicht, Dich für den Rest Deines Lebens in Ohnmacht fallen zu lassen», schreibt er Calvin. «Dabei habe ich mich mit den Ärzten sehr angeregt über den nächtlichen Notfalldienst, Amputationen und Weichteilverletzungen unterhalten ... Und mir ist wieder einmal klar geworden, dass ich ja eigentlich ein großer Freund der nichtganzheitlichen Apparatemedizin bin ... Da Du ein Bedürfnis nach gelassener Melancholie und ruhiger Beschaulichkeit äußerst, kann ich Dir nur raten: Hack Dir mit einem Beil kräftig in die linke Hand! Das ist der Königsweg zu Ruhe und onanistischer Selbstbeschäftigung.»

Seine neue Freundin Tiina lernt Wolfgang ein halbes Jahr nach dem Ende der Beziehung mit Dorothee kennen. Und mit Tiinas finnischen Freundinnen und Freunden kommt gleich die nächste Gruppe von Menschen in sein Leben, in der Wolfgang einfach aufgeht: Er spielt in einer finnischen Baseballmannschaft, er verbringt mit den Finnen Weihnachten und Silvester 1995. Es ist der letzte Jahreswechsel Herrndorfs in Nürnberg. «Ich vermisse Dich», schreibt er Calvin nach Neuseeland.

Die beiden Freunde hatten sich in ihren letzten gemeinsamen Jahren in Nürnberg ein «Sensibilitätsbarometer» ausgedacht. «Wir waren jung und blöd», sagt Calvin. Es handelt sich dabei um ein «imaginiertes Stimmungsgerät», damit sich die beiden nicht fragen müssen, ob es dem anderen gut oder schlecht geht, das wäre ja auch zu banal und gewöhnlich: Sie sprechen lieber darüber, wie die Sensibilitätswerte aktuell so stehen. In einem Brief an Calvin vom Dezember 1995 hat Wolfgang das Stimmungsgerät gezeichnet: Die x-Achse misst den Grad an Sensibilität, die y-Achse den Zeitpunkt dieser Empfindung.

Vor Weihnachten 1995 markiert die Vorfreude auf ein Vermeer-Gemälde in Wien einen der höchsten Ausschläge: Wolfgang und Tiina reisen im November dorthin, Wolfgang schickt

Calvin aus Wien eine Postkarte mit dem Vermeer-Bild, das sie im Kunsthistorischen Museum zu sehen gehofft hatten, «Die Malkunst» (1665/66). Dass sie das Bild aber nicht zu sehen bekamen, weil es sich bei ihrem Besuch in Restauration befindet, markiert dann einen der tiefsten Ausschläge. Tiefer nur schlägt ein «Selbstmordgedanke» aus, direkt danach. Diesem ominösen Ausschlag nimmt Herrndorf direkt wieder die Schärfe, indem er mit einem vergleichbar tiefen Wert auch die Erkenntnis vermerkt, dass laut Tiina «jeder Depp» die Aufnahmeprüfung in die finnische Baseballmannschaft bestanden hätte. Dabei hatte sich Wolfgang so gefreut darüber – ein Ausschlag auf der Stimmungskurve, so hoch, wie nur die Vorfreude auf den Museumsbesuch es gewesen war.

Beim Zeichnen der Kurve sei ihm aufgefallen, schreibt Wolfgang dazu, dass die Variante des langsamen Anstiegs und starken Abfalls der Sensibilitätskurve viel häufiger vorkomme als die eines starken Anstiegs und langsamen Abfalls. Im Brief zeichnet er die beiden Formen nach: «Ich könnte mir vorstellen, dass das für mein Leben typisch ist und mit meiner moralischen Ernährung zusammenhängt, auch wenn ich nicht weiß, was ich damit sagen will.»

Die beiden werden sich trotzdem verstanden haben: Wolfgang hängt durch. Es liegt nah, angesichts dieses «imaginierten Stimmungsgeräts» an ein anderes imaginiertes Stimmungsgerät zu denken, das er fünfzehn Jahre später, in der manischen Phase nach seiner ersten Hirn-OP im Februar 2010, in sein Notizbuch zeichnen wird: den Hebel zur Manieregulation. Eine Illustration innerer Vorgänge, um sie externalisiert und in eine Abstraktion verwandelt beobachten und kontrollieren zu können. Herrndorf, das zeigt sich zeitlebens immer wieder, muss sich Dinge aufzeichnen, um sie durchdringen zu können.

Trotzdem ist dieses ausgedachte Nürnberger Gerät natürlich

erst einmal lustiger Quatsch, auch wenn sich aus diesem Quatsch der mathematische Empfindungskünstler herauslesen lässt, der Herrndorf schon als Akademiestudent gewesen ist.

Die Briefe der beiden Freunde aus dieser Phase, Mitte der neunziger Jahre, erzählen also die Geschichte ihrer Freund-schaftsspiele. Sie erzählen zugleich ihre Selbstinszenierung, wie sie als quasiliterarische Figuren die ganz großen Fragen des Lebens verhandeln: ungefähr so, als stritten hier Naphta und Settembrini aus Wolfgangs geliebtem «Zauberberg» von Thomas Mann. Es gibt zu diesem Schlagabtausch zwischen Calvin und Wolfgang keine Öffentlichkeit. Sie bleiben ja immer unter sich, egal ob in der Kneipe oder in ihren Briefen. Man spürt aber, dass sie sich selbst dabei zusehen und zuhören, wenn sie besonders ge-lehrt diskutieren. Sie spielen Streiten, was aber nicht heißt, dass sie es nicht ernst meinen: etwa wenn der eine auf einem Sinn des Lebens beharrt und der andere das für einen Logikfehler hält. Sie führen diese Debatten, die sie seit Jahren permanent begleiten, jetzt per Luftpost weiter. Ihr ewiger Dissens um Seele und Sinn ist immer einer der Gründe gewesen, warum die beiden sich so mögen.

«Dein letzter Brief», schreibt Calvin im Mai 1996 an seinen Freund, «lässt mich wieder erkennen, dass Du wirklich entschlos-sen bist, auf Deiner Überzeugung von der biochemischen De-terminierung des Seins unweigerlich zu verharren. Welche bio-chemische Zusammensetzung ist es aber, die Dich dazu bringt, ausgerechnet diese anstatt einer anderen Überzeugung zu ha-ben und zu verfechten? Welchen biochemischen, physikalischen Grund gibt es dafür, dass Du so leidend-märtyrerhaft für densel-ben Grund eintrittst? Kann das ohnmächtige Hinnehmen absolu-ter empirischer Bedingtheit wirklich angeboren sein? Denkst Du nicht eher, dass die bloße Neigung dazu bewusst kultiviert und gesteigert werden kann?»

«Du hast natürlich recht», antwortet der andere, Anfang Juni 1996, «meinen Glauben an die biochemische Determination seinerseits auf biochemische Prozesse zurückzuführen, an die zu glauben wiederum bedeutet, dass sie ihrerseits biochemisch determiniert sein müssen, so dass wir nach dem Satz vom zureichenden Grund irgendwann die Struktur des Gehirns als die Ursache aller Dinge und das Universum als ‹Fortsetzung unseres Sinnensystems› (Lorenz Oken) ansehen müssen. Was grundsätzlich die Frage aufwirft, warum nicht jeder Besitzer einer Gehirnstruktur an die biochemische Determination glaubt? Sollte es doch Unterschiede geben? Etwas jenseits von Fußball und Alkohol?»

Herrndorf setzt diese Pointe, die er über die Erwähnung des Naturphilosophen Oken (1779–1851) geradezu klassisch aufbaut, und macht dann einen Absatz. «Apropos letzter Grund», schreibt er danach weiter: «Wie würdest Du ein System nennen, das so komplex ist, dass alle seine Äußerungen uns unerforschlich scheinen müssen, sein Grund undurchschaubar und seine Ratschlüsse unbezweifelbar? Dessen Existenz uns jederzeit wahrscheinlich ist, zu dem wir aber reden, bitten, flehen können, ohne zu wissen, ob und wann wir jemals Antwort erhalten werden? Ein System, das macht, was es will, und vor allem, wann es will, und uns in jeder Faser des Herzens mit dem Gefühl des Erhabenen durchschauert? – Richtig, ich rede von meinem Computer.» Noch eine klassisch gebaute Pointe.

Um diese Zeit, Frühjahr 1996, zieht der Computer ins Leben von Wolfgang Herrndorf ein – und nie wieder aus. Es wird noch zwei Jahre dauern, bis sich die beiden Freunde auch E-Mails schicken, bis Wolfgang Calvin die E-Mail-Adresse seiner Berliner Freundin Ulrike mitteilt, deren Account er mitbenutzen dürfe, und Calvin am Rande eines Briefentwurfs handschriftlich das «@»-Zeichen probiert. Noch schreiben sie sich aber Briefe und Karten, kleben Marken drauf und werfen sie in den Postkasten.

In dem Brief von Anfang Juni 1996 kündigt Wolfgang, versteckt unter einem riesigen Mitteilungsdrang, es gibt so viel zu berichten, wie nebenbei seinen nächsten, lebensentscheidenden Schritt an: «Mein Entschluss, nach Berlin zu gehen, steht eigentlich fest. Ich habe dies auch schon allen Leuten mitgeteilt. Tiina zieht in zwei Monaten nach München, um dort zu studieren, und es gibt nichts, was mich hier noch hält. Nur den Zeitpunkt weiß ich noch nicht genau.»

Es geht jetzt schnell. Vierzehn Tage später unterschreibt Wolfgang Herrndorf den Mietvertrag für eine Wohnung in der Neuköllner Pannierstraße, einundvierzig Quadratmeter im Erdgeschoss, linker Seitenflügel. Ein richtig schönes Berliner Hinterhofloch mit Kohleofen. Einzug 1. August 1996.

Bei seinem Arbeitgeber «Titanic» hatte es die Allzweckwaffe Herrndorf nach kaum einem Jahr der Mitarbeit schon geschafft, ein Fall für den Staatsanwalt zu werden. Im Oktober 1995, kurz bevor Wolfgang und Tiina nach Wien fahren wollen, erscheint im Magazin seine mehrseitige Bilderstrecke über den «neuen Jesus».

Ein halbes Jahr zuvor, im Mai 1995, hatte das Bundesverfassungsgericht das «Kruzifix-Urteil» gesprochen. Und befunden, dass die Anbringung eines Kreuzes oder Kruzifixes in den Unterrichtsräumen einer staatlichen Pflichtschule, die keine Bekenntnisschule ist, gegen das Grundgesetz und die darin festgeschriebene Religionsfreiheit verstoße. Eltern hatten zuvor gegen eine Verordnung geklagt, die eine Aufhängung des Kruzifixes in bayerischen Volksschulen festschreibt. Die Debatte beschäftigt die Bundesrepublik, in Bayern wird die Forderung laut, den Blasphemie-Paragraphen zu verschärfen, in Talkshows und Feuilletons wird die Entscheidung des Verfassungsgerichts heftig diskutiert.

Der bayerische Bürger Wolfgang Herrndorf und die «Titanic» stellen sich aber angesichts dieses Urteils eine ganz andere Frage: Wohin mit den ganzen Kruzifixen, die jetzt wieder abgehängt werden müssen? Als Antwort malt Herrndorf ein paar Gemälde. Sie zeigen Jesus als Bieröffner, Jesus als Türstopper, Jesus als Kleiderhaken, Jesus beim Regeln des Straßenverkehrs, Jesus als Schreibtischutensil zum Aufpiksen von Papier. Herrndorf hat nicht irgendwas hingekritzelt, wie es der blödelnden Qualität dieser Gags entsprochen hätte. Er hat auch nicht, wie sich Oliver Maria Schmitt es vorgestellt hatte, Zeichnungen der zweckentfremdeten Kruzifixe als billige Massenware zum Bestellen angefertigt. Er hat Gouachen von ihnen gemalt. Der eigentliche Witz entsteht auch hier wieder aus der sorgfältig ausgeführten, umfunktionierten christlichen Bildsprache, aus der ikonografischen und technischen Expertise. Der gekreuzigte, ausgemergelte, nackte Leib mit Stichwunden und Dornenkrone, über dem eine Jacke hängt, deren Faltenwurf ebenfalls perfekt ist: Wenn diese Bilderserie etwas zeigt, dann eine genaue Kenntnis abendländischer Malerei. Die Herrndorf aus dem Zusammenhang reißt. Im Grunde hätte man sein Selbstporträt mit Bohrmaschine direkt daneben zeigen können.

Calvin hatte noch mitbekommen, wie sein Freund an diesen Bildern arbeitet. Im Dezember 1995 schreibt ihm Wolfgang dann nach Neuseeland, dass die Deutsche Bischofskonferenz beim Berliner Landgericht Strafanzeige wegen Verstoßes gegen § 166 StGB erhoben habe, dessen Verschärfung jetzt debattiert wird: «Beschimpfung von Bekenntnissen, Religionsgesellschaften und Weltanschauungsvereinigungen», umgangssprachlich Blasphemie-Paragraph genannt. Es geht einerseits um das Titelbild des Hefts, für das Herrndorf aber nicht zuständig war. «Spielt Jesus noch eine Rolle?», fragt die «Titanic» darauf und zeigt dazu ein Foto, auf dem ein Toilettensitz und ein Kruzifix als Klorollenhalter zu sehen sind. Die Anzeigen der Bischöfe richten sich andererseits gegen die Bilder Herrndorfs. Oliver Maria Schmitt erklärt damals dem «Spiegel», er fühle sich «als unschuldiges Opfer eines furchtbaren Missverständnisses». Sein Magazin habe doch mit diesem Titel die «immer religionsloser werdende Gesellschaft» zu einem «klaren Bekenntnis» aufgefordert und «der Nation die Gretchenfrage» gestellt.

«Die Rechtsabteilung der ‹Titanic›, die sich mit der Sache befasst, geht davon aus, dass dieser Anzeige wenig Erfolg beschieden sein dürfte», schreibt Wolfgang im Dezember 1995 an Calvin. «Man wird sehen.» Seinem Brief hat er noch vier Seiten Protestbriefe aus der «Weltbild» beigelegt: Das katholische Magazin aus Augsburg hatte Herrndorfs Bilder aus der «Titanic» nachgedruckt, unter der Überschrift «Auch das ist eine Folge des Kruzifix-Urteils». Ein Vorgang, der fast zu lustig ist, um wahr zu sein.

«Diese abscheulichen Darstellungen können nur einem vom Hass vernebelten Gehirn entsprungen sein», schreibt ein «Weltbild»-Leser aus Memmingen. «Julius Streicher hätte seine Freude daran. Den Islam zu verspotten, wagen diese ‹Künstler› nicht.» Diesen Leserbrief hat Wolfgang in seiner Post an Calvin extra umkringelt. «Meine Meinung: Unsere Kirchensteuer ist nicht zu schade, um mit einem tüchtigen Anwalt durch alle Instanzen bis nach Karlsruhe zu klagen», schreibt eine andere Leserin aus Stegaurach. «Man kann Personen, Handlungen und Haltungen persiflieren», schreibt ein weiterer Leser aus dem Westerwald. «Eine religiöse Verehrung göttlicher Transzendenz ist als solche nicht satirefähig.»

«Vier ganze Seiten Leserbriefe», staunt Wolfgang in seinem Brief an Calvin. «Es sagt ja nichts über Qualität, zumal die Idee eher schlicht war – aber es ist, ich weiß nicht warum, doch ein schönes Gefühl, von Idioten umgeben zu sein.»

Wie Oliver Maria Schmitt vermutet, waren es überhaupt erst dieser Nachdruck im katholischen Magazin und die Massen an Leserbriefen, die die Grundlage schufen für die Anzeige: einen Beleg, dass tatsächlich religiöse Gefühle verletzt worden seien. Die Strafanzeige der Bischöfe bleibt aber erfolglos: Am 22. November 1995 erkennt die Staatsanwaltschaft beim Landgericht Frankfurt die Jesus-Darstellungen aus der «Titanic» nicht als strafbar an. Sie mögen geschmacklos erscheinen, aber das mache sie nicht strafbar. Ein Ermittlungsverfahren wird nicht eingeleitet. Nachdem die Bischöfe gegen diese Entscheidung Beschwerde einlegen, erkennt in nächster Instanz auch die Staatsanwaltschaft des Oberlandesgerichtes Frankfurt am 29. Februar 1996, dass die Darstellungen nicht strafbar seien. Am Ende bestätigt dies auch das hessische Justizministerium im April nach einer erneuten Beschwerde.

Inzwischen hatte aber auch ein Schweizer Leser der «Titanic» im März 1996 eine Anzeige nach Schweizer Recht gestellt und das Bezirksamt Kreuzlingen daraufhin bei seinen deutschen Kollegen um Rechtshilfe ersucht. (Der Vorgang zog sich in die Länge, erinnert sich Oliver Maria Schmitt, weil die Schweizer Staatsanwaltschaft ständig in der Redaktion angerufen habe, um herauszufinden, wie die Adresse der «Titanic» lautet, dort wollte man ihr aber auch nicht weiterhelfen.) Der Layoutchef Tom Hintner und Wolfgang Herrndorf werden schließlich vernommen: Herrndorf erscheint am 23. Juni 1997 vor dem Amtsgericht Tiergarten. Er verteidigt sich mit den Worten «Ich habe doch nur meine Pflicht getan», das hatte ihm Oliver Maria Schmitt so geraten. Es ist die Pflicht zur Pointe, in allen Lebenslagen und selbst bei letzten Dingen.

Am 12. Januar 1998 entscheidet das Bezirksamt Kreuzlingen dann nach Aktenlage, dass keine Strafuntersuchung eröffnet wird, weil die Darstellungen in Deutschland nicht strafbar seien und somit auch nicht in der Schweiz. In der «Nichtanhandnahmeverfügung» vom 12. Januar 1998, die Herrndorf und Hintner vom Bezirksamt Kreuzlingen zugestellt wird, heißt es dann trotzdem noch, es soll ja alles seine Ordnung haben: «Die Angeschuldigten sind deutsche Staatsbürger und werden von Deutschland nicht an die Schweiz ausgeliefert.»

Als vierzehn Jahre später der Frankfurter Schriftsteller Martin Mosebach öffentlich die Verschärfung des Blasphemie-Paragraphen fordert, erinnert sich Herrndorf in seinem Blog «Arbeit und Struktur» an diese Episode. «Heute ist Blasphemie, wenn sie sich nicht gegen den Propheten Mohammed richtet, vollständig risikolos», schreibt Mosebach, ein Lieblingsgegner Herrndorfs, am 18. Juni 2012 in einem Artikel in der «Frankfurter Rundschau», und weiter: «Die Versuche, sich blasphemisch zu übertrumpfen – die geheime Hoffnung bleibt dabei stets spürbar, es könne doch noch, gegen alle Erfahrung, zu einem Skandal oder einem erfolgsfördernden Verbot kommen –, laufen ins Leere, die Vulgarität bekommt einen besonders schalen Beigeschmack, weil sie sich in ihrem Rechthaben und ihrem Anspruch, geduldet zu werden, in der abstoßendsten Weise vor dem Publikum spreizt.» – «Mosebach endgültig verrückt geworden», kommentiert der Blasphemiker Herrndorf daraufhin in seinem Blog. Und räumt aber zugleich ein, dass der Witz seiner Zeichnungen mau gewesen sei.

Der Abschied aus Nürnberg bahnt sich damals, im Frühjahr 1996, langsam an. Herrndorf zählt Calvin im Juni noch ein paar Gründe auf, die eigentlich gegen einen Umzug sprechen. Erstens: «Ich würde sofort verhungern. Mehr als 2–3 Kilometer von der Zentralmensa entfernt, komme ich sofort in Schwierigkeiten. Wenn ich nicht verhungern würde, bekäme ich eine Dönervergiftung.» Zweitens: «Berlin wurde kürzlich, wie ich aus sicherer Quelle erfahren habe, vollkommen zurecht in ‹Das Irrenhaus der Republik› umbenannt.» Drittens: «Die Russen-Mafia. Reiche Leute leben in ständiger Gefahr.» Viertens: «Frau Kellermann.» Und fünftens: «Die Sentimentalität. So wie man sich nach einer Urlaubsreise am besten an die missglückten Teile erinnert und diese deshalb von vornherein herbeizuführen bemüht sein sollte, so werde ich mich unweigerlich an die sämtlichen kleinen unangenehmen Erlebnisse hier mit umso größerer Melancholie erinnern, je entsetzlicher sie mich ankamen.» Dann geht er die Punkte noch einmal durch, die gegen Berlin sprechen, stellt fest, dass es wohl auch in Berlin Supermärkte geben dürfte – und dass vor allem noch etwas anderes für den Umzug spricht: «Wenn Du nach Berlin gehst, gehe ich auch sofort. Bitte schreib mir, was Du planst!» Denn es «würde mich unendlich freuen, Dich wiederzusehen, und außer Friederike und Rudi noch einen dritten zurechnungsfähigen Menschen dort zu wissen».

Und tatsächlich kehrt Calvin in diesem Sommer wieder nach Deutschland zurück, die beiden sind gemeinsam in Berlin. Es werden aber nur drei Monate, in denen sich Calvin als Englischlehrer durchschlägt und versucht, eine Duldung bei den deutschen Behörden zu erreichen, vergeblich. Calvin wohnt in dieser Zeit bei einer alten Dame in Wilmersdorf, die Zimmer vermietet, Wolfgang in seinem Neuköllner Hinterhof. Eben noch haben sie Tür an Tür gelebt, jetzt treffen sie sich in der Stadt; wenn sie sich sehen wollen, kommt Wolfgang mit dem Rad.

So erkundet er seine neue Umgebung: mit dem Fahrrad, was damals, Mitte der neunziger Jahre, als Berlin eine einzige Baustelle ist, kein Mensch macht, außer der Schriftsteller Rainald Goetz vielleicht, der kurze Zeit nach Wolfgang Herrndorf herzieht und in seinem Internetblog «Abfall für alle» ständig darüber schreiben wird, wie er mit dem Rad durch Berlin fährt und wie anstrengend das ist.

Es sind die letzten gemeinsamen Monate am gleichen Ort, in diesem Spätsommer 1996. Die beiden Freunde gehen in die Philharmonie, wo Wolfgang, wie er zu Calvin sagt, nichts von der Musik versteht, aber fasziniert den mathematisch exakten Bewegungen des Orchesters folgt. Sie gehen zusammen in den Saalbau Neukölln, zum «3. Offenen Theodor W. Adorno-Ähnlichkeitswettbewerb», einem Vorlesewettbewerb, präsentiert von der «Titanic» und der «Jungen Welt», bei dem auch ein Praktikant der «Titanic» mitwirken wird, der kurz vorher nach Berlin gezogen ist: Holm Friebe. Doch Calvins Duldung läuft unaufhaltsam ab, und er muss zurück nach Neuseeland. Vorläufig.

Im Jahr vor dem Umzug nach Berlin war Wolfgangs Preetzer Großmutter gestorben: Frieda Franz, die Wolfgang in einem Porträt verewigt hatte, die ihm die ersten Farben geschenkt und ihn auch danach mit Material versorgt hatte, damit ihr Enkel sich entfalten konnte. Und die Großmutter wird das auch über ihren Tod hinaus tun: Wolfgang erbt. Diese Erbschaft ist nicht nur sein Startkapital für Berlin, sie wird zur finanziellen Absicherung seines Künstlerdaseins, bis zur Rente, so rechnet er das jedenfalls aus, und er rechnet knapp, knapp über dem Existenzminimum. Er braucht ja nicht viel. Er hat keine materiellen Wünsche. Und er hat offenbar auch keine Ahnung, was man im Urlaub eigentlich so macht, wenn er behauptet, dass der vor allem dazu da ist, schlechte Erinnerungen zu produzieren, damit sie intensiver bleiben.

Vor ihrem Tod hatte Wolfgang seine Großmutter noch in Preetz besucht, das war im Herbst 1994, hat mit ihr auf dem Sofa gesessen, Arm in Arm, und alte Fotos angeschaut, ist mit ihr spazieren gegangen – aber er ist auch froh, gesteht er seiner Mutter, dass sie wieder wegfahren können. Am Sterbebett der Großmutter hört er dann die Geschichte seiner eigenen Mutter, von ihrer verlorenen Kindheit und Jugend, und beides, das Sterben der Großmutter, vor deren Beerdigung Wolfgang sich dann am liebsten gedrückt hätte, und auch die Geschichte der ungelebten Jugend seiner eigenen Mutter, taucht verwandelt in den Geschichten auf, an denen er damals schon schreibt. Oder die er in Berlin zu schreiben beginnt.

Denn er schreibt jetzt auch erwerbsmäßig. Selbst wenn sein Name noch nicht unter den gedruckten Texten steht: Er schreibt in der berühmten «Titanic»-Kolumne «Briefe an die Leser». Unter anderem, sehr lustig und böse, an den «Spex»-Herausgeber und Musikkritiker Diedrich Diederichsen. Von wem denn nur dieser Brief an Diederichsen sei, fragt Oliver Maria Schmitt damals in der Redaktion herum. «Von Herrndorf.» Der kann alles, wie Schmitt sagt, und eben jetzt auch das: Schreiben. Aber erst einmal liefert Herrndorf das nächste epochale Projekt (nach den Jesus-Bildern) beim Magazin ab, diesmal wird es kein Fall für den Staatsanwalt, sondern für die Geschichtsbücher.

Im März 1996 wurde im Mauritshuis in Den Haag eine Gesamtwerkschau von Herrndorfs Gott Jan Vermeer van Delft eröffnet. Eine Blockbuster-Ausstellung, die Leute kommen und drängen sich vor den Superhits des Malers, vor dem «Mädchen mit dem Perlenohrring», vor seiner «Ansicht von Delft», vor der «Dienstmagd mit Milchkrug» und der «Perlenwägerin». Auch die niederländische Königin kommt. Alle kommen, um sich Vermeer anzusehen.

In der April-Ausgabe der «Titanic» erscheint auf der letzten Seite dann ein unbekannter Vermeer. Gemalt hat ihn Wolfgang Herrndorf. Es ist die Imitation einer Anzeige für die Vermeer-Ausstellung – und zeigt den deutschen Bundeskanzler Helmut Kohl in der Geste der «Briefleserin in Blau». Darunter steht, in weißen Lettern auf blauem Grund: «Vermeer. 1. März – 2. Juni 1996, DEN HAAG, MAURITSHUIS».

Verfremdete Werbung gehört zum Standardprogramm der «Titanic»: Herrndorf selbst wird im gleichen Jahr noch eine Ford-Werbung nach genauen schriftlichen Anweisungen Oliver Maria Schmitts anfertigen. Eine andere verfremdete Autowerbung aus der «Titanic» hatte den Kanzler Kohl auch schon in vergleichbarer Massigkeit wie auf Herrndorfs Bild gezeigt, versehen mit dem Slogan «Wir haben den Airbag neu erfunden», eine Satire auf eine gleichlautende Mercedes-Kampagne. Aber für diesen Gag hatte die «Titanic» ein Foto genutzt. Und wie schon bei den Jesus-Bildern zeigt sich im direkten Vergleich zwischen Foto und Malerei, welche einzigartige Wirkung Herrndorfs perfekte Technik im Kontext der Satire hat: Die Titelseite der inkriminierten Kruzifix-Ausgabe hatte ja auch ein Foto eines zweckentfremdeten Kreuzes gezeigt, das Ganze sah dann nicht nur selbstgebastelt aus, sondern war es letztlich auch, was der leichten Doofheit des schnell gemachten Witzes formal entsprochen hatte und ihn letztlich nur verstärkte. Herrndorfs Gouachen des Kruzifixes dagegen hatten den blöden Witzen eine stark verunsichernde Aura verliehen, eine seltsame Würde und Empathie, die sich aus der technischen Genauigkeit und Seriosität der handwerklichen Abbildung ergab, aus dem Blut und Schweiß und den Tränen der Malerei.

Ein ähnlicher Effekt zeigt sich, wenn man den Werbefoto-Airbag-Gag über Kohl mit dem Vermeer-Poster-Kohl vergleicht. Herrndorf malt wieder einen Witz als Gemälde. Studiert das Licht, das aus dem Fenster auf den Kanzler der deutschen Einheit trifft, den Herrndorf gemeinsam mit Calvin ein paar Jahre zuvor in Nürnberg noch ausgebuht hatte, studiert den Faltenwurf seines Jacketts, sein graues Haar. Umgibt Kohl mit einer Andacht, dass man vermutlich erst beim zweiten Hinsehen entdeckt, um was es sich hier eigentlich handelt. Und eine doppelte Irritation erlebt. Zunächst: Den Vermeer kenne ich noch gar nicht. Dann: Wann hat Vermeer denn Helmut Kohl gemalt?

Die Antwort lautet: Irgendwann Anfang 1996 hatte Herrn-dorf in seiner Nürnberger Höhle den deutschen Bundeskanzler im Stile Vermeers gemalt und das Bild an die «Titanic» geschickt, mal wieder unverlangt eingesandt. Und mal wieder ist die Redaktion begeistert, wie Oliver Maria Schmitt sich erinnert. Und gestaltet daraus das gefälschte Ausstellungsplakat fürs April-Heft.

Am 30. April fährt Herrndorf dann im Auftrag der «Titanic» selbst nach Den Haag, um sich die Vermeer-Ausstellung anzu-sehen – und sich mit all den anderen im Pulk von Bild zu Bild zu schleppen. Er hält es kaum aus. Auch Robert Gernhardt, der Dichter, Zeichner und Mitgründer der «Titanic», ist etwa zur gleichen Zeit im Mauritshuis von Den Haag gewesen – und be-richtet über seinen Besuch «in der Hölle Vermeers» (so der Titel) in einem Artikel für das Feuilleton der «Frankfurter Allgemeinen Zeitung». All diese Massen! Und die hohle Anbetung der Kunst! «Wir waren einfach zu viele Menschen in zu engen Räumen vor zu kleinen Bildern», schreibt Gernhardt.

Herrndorf schickt Calvin den ausgerissenen Artikel nach Neuseeland – und seinen persönlichen Ausstellungsbericht dazu: «Keine Worte vermögen meinen Schmerz auszudrücken, den ich empfand, als ich die Perlenwägerin – zweifellos der Höhepunkt der Ausstellung und ganz sicher das vollkommenste Bild, das je gemalt wurde – von kuhäugigen Franzosen entweiht sah, die vor dem Bild in ihrem Prospekt blätterten und ‹Oah, la lumière, que c'est jolie› blökten, und mir auf einmal klar wurde, dass es viel-leicht doch nicht schlecht gewesen wäre, wenn wir den Zweiten Weltkrieg gewonnen hätten.» Außerdem fordert Wolfgang in diesem Brief auch eine Aufnahmeprüfung für das Publikum sol-cher Großausstellungen, eine Vor- und Aussortierung der Mas-sen mithilfe von drei Fragen: «Welcher Vorgänger Vermeers starb 1654 bei der Explosion des Delfter Pulvermagazins? Welchen Rang nimmt Vermeer in der Kunstgeschichte ein? Und was hat die rote Schleife auf dem Berliner Bild der ‹Dame mit dem Perlenhalsband› zu bedeuten?» Die drei «objektiv richtigen Antworten», so Herrndorf, lauten: «Fabritius / den ersten / nichts».

Da steht er endlich vor den Meisterwerken seines Lebensmalers – und ist umgeben von lauten Leuten, die sich nicht, wie Herrndorf, seit Ewigkeiten in der tiefsten Auseinandersetzung mit den Fragen befinden, die Vermeers Werk aufwerfen. Und leidet. Offenbar ist es doch kein so schönes Gefühl, von Idioten umgeben zu sein, wie er Calvin geschrieben hatte, als es um die Leserbriefe gegen seine Kruzifixe ging. Noch Jahre später wird Herrndorf gereizt reagieren und ganz weit ausholen in die Rezeptionsgeschichte, wann immer ihm jemand dumm kommt, was das «Mädchen mit dem Perlenohrring» oder andere Werke Vermeers angeht.

Wie schon zuvor beim fehlenden Vermeer-Gemälde in Wien, das bei der Reise von Tiina und Wolfgang gerade restauriert wird, ist der Besuch im Museum also eine Enttäuschung. Herrndorf ist genervt und angewidert, aber irgendwie auch amüsiert. Auf dem Sensibilitätsbarometer wird es ein tiefer Tiefpunkt gewesen sein. Aber daraus kann ja Großes entstehen.

Nach dem Vermeer fertigt Herrndorf als Nächstes einen Kohl im Stile Edward Hoppers an, den die «Titanic» druckt. Oliver Maria Schmitt ist so begeistert vom falschen Hopper, von dessen Detailreichtum, von der Art, wie Herrndorf darauf die Dunkelheit inszeniert und selbst auf dem kaum erkennbaren Gemälde, das hinter Kohl im Zimmer an der Wand hängt, hingebungsvoll einen röhrenden Hirsch verewigt, dass er ihm das Bild abkauft, für sechshundert Mark.

Nach und nach fertigt Herrndorf weitere malerische Kohl-Darstellungen an – und fächert dabei die Kunstgeschichte auf. Er malt einen Picasso-Kohl aus der blauen Phase. Und einen Georg Baselitz. Es entsteht Bild um Bild eine neue historisierende

Ikonografie Kohls, die im Jahr darauf als Kalender im Haffmans Verlag auf den Markt kommen wird. Dafür wird Herrndorf noch einen Cranach kopieren. Einen van Gogh. Einen Caspar David Friedrich. Einen Magritte. Einen unbekannten Sieneser Meister. Einen Spitzweg, einen Blake, einen Indiana. All diese Varianten zeigen Herrndorfs überragende Fähigkeit, die Manier anderer Künstler zuspitzend zu imitieren, zeigen sein Verständnis auch für jene Epochen, die er im Grunde verachtet. Nicht alle Imitationen sind gleich gut, beim Picasso beispielsweise ist die Armhaltung misslungen, auf dem Friedrich wirkt die Landschaft spektakulär, die Figur darin aber eher stumpf in den Schnee gestellt. Dagegen ist die ruhelose Abgespanntheit des Hopper-Kohls im künstlichen Licht seines Zimmers, durchs Fenster von außen betrachtet, wirklich beklemmend. Letztlich funktioniert aber Herrndorfs Trick auf allen zwölf Bildern, egal wie unterschiedlich gelungen sie sind.

So oft haben Historiker sich an der historischen Größe des Kanzlers Kohl versucht, so oft hat die «Titanic» in immer neuen «Birne»-Witzen den Mann attackiert, bis Witze über Kohl wie von selbst witzig sind, weil sie in der «Titanic» erscheinen. Herrndorf mag am Ende die technische Herausforderung bei diesem Projekt am interessantesten finden – und am uninteressantesten Kohl als politische Reizfigur seiner Zeit. Darüber ist eh alles gesagt. (Und Politik als Gesprächsthema interessiert ihn auch nicht.) In seinen Gemälden baut Herrndorf jetzt den massiven Geschichtsklotz Kohl einfach in immer anderen Epochen auf, und plötzlich erkennt man, wieder irritiert, dass man Kohl offenbar ja doch für eine so historische Figur hält, mit der man das machen darf – zugleich aber wird er zu einer Art Gartenzwerg der Geschichte, den man in jeden Vorgarten des Abendlands stellen kann. Er ist der Witz, über den man immer lacht.

In dieser Zeit, kurz vor dem Umzug nach Berlin, schickt ihm Calvin eine Kassette mit Musik der britischen Sängerin Emma Kirkby, eine große Interpretin barocker Musik und vor allem der Kantaten Bachs. Sie ist damals für den klassischen Musiker Calvin Scott das, was für Herrndorf Vermeer ist, ein göttliches Wesen. Herrndorf, der ungefähr elfeinhalb Schallplatten besitzt (unter anderem von Helen Schneider) und dem jener Zugang zur Musik fehlt, den er wiederum für die bildende Kunst und die Literatur besitzt, hört jetzt doch mal genauer hin. «Emma Kirkby ist wohlbehalten angekommen und hat mich, wie von Dir perfiderweise beabsichtigt, in einen Taumel grandioser Depression gestürzt, der, wie wir seit langem wissen, an Erlebnisdichte und sensationell erfolglosem Reflexionsbedürfnis jedem anderen Gefühlszustand nicht nur unendlich überlegen, sondern auch die wahre Begrenztheit der äußeren Welt wie kein anderes epistemologisches Instrument in unser Innerstes abzubilden imstande ist. Allein die Heavy-Metal-Ballade ‹Mit schwachen, doch emsigen Schritten› von Altmeister Johann ‹Unplugged› Bach vermochte Schlimmeres zu verhindern und meinen Autodestruktionsimpuls wieder zu zügeln. Ich lausche ihr Tag und Nacht. (Kein Scherz.)»

«Ich bereue auch schon unendlich», schreibt er weiter an Calvin, «letztes Jahr nicht mit Dir auf E. Kirkbys Konzert gewesen zu sein, obwohl ich natürlich sagen muss, dass ich mir diese Sensation entgehen ließ, um diesen unglaublich rührend-melancholischen Gram darüber empfinden zu können, die Vollkommene nicht singen gehört zu haben, der in der Erinnerung doch noch viel schwerer wiegt und noch schwerer zu ertragen ist als das Erlebnis der Vollkommenheit selbst.»

Am 24. Mai 1996 schickt Herrndorf Calvin eine Karte aus Nürnberg nach Wanganui. Die «Titanic», schreibt er, habe alle ihre Illustratoren aufgefordert, ein Bild ihrer Seele zu zeichnen:

«Ich bin mir noch nicht ganz sicher. Wie würdest Du Deine Seele zeichnen? Eklektisch? Elliptisch? Epileptisch? Schwierige Sache, das.» Da er bekanntermaßen keine Seele hat, fragt er also besser bei seinem Freund nach.

Was Herrndorf dann für die Umfrage der «Titanic» einschicken wird und mit dem Titel «Oder so:» versieht, ist das Bild eines haarigen, verkrüppelten, verbogenen, deformierten Dings, irgendwo zwischen aussortiertem Wintergemüse und uraltem Hodensack. Es tut schon weh, es nur anzusehen. Man will dieses arme Wesen aber sofort trösten. Herrndorf hat eine Gouache auf Zeichenkarton davon angefertigt, 45 x 31 Zentimeter – genau die gleiche Arbeitsweise wie bei den «Titanic»-Kruzifixen, aber das Bild ist noch etwas größer. Herrndorf nimmt alles ganz genau, so auch diese Abfertigung der Seele für ein blasphemisches Satiremagazin.

Die Frankfurter «Titanic» und ihre Berliner Satelliten werden die sozialen Haltepunkte für Wolfgang in den ersten Jahren nach Nürnberg und in Berlin. Auf seiner ersten Frankfurter Buchmesse, im Oktober 1995, hatte er auf der «Titanic»-Party, immer schon ein gesellschaftlicher Höhepunkt der Messe, die Sinologiestudentin Ulrike Schulte Overberg und deren Freundin Claudia Römer kennengelernt, die damalige Lebensgefährtin und spätere Frau des «Titanic»-Chefredakteurs Oliver Maria Schmitt. Ulrike erzählt Wolfgang, sie habe vor, im Jahr darauf nach Berlin zu ziehen; Wolfgang erzählt ihr, genau das habe er auch vor.

Ulrike wird eine enge Freundin in den ersten Berliner Jahren Herrndorfs. «Als ich Wolfgang kennenlernte», erinnert sie sich, «hatte er außer Calvin, der ja da wieder zurück in Neuseeland war und den ich nur aus Gesprächen kenne, und Friederike Maltz und Rudolf Willhalm, soweit ich das mitgekriegt habe, keine Freunde oder Bekannten. Deshalb hat er sich ja wohl auch immer von mir überreden lassen, mit mir rumzuhängen oder auszugehen.» Die Ausflüge ins Berliner Nachtleben, auf die Ulrike Schulte Overberg ihren Freund Wolfgang mitnehmen wird, hinterlassen ihre Spuren in dessen Debütroman. Aber die beiden bleiben auch zu Hause, spielen Spiele in Ulrikes Wohngemeinschaft, in der auch Claudia wohnt, Oliver Maria Schmitt ist deswegen hin und wieder dabei, wenn sie am Küchentisch trinken und Romananfänge-Raten oder Lexikonspiele spielen; es gibt einfach keine Phase im Leben Wolfgang Herrndorfs, in der er zwischendurch nicht irgendetwas gespielt hätte.

Über die «Titanic» gerät Wolfgang bald an eine Fußballgruppe, die sich in Berlin um einen Redakteur des Magazins gegründet hat, Martin Sonneborn. Zu dieser Fußballgruppe werden später unter anderem Holm Friebe, Jochen Schmidt, die Doktoranden Per Leo und Philipp Felsch und eine ganze Reihe weiterer Leute gehören, die alle irgendwie irgendwas mit Medien oder Kunst oder Büchern in dieser Stadt machen. «Durch die ‹Titanic›-Leute», schreibt Herrndorf im Dezember 1997 an Calvin, «habe ich sehr viele angenehme und intelligente Leute hier kennengelernt, mit denen man sich zwanglos besaufen kann und die einem auch garantiert keine dummen Fragen stellen, Sternzeichen diskutieren oder Seelenschleim ausspritzen. Neulich habe ich in einer Kneipe einen Vortrag über den kürzlich erfolgten mathematischen Beweis der Fermatschen Vermutung (es existieren keine ganzzahligen Lösungen der Gleichung $a^2 + b^2 = c^2$) gehalten und wurde sofort von einer Redakteurin einer linken Wochenzeitung bedrängt, einen Artikel darüber oder über ganz was anderes zu schreiben (was ich aber nicht kann). Wenn Du noch hier wärst, denke ich oft, würde man Dir bei Deinem Talent zu rhetorisch exaltierten Kneipenauftritten längst den einen oder anderen Redakteursposten für sagen wir mal die Rubrik Bovine

Spongiforme Enzephalopathie o.s.ä. angeboten haben.» Er meint die damals grassierende Rinderseuche BSE. «Nein, das meine ich wirklich ernst! Das ist alles ein einziger Sumpf hier, in den man nur einmal hineingeraten muss. Aber Du musstest ja unbedingt wieder in Dein spießiges Neuseeland zurück!»

In Berlin nimmt die Arbeit für die «Titanic» noch einmal zu: Herrndorf ist mit Aufträgen eingedeckt und arbeitet intensiv – auch deswegen, weil er ja nichts einfach so abliefern kann, sondern weiterhin präzise und perfektionistisch an seinen Arbeiten sitzt. Im März 1997 hat er es angeblich schon vier Wochen lang nicht mehr in den Waschsalon geschafft, so meldet er jedenfalls nach Neuseeland, Calvin ist inzwischen in Christchurch angekommen. «Im Moment lässt mir mein böser Karrierismus keine freie Minute», schreibt Herrndorf, «ich habe so viele Aufträge, plane einen Kohl-Kalender und schreibe kleine Artikel für die Titanic, dass ich dauernd fürchte, es alles nicht mehr zu schaffen.» Aber er feiert viel, stürzt auch schlimm ab, «überhaupt sind die Nächte hier viel länger als in Nürnberg. Ich denke dann oft an Dich.»

Der Verlag des ehemaligen Diogenes-Lektors Gerd Haffmans, in dem der Kohl-Kalender erscheint, ist über lange Zeit bis zum Konkurs 2001 die Heimat der «Neuen Frankfurter Schule» und der «Titanic», generationenübergreifend von Gernhardt und Henscheid bis Max Goldt. Gerd Haffmans legt auch Klassiker wie Karl May neu auf, die vielleicht auf den ersten Blick nicht komisch sind, dann aber doch, und die das Image des Verlags ebenfalls prägen werden. Bei Haffmans erscheinen lakonisch-schlaue Briten und Amerikaner wie David Lodge und Julian Barnes und David Sedaris, unorthodoxe Klassiker der Literaturgeschichte, aber auch Krimis und Unterhaltungsromane, spezielle deutsche Literatur wie die von Ulrich Holbein oder Gisbert Haefs, aber genauso Laurence Sterne. Und Harry Rowohlt. Und Schopenhauer.

Komische Schlaubergerliteratur, die in den Bücherregalen komischer Schlaubergerstudenten als philosophische Grundlage steht, Spezialgeschmacksbücher, die in sorgfältig gestalteten Ausgaben erscheinen.

«Klassiker Kohl», ein Kalender für das Jahr 1998 zum Preis von 24,80 DM, ist der Beginn einer längeren Zusammenarbeit zwischen Herrndorf und dem Verlag Haffmans, oder genauer: zwischen Herrndorf und dem Verleger Haffmans, der nach dem Konkurs seines Verlags noch den Debütroman Herrndorfs in einer Verlagskonstruktion, angedockt an den Buchvertriebsverlag Zweitausendeins, herausbringen wird. Sonst wäre «In Plüschgewittern» ein Buch aus dem Haffmans Verlag geworden. Aber den gibt es 2002 schon nicht mehr.

Wie schon die «Titanic» ist auch der Zürcher Verlag ein Ort des Übergangs für Wolfgang Herrndorf, der langsam vom Künstler zum Autor wird. So wie er für die «Titanic» mit Illustrationen und Cartoons beginnt und dann irgendwann auch kurze Texte schreibt, so beginnt es auch beim Haffmans Verlag mit Bildern, mit dem Kohl-Kalender für 1998 und zahlreichen Umschlagillustrationen, und geht dann weiter mit Texten.

Wolfgang Herrndorf ist in dieser Zeit sehr beschäftigt, ohne viel Geld damit zu verdienen. Aber das ist in Berlin einfacher auszuhalten als anderswo, und Ansprüche hat er eh immer noch keine. Am 1. Juli 1997 zieht er in eine Einzimmerwohnung im vierten Stock des Hinterhofs der Novalisstraße 5. Das ist eine Seitenstraße der Torstraße. Wolfgang Herrndorf ist in Mitte angekommen. «NoTo» wird man die Gegend Jahre später nennen, das steht für *North of Torstraße*, ein Etikett, das einerseits auf die für New York typische Abkürzung von *neighborhoods* anspielt, Dumbo, Tribeca, SoHo – andererseits aber auch das ganze ästhetische Elend der Kunstgaleriengeld-Gentrifizierung auf den Begriff bringt. Herrndorf lebt mitten in einer der größten Immobilienblasen nach dem Mauerfall. Falls er dazu je eine Meinung gehabt haben sollte, dann nicht öffentlich.

Mit der Idee eines Kohl-Kalenders war Wolfgang Herrndorf im Laufe des Jahres 1996 auch an andere Verlage herangetreten. Im März 1997 sagt ihm Eichborn ab, da ist er sich aber längst mit Haffmans einig geworden: «Obwohl uns Ihre Arbeiten sehr gut gefallen haben, müssen wir Ihnen leider mitteilen, dass wir an einem Kalenderprojekt kein Interesse haben. Grund dafür ist, dass wir bisher leider keine besonders guten Erfahrungen mit der Verkäuflichkeit von Kunst-Persiflagen gemacht haben», schreibt ihm Isolde Debus, die bei Eichborn für die Kalender zuständig ist.

Drei der «Kunst-Persiflagen» – ein zu liebloser Begriff für das, was Herrndorf mit Kohl und der Kunstgeschichte anstellt – veröffentlicht er in diesem März aber auch schon im «Raben»: Das ist das vierteljährlich als Taschenbuch erscheinende Magazin des Haffmans Verlags «für jede Art von Literatur», zusammengestellt seit 1982 meist vom Verleger selbst, aber auch von wechselnden anderen Herausgeberinnen und Herausgebern mit immer neuen Schwerpunkten.

In diesem «Schwindel»-Raben vom März 1997 also, herausgegeben von Susanne Fischer und Bernd Rauschenbach, sind Herrndorfs Bilder unter dem Kalender-Titel «Klassiker Kohl» in Schwarzweiß abgedruckt und als «Optisch Täuschendes» rubriziert: Es handelt sich um den van Gogh, den Spitzweg und den Hopper. Die kurze Biographie im Anhang verrät nichts über den Künstler, ist auch nicht lustig falsch, sondern kündigt lediglich den Kalender an. Im Juli wird der gedruckt, im Oktober wird er ausgeliefert, passend zur Frankfurter Buchmesse. Der Haffmans Verlag stellt «Klassiker Kohl» natürlich an seinem Stand vor, und dort wird es zu einer historischen Begegnung kommen. Beziehungsweise leider nicht. Denn Wolfgang Herrndorf versteckt sich im Gedränge und tief in seinem Palästinensertuch, als der deutsche Bundeskanzler mit seinem Tross tatsächlich am Stand auftaucht.

«Bei Haffmans hing ein Foto von mir, und der Kohlkalender blickte von allen Wänden herab, und ich habe mich sehr irritiert und linkisch benommen, wie Du Dir sicher vorstellen kannst», schreibt Herrndorf etwas später an Calvin. «Ich habe mein erstes Radiointerview gegeben und einen unglaublichen Stiefel erzählt, aber ich weiß nicht, ob es gesendet wurde.» (Leider ist dieses Interview nicht mehr aufzuspüren gewesen.) «Am Freitag hieß es dann plötzlich: Der Kanzler kommt. Schon Wochen vorher war durchgesickert, dass das Bundeskanzleramt zuerst drei, dann nochmal 50 Exemplare des Kalenders bestellt hatte, weil der Kanzler ihn allen seinen Freunden schenken möchte.» Haffmans erinnert sich auch an diese Bestellung aus Bonn, spricht aber davon, dass es nur zwanzig Exemplare gewesen seien, irgendwo dazwischen wird wohl die Wahrheit liegen, wie viele Freunde Helmut Kohl gehabt hat. «Und nun wollte er beim traditionellen Buchmessenrundgang eben auch Haffmans einen Besuch abstatten», schreibt Herrndorf weiter. «Ich hatte mich zuvor mit einer Praktikantin vom Verlag zusammen weit abseits gesetzt, um die Szene aus sicherer Entfernung beobachten zu können, als plötzlich ein Riesengedränge bei Haffmans entstand. Sicherheitskräfte, Fotografen, mittendrin Kohl. Niemand vom Verlag mochte jedoch offenbar den Kanzler von sich aus ansprechen – und genau in diesem Moment kam ein Türke oder Araber mit seiner verschleierten Frau dort vorbei, sah den Kanzler und sagte: ‹Hier! Müsse kucke!›»

Andere Zeugen der Szene wie der Verleger Haffmans und der Schriftsteller Ulrich Holbein, der darüber im «Raben» berichten wird, erwähnen das zwar nicht. Aber dafür sind sich alle ziemlich einig über das, was als Nächstes geschieht und Herrndorf so beschreibt: «Daraufhin blätterte Kohl den Kalender durch, steckte die Zungenspitze heraus, sagte ‹wunderbar, wunderbar›, drehte den Baselitz um und verschwand wieder mit seinem Gefolge.» Der kunstkritische Kommentar über den Bild-auf-den-Kopf-Steller Baselitz, den der Kanzler mehr oder weniger gestisch abgegeben hatte, wird ganz im Sinne des Nürnberger Meisterschülers Wolfgang Herrndorf gewesen sein. In seinen erklärenden Begleittexten zum Kalender hatte er geschrieben, was er von Baselitz hielt: «Bekanntgeworden für die Manie, seine Bilder um 180, neuerdings sogar um 360 Grad zu drehen, wird seine Kunst zum Inbegriff einer Neuen Nachdenklichkeit, in der man von Hegels Dialektik über die Unwertung (sic!) der Werte bis zum Aufbruch in verkrustete Sehstrukturen so ziemlich alles erkennen kann, was man möchte. Unterfüttert mit einer betont labbrigen Variante der Ölmalerei, wirken diese ‹Bilder› wie ein düsteres Omen für die kommende Generation, die auf das Goldene Zeitalter der Kohl-Regentschaft nur noch wehmütig wird zurückblicken können.» Unterzeichnet ist der Buchstabensalat mit: «Berlin, im Herbst 1997 W. H.»

Seit Jahren hatte Wolfgang Herrndorf keine Kunst mehr signiert, hier setzt er seine Initialen darunter. Eigentlich gilt ja der Text, den Herrndorf vier Jahre später im «Raben» veröffentlicht, «Scham & Ekel GmbH», als die erste gedruckte literarische Arbeit von ihm. Aber was Herrndorf hier zu seinem Kalender geschrieben hat, vier Jahre zuvor, könnte man genauso als literarisches Debüt werten. Auch weil es typisch ist für sein weiteres Schreiben.

Herrndorf wendet in den zwölf kurzen Stücken zu den zwölf Malern und den zwölf Kanzlermotiven beispielsweise eine seiner damaligen Lieblingstechniken an, den erfundenen Lebenslauf: «Das früheste uns bekannte Porträt H. Kohls verdanken wir einem Sieneser Meister, der zwischen 1260 und 1280 in Oberitalien nachweisbar ist. Das vermutlich von Papst Nikolaus III. für das Petronilla-Kloster in Auftrag gegebene Werk zeigt den umstrittenen Heiligen, der als einer der 14 Nothelfer verehrt und vor allem von ärmeren Bevölkerungsschichten bei Flutkatastrophen, Notzucht und Spaltungsirresein angerufen wurde.» Eigentlich ist sein ganzes Kalenderprojekt ein einziger, erfundener, gemalter Lebenslauf des Mannes aus Oggersheim: «Seit 784 Jahren lenkt und leitet Helmut Kohl die Geschicke Deutschlands und des angrenzenden Europa. In seinen Anfängen noch häufig verlacht und von wechselnden Oppositionen unterschiedlich erfolglos bekämpft, gilt er inzwischen als jeder Kritik enthoben; dem ‹Spiegel› gehen die Waffen aus, der RAF die Argumente, und die Sozialdemokratie ist wie eh und je mit Ipsation beschäftigt.» (Ein Fremdwort für Selbstbefriedigung.)

Und dann verarbeitet Herrndorf auch in diesen Kohl-Begleittexten Autobiographisches. Im Kommentar zum Sieneser Maler bringt er seinen besten Freund unter: «Will man dem Diktum ‹Form ist Gesinnung› (Calvin Scott) Glauben schenken, kündigt sich bereits hier eine neue Blütezeit nicht nur der Künste, sondern auch der politischen Kultur an.» Und auch für seine große Nürnberger Gegnerin findet er Platz, im Kommentar zu Picasso: «‹Einsamkeit und gesellschaftliche Isolation sind das Schicksal des Spitzenpolitikers. Und des Künstlers. Das macht sie einander so sympathisch.› (C. Sack-Colditz, *Mein Künstlerleben*)» Herrndorf jubelt seiner einstigen Professorin ein erfundenes, beknacktes Zitat aus der Gattung «Ausstellungskatalog» unter.

Sein Eintrag über Jan Vermeer dagegen ist besonders schön. Und vielsagend. Was er darin schreibt, hatte Herrndorf in entscheidenden Stellen schon in einem Brief an Calvin im Dezember 1995 vorbereitet: Damals hatte er, weit ausholend, den Forschungsstand zu Vermeers «Perlenwägerin» referiert, sich selbst zitiert und das Ganze dann vor allem mit einer selbstgezeichneten, kleinen Negativform des Vermeerschen «Mädchen mit der Wasserkanne» illustriert. Und Herrndorf hatte angefügt, Vermeer vertrete «in seinem Werk die Meinung, dass Emotionen physiologisch betrachtet als Aussparungen der Wirklichkeit anzusehen seien, gemäß der Theorie, dass es nicht die Kugel ist, die tötet, sondern das Loch».

Herrndorf benutzt das im Kalendertext fast wörtlich wieder – und schreibt dann noch dazu: «Allein die Betrachtung der Negativformen im Werk des Holländers wirft die Frage auf, warum die moderne Malerei noch erfunden werden musste beziehungsweise die Kunstgeschichte nicht 1675 überhaupt endete. Verglichen mit Zeitgenossen wie Rembrandt, Hals und Terborch wirkt Vermeer wie ein elektrischer Stuhl in einem Ensemble von Daumenschrauben.» Und genau wie in seinem Brief an Calvin erwähnt Herrndorf hier auch die Leidenschaft eines seiner Lieblingsschriftsteller, Marcel Proust, für Vermeer.

Das Verhältnis von Proust zu Vermeer ist wichtig für das Verhältnis von Herrndorf zu Vermeer und Proust, deswegen ein kurzer, genauerer Blick: Im fünften Band der «Suche nach der verlorenen Zeit» hatte Proust seine Figur des kränkelnden Schriftstellers Bergotte – in der man den Autor selbst erkennen kann – in einer Zeitung die Besprechung einer Pariser Ausstellung holländischer Kunst lesen lassen. Vor allem von Vermeers «Ansicht von Delft» war der Zeitungskritiker hingerissen. Ein Bild, das Bergotte gut zu kennen glaubt – nur an die «kleine gelbe Mauerecke», die im Artikel gefeiert wird als «von einer Schönheit, die sich selbst genügt», kann der Schriftsteller sich gar nicht erinnern. Also schleppt er sich in die Ausstellung, isst vorher ein paar Kartoffeln, die ihm sofort auf den Magen schlagen, steht schwindelnd vor dem Vermeer, «den er strahlender in Erinnerung hatte, noch verschiedener von allem, was er sonst kannte», und heftet dann seinen Blick «auf die kostbare kleine Mauerecke». Und während Bergotte die Sinne weiter und weiter schwinden, denkt er bei sich: «So hätte ich schreiben sollen ... Meine letzten Bücher sind zu trocken, ich hätte mehr Farbe daran wenden, meine Sprache in sich selbst so kostbar machen sollen, wie diese kleine gelbe Mauerecke es ist.» Und dann, in einer weiteren Anspielung auf Vermeers Werk, setzt Bergotte alles ein, was er ist und geschaffen hat: «In einer himmlischen Waage sah er auf der einen Seite sein eigenes Leben, während die andere Schale die kleine, so trefflich gemalte Mauerecke enthielt. Er spürte, dass er unvorsichtigerweise das erste für das zweite hingegeben hatte.» Wieder und wieder spricht er «kleine gelbe Mauerecke unter einem Dachvorsprung, kleine gelbe Mauerecke» vor sich hin, dann bricht er zusammen – und stirbt.

Tatsächlich hatte der asthmakranke Proust im Frühjahr 1921 selbst eine Ausstellung holländischer Malerei in der Pariser Galerie Jeu de Paume besucht. Er kollabiert auf einer Treppe der Galerie – und schleppt sich weiter, um den Vermeer doch noch zu betrachten, den er neunzehn Jahre zuvor in Den Haag gesehen hatte. Etwas später arbeitet er jene Passage um den sterbenden Bergotte in der Ausstellung nachträglich in das Manuskript ein. Im Jahr darauf stirbt Proust selbst.

Seitdem sucht die Forschung – und zwar die zu Vermeer wie zu Proust – auf der «Ansicht von Delft» nach dieser gelben Mauerecke. Wo ist sie? Oder besser: Was ist sie auf dem Bild? Hat der detailversessene, genaue Proust hier einmal einen Fehler bei der Recherche gemacht? Oder verschiedene gelbe Elemente auf dem Bild zu einem zusammengefügt? Oder dem sterbenden Bergotte nur den Wunsch mit auf den Weg ins Museum gegeben, diese Ecke auch sehen zu wollen, die am Ende der Kritiker irrtümlich zu erkennen geglaubt hatte? Bergotte ist nach allem, was man weiß, eine autobiographische Figur. Vielleicht ist diese Passage aber trotz aller verbürgten Elemente einfach nur Literatur. Der

Schriftsteller Bergotte erkennt etwas, was nur wenige erkennen können, weil sie dafür empfänglich sind. Am Ende könnte Bergotte sich für diesen einen Augenblick sogar geopfert haben, auf der himmlischen Waage hier Vermeers perfekte Ecke, dort sein Leben. Oder ist das ironisch? «Er spürte, dass er unvorsichtigerweise das erste für das zweite hingegeben hatte.» Vielleicht sollte die Forschung besser über dieses «unvorsichtigerweise» nachdenken, statt weiter nach einer kleinen, gelben Mauerecke zu suchen, die aus Literatur geformt ist.

Das Detail, dessen Wert und Kraft nur ermessen kann, wer es erkennt: Das ist auch ein zentraler Gedanke Herrndorfs, wenn es um Kunst geht. In jenem Brief aus dem Dezember 1995 an Calvin hatte Herrndorf in einer längeren Passage die Frage erörtert, spielerisch, aber ernst, was genau eigentlich die «Perlenwägerin» auf Vermeers Meisterwerk wiegt: Noch so ein Forschungsstreit, wie bei der «gelben Ecke», und auch hier ist eine Waage im Spiel, Proust, der Vermeer liebte, wird sie nicht zufällig in die Sterbeszene Bergottes hineingeschrieben haben.

Ist es Gold, sind es Perlen, sind es letztlich Seelen, da Vermeer an der Wand hinter der Perlenwägerin die Darstellung des Jüngsten Gerichts untergebracht hatte? Herrndorf entscheidet sich für die Forschungsthese, dass in den Waagschalen gar nichts liege – und die Frau lediglich die Waage einrichte. Er beruft sich auf eine mikroskopische Untersuchung des Bildes, die der Kunsthistoriker Arthur K. Wheelock vorgenommen habe. Und zitiert sich dann selbst, so spielerisch wie ernst: «In seinem richtungsweisenden Aufsatz vertritt Herrndorf (1965) dagegen die Meinung, dass das Wiegen des Nichts als Verherrlichung der Oberfläche, als Epiphanie des Scheinbaren anzusehen sei, und klärt die Begrifflichkeit dahingehend, dass eine Transzendenz, die sich in der Empirie nicht nur offenbart, sondern immanent ist, auf jeden Fall – Empirie genannt werden sollte.»

In dem Verweis auf Proust und dessen Hingabe an jene kleine gelbe Mauerecke, für die Bergotte am Ende sein Leben gibt, steckt auch ein Hinweis auf Herrndorfs Ästhetik. Die Epiphanie des Scheinbaren, die nur erkennt, wer dafür empfänglich ist. Stundenlang, erinnert sich Calvin, hätten sie in Nürnberg über Stellen wie jene aus der «Suche nach der verlorenen Zeit» diskutiert, wenn Madame Guermantes jemandem eine Praline reicht und der Erzähler Marcel dem so eine Bedeutung widmet: eine Geste, ein Lichtstrahl, und plötzlich scheint sich etwas zu zeigen, weil man es erkennen kann. Wenn man denn imstande ist, es zu erkennen. Wie Herrndorf etwas später an Calvin schreiben wird: die Struktur des Gehirns als die Ursache aller Dinge.

Zehn Jahre später wird Herrndorf in dem Interviewband «Wovon lebst du eigentlich?» von Jörn Morisse und Rasmus Engler gefragt, wann er eigentlich «ernsthaft mit dem Schreiben» begonnen habe. «In Nürnberg», antwortet Herrndorf. «Ich hab viel Zeug geschrieben, wenn auch eher so Kolumnenartiges. Viele Briefe.» Und dann hat er noch betont: «Ich mache das genauso sorgfältig wie alles andere.»

Dass Herrndorf in seiner Antwort seine Briefe eingeschlossen hat, ist kein Zufall. Es ist auch nicht übertrieben oder anmaßend. Er meint es genau so, sonst würde er das nicht erwähnen. Die Briefe, die er in diesen Jahren schreibt und die erhalten sind, an Calvin, an Autoren wie Jürgen Roth oder Gerhard Henschel, sind literarische Übungen – auch in dem Sinne, dass Herrndorf darin ausprobiert, was er an anderer Stelle später als Text veröffentlichen wird. Er weiß da zwar noch nicht, dass es so kommt, aber das bedeutet nicht, dass er nicht mit diesem Anspruch schreiben würde. Langsam formt sich hier eine Idee, wie es für ihn weitergehen könnte.

Manche nacherzählten Szenen aus seinem Leben schickt Herrndorf auch an mehrere Freunde. Es sind Vorstufen von

Passagen darunter, die später in seinem Romanwerk auftauchen. Wenn Herrndorf schreibt, dann schreibt er nicht einfach. Das Sendungsbewusstsein muss unendlich groß sein. Jahre später, im Online-Forum der «Höflichen Paparazzi», wird er manche kurzen Einträge, die er beispielsweise am 30. März 2004 um 20:30 Uhr geschrieben hat, am 12. Oktober 2009 um 18:55 Uhr korrigieren – die Datumssignaturen in den Strängen halten solche Abstände fest. Herrndorf liest also offenbar nicht nur nach, was er irgendwann einmal geschrieben hat, er hat auch ein Gedächtnis für das, was er geschrieben hat, lässt nichts einfach so stehen. Wenn man von einem Werk sprechen will, dann muss man im Fall von Wolfgang Herrndorf den Begriff sehr weit fassen. Das Werk formt sich schon in einer Zeit, als er sich selbst nicht als Autor bezeichnet hätte. Mal abgesehen davon, dass er mit solchen Selbstcharakterisierungen eh hadert und nicht als Künstler vorgestellt werden will.

Man kann also die Begleittexte zum Kohl-Kalender als Teil des literarischen Werks von Herrndorf verstehen – gleichzeitig ist der Kalender ein seltener Fall: Text *und* Bild stammen von ihm und kommen hier zusammen wie danach kein zweites Mal. Es gibt, wie erwähnt, zu Lebzeiten keine Illustrationen von Wolfgang Herrndorf für Bücher von Wolfgang Herrndorf.

«Für die Auswahl des Kalenders war vor allem die Frage nach der malerischen Qualität sowie der moralischen Integrität ausschlaggebend», hat Herrndorf in den Begleittext geschrieben. «Infantilkritisches (*Der Untergang des Schweine- und Ausbeutersystems* von Jörg Immendorff) blieb ebenso unberücksichtigt wie ‹moderne› Stilrichtungen, die ihre Desorientierung unter dem Deckmantel des Fortschritts tarnen.» Ein Satz, bei dem man an Mark Twain und dessen Predigten denken muss. Herrndorf nutzt die erste Gelegenheit, sich gedruckt unter eigenem Namen zu Wort zu melden, um mit seiner Zeit in Nürnberg abzurechnen, nicht nur namentlich mit Christine Colditz, der er ein Nonsens-Zitat in den Mund legt, sondern auch mit künstlerisch gegenwärtigen Ausdrucksmitteln, die ihm damals als maßgeblich vorgehalten wurden – und es gibt keinen Anlass, daran zu zweifeln, dass er es genauso meinte, wie er es hier schreibt: Moderne Stilrichtungen als Desorientierung unter dem Deckmantel des Fortschritts. Auch wenn Herrndorf dem Witz erlaubt hat, in seiner Predigt Platz zu nehmen: In Form eines erfundenen Immendorff-Gemäldes, das man erst mal googeln muss, weil man glaubt, dass es dieses Bild doch geben könnte.

Auf dieser begleitenden Seite des Kalenders bringt Herrndorf dann auch noch die Parodie einer politischen Karikatur von Horst Haitzinger unter: Kohl als Matrose des untergehenden Rettungsboots «Soli-Zuschlag», im Meer treibt ein mit «Wahl '98» beschriebener Rettungsring, der Kanzler reckt die Deutschlandfahne, ist aber in Gedanken nur mit einer nackten Hannelore Kohl in einem EU-Höschen beschäftigt. In ihrer präzisen Wortwörtlichkeitsblödheit wäre sie sicher von vielen deutschen Tageszeitungen sofort so gedruckt worden.

«El País», «Le Monde», «Time», «Svenska Dagbladet», «Newsweek»: Die Weltpresse, erinnert sich Gerd Haffmans, habe Rezensionsexemplare des Kohl-Kalenders angefordert. «Schöne Bilder», schreibt Volker Zastrow im Politikteil der «Frankfurter Allgemeinen Zeitung» am 19. Dezember 1997 – und nennt den zu diesem Zeitpunkt immer noch regierenden und noch nicht vollends historischen Kohl in einer subtilen Würdigung des Projekts «Helmuth». Ein Tippfehler ist ausgeschlossen.

Aber die Außendienstler des Haffmans Verlages, auf die es ankommt, um Bücher – oder Kalender – in die Läden zu bringen, seien nicht angesprungen, behauptet Gerd Haffmans. «Die Herren sagten auf der Vertreterkonferenz: ‹Das ist eine Verherrlichung Kohls.› Ich habe ihnen geantwortet: ‹Eine größere Verarschung Kohls gibt es doch gar nicht – allerdings auf sehr noblem, sehr hohem Niveau!› Aber die Außendienstler haben den Kalender nicht im Buchhandel angeboten. ‹Wir wollen nicht, dass ihr noch für Kohl Reklame macht›, haben sie gesagt. Wir hatten ja tatsächlich alle die Schnauze voll von Kohl.»

Auch Herrndorf beschwert sich über den mageren Verkauf trotz großer Resonanz. Aber irgendwie muss der Kohl-Kalender dann doch seinen Weg in die Läden gefunden haben, über die Zeit: Er wird offenbar bis zum letzten Exemplar ausverkauft. Vierzigtausend Stück, behauptet Haffmans.

Mit diesem Kalender beginnt also die Zusammenarbeit zwischen Herrndorf und Haffmans. Der Verleger arbeitet schon seit Langem mit Illustratoren wie Volker Kriegel und Michael Sowa, aber er hat jetzt eine neue Krimireihe aufgelegt und braucht neue Kräfte: Herrndorf kommt da wie gerufen. «Einen so vielseitigen Illustrator wie Herrndorf zu haben, war eine wichtige Sache für Haffmans», erinnert sich Heiko Arntz, der beim Zürcher Verlag volontiert hatte, seit 1997 dort wieder als Lektor arbeitet und später auch Herrndorfs Debüt «In Plüschgewittern» betreuen wird. «Er ist mit offenen Armen begrüßt worden.»

Der erste Titel, den Herrndorf übernimmt, ist Claudia Zameks Krimi «Das Unschuldslamm». Du musst das nicht lesen, habe Haffmans zu Herrndorf gesagt, ihm aber eine Wunschliste für den Umschlag gemacht: «‹Ich brauche einen Starnberger See und ein Segelschiff. Und es muss schön glitzern auf dem Wasser.› Und dann kam das Cover auch genauso, wie ich es haben wollte: ein Segelschiff auf einem flirrenden Starnberger See.» Tatsächlich ist das Bild umwerfend in seiner stillen Spannungsruhe.

Sie hätten ein ganz sachliches Verhältnis zueinander gehabt, behauptet Gerd Haffmans. Es habe Jahre gedauert, bis sie sich mal etwas nähergekommen seien, Haffmans sitzt zudem in Zürich und Herrndorf in Berlin, das er kaum verlässt. «Herrndorf machte mir die Umschläge, und ich war froh, dass ich auch mal einen anderen Stil bekam.» Er gestaltet auch die Umschläge für Bücher von Gabriel Josipovici, Walter Wolter oder Norbert Klugmann. Und er arbeitet auch hier autobiographische Spuren ein. Auf dem Cover für Ludwig Homanns «Der Hunne am Tor» erkennt man den endlosen norddeutschen Himmel über Herrndorfs Garstedter Kinderzimmer sofort wieder. Auf dem für Susanne Fischers «Gefälschte Eltern» eröffnet sich aber jetzt ein neuer Ausblick, es ist der aus seiner Wohnung in der Novalisstraße 5: Pinsel stehen keine mehr auf dem Fenstersims, wie noch in Nürnberg, dafür eine Madonna und die Werbefigur des Magendarmmittels Lefax – ein grünes Männchen, das sich seinen dicken Bauch hält. Der Blick aus dem Fenster zeigt einen typischen Berliner Hinterhofseitenflügel mit Treppenaufgang und bröckelnder, eidottergelber Fassade. Kein Mensch ist zu sehen. «Das ist meine Aussicht», habe Herrndorf Heiko Arntz erzählt. Die aus dem Westtor hatte er ja nicht gemalt.

Wie es hinter den maroden Fenstern der neuen Wohnung aussieht, die Herrndorf ein Vierteljahr zuvor bezogen hatte, das hat er seinem Freund Calvin mit Ausrufezeichen beschrieben: «56 qm! Heizung! Weißgekacheltes Luxusbad!» Nach dem Kohleofen im Neuköllner Erdgeschoss wird ihm die Heizung in der neuen Wohnung besonders gefallen haben. Sie gehört übrigens der Ehefrau des rechtsextremen Münchener Politikers und Immobilienunternehmers Gerhard Frey von der Partei DVU. Dabei war Herrndorf doch gerade erst aus der Stadt der Reichsparteitage entkommen.

Die Heizung ist das eine, das andere die Fenster, die noch aus DDR-Zeiten stammen und die Herrndorf kaum zu öffnen wagt. Im Hinterhof, schreibt er Calvin, sammeln sich Werbeprospekte, Plastikverschalungen und Küchenabfälle: «Das bedeutet nun nicht, dass diese hier eine schlechte Gegend ist, keinesfalls, ich wohne sehr gerne hier. Nur zivilisatorische Impulse wie das Briefe-in-Briefkästen- oder das Müll-in-Mülltonnen-stecken dürfen hier noch nicht erwartet werden. Das Leben meiner Nachbarn spielt sich auf einer anderen, eher vegetativen Ebene ab, was Interaktionen mit anderen vegetativen Lebensformen oder die Bedienung elektrischer Geräte wie Schlagbohrmaschinen oder 1000-Watt-Lautsprecher jedoch nicht ausschließt.» Die Lautsprecher: Es dürfte das erste Mal sein, dass Herrndorf von dem Mieter unter ihm schreibt, der später in «Arbeit und Struktur» als «Bumsmusik»-Nachbar in die Geschichte eingeht, der Nachfolger des Nürnberger Hornisten Leszek. Der Lärm vom Stockwerk darunter: eine Konstante im Leben und Werk von Wolfgang Herrndorf.

Die Wohnung im vierten Stock der Novalisstraße ist zwar größer als die Höhle vom Westtor, aber sie bleibt genauso spartanisch eingerichtet. Studentisch. Oder mehr oder weniger gar nicht. Zwei Bücherregale aus Herrndorfs Jugendzimmer. Das Bett aus seinem Jugendzimmer. Ein Lesesessel, von der Großmutter geerbt. Ein Stuhl und eine Schreibtischplatte auf zwei Böcken. Ein Teppich. Und die Staffelei. An der Decke ist jetzt eine Tageslichtlampe montiert, wie man sie aus Kaufhäusern kennt, denn Herrndorf malt ja weiter, um seinen Lebensunterhalt zu verdienen. Sie bleibt dort auch hängen, als er nicht mehr malt.

Mit dem Brief aus dem Dezember 1997 schickt Herrndorf den Kohl-Kalender nach Neuseeland. Seit Calvin in seine Heimat zurückgekehrt ist, hat Herrndorfs Leben in Berlin innerhalb kürzester Zeit geradezu dramatische Veränderungen erfahren, jedenfalls gemessen an der Stagnation der letzten Nürnberger Jahre. Noch im Herbst davor, schreibt Herrndorf seinem Freund, habe er niemand auf der Frankfurter Buchmesse gekannt und nicht so recht gewusst, was er dort eigentlich sollte. Auf der Buchmesse 1997 ist das bereits ganz anders. Und: Er hat sich die Haare abgeschnitten. Sie waren schon in Nürnberg nach und nach kürzer geworden.

Auf dem Foto, das Herrndorf in der Broschüre zum Akademie-preis 1987 abgegeben hatte, trug er sie noch fast schulterlang. In Berlin rasiert er sich eine Glatze, auch das gehört zu seiner Uniform. «Das ist Wolfgang Herrndorf», so hat der Drehbuchautor Murmel Clausen ihn Anfang der nuller Jahre der Autorin Ulrike Sterblich auf einem frühen Treffen der «Höflichen Paparazzi» vorgestellt. «Der ist Skinhead.»

Kathrin Passig hat in einem Nachwort für die Werkausgabe von Wolfgang Herrndorf auf einen einfachen, aber fundamentalen Wandel hingewiesen: Als Maler habe er in Nürnberg keinen anderen Maler aus dem Kunstbetrieb gekannt. «Als Autor hingegen war er umgeben von Autoren, Lektoren, Verlegern, Journalisten, Redakteuren, kurz, dem gesamten Ökosystem, das einen schreibenden Menschen über Wasser halten kann.»

Das gilt schon, als Herrndorf für Verlage und Magazine als Illustrator zu arbeiten beginnt. Er kennt inzwischen Leute. Und die Leute kennen ihn. Oder besser: Gleichgesinnte aus der «Titanic»- und Haffmans-Welt und angrenzenden Universen kennen ihn. Auf dem Frankfurter Messeempfang vom Haffmans Verlag im Oktober 1997 spricht ihn Jürgen Roth an. Es ist die nächste Begegnung mit Folgen. Denn gemeinsam mit dem Frankfurter Autor des Standardwerks «So werde ich Heribert Faßbender», das Mitte der Neunziger in keiner WG vernünftiger Menschen, die samstags die «Sportschau» anschalten, fehlt, geht Herrndorf in den folgenden Jahren mehrere Buchprojekte an: als Illustrator der Umschläge wie der Texte selbst.

Er malt eine Verona Feldbusch für Roths Pseudobiographie der Moderatorin im Haffmans Verlag – und einen Edmund Stoiber für eine ähnlich zusammenfabulierte Biographie des bayerischen Ministerpräsidenten, die Roth gemeinsam mit Peter Köhler bei

Eichborn herausbringt. Herrndorf illustriert den Reclam-Sammelband «Öde Orte» (1998), der Porträts deutscher Städte und Regionen versammelt, mit Bildwitzen – und er liefert die Umschlagbilder zu zwei weiteren Sammelbänden, die Roth im Ventil Verlag veröffentlicht. Ein Bild davon, der kubistische Hitler für Roths «Die große Wehmut der Instrumente», hatte Herrndorf, wie erwähnt, schon im unvollendeten Nürnberger Comic «Auf der Suche» skizziert. Wie Roth im Gespräch mit der Kuratorin Regina Wetjen schildert, hatte Herrndorf ihm dieses ältere Bild für das Buch angeboten und ausnahmsweise kein neues gemalt. Das Bild sei liegen geblieben, habe Herrndorf erklärt, nicht einmal die «Titanic» habe es drucken wollen. Roth nimmt es trotzdem – mit Kusshand.

Roth erzählt in diesem Gespräch auch, dass er der Kunst des Wolfgang Herrndorf verfallen gewesen sei von dem Augenblick an, als er das erste Bild von ihm gesehen habe. Der Kohl-Kalender, sagt Roth, sei «ein Gipfel des Unglaublichen. Es war epiphanisch. Als ich das Wolfgang gegenüber später bei Gelegenheit zum Ausdruck brachte, lachte er jedes Mal und sagte, ich hätte nicht alle Tassen im Schrank.» Roth erklärt den Verlagen, mit denen er seine Bücher macht, unmissverständlich: Herrndorf oder niemand. «Und in den meisten Häusern saßen damals Leute, die wussten, dass es eine Ehre ist, mit ihm zusammenzuarbeiten.»

Im Herbst 1997 spricht Roth Herrndorf also auf dem Haffmans-Empfang an, ob er Interesse an einer Zusammenarbeit habe. «Ich weiß nicht mehr», sagt Roth, «ob er, wie er das öfter tat, eine Augenbraue hochzog, leicht schräg zur Seite schaute, die Augen verdrehte und sanft spöttisch lachte. Jedenfalls sagte er zu, weil er den Fußball schätzte und wir uns, glaube ich sagen zu dürfen, mochten, und dann schütteten wir uns zu.»

Es geht um ein Buch, das in seiner Form typisch ist für Herrndorfs Arbeitsweise: Im genauen Studieren und Verfremden einer

Vorlage Erkenntnis durch Pointe zu erzeugen. Jürgen Roth will eine Pseudo-Gesamtausgabe der Werke des ARD-Sportchefs und Fußballkommentators Heribert Faßbender produzieren. Beziehungsweise nur einen Band, der aus der kommentierten Abschrift des kompletten Kommentars zu einem Gruppenspiel der Fußballeuropameisterschaft 1996 in England besteht: Italien – Deutschland (0:0). Ergänzt wird das Ganze durch editorische Notizen und eine biographische Einführung. Herrndorf soll die Illustrationen beisteuern. Das erste gemeinsame Projekt der beiden erscheint 1998 im Klartext Verlag. Die Produktion geht rasend schnell.

Zu dem Zeitpunkt, als das Buch entstand, war Heribert Faßbender bei seinem Haussender WDR seit fünfzehn Jahren für den Sport zuständig, vor allem für die «Sportschau», die er auch moderierte. Berühmt und berüchtigt hatten ihn seine Kommentare internationaler Begegnungen deutscher Mannschaften gemacht, die Festivals der Platitüden und der Parteilichkeit waren. Als Chef der mächtigen WDR-Sportredaktion saß er oft bei wichtigen Spielen am Mikrofon, beispielsweise beim WM-Achtelfinale 1990 zwischen Deutschland und den Niederlanden: Im Verlauf des Spiels gab Faßbender angesichts umstrittener Schiedsrichterentscheidungen und aggressiver Zweikämpfe damals jede journalistische (oder auch nur sportliche) Objektivität auf: Er schrie, er jubelte, er stöhnte, er duzte und verhätschelte die deutschen Spieler und verhöhnte die Niederländer und triumphierte, als am Ende die Deutschen gewannen. Faßbender war allgegenwärtig, unbelehrbar und nur mit Humor zu ertragen. Wie der damalige Kanzler war er seit 1982 an der Macht, der Kohl der «Sportschau».

Eine solche Figur mit einer Persiflage zu demontieren, die nichts anderes tut, als den dröhnenden Ton noch dröhnender aufzudrehen, liegt nahe. «Heribert Faßbender: Gesammelte Werke. Band IX/5. Europameisterschaft 1996: Italien – Deutschland» ist das erste Buch, das auch Wolfgang Herrndorfs Namen auf dem Umschlag trägt. Der einzelne Band (128 Seiten, 33 Abbildungen) kostet 19,80 D-Mark, bei fester Abnahme aller geplanten Bände (dreizehn bis siebzehn pro Jahr) beträgt der Subskriptionspreis 1440 D-Mark zuzüglich Versandkosten. Auf der letzten Seite des Buchs ist ein Bestellformular abgedruckt. Wer es wohl wirklich ausgefüllt und abgeschickt hat?

Auf den Seiten davor findet sich – in detaillierter Mimikry akademischer, historisch-kritischer, bibliophiler Gesamtausgaben – die Mitschrift des Spiels zwischen Deutschland und Italien vom 19. Juni 1996 in Manchester, ergänzt um einen mächtigen Fußnotenapparat, der auf manchen Seiten den Originaltext auf wenige Zeilen zusammendrängt, weil sonst kein Platz mehr gewesen wäre für die oft sinnlosen, aber dafür durchrecherchierten Zusatzinformationen, die Roth zum Spiel und zum Drumherum zusammenträgt. Hier eine zufällig ausgewählte Stelle der Mitschrift:

«Freistoß für die Italiener, Torentfernung fünfundzwanzig Meter, Zola macht das.

Mussi.

Ziege.

Häßler.

Klinsmann!

Casiraghi.

Strunz, der früher mal in Stuttgart war und jetzt natürlich wieder bei Bayern spielt. Helmer. Freund.

Und Zola in Abseitsposition.»

Eine der Fußnoten zu dieser Stelle lautet: «Vgl. Jandl, Ernst.»

Wolfgang Herrndorf soll zu den Texten Bilder aus dem Leben Faßbenders beisteuern. Im November 1997 schickt er Roth ein Fax, dass er begeistert das Manuskript liest («ganz hervorragend») und lacht. «Es scheint mir völlig ausgeschlossen, dass wir

Ute Ehrhardt nicht von der Bestsellerliste hinwegfegen werden»,
schreibt er. Ehrhardt, die Autorin psychologischer Bücher, steht
zu diesem Zeitpunkt seit Jahren ganz oben auf der «Spiegel»-
Bestsellerliste mit ihrem Buch «Gute Mädchen kommen in den
Himmel, böse überall hin».

Roth schlägt Herrndorf weitere Motive für das Buch vor. Und
was der anfertigt, in großer Geschwindigkeit, orientiert sich wieder an Vorlagen, überhöht sie aber. Wie schon beim Kohl-Kalen-
der, der in dem Moment die Weltpresse erreicht, als Roth und
Herrndorf an ihrem Buch sitzen, entsteht der Witz meist aus der
Kollision zwischen dem Heiligen und dem Profanen. Oder besser: aus der Kollision des Megalomanen und des Profanen. Denn
Herrndorf reiht Faßbender nicht nur mit Adorno und Ulbricht
ein, wie man es vom sowjetischen Propagandabanner von Marx,
Engels und Lenin kennt, er malt auch eine Faßbender-Büste im
Stile des nationalsozialistischen Staatskünstlers Arno Breker:
«Marmor, 1972; mit freundlicher Genehmigung des Deutschen
Museums Bonn.» Und er fertigt eine Serie von Faßbendern an,
angelehnt an die berüchtigten Fotos, die Heinrich Hoffmann in
den zwanziger Jahren von Adolf Hitler gemacht hat, als der im
Studio des Fotografen Posen für Wahlkampfreden probierte. «In
der Fortbildung» haben Roth und Herrndorf diese Serie genannt.
Deutlich unverfänglicher sind Herrndorfs Arbeiten nach einer
Fotovorlage von Faßbenders Haus in Leverkusen – die, wie Roth
im Gespräch mit Regina Wetjen verriet, seine damalige Freundin
geknipst hatte. Oder das Kindheitsporträt des kleinen Heriberts,
«das erste Mal mit Onkel Justus auf dem Platz»: Dem Jungen hat
Herrndorf einen verschlurften Typen an die Hand gemalt, in dem
man sofort Josef Haders Figur des Heinz Bösel aus dem Film «In-
dien» erkennt.

Die Tristesse dieses Films passt zur Tristesse der anderen
Motive in diesem Buch. Etwa zu denen aus Faßbenders Kindheit:

Großmutter Faßbender – die laut Calvin Scott ja der Nürnberger HL-Supermarktkassiererin Frau Kellermann ähnelt –, wie sie in den Trümmern von Ratingen auf die Trambahn wartet und vom Eislaufen träumt. Eine trostlose Kneipe, in der Faßbender sich entspannt. Eine Fahrt im Bus mit Walkman. Ein Klettergerüst, an dem Heribert so aussichtslos in der Luft hängt wie das Kind in Herrndorfs «Titanic»-Zeichnung mit dem Schlitten. Und wie beim Kohl-Kalender hat Herrndorf als Bonus noch Imitate anderer politischer Zeichner wie Luis Murschetz angehängt: «Heribert Faßbender in der zeitgenössischen Karikatur.»

Das letzte Bild aber zeigt Faßbender, wie er in Jogginghose und Adiletten sein Altglas zum Container bringt. Er trägt das Trikot der deutschen Fußballweltmeister von 1990. Und er hat sich abgewendet, weil er gerade eine Flasche einwirft. Was er anhat, ähnelt der Montur, die jener rechtsextreme Mann aus Rostock trug, als er während der rassistischen Ausschreitungen in Lichtenhagen im August 1992 in vollgepisster Jogginghose den Arm zum Hitler-Gruß erhob. Der «Spiegel»-Fotograf Martin Langer fotografierte ihn dabei. Selbst die leicht ausgebeulte Tasche der Jogginghose Faßbenders ähnelt der des Mannes. Im Umfeld der anderen Motive, die Herrndorf und Roth für ihr Buch auswählten, ist es nicht spekulativ, einen Zusammenhang zu erkennen.

Roth und Herrndorf schicken sich Kapitel und Bilder hin und her, telefonieren, treffen sich zweimal in Frankfurt: beim ersten Mal, kurz nach der Buchmesse, um das Projekt zu besprechen – und dann später noch einmal, um das fertige Manuskript und die Illustrationen zu kompilieren. Im Frühjahr 1998 erscheint das Buch schon.

Auch das Porträt der beiden Herausgeber hat Herrndorf gemalt. Es zeigt Roth und ihn selbst unter «Dekra»-Schirmmützen. «Photo: Isolde Ohlbaum» steht darunter. Es dauert noch sechs Jahre, bis die Fotografin Herrndorf tatsächlich porträtieren wird.

Und es ist, wie eigentlich fast alles an diesem Buch, ein Witz für Eingeweihte. So wie die erfundenen Lebensläufe von Roth und Herrndorf auf diesen letzten Seiten. In seinem tritt Herrndorf – inzwischen hat das fast Tradition – ein weiteres Mal in Richtung Nürnberg nach: «Wolfgang Herrndorf, geboren 1965 in Hamburg, ausgebildeter Porträt- und Schlachtenmaler, absolvierte erfolgreich die VHS-Kurse ‹Schraffuren – Ein weites Feld› und ‹Reden wie ein Künstler I bis IV› bei Prof. Christine Sack-Colditz in Nürnberg und wurde als Meisterschüler ausgezeichnet. Seit 1996 offizieller Hofmaler des Bundeskanzlers (Werkverzeichnis im Haffmans Verlag, Zürich 1997), konvertierte im Oktober 1997 zum Islam und lebt heute als Anhänger des Kalifatstaates in Berlin. In Vorbereitung: *Kinder sehen Lothar Matthäus – Wichtige Filzstiftzeichnungen.*»

Das Grußwort für das Faßbender-Buch hat der Schriftsteller und «Titanic»-Redakteur Gerhard Henschel beigesteuert: «In einer Welt, wo alles, was uns lieb und teuer ist, verduftet und verpufft, bleibt einer wie Heribert Faßbender unverwechselbar.»

Fast zeitgleich mit Jürgen Roth war auch Henschel im Herbst 1997 auf Wolfgang Herrndorf zugegangen, um ihn für die Illustration eines Buchprojekts zu gewinnen – und hatte ihm dabei mehr oder weniger mit den gleichen Worten seine Wertschätzung ausgedrückt. (Er hatte vorher in der «Titanic»-Redaktion die Kruzifix-Bilder gesehen und wusste, dass er mit diesem Zeichner zusammenarbeiten wollte.) Erst siezen die beiden sich noch. «Auf Sie bin ich gekommen», schreibt Henschel in einem Brief vom 10. Oktober 1997, «weil ich die unglaubliche Kunstfertigkeit bewundere, mit der Sie sich die verschiedensten Stile anverwandeln können. Ich hoffe, dass Sie damit inzwischen nicht nur berühmt, sondern auch reich geworden sind!»

Henschel, ein genialer Vielschreiber, arbeitet damals an einem etwas liebevoll-verbogenen Projekt namens «Brunos Abenteuer» – mit Geschichten über einen Oldenburger namens Bruno, erzählt von dessen bestem Freund. Bruno schlägt sich mit immer neuen Spezialplänen durch immer neue Notlagen, ein Mann großer Ideen, großer Lieben und eines großen Durchhaltevermögens bei geringsten Erfolgen. Eine Figur wie Cervantes' «Don Quijote», worauf nicht nur das Motto des Buchs hindeutet, ein Satz von Sancho Pansa: «So bleibt uns nichts übrig, als uns Gott zu befehlen und dem Schicksal seinen Lauf zu lassen und abzuwarten, wohin es die Dinge leiten mag.»

Für seine Geschichten vom tapferen Hasardeur Bruno wünscht sich Henschel Illustrationen im Stile Gilbert Dunlops: Der schottische Zeichner (1909–1984) hatte in den fünfziger Jahren unter anderem die Abenteuerbücher von Enid Blyton gestaltet, mit denen nicht nur Henschel, sondern, wie sich sofort herausstellt, auch Herrndorf aufgewachsen war. Henschel schickt Herrndorf eine erste Geschichte aus dem Buch, das als «Bruno in tausend Nöten» im Jahr darauf in der Edition Nautilus erscheinen wird, und legt Kopien von Dunlops Zeichnungen bei. Herrndorf sagt sofort zu. Aber da er nach der Messe noch mit Faßbender beschäftigt ist, beginnt er erst im Dezember 1997 mit der Arbeit. Acht bis zehn Zeichnungen sollen es werden.

Vorher treffen sich Henschel und Herrndorf erst mal in Berlin zum Biertrinken, Herrndorf zeigt ihm die ersten Zeichnungen für das Faßbender-Projekt – der Moderator als Lenin, als Hitler. Henschel ist beeindruckt von Herrndorfs Bildern, aber auch beunruhigt, wie er Roth schon angedeutet hat: ob solche Motive nicht einstweilige Verfügungen nach sich ziehen könnten. Schnell schlägt Henschel Herrndorf auch Projekte mit der «taz» vor und verknüpft ihn mit Conny Lösch von der «Jungen Welt», in der Henschels Bruno-Geschichten zu diesem Zeitpunkt schon erscheinen, Herrndorf könnte dort die ersten Zeichnungen ja vielleicht vorab unterbringen.

Anfang Dezember faxt Herrndorf eine davon an Henschel: Sie zeigt einen Radfahrer mit Wehrmachtshelm beim Lesen eines Buchs. Denn im «Bruno» soll auch eine Parodie jener Werbung für Pfandbriefe und Kommunalobligationen von Banken und Sparkassen auftauchen, die seit 1962 jahrzehntelang in rororo-Taschenbüchern abgedruckt waren. Eine Mischung aus altväterlich-ironischer Lebensweisheit und einer passenden Zeichnung dazu. «Die Pfandbrief-Reklame sei auf nicht nachäffbare Weise scheußlich?», schreibt Herrndorf in seinem Fax. «Du verkennst mich. Nach unten ist mein Niveau völlig offen.» Nur nach dem Helm solle Henschel ihn bitte nicht fragen. Henschel ist von der Zeichnung begeistert.

Kurz vor Weihnachten, das Herrndorf bei seinen Eltern verbringt, hat er drei weitere Brunos fertig. In Norderstedt besucht er die Stadtbibliothek, um sich durch die Kinder- und Jugendbuchabteilung zu blättern, auf der Suche nach weiteren Anregungen und Vorlagen. In seinem eigenen Bücherschrank steht nur noch ein einziges Enid-Blyton-Abenteuerbuch mit Illustrationen von Gilbert Dunlop. «Der Versuch», faxt Herrndorf im Januar 1998 an Henschel, «mir Proustsche Erlebnisse des Wiedererkennens und beschauliche Erinnerungsorgien durch die Lektüre von ‹5 Freunde und irgendein Geheimnis› zu verursachen, schlug jedoch vollkommen fehl. Mag sein, dass das die Erinnerung auslösende Moment einfach zu schwach war, aber vermutlich habe ich an die Zeit, in der ich Enid Blyton verschlungen habe, einfach keine Erinnerung mehr. Und das ist sicher auch gut so.»

Das stimmt sehr wahrscheinlich so gar nicht. Warum Herrndorf ausgerechnet gegenüber Henschel, dem späteren Autor monumentaler Kindheitsrekonstruktionen, der ihm auch Kinderfotos und Kassetten nach Berlin schickt, so auf Distanz zur eigenen Lektürekindheit geht, wirkt im Rückblick unverständlich. Das, was Herrndorf hier mit den Dunlop-Imitaten anfertigt und kurze

Zeit später mit Illustrationen für eine Abenteuerklassiker-Reihe im Haffmans Verlag fortführt, sind Jugendbuchstudien, deren Konsequenzen sich Jahre später zeigen werden, bei «Tschick».

Henschels «Bruno in tausend Nöten» erscheint im März 1998 und wird kein großer Erfolg. Er plant, weitere Geschichten über Bruno für die «Junge Welt» zu schreiben, aber nur, wenn Herrndorf sie wieder illustriert. (So kommt es später auch.) Herrndorf ist Mitte März zum ersten Mal seit Monaten ohne einen Auftrag. Und wird prompt krank.

Der Austausch der beiden bleibt intensiv und freundschaftlich. Im September 1999 steuert Herrndorf zu Henschels erfundener Episode, der Philosoph Ernst Bloch habe Stalin gezeichnet, eine Illustration bei, die «taz» druckt beides. Wenn Henschel in Berlin ist, gehen sie Bier trinken, nach Kreuzberg, in den «Heidelberger Krug», in die «Rote Rose». Bald, nachdem sie sich kennengelernt haben, stellt Henschel auf einer Party Herrndorf eine befreundete junge Berliner Autorin vor. Sie heißt Kathrin Passig. Herrndorf verliebt sich, die beiden kommen zeitweilig zusammen. Bis zu Wolfgang Herrndorfs Tod bewahren sie sich eine einzigartige Freundschaft und Arbeitsbeziehung.

4. KAPITEL

«Ich schreibe überhaupt nicht.
Außer Briefe und so.»

Berlin um die Jahrtausendwende, 1998 bis 2002

J an Vermeer hat seine Heimatstadt Delft nie verlassen. Marcel
Proust vergräbt sich die letzten Jahre seines Lebens in seiner
Pariser Wohnung, um zu schreiben. Wolfgang Herrndorf wohnt
auf sechsundfünfzig Quadratmetern im vierten Stock eines Hinterhofs in Berlin. Er wird bis kurz vor seinem Tod in dieser Wohnung bleiben, fünfzehn Jahre lang, und Berlin nur verlassen, wenn
es sein muss. Das ist selten.

Hölzernes Treppenhaus, kein Fahrstuhl. Der Makler, der
ihm die Wohnung vermittelt, nennt ihn konsequent «Herrendorf». Auch der Mietvertrag für die Novalisstraße 5 wird auf einen «Wolfgang Herrendorf» ausgestellt. Schon der Vertrag für
die Erdgeschosswohnung in der Neuköllner Pannierstraße war
auf «Wolfgang Herrendorf» gelaufen. Alle möglichen Leute, die
es eigentlich besser wissen müssten, nennen ihn «Herrendorf».
Nicht immer, aber immer wieder. Seine Professorin. Journalisten.
Leserinnen und Leser. Nach Herrndorfs Tod wird er auf dem
Herrenklo in seiner Stammkneipe, dem «Prassnik» auf der Torstraße, von den Freundinnen und Freunden aus dem «Paparazzi»-
Forum mit einer Plakette verewigt. «Gelegentlich pinkelte hier
Welfjan Hürrntopf», steht darauf. «Wolfbert Harnstoff», «Milram
Herrndörffer», «Wulfgrimm Hassloch», «Gandalf Hasendörf-
ler»: Das sind weitere Varianten, mit denen die «Pappen», wie sie
sich selbst nennen, später auch deswegen in ihrem Forum herum-

spielen, um den Google-Algorithmus auszutricksen. Damit ihr Freund nicht so leicht zu finden ist, als das Interesse an seinem Schicksal wächst.

Es ist eine dunkle Wohnung, die er in der Novalisstraße bezieht. Aufgeräumt, weil Herrndorf immer sofort aufräumt. Die Küche ist gut ausgestattet, dafür sorgen seine Eltern. Von selbst hätte er wohl kaum so etwas gekauft wie ordentliche Töpfe. Außerdem kocht er ja nicht, er wärmt eher auf, wie den Westerntopf aus der Dose, und geht, wie schon in Nürnberg, in die Mensa. Diesmal ist es die der Humboldt-Universität, nicht weit entfernt. In der Spüle stapeln sich die Teebeutel, das war auch schon in Nürnberg so. Eine ziemlich uneingerichtete Wohnung, sagen die, die mal da gewesen sind. Aber nicht viele sind das in den fünfzehn Jahren, in denen Herrndorf hier lebt. Einmal ist Calvin Scott etwas länger zu Besuch und merkt bald, dass das vielleicht keine so gute Idee war. Er dreht morgens das Wasser beim Duschen etwas heißer. «Du kannst doch nicht einfach das Wasser in der Dusche heißer stellen», sagt Herrndorf, der das sofort bemerkt.

Wolfgang habe bis dahin nie seinen Alltag mit jemand anderem geteilt, sagt Calvin. Keine seiner Freundinnen ist je bei ihm eingezogen. Und so wird es bleiben, bis zuletzt. Im Stockwerk unter Herrndorfs Wohnung wummert der «Bumsmusik»-Nachbar. Er spielt Techno oder jedenfalls: laute Bässe. Calvin hört es, als er zu Besuch ist, kriegt den Nachbarn aber nie zu Gesicht. Herrndorfs Mutter sieht ihn auch nie. Ein Phantom, dessen Wohnungstür von oben bis unten mit Aufklebern gepflastert ist. Und der im dichterischen Werk Wolfgang Herrndorfs mehrfach verewigt wird: ein Herrndorfscher Endgegner wie Martin Walser, Thor Kunkel, Martin Mosebach oder Uwe Tellkamp.

Im Frühjahr 1998 erscheinen fast zeitgleich die Bücher über Heribert Faßbender und der «Bruno». Der Verkauf von Henschels

Abenteuerbuch ist mager, vierzig Exemplare nur im April. Die Rezensionen sind tendenziell unfreundlich. Und sie treffen auch den Illustrator, nicht nur den Autor. «Man soll ein Buch ja eigentlich nicht nach seinem Einband beurteilen», schreibt der Literaturkritiker Burkhard Müller beispielsweise im Feuilleton der «Frankfurter Allgemeinen Zeitung». «Aber hier trifft gleich der erste Blick auf Niederschmetterndes: ‹Bruno in tausend Nöten› – das unverkennbare Erscheinungsbild eines Kinder- oder Jugendbuchs, das man vor einem Vierteljahrhundert von einer Tante geschenkt bekam, komplett mit einem Umschlag aus Glanzpapier in einem hässlich grünstichigen Blau und einem gemalten Bild vorne drauf. Es zeigt den ulkigen Bruno, wie ihm, offenbar nach einer durchzechten Nacht, die Frauen, die Flaschen und kleine Sternchen um den zerzausten Schädel schwirren – ein zeichnerischer Stil, dessen gutgelaunte Witzlosigkeit sich in den Illustrationen im Inneren des Buchs fortsetzt. Man trifft ihn sonst etwa noch auf den Humorseiten der Fleischerzeitung oder des Würzburger Katholischen Sonntagsblatts an, wo er sein Gnadenbrot verzehrt. In Henschels Buch präsentiert er sich eine Spur fülliger, so dass, da der Zeichner keine Gesichter hinkriegt, das Faltenspiel altertümlicher Textilien ins Zentrum des Geschehens rückt.»

Erstaunlich, dieser ausgestellte Wille zum Falschverstehen, den Müller hier zeigt. Es ist ja mit einem Blick erkennbar, dass es Herrndorf, in Henschels Auftrag, gerade darum geht, Zeichnungen der Humorseiten einer «Fleischerzeitung» aus dem Kontext zu reißen und das unfreiwillige nostalgische Gefühl zu untersuchen, das sie auslösen, wenn man sie Jahrzehnte später wieder in die Hände kriegt. Müller verweigert diese Deutung kategorisch, mag sein, dass sie ihm auch gar nicht in den Sinn kommt, er stellt stattdessen eine kulturkritische Diagnose. Er deutet den Bruno und seine sentimentalen Abenteuer nämlich als «Kinderschokolade fürs Gemüt» einer «Generation» (natürlich), «die man daran erkennt, dass sie glänzende Augen kriegt und die Titelmelodie zu summen beginnt, wenn die Rede auf ‹Urmel aus dem Eis›, ‹Daktari› oder ‹Bonanza› kommt.» Die ganze Rezension ist ein Beispiel für die Ratlosigkeit der etablierten Kulturkritik, wie sie umgehen soll mit den damals in wachsender Zahl erscheinenden, ephemeren Büchern, die ihren Status selbst in Frage stellen, ihr Projekt aber doch ernst meinen: Henschels «Bruno»-Episoden und Herrndorfs Zeichnungen sind ganz offensichtlich Produkte einer antinostalgischen Auseinandersetzung mit prägenden Bildern und Erzählstilen, Produkte einer Hassliebe, die trotzdem Identität stiftet. Aber Müller hat kein Auge für die Ambivalenz, die hier am Werk ist. Oder keine Gnade. Oder keine Lust. Und er bestraft den Illustrator noch dazu extra: Indem er dessen Bilder einen kompletten Absatz lang zerlegt, so viel ist es ihm dann doch wert, ihn dabei aber nie beim Namen nennt. Nicht mal «Herrendorf» nennt er ihn. Auch in den bibliographischen Angaben unter der Rezension fehlt der Name des Illustrators.

Dafür bekommt das Faßbender-Werk, wie Herrndorf stolz an Henschel meldet, vier von vier «Häschen» im «Playboy», in der Juni-Ausgabe 1998. «Vier volle Häschen!», jubelt Herrndorf. «Da habe ich aber vor Freude kleine Quadrate in meiner Wohnung gehüpft.» Der Illustrator ist nur leider nicht zufrieden mit der Repro-Qualität des Faßbender-Buchs, wie er kurz zuvor an Calvin Scott geschrieben hat. Und der Verkauf läuft auch bei diesem Buch nicht gut.

In Berlin beginnt das soziale Leben Wolfgang Herrndorfs noch einmal neu. Mit Ulrike Schulte Overberg, mit der er sich auf einer früheren Buchmesse angefreundet hatte, zieht er durch die Stadt, in die Kellerclubs im Osten, Berlin ist damals noch ein Paradies unrenovierter Altbauten, der Brachen und Leerstände.

Auf der Rückfahrt von der Frankfurter Buchmesse 1996, im Familien-Van des «Eulenspiegel»-Redakteurs Georg Behrend, hatte er den BWL-Studenten Holm Friebe kennengelernt. Friebe ist selbst gerade erst in Berlin angekommen, hatte aber vorher, von Münster aus, sein eigenes Projekt gestartet: «Luke & Trooke». Das ironische Magazin ist zusammenkopierter, aber gleichzeitig auch popkulturell informierter als die literarisch klassischere «Titanic», der Humor entsprechend cooler, aktueller, was die Referenzen angeht.

«Generation Yps: Smells like Urzeitkrebse», eines der genialsten Titelbilder des Magazins, gestaltet von Martin Baaske, zeigt den typisch karierten Dinosaurier aus dem «Yps»-Magazin, der sich eine Maschinenpistole an den Kopf hält – Suizid per Kopfschuss, wie bei Kurt Cobain von Nirvana. Burkhard Müller hätte wohl wieder auf typisch generationelle Selbstverliebtheit getippt, die eigenen Idiosynkrasien und Lebensdramen für so weltbewegend zu halten, dass man daraus ein Magazin macht. Ob Herrndorf Nirvana je gemocht hat? Er steuert Ende der neunziger Jahre jedenfalls auch ein paar Cartoons zu «Luke & Trooke» bei. Hier ergibt sich Output aus freundschaftlichen Verbindungen – dass Herrndorf sich aber als Teil einer «Generation» verstanden haben könnte, deren Bedürfnisse nach Distinktion und nostalgischer Verklärung Friebes Heft anzuzapfen versucht, um daraus Humor zu gewinnen: Das kann man, muss man vielleicht sogar ausschließen. Dafür ist Herrndorfs Referenzsystem zu speziell. Dafür kultiviert er sein Außenseitertum zu gern. Und vor allem: Dafür ist Herrndorf am Ende doch zu sehr aus der Zeit gefallen. Das Magazin von Holm Friebe dagegen soll – wie alle Berliner Projekte, die er in den folgenden Jahren teils unter Herrndorfs Mitwirkung anstoßen wird – die unmittelbare gegenwärtige Situation erzeugen, abbilden, kommentieren. Neu sein. Oder zumindest so aussehen.

Mitte der neunziger Jahre, und Müllers «Bruno»-Verriss ist ein Indiz dafür, liegt aber tatsächlich der Begriff «Generation» in der Luft, als Placebo-Erklärungswort. Und er wird einerseits dankbar aufgegriffen vom Publikum, dafür spricht etwas später der Erfolg von Florian Illies' Buch «Generation Golf», das im Jahr 2000 erscheint. Andererseits wird dieser modische Generationenbegriff von genau jenen, die sich gemeint fühlen sollten, als Marketingtool abgelehnt. Mit solchen Begriffen – wie auch mit den ganz ähnlichen Etiketten «Popliteratur» oder «Berlin-Roman» – versucht die deutsche Kulturkritik einzuordnen, einzufangen, einzuzäunen, was sich unaufhaltsam und mit großem Erfolg in den Verlagsprogrammen und Bücherschränken ausbreitet. Ein neuer erzählerischer Ton, eine neue erzählerische Selbstverständlichkeit, auch eine Respektlosigkeit gegenüber den Traditionen des Buchbetriebs und der sogenannten Literatur-Literatur.

Herrndorf wird einige der Romane, die in diesen Jahren erscheinen, von Karen Duve, Sven Regener oder Christian Kracht, genau lesen, studieren, lieben und hassen. Er wird selbst einen Debütroman schreiben, der sich an den erzählerischen Konventionen orientiert, die gerade erst entstanden sind, und die ein Roman wie Krachts Debüt «Faserland» (1995) beinah aus dem Nichts für die neue deutschsprachige Literatur etabliert hat. Herrndorf wird auch Marken und Produkte in seine Texte einarbeiten, Namedropping betreiben und seinen ersten Roman vor allem im Präsens schreiben. Aber ihn deswegen zu einer Generation zu zählen, die einen wie auch immer gearteten Zeitgeist in Text verwandelt, führt nicht weit, dazu ist er zu desinteressiert an Popkultur. Und zu ernst und akademisch in seinen Vorlieben und Urteilen. Er bringt zwar das Apodiktische, das Talent zur Pointe mit, das man braucht, um sich als heißer, neuer Autor durchzusetzen, in einem Augenblick, als der Bedarf an heißen, neuen Autorinnen und Autoren in den deutschsprachigen Verlagen riesig wird. Aber Wolfgang Herrndorf bleibt immer auch ein scheuer Schwärmer. Im Berliner Milieu, in das er ab 1996 hineingerät, zählen jene schwärmerisch-studentischen Prätentionen nicht, die Herrndorf noch in Nürnberg gepflegt hat. Er zeigt sie bald auch nicht mehr öffentlich. Aber ganz legt er sie nie ab. Und modisch wird er eh niemals werden. Für ihn bleiben eben Stendhal und Moritz Nachbarn, und Karen Duve lebt auch nebenan. «Für Wolfgang gab es nur die *eine* Literatur», sagt sein späterer Verleger Wolfgang Hörner.

D as eigentliche Steuerinstrument von Herrndorfs sozialem Leben wird der Computer. Das Internet. Um 1997, 1998 verabredet man sich noch vorher und geht gleichzeitig online, um sich zu schreiben: Das Einwahlgeräusch des Modems ist die Erkennungsmelodie dieser Jahre. Herrndorf hat ab Mitte 1998 eine eigene E-Mail-Adresse.

Das Internet verändert alles. Berlin verändert alles. Calvin Scott beobachtet aus der Ferne und mit wachsender Unruhe, wie sich der Tagesablauf Herrndorfs entwickelt: wie sein Freund bis tief in die Nacht am Computer sitzt und mit seinen neuen Freundinnen und Freunden chattet, dann nachts in Kneipen loszieht und bis in den Nachmittag schläft, um danach zu arbeiten oder wieder am Computer zu chatten. Und immer so weiter, Tag für Tag.

Calvin Scott kehrt aus Neuseeland bald doch wieder nach Europa zurück und landet auf dem Weg über Amsterdam nach der Jahrtausendwende schließlich in München, wo er als Unternehmensberater arbeitet. Wenn Calvin von diesen Jahren spricht, Mitte, Ende der neunziger Jahre, dann nennt er sie «die Zeit, in der das Internet über uns hereinbrach». Er versucht, so gut es geht, mitzuziehen in Wolfgangs neues Leben. «Ich fühlte mich von ihm verlassen», sagt er allerdings, «ab dem Augenblick, als das Internet ihn einfach verschlungen hat.»

Calvin macht zwar noch mit, wenn sie Reimspiele in Chatrooms spielen: Herrndorf, Kathrin Passig, deren Freundin Ira Strübel aus Heidelberg, Holm Friebe. Aber Calvin kann nicht so schnell tippen und reimen wie die anderen, und er ist auch nicht so fasziniert von diesem neuen Kommunikationsinstrument, das so viel mehr wird in Wolfgangs Leben als ein kommunikatives Instrument. Es wird eben auch ein soziales. Herrndorf nutzt das Internet, wie er Berlin nutzt, und es trägt ihn, wie Berlin ihn trägt, und er wird es auch so selten verlassen, wie er Berlin selten verlässt. Also nur, wenn es sein muss. Herrndorf wird im Forum der «Höflichen Paparazzi» so leben wie in Berlin: umgeben, gehalten, unterhalten von einem kleinen, festen Kreis von Leuten, die ihm die Welt sind.

Als er nach Berlin kam, habe er zu leben begonnen, hat Wolfgang Herrndorf seiner späteren Ehefrau Carola Wimmer gesagt. Er habe endlich so zu leben begonnen, wie er es immer wollte: Das dürfte sich vor allem auf die Freundinnen und Freunde beziehen, die er ab jetzt gewinnt. Das Fundament der Freundschaft zwischen Calvin und Wolfgang hält die Veränderungen aus, auch wenn Calvin dieser neue Lebensstil nicht geheuer ist. Er kommt ihm auch nicht gesund vor, es beunruhigt ihn, dass sein Freund offenbar auch mal wochenlang aufhört, sich die Zähne zu putzen – umgekehrt neidet Wolfgang seinem alten Freund Calvin den geregelten Tagesablauf, die Struktur, als der in München in seiner Unternehmensberatung beginnt. Herrndorf, der Freiberufler, lebt und arbeitet und verwahrlost ein bisschen in seinen Tag hinein.

«Buchumschlagdekorateur» nennt Herrndorf sich damals gegenüber Freunden. Er arbeitet sehr viel: für Haffmans, für die Edition Nautilus, für Klaus Bittermanns Edition Tiamat. Aber er dekoriert nicht nur Umschläge. Für Haffmans entstehen bald neue historisierend-karikierende Bilder in der Art, wie es schon der «Klassiker Kohl» gewesen ist. «Die allerneueste klassische Sau» gehört 1999 zu einer Buchreihe mit erotischen Texten, die Herrndorf jetzt für einen neuen Band mit imitierten Alten und Neuen Meistern ausstattet: eine Sau à la Cranach, eine andere à la Rousseau, à la Rembrandt. Im Original farbig, stehen sie schwarz-weiß abgedruckt zwischen Texten von Marquis de Sade, Else Lasker-Schüler, Stephen Fry und Karin Kusterer (Autorinnen sind rar in diesem «Handbuch der literarischen Hocherotik»). Aus der Idee, die Säue abermals zu einem Kalender zu bündeln, wird dann aber nichts.

Die Bilder, die Herrndorf für dieses Projekt anfertigt, sind erneut eindrucksvoll in ihrer Genauigkeit, im Verständnis der Eigenart der kopierten Künstler. Aber man glaubt allmählich Langeweile zu spüren. Wie oft kann man denselben Witz machen? Herrndorf sammelt trotzdem weiter Bewunderung für seine Arbeiten ein. Der Illustrator und Musiker Volker Kriegel, der für den Haffmans Verlag auch Umschläge vor allem für den englischen Autor Julian Barnes gestaltet, schickt Herrndorf Ende 1999 extra einen Brief hinterher: Die beiden hatten sich auf der Frankfurter Buchmesse kurz zuvor kennengelernt, aber das Gespräch zwischen ihnen war offenbar nicht so optimal verlaufen, eine typische Messeparty-Situation im schnellen Durcheinander, jedenfalls will Kriegel Herrndorf noch etwas deutlich sagen. «Ihre malerischen Bilder sind wunderschön und sehr zaubermächtig», schreibt er also. «Von der handwerklichen Delikatesse brauchen wir gar nicht zu reden, da haben Sie ohnehin einen Spezialpreis verdient.» Und dann wünscht Kriegel Herrndorf noch ein «schönes neues Jahrtausend».

Als das alte Jahrtausend langsam zu Ende geht, beginnt für Wolfgang Herrndorf noch ein weiteres neues Kapitel. Es ist das entscheidende: Er wird zum Autor. Zufälle, Umstände, Kontakte sorgen dafür, dass aus dem Maler und Umschlagdekorateur Herrndorf der Umschlagdekorateur und Autor Herrndorf wird. Etwas später wird er dann die tiefgreifende Entscheidung treffen, nicht mehr zu malen. Ab da ist er nur noch Autor. Ungefähr ab 2002.

Herrndorf rutscht in das Leben als Autor also mehr oder weniger hinein. So entschieden und kompromisslos er später gegenüber sich selbst und seinen Texten sein wird, sich auch selbst inszeniert als Überzeugungstäter, so improvisiert beginnt das Schreiben als Beruf. Herrndorf behauptet im Rückblick zwar, er habe immer schreiben wollen, aber aus der Nürnberger Zeit finden sich für diesen Wunsch wenige Belege. (Beispielsweise die «Briefe an die Leser», die er gelegentlich für die «Titanic» abgeliefert hat: eine jener Rubriken im Heft, die man immer als Erstes liest und in der Persönlichkeiten und Institutionen der Gegenwart abgefertigt werden. Es geht da genauso sehr um Sprachkritik wie um Meinungskorrekturen, um den Nachweis von Logikfehlern und großspurig herausgeblasenen Irrtümern – eine Rubrik wie gemacht für Herrndorf.) Und in Berlin drückt er auch nicht unbedingt aufs Tempo.

Aber hier entstehen die nächsten Arbeitskontakte, nicht nur für Illustrationen (beim «Tagesspiegel»), auch zur «taz». Auf deren satirischer «Wahrheit»-Seite erscheint am 10. Dezember 1999 der erste publizistische Text von Wolfgang Herrndorf. «Ich habe anfangs eine Weile gedacht», so erklärt er Jahre später im Interviewband von Jörn Morisse und Rasmus Engler, «vielleicht mit Kolumnen oder Zeitungstexten zu Geld zu kommen, und da habe ich auch zwei oder drei Anläufe gemacht, so Richtung launige Betrachtung der Welt.» Drei Texte sollten es werden für die «taz» in den Jahren 1999 und 2000. Der erste, betitelt «Die Welt der Perversion», erzählt ein paar Situationen einer Party aus dem Vorjahr nach: wie er sich dort, in einer Neuköllner Wohnung, betrinkt, keinen Menschen kennt, irgendwann mit der Gastgeberin knutscht und dann nach Hause geht. «Als ich den Weg zum Hermannplatz einschlug», schreibt Herrndorf, «um den Nachtbus zu suchen, lief ein stämmiger, hinkender Mann neben mir her, der ebenfalls auf der Party gewesen, mir aber dort nicht aufgefallen war. Mehr pflichtschuldig begann ich ein Gespräch. Er erklärte, dass er aus der SM-Szene komme wie die meisten anderen Partygäste auch, in einem Tonfall, in dem andere Leute sagen: Ich habe einen Blasenkatarrh, wussten Sie das nicht? ‹Ich quäle gerne Leute› war sein zweiter Satz, und er schien nicht abgeneigt, bei mir anfangen zu wollen. Ich entkam mit dem nächsten Taxi.»

Der Artikeltypus «launige Betrachtung der Welt», den Herrndorf im Interview mit Morisse und Engler erwähnt, beruht zwar eigentlich immer auf eigenen Beobachtungen. Aber im Falle dieses allerersten «taz»-Beitrags reiht sich das ein in Herrndorfs ununterbrochene Verwertung eigener Erlebnisse für Bild und Text. Eine fast gleichlautende Version dieses Zeitungsartikels hatte er nämlich im Jahr zuvor in einem Brief an Calvin Scott geschickt. Und dazu angemerkt, dass er sie neulich in «Verwirrtheit» geschrieben habe. Mit welchem Ziel er das getan hatte, erwähnt Herrndorf in dem Brief nicht. Aber mehr als ein Jahr später wird die «taz» diesen Text drucken.

Und gut zehn Tage nach dieser Premiere, am 21. Dezember 1999, erscheint dort gleich der nächste Text von Wolfgang Herrndorf: «Das Klo und das Mädchen». Der Bericht vom nächtlichen Besuch eines Mädchens, das bei Herrndorf in der Novalisstraße klingelt, weil es dringend auf die Toilette muss, dort fast zwei Stunden lang bleibt, wieder verschwindet, aber in der Zwischenzeit im Bad alles vollgekackt hat. «Was genau ich davon halten soll, weiß ich nicht», so beendet Herrndorf seinen Text. «Diese Abwesenheit jeglichen Schamgefühls scheint mir eine sehr beneidenswerte Sache zu sein.» Es ist nicht mehr zu rekonstruieren, ob sich Herrndorf diese Geschichte selbst ausgedacht hat, aber da er bis dahin selten einfach nur etwas erfunden hat, wird darin wahrscheinlich ein wahrer Kern stecken.

Auf der satirischen «Wahrheit»-Seite, einer Institution der «taz», schreiben in diesen Jahren einige Autorinnen und Autoren, die später auch zum «Paparazzi»-Forum gehören werden. Der Textbedarf solch einer täglich erscheinenden Seite ist hoch. Überhaupt sind es die Jahre, als der Internetboom das Anzeigengeschäft vorantreibt: Den überregionalen Zeitungen geht es deswegen gut, nach und nach erweitern «Süddeutsche Zeitung» wie FAZ ihre Umfänge um teils mehrere Seiten täglich, die Berlin gewidmet sind. Berlin wird jetzt zu einer ganz eigenen journalistischen Kategorie in den deutschen Medien. Einmal, weil die Bundesregierung inzwischen von Bonn dorthin umgezogen ist, mit allem, was das nach sich zieht an Aufmerksamkeit. Aber es ist nicht nur ein politisches Phänomen. Die Annahme setzt sich damals durch, dass alles, was aus Berlin kommt oder in Berlin passiert, der Gegenwart einen Schritt voraus ist – oder zu sein hat. Sonst würde es ja nicht aus Berlin kommen oder dort passieren. Diese Wahrnehmung hatte sich seit dem Mauerfall und der Wiedervereinigung über die Jahre immer weiter verstärkt. Die «Love Parade» zeigt mit weltweiter Sichtbarkeit, wie schnell ein aus dem Underground entstandenes Berliner Ding plötzlich riesig werden kann, bis es implodiert. Der sogenannte Hauptstadtbeschluss von 1991 und der Umzug politischer Institutionen von Bonn nach Berlin unterstreichen das offiziell, subkulturell aber gilt Berlin schon länger als «Schrittmacher», eine der typischen Floskeln. Die Medienschaffenden sprechen lieber von «Berlin als gelebtem Informationsvorsprung», und sie wollen diesen Vorsprung hal-

ten oder noch weiter ausbauen. Zeitgleich taucht der Begriff der
«Berliner Republik» auf, geht um, setzt sich fest, verewigt sogar in
einem Gedicht von Robert Gernhardt.

Eine Schreibhysterie liegt über der Stadt, damals, weil sie von
außen und von innen wie ein Medium sich wandelnder Verhältnisse betrachtet wird. Die Erkenntnis- und Aufbruchseuphorie,
ausgelöst von einer Stadt, deren viele Kulturen und Subkulturen
plötzlich als Sensoren und Indikatoren des Weltgeistes verstanden werden, hält sich ein paar Jahre – und bricht dann krachend
in sich zusammen, als das Geld ausgeht. Die Infrastruktur dieses
Hypes schrumpft. Aber das Sonderbewusstsein wird trotzdem
nicht schwinden.

Bis zum Kollaps ernährt das Geld aus dem Internet eine ganze
Reihe von mehr oder weniger großen Talenten, die unter diesen
Umständen zu schreiben begonnen haben, viele gute Leute und
große Nervensägen. Herrndorf ist mit ihnen im gleichen Plan-
quadrat der Stadt unterwegs, zwischen Torstraße und Bötzowviertel, Helmholtzplatz und Friedrichstraße – aber weit entfernt
von diesem hypertrophen Berlin-Sound der Jahrtausendwende.
Er wird in seinem Debütroman zwar die Partys und ihr Personal
jener Zeit dokumentieren können: auch weil er mit seiner Freundin Ulrike und seinem Freund Holm mitten hinein in diese Welt
aufbricht und dort unterwegs ist. Aber Herrndorf bleibt, obwohl
mittendrin, wieder Außenseiter. Ihm fehlt für eine Medienkarri-
ere der Drang zur großen Gegenwartsthese. Er ist zwar ein Eu-
phoriker, aber ihm fehlt das Aufgeregte. Was er tut, muss Bestand
haben und fehlerfrei sein. Steile Feuilletons zur gegenwärtigen
Lage entstehen auf diesem Weg eher nicht. Aber Herrndorf beobachtet und denkt sich seinen Teil und schreibt dann Texte, in
denen er diese Berliner Welt, in der er sich zum ersten Mal zu
Hause fühlt, vom Rand aus betrachtet. Er bleibt auf Distanz.

Als «In Plüschgewittern» erscheint, 2002, sind die Berliner Hype-Jahre schon wieder Geschichte. Die Aufbruchsstimmung der ersten rotgrünen Koalition mit einem Bundeskanzler Schröder und einem Außenminister Fischer hat sich gelegt, die Interneteuphorie genauso, die Stimmung wird gedrückter: der 11. September, ein Krieg in Afghanistan, ein weiterer in Irak, Demos in Berlin für den Frieden und gegen den amerikanischen Präsidenten Bush, der ihn befohlen hat, und mal wieder geht die Rede um vom Ende der Ironie angesichts des Ernstes der Lage, was meist der beste Beweis dafür ist, dass sie dringend gebraucht wird.

Eigentlich ist Herrndorfs Debüt also schon ein historischer Roman, als es in die Läden kommt. Vielleicht hat Herrndorf das gespürt und deswegen in seinen späteren Texten die Gegenwartssignale, die schnell altern können (Bandnamen, Kneipennamen, Jugendsprache), weggelassen oder mit größter Vorsicht behandelt. In seinen Büchern nach diesem Debüt wird Herrndorf Geschichten erzählen, die nicht in der unmittelbaren Gegenwart spielen oder nur entfernt mit ihr in Verbindung stehen, die mit ihr allenfalls eine leicht unwirkliche Ähnlichkeit teilen.

Drei Texte auf der «Wahrheit»-Seite der «taz»: Sehr viel mehr Zeitungstexte wird Herrndorf in seinem Leben nicht mehr schreiben. Der dritte, aus dem Mai 2000, verbreitet einen Prank auf Kosten der Berliner Verkehrsbetriebe, den Herrndorf gemeinsam mit Kathrin Passig und Holm Friebe inszeniert: einen Wettbewerb zur Umbenennung der Bahn- und Buslinien Berlins, die zum Jahreswechsel anstehe. Aus der Buslinie 100 beispielsweise könnte dann die «Harald-Juhnke-Linie» werden, und alle dürfen mit abstimmen! Und sich sogar als Namenspatron für eine zentrale S-Bahn-Linie bewerben. Im Text ist ein Link aufgeführt, der zur Abstimmungsmaske auf der Seite «Parkverbot.org» führt, die die Webdesignerin Passig damals betreibt. Diese BVG-Aktion parodiert gleich mehrere Dinge auf einmal: den Marketing-

jargon der Werbebranche; die ungefähr zur gleichen Zeit tatsächlich einsetzende Kampagne, die Berliner Bezirke nach Wiener
Vorbild umzubenennen und durchzunummerieren – die Idee
wird unter anderem von den «Berliner Seiten» vorangetrieben,
der neu gestarteten Hauptstadtbeilage der FAZ; und vor allem
macht sie sich lustig über die unaufhörliche Beschäftigung Berlins
mit sich selbst und dem eigenen Image.

Selbstverständlich bringt Wolfgang Herrndorf im «taz»-Text
noch eine autobiographische Pointe unter: Die «Neuköllner
Trendagentur», die für die BVG das Projekt betreut, nennt sich
«Schahm & Aykel». «Scham & Ekel GmbH» wird auch der erste
literarische Text heißen, den Herrndorf im Jahr darauf veröffentlicht.

Auf die seltsame Geschichte vom Mädchen auf seinem Klo in
der Novalisstraße, die Herrndorf im Dezember 1999 in der «taz»
untergebracht hatte, wird er ein paar Jahre später im «Paparazzi»-
Forum zurückkommen. Er wird sie dort, etwas ausgeschmück-
ter und um Dialoge ergänzt, den «Pappen» einfach noch einmal
erzählen. Die Konstellation, die Herrndorf in diesem Text entwirft, wird er künftig ständig in den Geschichten anwenden, die
er schreibt. Auch sie wird zur Konstante: Ein junger Mensch mit
auffälligem Sozialverhalten trifft auf einen etwas älteren Menschen (oft der Erzähler), beide verbringen kurze Zeit auf engstem
Raum miteinander, gleichen ihre Lebensverhältnisse und Welt-
sichten ab, nähern sich an – um dann wieder auseinanderzugehen,
für immer vermutlich.

In diesem «taz»-Text über das Klo und das Mädchen ist zu-
gleich ein weiterer Text angelegt, eben «Scham & Ekel GmbH».
Wenn man so will, geht der eine sogar aus dem anderen hervor.
Oder er schließt zumindest daran an.

Es beginnt mit ganz gewöhnlichen E-Mails. Arbeits-E-Mails sogar. Nicht mit großen Reden oder noch größeren Entschlüssen, sondern mit Nachrichten in einem neuen elektronischen Übermittlungsformat aus dem neuen elektronischen Übermittlungsmedium, in dem Herrndorf jetzt zu Hause ist.

Damals arbeitet Katja Scholtz als Lektorin im Zürcher Haffmans Verlag, sie war im Sommer 1998 als Volontärin gekommen und drei Monate später fest angestellt worden. Wenn es um Absprachen neuer Buchumschläge geht, wendet Herrndorf sich an sie. Es geht auch um die Fixierung von Aufträgen, Herrndorf lebt ja von dieser Zusammenarbeit, meist also um Geld, beim Haffmans Verlag ein existenzielles Thema. Die beiden schreiben sich also eigentlich geschäftlich, aber irgendwann fällt Katja Scholtz auf, wie witzig diese E-Mails sind, die Herrndorf ihr aus Berlin schickt. Kürzere, auch mal längere, in denen er ihr von seinen Erlebnissen auf der Frankfurter Buchmesse erzählt.

Das bringt sie auf eine Idee. Also spricht sie ihren Lektoratskollegen bei Haffmans, Heiko Arntz, darauf an, ob dem nicht auch aufgefallen sei, wie gut Herrndorf in seinen Mails schreibe. Und man ihn nicht fragen sollte, ob er vielleicht einmal einen Text für den «Raben» beisteuern möchte. Arntz ist sofort auch dafür. Und so schickt Katja Scholtz am 26. Oktober 1999 eine E-Mail nach Berlin.

Sie hat diese Mail aufgehoben. Sie hat sie ausgedruckt und abgeheftet, und so ist nicht verloren gegangen, wie der erste literarische Text, den Wolfgang Herrndorf je in einem Buch veröffentlicht hat, zustande kam. «Vielleicht kam meine Bemerkung in punkto Jungautor, Talent, Schublade undsoweiter in meiner letzten Mail etwas flapsig daher», schreibt Katja Scholtz also an Herrndorf, «ich hab das aber völlig ernst gemeint, und nun will ich ganz konkret einmal fragen, ob Du nicht Lust hättest, für den nächsten ‹Raben› etwas zu schreiben.»

Zwei Monate nach dieser E-Mail wird Herrndorf in der «taz» seine ersten Texte veröffentlichen, die auf Schreibexperimente zurückgehen, teils Jahre alt. Auf diese Anfrage einer Lektorin seines Verlags antwortet Herrndorf dennoch zurückhaltend. «Ich schreibe überhaupt nicht. Außer Briefe und so. Aber das ist natürlich ein verlockendes Angebot. Ich überleg mir das noch mal. Vielleicht fällt mir ja was ein. Malen ist eh so eine anstrengende Sache, bei der man sich nur schmutzig macht, keine Groupies trifft und von allen für blöd gehalten wird. Ja, ich überleg mir das noch mal.»

Vier Wochen später erhält Herrndorf dann Post von Tex Rubinowitz: Der Wiener Autor und Zeichner gehört schon seit Langem zum Kreis der «Titanic», er wird auch zu einer der zentralen Figuren im Forum der «Höflichen Paparazzi». Und er betreut, gemeinsam mit Heiko Arntz, für Haffmans den ersten «Raben» des neuen Jahrtausends. Der soll sich um «das erste Mal» drehen: «Premieren. Kopfsprünge ins kalte Wasser. Usw.» Die Premiere als gedruckter Autor gelingt Herrndorf aber nicht mit diesem «Raben»: Er schickt einen Text ein, «Im Bordell», der von einem Absturzabend im Frankfurter Bahnhofsviertel im Herbst 1997 handelt, der Erzähler ist mit Bekannten aus dem Kreis eines Satiremagazins unterwegs, das Ganze endet dann in einem Bordell und damit, dass nichts passiert, weil beim Erzähler nichts passiert: «Alles war mit einem süßlichen Geruch einparfümiert, das Zimmer, die Bettwäsche, die Frau, alles. Ich hab sie gefragt, ob sie den Job eigentlich gern macht, und sie hat gesagt, nein. Und sie hat gefragt, ob mit meinem Schwanz was nicht in Ordnung ist, und ich habe gesagt, nein. Weiter haben wir uns nicht unterhalten.»

Schon im Dezember 1997 hatte Herrndorf diese Geschichte in einem Brief an Calvin Scott ausprobiert. Was Herrndorf Katja Scholtz geantwortet hatte – «Ich schreibe überhaupt nicht. Außer Briefe und so» –, trifft also einerseits zu. Es zeigt sich aber andererseits, dass Herrndorf sich mit Briefeschreiben trainiert. Heiko Arntz lehnt den Text ab. Er findet ihn mau – und tatsächlich ist «Im Bordell» der chronologisch geschilderte Erlebnisbericht eines jungen Erzählers, der sich selbstironischer und krass-kaputter findet, als er ist. Da schielt ein Autor auf den Effekt, und man merkt es sofort. Auch die Cartoons, die Herrndorf im Lauf der Zeit für den «Raben» eingereicht hatte, sind nie gedruckt worden. «Das war nicht so das Wahre für den ‹Raben›», erinnert sich Arntz, «es hat mir vom Strich her nicht gefallen – und auch vom Witz.»

Mit der ersten Einsendung gelingt es Herrndorf also nicht, im «Raben» zu landen. Dafür erscheinen sechs Wochen später seine beiden ersten Zeitungstexte, die im Ton beide eigensinniger sind als die Bordell-Geschichte. Herrndorf hatte in seiner Antwort an Katja Scholtz verneint, dass er schreibt, obwohl da offenbar etwas im Schwange war. Es könnte aber auch sein, dass Herrndorf das, was er bislang als Text fabriziert hatte, nicht für erwähnenswert hielt. «Ich finde auch, dass da ein herrliches Understatement zum Ausdruck kommt, das wirklich so typisch für Wolfgang war», sagt Katja Scholtz. «Er wunderte sich ja auch immer über unsere Begeisterung für seine Bilder. Ich weiß noch, wie ich einmal staunend vor einem seiner Bilder stand oder saß, das eine wunderschöne Birke zeigte, und ich sagte zu ihm etwas wie: ‹Wie MACHST du das nur?› Und er sagte ganz trocken: ‹Versteh ich nicht, die Frage, man muss doch einfach nur ganz genau hingucken. Und dann das, was man sieht, malen.›» So oder so ähnlich hat Herrndorf gegenüber anderen geredet, wenn die ihm von seinen Bildern vorschwärmten. Dass es so einfach nicht gewesen ist, hat er dann allerdings auch nicht verheimlicht. Wenn er davon erzählte, wie lange er solche Coveraufträge vor sich herschob, beispielsweise, und dass Malerei wie ein Besuch beim Zahnarzt für ihn sei.

Es vergeht dann noch ein ganzes Jahr, bis aus der Idee, Herrndorf könne im «Raben» schreiben, endlich Wirklichkeit wird. Ende November 2000 bittet ihn die Autorin und Musikerin Angelika Maisch um einen Beitrag für einen neuen «Raben», den sie mit Arntz herausgibt: Diesmal soll der Schwerpunkt auf Ängsten, Befürchtungen und Phobien liegen.

Das Jahr über hatte Herrndorf weiter Buchumschläge für den Haffmans Verlag illustriert, unter anderem für Jürgen Roths Biographie der Fernsehmoderatorin Verona Feldbusch: Für das Cover hat er ein Foto abgemalt, es zeigt Feldbusch im rosafarbenen Kostüm mit Zigarre. Zudem hat Herrndorf eine Zusammenarbeit mit dem Berliner «Tagesspiegel» begonnen: Für dessen sonntägliche Beilage, den «Weltspiegel», fertigt er ab Juni 2000 monatlich ein Bild an. Norbert Thomma, der zuständige Redakteur der Beilage und frühere Chefredakteur der «taz», beobachtet Herrndorf schon seit Längerem als Zeichner der «Titanic» und ist so begeistert von dessen Arbeiten, dass er sich Herrndorfs Telefonnummer besorgt und ihn einfach anruft.

Aber Herrndorf einfach so anzurufen: Das ist schwierig, selbst für Freundinnen und Freunde. Die tun das nicht oft, weil Herrndorf kein Telefonierer ist. Zudem ruft Thomma ihn nicht nur aus heiterem Himmel, sondern auch noch vormittags an, und Herrndorf bringt kaum ein Wort heraus. Hat er ihn am Ende geweckt? Bei Thommas zweitem Anlauf, am Nachmittag des gleichen Tages, bringt er Herrndorf am Telefon immerhin so weit, dass der «Ich zeichne nicht gern» sagt. (So hat es Thomma später der Kuratorin Regina Wetjen für den Katalog ihrer Herrndorf-Ausstellung erzählt.) Nach «einiger Überredungskunst», so Thomma, sagt Herrndorf schließlich doch zu.

Anderthalb Jahre wird er für den «Tagesspiegel» arbeiten. Es entsteht unter anderem eine Serie von «Wohnideen», wie das typisch ist für Wochenendsonderseiten von Zeitungen: Nur dass Herrndorf, der ja selbst komplett unbeteiligt wohnt, das Format torpediert. Er malt eine Serie von leeren Zimmern, in denen ein feister, glatzköpfiger Mann im weißen Unterhemd die Umrisse von Möbeln an die Wand malt, oder vor zugemauerten Fenstern im Lesesessel vor sich hinstarrt, oder ein Mobile einsamer Socken betrachtet, das von der Decke hängt. Oder der Mann kniet mitten im Zimmer, um Bücher zu stapeln – damit er sich an einem Strick aufhängen kann, der vom Kronleuchter hängt. Eine andere «Wohnidee» zeigt ein Jugendzimmer, ein Junge sitzt auf seinem Bett, von der Decke darüber hängen Stalaktiten herab, die an versteinertes Sperma erinnern. Auf dem Boden liegt ein Stoffhase: Der ähnelt dem Stoffhasen, mit dem sich Herrndorf im Stile Dürers in Nürnberg nackt porträtiert hatte. Also wieder ein autobiographisches Signal. Etwas subtiler ist das Signal seiner Jahre an der Akademie dann bei der Wohnidee «Moderne Kunst» untergebracht: Bei der hängt an der Wand einer heruntergekommenen hässlichen Küche, in der ein Mann mit Pudelmütze seine Suppe isst, ein abstrakter Kandinsky.

Herrndorf malt auch die Porzellanstatue eines «aidskranken Bettlers» aus der Sammlung «Berliner Originale», die man «gegen Nachnahme» für 59,80 DM bestellen kann. Für denselben Preis ist der «betrunkene Neonazi» erhältlich, die «autonome Gruppe» und der «weinende Asylant». Wie sich das Licht auf der Statue des Bettlers spiegelt, ist wieder präzis gearbeitet. «Herrndorf» steht jedes Mal über diesen Bildern, die bis zum September 2001 erscheinen. Er ist jetzt offenbar seine eigene Rubrik. Ein einschlägiger Name. Dann wird die Sonntagsbeilage neu konzipiert, und die Zusammenarbeit endet.

Vermutlich hat sich Herrndorf darüber sogar gefreut. Er habe, erzählt Norbert Thomma, bis zuletzt nicht gewusst, was genau Herrndorf von der ganzen Sache gehalten habe. Was der da aber für den «Tagesspiegel» anfertigt, ist trotz des erklärten Unwillens, überhaupt noch irgendwas zu zeichnen, von so großer Hingabe und so großem Witz, dass Thomma und seine Kolleginnen und Kollegen jedes Mal zusammengelaufen kommen, wenn Herrndorf die nächste Lieferung persönlich in die Redaktion bringt. «Die Vorfreude war groß, und nie hat er uns enttäuscht. Er selbst stand daneben und hat das alles nicht glauben können, er war völlig ungerührt», hat Thomma Regina Wetjen erzählt. «Er wirkte total überrascht, dass es jemanden gibt, der seine Arbeit schätzt.» Fünf Minuten sei Herrndorf nur geblieben, «aschgrau im Gesicht», und dann wieder gegangen.

In diesen Monaten des Jahres 2000, in denen Herrndorf weiter Umschläge illustriert und für den «Tagesspiegel» Bilder malt, deren desolate Kaputtheit genauso ins Auge sticht wie ihre inzwischen typische Kunstfertigkeit, schreibt er in der Novalisstraße an dem neuen Text für den «Raben». Und nicht nur an diesem Text: Er muss in dieser Zeit auch an jenem längeren Manuskript gearbeitet haben, aus dem «In Plüschgewittern» wird. «Ich hatte damals keinen Anhaltspunkt dafür, dass er literarische Entwürfe in der Schublade hatte», erinnert sich Ulrike Schulte Overberg. «Er hat mir davon nie erzählt.» Erst etwas später wird es für seine Freunde unübersehbar, dass er an etwas sitzt: Da hat Herrndorf seine Staffelei endgültig zum Storyboard umfunktioniert.

Die Willensleistung ist markant, mit der Herrndorf einfach weitermacht, was er doch eigentlich längst aufgeben will, die Malerei also – und zugleich etwas Neues beginnt, von dem er nicht weiß, wohin es ihn führt. Währenddessen macht er die Nächte weiter zum Tag, arbeitend, feiernd, trinkend. Wolfgang Herrndorf ist jetzt fünfunddreißig Jahre alt. Im Vorjahr hatte er in der Weihnachtszeit seine erste Freundin aus Norderstedter Tagen besucht, die inzwischen verheiratet ist und in einer Eigentumswohnung lebt. Der Abstand zu seinem eigenen Leben im Berliner

Hinterhof ist deutlich, er klingt auch aus jeder Zeile heraus, die er Calvin darüber schreibt. Aber genauso hört man heraus, dass er keinen anderen Weg gehen kann als den, den er eingeschlagen hat.

Auch wenn dieser ihm kaum Erfolg beschert: Am 23. September 2000 behauptet Herrndorf in einem Brief an den Autor Eugen Egner, dass er seit einem Jahr kein Geld mehr vom Haffmans Verlag bekommen habe. Für den er aber trotzdem weiter Umschläge anfertigt. Und dann auch noch zu schreiben beginnt.

Am 1. Juli 2001 erscheint «Scham & Ekel GmbH» im «Hasenfuß-Raben», den Angelika Maisch und Heiko Arntz betreuen. Der Text beginnt mit einem Satz, den Herrndorf im Dezember 1999 fast wortwörtlich auch schon in der «taz» geschrieben hatte. Dort hatte er die nächtliche Episode mit dem namenlosen Mädchen auf dem Klo seiner Wohnung so beendet: «Mir ist es peinlich, auf der Straße die Richtung zu ändern, wenn ich etwas vergessen habe.» Es folgen viereinhalb Seiten, in denen ein Erzähler, der Herrndorf ähnlich sieht, davon berichtet, wofür er sich in seinem Leben geschämt hat oder bis heute schämt. Als Erwachsener: mit der U-Bahn eine Station zu weit zu fahren und Fertiggerichte oder Kondome im Supermarkt zu kaufen. Als Kind: die irgendwie anzüglichen Namen von Eissorten und Kaugummis wie «Flutschfinger», «Ed von Schleck» oder «Hubba-Bubba» auszusprechen. «Pubertät ist ja bekanntlich das Schlimmste überhaupt. Kaum begreiflich, wie die Evolution es geschafft hat, eine Schamvollzugsveranstaltung wie die Pubertät zu kreieren, ohne die Spezies dem Artentod zu überantworten. Ich schämte mich zum Beispiel immer für meine Eltern, mit denen ich nicht in der Öffentlichkeit gesehen werden wollte. Eltern zu haben war *per se* peinlich. Ich weiß im Nachhinein auch nicht, warum das so war. Aber es war so.»

Der ganze Text ist in dieser Art gehalten. Er bewegt sich frei nach einer eigenen Chronologie, nicht mehr nach der laufender Ereignisse. Er wechselt zwischen dem naiv-ungefähren Beobachtungsstil von Christian Krachts «Faserland» und der Überartikuliertheit einer Max-Goldt-Kolumne hin und her. Man findet also einerseits Wörter wie «darob» in diesem Text oder Kofferworte wie «Hauptschamknotenpunkte», die Stilsicherheit signalisieren sollen, wie es Goldt in seinen «Titanic»-Beiträgen standardisiert hat. Und andererseits findet man dann wieder jenen trügerisch-naiven Sound von Kracht, der in «Faserland» seine idiosynkratischen Erkenntnisse über die Welt permanent apodiktisch heraushaut, um sie im nächsten Satz wieder zurückzunehmen. Bei Herrndorf klingt es so: «Es gibt Leute, die kennen das nicht, und denen kann man es dann auch nicht erklären. Es hat irgendwas mit Scham zu tun.» Oder: *«Hubba-Bubba. Das muss man sich mal vorstellen.»* Und auch autobiographische Signale finden sich hier. Herrndorf bedient sich aus seinem Briefwechsel mit Gerhard Henschel, dem er im Jahr zuvor den «taz»-Beitrag über den nächtlichen Klobesuch der jungen Frau geschickt hatte, woraufhin die beiden sich über die Scham und ihre Auslöser austauschen. Herrndorf berichtet von jenem Adorno-Ähnlichkeitswettbewerb, bei dem er vor Jahren mit Calvin Scott zugeschaut hatte – und auch seine Nürnberger Professorin Christine Colditz taucht hier auf, schon wieder und wieder namentlich, wie im Kohl-Kalender: «Sie gab ihren Studenten Ratschläge wie: ‹Ziehen Sie sich mal etwas künstlerischer an, schließlich sind Sie Kunststudenten!› oder ‹Transzendieren Sie mal!› oder auch ‹Jesus hat die Welt erlöst, das ist bewiesen!›, und belehrte mich so en passant, was Peinlichkeit wirklich bedeutet.»

Autobiographische Elemente und Manierismen anderer bewunderter Künstler, zu eigenen Zwecken kopiert: «Scham & Ekel GmbH» ist eigentlich ein typischer Herrndorf. Nur jetzt eben als Text, nicht mehr als Bild. Und doch ist etwas anders, als es bislang in seiner Malerei gewesen ist. Da scheint eine Komplexität auf, die manchmal gefehlt hatte auf den Bildern des Nürnberger Meisterschülers, der Rollschuhfahrer in eine Sackgasse am Ende einer menschenleeren Landschaft fahren ließ. Man könnte auch sagen: Da ist ein Thema – Scham, Schuld, Angst –, für dessen Komplexität Herrndorf endlich eine adäquate künstlerische Form findet. Weil der Erzähler sich zeigt und dann wieder verbirgt, weil Herrndorf hier von etwas erzählt, das ihn angeblich schon sein Leben lang beschäftigt und quält – er genau das aber zelebriert, statt es abzustreiten oder zu verschweigen. Ein Erzähler, der sich nicht schämt, von seiner Scham zu erzählen. Und der beschreibt, weshalb er sich schämt, dann aber verweigert, sich selbst zu analysieren, sondern lieber Szenen skizziert. «Bin ich jetzt ein Zwangsneurotiker? Ich weiß es nicht. Ich musste in meinem Leben noch nicht allzu viele neurologische Tests ausfüllen.»

In der Abbildung selbst zeigt sich schon die Erkenntnis: Genau das hatte Herrndorf an Vermeers Malerei so bewundert, aber zu seiner eigenen Frustration und Verzweiflung selbst nicht auf die Leinwand bringen können. Beim Schreiben nähert er sich dem jetzt an. Auch wenn er noch nicht ganz da ist. Aber die Richtung ist erkennbar. Und während der «Bordell»-Text noch erlebnisberichthaft abspult, was geschieht oder nicht, ist der «Scham»-Text formal anspruchsvoller. Keine richtige Erzählung, sondern ein Wechsel von Szene und Reflexion, zusammengehalten vom Ton, in dem beides erzählt wird.

«Mir ist peinlich, auf der Straße die Richtung zu ändern, wenn ich etwas vergessen habe. Ich wechsle vorher mindestens die Straßenseite oder binde mir die Schuhe neu, bevor ich umkehren kann. Schwer zu beschreiben, warum.» Und doch beschreibt er es. Eigentlich hätte Herrndorf den letzten Satz streichen können. Tatsächlich wird Herrndorf solche Sätze bald ständig aus seinen Manuskripten streichen. Er arbeitet an sich. Und auch der Unterschied zwischen dem abgelehnten und angenommenen Text für den «Raben» zeigt das.

«Ich schäme mich, allein in einem Lokal zu sitzen. Weil es so aussehen könnte, als hätte man mich versetzt. Da hilft alles nichts. Das in Anankastikerkreisen empfohlene Mitbringen von Lektüre zur Überbrückung der Wartezeit wird von Kreisen mit qualifiziertem Geschmack, denen ich ebenfalls angehöre, strikt abgelehnt. Gerade hier in Ostberlin ist das Kneipenlesertum unangenehm verbreitet.» Die Umständlichkeit, die Herrndorf hier noch als Stil simuliert, lässt er ebenfalls bald sein, wenn auch seine Vorliebe zum erlesenen psychiatrischen Fremdwort bleiben wird: Unter «Anankasmus» fasst man Zwangsstörungen zusammen (Perfektionsdrang beispielsweise). Den Herrndorf-Ton der späteren Jahre hört man trotzdem heraus.

Die zufällige Schönheit des Zustandekommens von «Scham & Ekel GmbH» passt zu allem, was sich danach im Leben und Werk des Schriftstellers Wolfgang Herrndorf ergibt. «Es gibt ja diese unangenehme kulturpessimistische Beschwerde, dass die E-Mail zum Beispiel das Schreiben kaputtmacht, das habe ich nie verstanden, weil es für mich nie ein Unterschied war, ob ich eine E-Mail schreibe oder einen Brief oder irgendwas anderes», hat Herrndorf in jenem Gespräch mit Morisse und Engler erklärt, in dem er auch davon berichtet, dass ernsthaftes Schreiben für ihn mit Briefen begonnen hatte. Dass es Herrndorfs E-Mails waren, die zum ersten Abdruck eines literarischen Textes von ihm in einem Buch führten, verschönert das.

Dieser «Hasenfuß-Rabe» ist der vorletzte, der noch bei Haffmans erscheint. Im Oktober 2001 meldet der Verlag Konkurs an. Es ist allerdings noch nicht das Ende der Zusammenarbeit zwischen Haffmans und Herrndorf.

Im Jahr 2000 folgt Calvin Scott seiner Frau Constanze, einer Violinistin, nach Amsterdam, weil sie dort ein Engagement hat. Kurz vor Weihnachten besucht Herrndorf seinen Freund. Die beiden schauen sich im Rijksmuseum die vier Werke von Jan Vermeer an, die sich in den Beständen befinden: die «Briefleserin in Blau», die Herrndorf vier Jahre vorher in ein Kohl-Porträt verwandelt hatte, die «Dienstmagd mit Milchkrug», den «Liebesbrief» und die «Straße in Delft». Sie sprechen über Vermeers Bilder, die wirklicher als die Wirklichkeit sind. Fahren mit dem Zug weiter nach Delft, laufen auf den Spuren der Vermeerschen Wirklichkeit durch die Stadt, finden die Stelle, an der er seine berühmte «Ansicht von Delft» gemalt hat, aber nicht die ominöse «gelbe Ecke» – und schauen immer wieder nach oben. «Ah, da versucht der Himmel gerade wieder, Vermeer nachzumachen», sagt Herrndorf dann. Sie haben für ihren Spaziergang auf den Spuren des Malers eine Broschüre beim Fremdenverkehrsamt gekauft, mit einer Karte, auf der alle Stationen eingezeichnet sind. Calvin hat sie aufbewahrt, sie zu den Briefen und Postkarten gelegt, die er von seinem Freund Wolfgang in all den Jahren bekam. «Es war der Höhepunkt unserer Freundschaft», sagt Calvin Scott.

Er hatte in den Jahren vor dem Besuch in den Niederlanden übers Netz und auch in Berlin die neuen Freundinnen und Freunde von Herrndorf kennengelernt: Holm Friebe beispielsweise, Kathrin Passig, Ira Strübel. Alle schreiben sie. Ab Ende der neunziger Jahre ist Herrndorf für den Rest seines Lebens fast ausschließlich von Menschen umgeben, die schreiben oder etwas Ähnliches tun. Auf der Party zu Friebes sechsundzwanzigstem Geburtstag, im August 1998, war Herrndorf auf das Dach des Miethauses in der Hans-Otto-Straße gestiegen und dort an der Kante balanciert, bis er fast, aber nur fast, herunterfiel. Auch Kathrin Passig ist auf dieser Party. Wie die beiden, Herrndorf und Passig, Friebes Party zusammen verlassen, um dann doch getrennte

Wege zu gehen, hat Herrndorf später in seinem Debütroman verarbeitet, ähnlich wie die Szene auf dem Dach.

Herrndorf erhofft sich vergeblich eine feste Beziehung mit Passig, was ihn ziemlich erschüttert, wie er Calvin berichtet. Dafür freunden sich die beiden an, und sie beginnen vor allem, miteinander zu arbeiten. Kathrin Passig wird eine unverzichtbare Instanz für Herrndorfs schriftstellerische Arbeit. Im Jahr 2000 erscheint aber erst einmal «Die Wahl der Qual», ein «Handbuch für Sadomasochisten und solche, die es werden wollen», das Kathrin Passig gemeinsam mit Ira Strübel verfasst hat. Herrndorf korrigiert das Manuskript seiner beiden Freundinnen und steuert für das Buch auch Cartoons bei. Auf einem steht eine jüngere Frau vor einem älteren Mann. «Willst du Ärger?», fragt sie. «Kost’ das extra?», fragt er zurück.

Am 1. Mai 2001 beginnt Wolfgang Herrndorf, im Internetforum der «Höflichen Paparazzi» unter dem Pseudonym «Stimmen» zu schreiben. Ende Juni 2001 erscheint dann sein «Scham & Ekel GmbH»-Text im «Raben». Als Calvin Scott etwas später aus München nach Berlin zu Besuch kommt, sieht er Namen und Zettel und Stichworte auf Wolfgangs Staffelei. «Ich habe gefragt: ‹Du malst doch nicht wieder? Schreibst du was?›», erinnert sich Calvin. «Und erst wollte er nichts sagen und hat sich etwas geschämt. Dann hat er gesagt: ‹Du wirst vielleicht lachen, aber ich versuche jetzt, einen Roman zu schreiben.› Ich habe nicht gelacht, aber gesagt: ‹Solange ich nicht darin vorkomme!›» Aber genauso ist es.

5. KAPITEL

«Wer diesen Roman nicht gelesen hat, kann das 21. Jahrhundert nicht verstehen.»

Von den «Plüschgewittern» nach Klagenfurt, 2002 bis 2004

Anfang Januar 2000 schreibt Wolfgang Herrndorf eine Mail an Katja Scholtz vom Haffmans Verlag. «Blendend geht's. Den Jahreswechsel glänzend überstanden. Meine Erwartungen, dass im neuen Jahrtausend alles ganz anders und irgendwie nicht mehr das Gleiche sein würde, haben sich zwar nicht bewahrheitet, aber ich bin guter Dinge.» Er sitzt jetzt eigentlich nur noch in einer «dunklen Ecke» (Calvin) seiner kleinen Wohnung vor dem Rechner und schreibt. Manche Buchstaben auf der Tastatur, die er vier Jahre vorher angeschafft hatte, sind schon arg strapaziert, weil er so viel tippt: Die N-Taste ist durchgehackt, das «I» und das «A» und das «S» fast, das «C» ganz verschwunden.

Herrndorf arbeitet seit Längerem an einem Manuskript. Seine Freundin Ulrike Schulte Overberg, mit der er irgendwann in dieser Zeit spielerisch begonnen hat, einen Roman zu schreiben – immer eine Seite sie, dann eine Seite er, bis sie es wieder abbrechen, «ein abstruser Quatsch, den niemand hätte lesen wollen» –, bekommt von diesem Projekt aber nichts mit. Obwohl Herrndorf in der Geschichte, die er in seinem Roman erzählt, das Berlin verarbeiten wird, das er in den Jahren zuvor gemeinsam mit ihr durchstreift hat. Herrndorf gibt das Manuskript dafür seiner Freundin Kathrin Passig zu lesen. Passig vermutet, wie sie im Rückblick in ihrem Werkausgaben-Nachwort «Porträt des Künstlers als erfolgloser Autor» schreibt, dass Herrndorf seit 1998 daran gearbeitet haben muss. Ab der Zeit also, als sich die beiden kennenlernten. Die Geschichte sei ihr aber zu handlungsarm vorgekommen, habe sie Herrndorf damals «regelmäßig» gesagt. «Manchmal tat es mir hinterher leid»: Er solle nicht auf sie hören, schreibt sie ihm im Oktober 2000, «ich bin nur eine unbedarfte Leserin restringierter Krimicodes, und Du verstehst davon ganz sicher mehr.» – «Du hast Germanistik und Basteln studiert, nicht ich», antwortet Herrndorf ihr. «Und ohne Handlung ist ja wirklich langweilig. Am Ende, hoffe ich zumindest, bekommt es auch etwas mehr Zug. Aber es fällt mir selbst unendlich schwer, das zu beurteilen.»

Der Titel «In Plüschgewittern» stammt von Herrndorfs Freund Holm Friebe. Er wirbt bis heute auf seiner Webseite damit, ihn gefunden zu haben. Herrndorf schickt das Manuskript zur Korrektur an Calvin Scott, damit der prüft, ob die Reihenfolge der Ereignisse passt, die Zeitabläufe aufeinander abgestimmt sind. Beide Freunde, der alte Nürnberger und der neue Berliner, kommen auch in dem Roman vor, verewigt in einer Hauptfigur: Desmond, ein schwuler, kluger Doktorand aus Übersee mit außergewöhnlichen sozialen Sensorien. Eine weitere Hauptfigur, Ines Neisecke, ist an Kathrin Passig angelehnt. Im Buch selbst wird Herrndorf dann Friebe und Passig für ihre Hilfe danken. «Denn die beiden haben nicht unerheblich dazu beigetragen, dass der Roman so wurde, wie er ist», schreibt Herrndorf im August 2002 in einer Mail an Gerd Haffmans.

«In Plüschgewittern» erzählt von der Reise eines namenlosen Erzählers durch Deutschland. Er trampt zu seinem Bruder Volker und dessen schwangerer Frau Marit, die im Umkreis von Hamburg wohnen, besucht seine sterbenskranke Großmutter, fährt weiter nach Berlin, um seinen Freund Desmond zu besuchen, der eine Party feiern will, der Erzähler lernt eine Frau kennen, Ines, mit der es aber nichts wird, lässt sich durch die Stadt treiben und entschließt sich endlich, mit dem Zug zu seiner Freundin Erika zu fahren, die er eigentlich längst so weit gebracht hatte, sich von ihm zu trennen. Aber statt einen Zug nach Frankfurt zu buchen, steigt er in den Transporter eines Mannes, der zufällig zur selben Zeit am selben Ort ist und eine Mitfahrgelegenheit nach Worms anbietet. Vielleicht handelt es sich bei diesem Mann um einen Jugendfreund des Erzählers, vielleicht malt sich der Erzähler das auch nur aus, und als dieser Malte Lipschitz dann nicht auf die Autobahn Richtung Worms, sondern Hamburg einbiegt und auch noch das Bein des Erzählers betatscht, zwingt der ihn dazu, auf der Autobahn anzuhalten. Und dort, hinter der Leitplanke, einmal die Böschung heruntergerutscht, strandet der Erzähler und mit ihm seine Version der Erzählung – und sein Bruder Volker nimmt sie wieder auf, um in einem Perspektivwechsel die Geschichte zu Ende zu erzählen, so wie er sie sah.

Und so, wie Wolfgang Herrndorf in diesem Roman autobiographische Elemente der Norderstedter und Nürnberger Jahre verarbeitet, so wie auch der norddeutsche Himmel und die Vorortwelten darin auftauchen, so funktioniert er auch um, was er seit seiner Ankunft in Berlin erlebt hat: Partys, Leute, Wohnungen, soziale Situationen, das überdrehte, anstrengende, offene Berlin der Zugezogenen dieser Jahre um die Jahrtausendwende, in das Herrndorf mitten hineingefallen war, kein Geld, viel gelesen, große Theorien. Auch die komplexe Beziehung zu Kathrin Passig gehört dazu. «Die ‹Plüschgewitter› bestanden für mich eigentlich ausschließlich aus Selbsterlebtem, Gehörtem und Erzähltem», sagt Ulrike Schulte Overberg. Sie fand es deswegen «aufgesetzt» und «seltsam», als sie es las, «obwohl ich natürlich auch beeindruckt war, dass er es geschafft hat, einen Roman zu schreiben».

Herrndorf hat jetzt einen Literaturagenten: Es ist Uwe Heldt von der Zürcher Agentur Mohrbooks, die um die Jahrtausendwende herum eine Dependance in Berlin eröffnet hat. Heldt bietet Herrndorfs «Plüschgewitter»-Manuskript verschiedenen Verlagen an. Dass es sich hinzieht, belastet Herrndorf. Viele seien am Roman interessiert gewesen, so berichtet er Passig, hätten aber doch nicht zugeschlagen: «Hauptkritik war dann: der Schluss sei nicht dramatisch genug, oder: er habe kein richtiges Ende. Finde ich seltsam.» Und man versteht seine Verwunderung: Denn es ist ganz entscheidend der Perspektivwechsel am Schluss, der Herrndorfs Debüt interessant macht.

Handelseinig werden sich Herrndorf und sein Agent Heldt schließlich Mitte Mai 2002 ausgerechnet mit Gerd Haffmans. Dessen Verlag war im Jahr zuvor in Konkurs gegangen, was Herrndorf viel Geld gekostet hat, wie er sagt, Honorare für seine Illustrationen (Haffmans beteuert, Herrndorf nichts schuldig geblieben zu sein, die Honorierung habe nur gedauert). Doch der Verleger kann schon Monate nach Aufnahme des Konkursverfahrens wieder Bücher herausbringen: «In Plüschgewittern» erscheint im Oktober 2002 in einer Programmreihe, die er nun beim Versandbuchhandel Zweitausendeins betreibt. Eine Art Verlag im Verlag. Deswegen ist Herrndorfs Roman dann aber nur auf Bestellung und in den wenigen Geschäften von Zweitausendeins erhältlich, in Frankfurt zum Beispiel, in Berlin, in Hamburg. Im regulären Buchhandel gibt es «In Plüschgewittern» nicht. Man kann also nicht einfach zu Hugendubel oder Thalia oder in den Buchladen um die Ecke gehen, und dann liegt der Roman dort aus. Für ein Debüt nicht glücklich, aber doch besser, als es in der Schublade zu lassen.

Haffmans arbeitet auch weiter mit dem Lektor Heiko Arntz zusammen, der Herrndorfs Debüt betreuen wird. «Ich habe eine etwas verwirrende Word-Datei bekommen», erinnert er sich. «Ganze Passagen waren durchgestrichen. Es war schwierig, sich darin zurechtzufinden. Es müssen vorher bestimmt mehrere Leute an dem Text gearbeitet haben.» Es sind außer dem Autor in jedem Fall noch Calvin Scott, Kathrin Passig und Holm Friebe. Was Arntz im Text ändern möchte, besprechen Autor und Lektor am Telefon, sie treffen sich vielleicht ein-, zweimal in Berlin persönlich. «Wir haben uns gemocht», sagt Arntz, «aber Wolfgang war unglaublich schüchtern und zurückhaltend – und konnte gleichzeitig rabiat gegen sich selbst sein.» Das zeigt sich an der Arbeit am Text, am Wort, am Buchstaben. Herrndorf achtet auf Details im Druckbild, darauf, dass der Durchschuss zwischen den Zeilen passt, da zeigt sich vielleicht auch der ehemalige Druckereipraktikant von Wulf-Offset in Norderstedt. Dass Herrndorf so penibel gewesen ist, hält Arntz einfach nur für ein positives Zeichen: «Das ist normal für einen guten Autor, und Wolfgang hat es stark betrieben.» Auch nach dem Erscheinen des fertigen Romans schickt Herrndorf Korrekturwünsche an Gerd Haffmans: «Ich habe das Buch nochmal durchgesehen, und ich glaube, ich würde am liebsten alles nochmal komplett umschreiben, aber das ist wohl nicht angebracht. Ich beschränke mich auf die Rechtschreibfehler, die ich gefunden habe.» Es sind zwei.

Jetzt ist der Umschlagdekorateur Herrndorf also endgültig zum Autor geworden. Er fertigt in dieser Zeit dennoch ein paar vorletzte Bilder für Haffmans an: einen Raben für den «Raben» und zwei Umschläge für Frank Schulz, einmal eine Hafenszene für «Morbus fonticuli» und eine komplett kaputte Trinkhallenidylle für «Kolks blonde Bräute». Aber «im Großen und Ganzen», schreibt Herrndorf damals in einer E-Mail an Frank Schulz, als der ihn bekniet, weiter Bücher für ihn zu illustrieren, «bin ich wildentschlossen, keinen Pinsel mehr anzurühren und mich ganz auf meine neue, äh, Tätigkeit zu konzentrieren».

Schulz hat aus dem E-Mail-Dialog mit Herrndorf im bereits erwähnten Ausstellungsband «Das unbekannte Kapitel» ausgiebig zitiert: wie er nicht lockerlässt, Herrndorf könne doch bittebitte für ihn eine Ausnahme machen und vor allem doch bittebitte nicht einfach sein Talent vergeuden. Der aber erwidert: «Ich bin seit Jahren immer dabei, mit Malen aufzuhören, jetzt sehe ich halt meine Chance gekommen, ich will es wenigstens probieren. Malen ist für mich wie Zahnarzt ohne Betäubung, ich KANN das nicht mehr.» Aber Schreiben sei doch auch anstrengend, hält Schulz dagegen. «Ja, beziehungsweise nein», antwortet Herrndorf und holt dann aus: «Der Unterschied ist: Man macht sich nicht die Hände schmutzig, man kann korrigieren ohne Ende, man braucht keine widerspenstigen Hilfsmittel, man verblödet nicht dabei, man beschreibt nicht fünf Tage einen Himmel, um dann festzustellen: kann man wegschmeißen.»

Drei Jahre später wird Herrndorf doch noch mal einen Himmel für seinen Freund Schulz malen, als Umschlag für «Ouzo-Orakel», einen «hellenistischen Himmel», wie der es sich gewünscht hatte – ein Himmel, in dem man aber, ein letztes Mal, auch den Himmel über Garstedt erkennt. Und darunter die goldgelben Felder vor dem Kinderzimmerfenster am Friedrichsgaber Weg.

Ab jetzt wird Wolfgang Herrndorf den Himmel und die Felder nur noch in Worten wiedererstehen lassen. Und das klingt dann in den «Plüschgewittern», wenn der namenlose Erzähler auf seine Kindheit zurückblickt, so: «Ich habe mich gefühlt wie als Achtjähriger, als ich rücklings im Kornfeld lag, auf den warmen, weichen, niedergetrampelten Halmen, und über mir am Himmel die Wolken, unglaublich hoch. Ich habe die Hand ausgestreckt, und die Wolken sind an meinem Arm entlanggezogen, von Westen nach Osten, stundenlang, so wie es mir gefiel, so wie ich es angeordnet hatte, ich, Herrscher der bekannten Welt. Solche Momente gab es. Aber das ist lange her.»

Oder so: «Hinter Schleswig ist der Himmel hoch und strahlend wie eine renovierte Altbauwohnung, und ich erinnere mich genau, dass der Himmel immer so war, wenn ich hier entlanggefahren bin.»

Oder so: «Als sich meine Augen an die Dunkelheit gewöhnt haben, entstehen im Fenster ein paar Sterne, und von unten ragen die Bäume in den Himmel. Genau so habe ich früher immer im Bett gelegen und konnte nicht einschlafen.»

Immer wieder wird Wolfgang Herrndorf in stolzer Zerknirschung erzählen, wie viele Hunderte Stellen er korrigiert hat, als er seine «Plüschgewitter» Jahre später für die Taschenbuchausgabe bei Rowohlt gemeinsam mit seinem Lektor Marcus Gärtner noch einmal überarbeiten konnte. An diesen Passagen über den Himmel hat er aber nichts geändert.

«Wolfgang konnte einfach sofort schreiben», sagt Heiko Arntz. «Das war ein toller Erzähler, von vornherein.» Gerd Haffmans selbst nennt Herrndorf, den Maler wie den Autor, «ein Genie». Und dass er sich «klein» vorgekommen sei, wenn er Herrndorf begegnete. «Ich kann mir nicht vorstellen, dass Wolfgang irgendwas geschrieben hätte, das Haffmans nicht gedruckt hätte», behauptet Arntz. «Für Haffmans war klar: Wenn ein Künstler, der tolle Cover gemalt und im ‹Raben› geschrieben hat, mit einem Manuskript ankommt, dann hat das oberste Priorität.»

Aber eigentlich fällt das, mit dem Herrndorf da angekommen war, eine Mischung aus verspäteter Popliteratur und verunsichertem Berlin-Roman mit starken romantischen Anteilen, im Tonfall heraus aus dem Programm, für das Haffmans und sein Verlag bislang gestanden hatten. Vielleicht nicht was den speziellen Blick auf die Welt angeht, der sich im Buch offenbart, die Idiosynkrasien und das Fremdeln mit der Gegenwart und die Überempfindlichkeit gegen Dummheit – aber doch im Sound. «In Plüschgewittern» liest sich heute wie ein historischer Roman eines historisch gewordenen Berlins – und eines genauso historisch gewordenen Erzähltons, der die deutschsprachige Literatur damals erobert hatte.

Allerdings ist es nicht das erste popliterarische Buch von Haffmans: Schon im Jahr 1999 war, vermittelt über Tex Rubinowitz, ein Roman von Joachim Lottmann erschienen, «Deutsche Einheit». Lottmann hatte ebenfalls im «Raben» geschrieben, zufälligerweise in derselben Ausgabe, in der Herrndorfs Text «Scham & Ekel GmbH» erschienen war. Herrndorf kennt den notorischen Vielschreiber Lottmann natürlich aus seinen Berliner Zusammenhängen, verfolgt ihn, der zum Umfeld von Holm Friebe und bald auch zu den «Höflichen Paparazzi» gehört, in einer Art Konträrfaszination, zugleich angezogen von der Großspurigkeit und abgestoßen von der Egomanie.

Herrndorfs Debütroman orientiert sich, wie die malerischen Arbeiten zuvor, an einer Vorlage. Herrndorf ahmt wieder einen Stil nach. Aber diesmal ist etwas anders als vorher, als er Vermeer oder Dürer kopiert hatte: Jetzt zeigt sich zugleich und sofort auch ein eigener Stil, und er setzt sich so stark durch gegen die kopierten Anteile, dass es im Grunde zwei Bücher in einem sind, die Herrndorf hier geschrieben hat: eins, das versucht, Christian Krachts «Faserland» für Leute aus Berlin mit spezialistischem Sonderbewusstsein zu erzählen – und ein anderes, das Herrndorfs empfindsamen Bundesrepublikanismus entfaltet. Immer dort, wo er sich selbst zeigt, sind die «Plüschgewitter» ein bemerkenswertes Buch. Und er zeigt sich immer dort, wo die coole Fassade brüchig wird und die Wehmut dahinter preisgibt: verlorene Landschaften, verlorene Kinderzimmer, verlorene Unschuld. Die Schönheit der Unwiederbringlichkeit und Vergeblichkeit, das romantische Geheimnis, aber erzählt mit eiskaltem Händchen. Herrndorf wird nicht mehr lange brauchen, bis er die Schonungslosigkeit der genauen Weltbeschreibung mit diesem warmen, weichen Ton harmonisiert hat. Und er den Herrndorf-Ton gefunden hat, der alle weiteren literarischen Texte prägt. Während Herrndorf noch an den «Plüschgewittern» sitzt, beginnt er – zur Prokrastination – schon an neuen Erzählungen zu arbeiten, die fünf Jahre später erscheinen werden. Was im Debüt noch auseinanderklafft, wird dort eins geworden sein.

Herrndorf, erinnert sich Heiko Arntz, habe ihm bei einem ihrer ersten Telefonate zum Lektorat erzählt, dass seine ursprüngliche Romanidee eine Art Bret-Easton-Ellis-Parodie gewesen sei. So etwas wie «Less than Zero» oder «The Rules of Attraction» zu schreiben, habe er gesagt, sei ja primitiv, das könne jeder. (Ganz schön große Klappe für jemanden, der noch nichts veröffentlicht hat.) Bei der Arbeit an dieser Parodie habe Herrndorf dann aber gemerkt, wie schwer es sei, so zu schreiben, wie es Bret Easton Ellis in seinen ersten Romanen tut. Das sei eben nicht simpel, sondern höchst kunstvoll reduziert. Dieser Lernprozess, den Herrndorf bei der Arbeit an seinem eigenen ersten Roman durchläuft, wirkt lebenslang nach. Noch im letzten Roman, den Herrndorf schreiben wird, «Bilder deiner großen Liebe», bringt er eine Anspielung auf Bret Easton Ellis unter.

Vor allem in der elliptischen Konstruktion von «The Rules of Attraction» meint Arntz eine Verbindung zu den «Plüschgewittern» zu erkennen: Ellis' Collegeroman beginnt und endet mitten im Satz. Und hebt die Geschlossenheit und Verlässlichkeit der Erzählung damit auch formal auf. Darf man dem vertrauen, was erzählt wird? Oder ist es haltloses Loslabern? Herrndorf zielt auf einen ähnlichen Effekt für seinen Roman. Er setzt dafür aber traditionellere Mittel ein – indem er seinem Ich-Erzähler gegen Ende des Romans das Wort entzieht und es dessen Bruder Volker übergibt. Auf den folgenden, allerletzten Seiten wird Volker das, was wir zuvor gelesen haben, zwar nicht komplett widerlegen, aber doch in ein anderes Licht rücken: Vielleicht war es gar nicht so. Vielleicht fantasiert und lügt der namenlose Erzähler. Vielleicht erzählt er Dinge, die nur in seinem Kopf passiert sind. Vielleicht ist seine Seele in größter Unordnung. Vielleicht lebt er auch nicht mehr, als sein Bruder die Geschichte zu Ende erzählt.

Und auch das, der offene Ausgang, der Verdacht auf Suizid des Erzählers, spielt auf Krachts «Faserland» an. «Die ‹Plüschgewitter› sind eine Etüde in Popliteratur», sagt Arntz, und das trifft dort am stärksten zu, wo der Roman stilistische Tricks und Konventionen benutzt, die «Faserland» etabliert hatte. Und die Herrndorf, der Krachts Debüt bewundert, jetzt mehr oder weniger kopiert: die kokette Ungenauigkeit der Schilderung («Ich bin auch nicht sicher, ob ich das richtig wiedergegeben habe»), zu der auch die informierte Uninformiertheit über die unmittelbare Gegenwart und Nachrichtenlage gehört (der «Arzt, der immer diese Skulpturen aus Leichen herstellt», also Gunther von Hagens; ein anderer Mann sieht aus «wie dieser Schriftsteller, der in Klagenfurt mal geblutet hat», also Rainald Goetz; ein dritter wird «Basenbrock» genannt, also Bazon Brock; und eine Frau wird «Ulrike Spengler oder Sprenger oder so» genannt, also die Romanistin Ulrike Sprenger). Herrndorf setzt gleich in seinem ersten Roman den unzuverlässigen Erzähler ein.

Auch die popliterarische Hilfsfunktion «Ich-sehe-etwas-und-muss-an-etwas-anderes-denken-oder-mich-an-etwas-anderes-erinnern», die nicht nur Kracht in «Faserland» als Trick angewendet hat, sondern auch viele unbegabtere Autorinnen und Autoren der Popliteratur, weil sie so praktisch ist, um Handlung zu raffen oder Pointen zu platzieren, findet sich in Herrndorfs Text. Und selbst die Anspielung auf Ernst Jüngers «In Stahlgewittern» im Titel verweist letztlich auf Kracht, dessen Erzähler in «Faserland» in dunkler, deutscher Tradition und Geistesgeschichte zu Hause ist – auch wenn er sie zugleich verachtet. Da kann er noch so viel Barbourjacke tragen: Seine Deutschlandreise ist auch ein Trip durch nationale Mythen.

Wie eng Herrndorf seinen Text an «Faserland» orientiert, hat er auch selbst, für sich, in den Recherchematerialien festgehalten. Er dokumentiert in einer Art Checkliste jene Stellen in seinem Roman, die nicht nur stilistisch, sondern auch inhaltlich an Kracht angelehnt sind. Etwa wenn sich Herrndorfs Erzähler eine Zukunft mit der Proust-Forscherin Ulrike Sprenger ausmalt: «Ich stelle mir vor, wie ich morgens mit ihr am Frühstückstisch sitze, und ich habe Erdbeermarmelade für sie eingekauft und frische Brötchen und alles, und sie ist die ganze Zeit unglaublich charmant und gescheit. Sie tunkt ein Stück Keks in ihre Tasse und redet über Desillusion und Erinnerung, und nie redet sie über sich. Wir frühstücken jeden Tag von morgens bis abends, und wenn wir dazu einmal keine Lust mehr haben, fangen wir an, in der Welt herumzureisen.» Das ähnelt bewusst jener Passage aus «Faserland», in der Krachts Erzähler von Isabella Rossellini schwärmt und sich erträumt, mit ihr Kinder zu bekommen: Herrndorf hat in seinen Vorarbeiten sogar die entsprechenden Seitenzahlen aus «Faserland» festgehalten: «Ulrike Sprenger (Rossellini, CK, S. 61).»

Und wie sich noch zeigen wird: Es ist nicht das letzte Mal, dass Herrndorf sein Werk für den internen Gebrauch mit Referenzen und Verweisen ausstattet. Das zeigt seinen eigenen Perfektionsdrang, denn er schuldet ja niemandem Rechenschaft über sein literarisches Verfahren. Über die Germanistik, wie sie ihm an der Universität Erlangen begegnet ist, als er Calvin ins Seminar begleitet hat, barfuß, hat er sich immer nur lustig gemacht. Und auch wenn sein Freund jetzt eine germanistische Doktorarbeit schreibt (was er in den «Plüschgewittern» verewigt) und Herrndorf im Kreis der «Höflichen Paparazzi» lauter Akademikerinnen und Akademiker kennenlernt und mag, die an Unis lehren oder mit Stipendien forschen: Für die Literaturwissenschaft selbst zeigt er keinen Respekt, um es freundlich zu sagen. In seinem Testament wird er über seinen Nachlass verfügen: «Niemals Germanisten ranlassen.» Die Wahrheit ist: Wolfgang Herrndorf war sein eigener Germanist.

171

Den Titel «In Plüschgewittern» hat Heiko Arntz nie gemocht, nie verstanden. Schon allein wegen der Anspielung auf Ernst Jünger. Zudem täusche er eine ironische Ebene vor, die im Buch selbst gar nicht existiere. Arntz hält es aber für denkbar, dass der Titel absichtlich einen Bruch markieren soll: ein extra erkennbar aufgesetzter Titel, ein Literaturliteraturtitel, ein Witztitel. Das würde dann in die Herrndorfsche Kategorie «erfundener Lebenslauf» und «inszeniertes Autorenporträt mit geliehener Brille und Zigarette» fallen. In seine Vorstellung des Künstlerdaseins als Metapraxis, die nicht ausgeübt werden kann ohne das peinigende Bewusstsein für die ganzen anderen Wichtigtuer der Branche, die stolz und selbstgewiss mit Zigarette und Brille für ihre Autorenporträts posieren. Und zu denen man automatisch gehört und in einem Verhältnis steht, sobald man auch zu schreiben beginnt. «Meine, äh, Tätigkeit», hat Herrndorf gegenüber Frank Schulz sein Schreiben genannt. Das «äh» markiert die Welten, die zwischen ihm und den Posern liegen, den «phonies», wie sein Freund Holm Friebe sie nennt, mit diesem Ausdruck kanzelt Holden Caulfield im «Fänger im Roggen» die Trottel ab, die Angeber, die Schwindler, die für das ganze Elend und Verbrechen der Welt verantwortlich sind.

Was den Titel angeht, hat sich Heiko Arntz schließlich mit dem Gedanken getröstet: «Eine Ellis-Parodie, eine Kracht-Parodie – warum dann nicht auch noch eine Jünger-Parodie?» Aber «In Plüschgewittern» – das bleibt als Titel aufgesetzt, drangeschraubt: Die Produkterwartung, dass sich dahinter die Geschichte einer bundesrepublikanischen Wohlstandsverwahrlosung verbergen könnte, wird nicht eingelöst. Und bei allen Posen des Erzählers passt der Titel auch nicht zum naiven Ernst jener Passagen, in denen er nicht von seinem Absacken in Berlin berichtet, sondern vom Kaputtgehen daran, dass die glücklichen, unbelasteten, unschuldigen Momente seines Lebens für immer verloren sind. Herrndorf hat dafür einen unvergesslichen Satz gefunden: «Das hätte ich gern auf Kassette: Geräusche aus dem Haus, wo ich meine Jugend ließ, zweimal fünfundvierzig Minuten.»

Den Umschlag seines Debüts gestaltet Herrndorf nicht selbst. Doch er gibt die Idee dazu vor. «Was den Umschlag betrifft, ist mir auch noch nichts eingefallen, außer dass mir ein typographischer wahrscheinlich am liebsten wäre», schreibt er im Mai 2002 an Gerd Haffmans und Heiko Arntz. «Da die ‹Plüschgewitter› strenggenommen nur ein hübsches Wort sind und mit dem Romaninhalt wenig zu tun haben, würde vermutlich auch jede Illustration, die sich auf den Inhalt bezieht, mit dem Wort kollidieren. Außer man nähme ein Foto einer plüschigen Szenekneipe mit entsprechendem Publikum o. s. ä.; aber diesen Berlin-Schrott kann ja auch schon keiner mehr sehen.» Haffmans Gestalter Urs Jakob findet eine typographische Lösung: Eine kursive Schrift, die Buchstaben so dicht an dicht, dass sie aufeinanderhängen, gleichzeitig drängelnd und gebremst, ein gemischtes Gefühl, das zu den gegeneinander arbeitenden Stimmungen des Buches passt. Am 25. Oktober 2002 erhält Herrndorf die ersten gedruckten Exemplare: «Eben eingetroffen, alles super!», schreibt er abends an Haffmans. «Buchstaben bei ‹In Plüschgewittern› vielleicht einen halben Millimeter zu weit zusammengelaufen, dachte ich, vielleicht gewöhnt man sich dran, sonst alles wunderbar. Dank an alle, ich geh mich jetzt besaufen!»

Ein halber Millimeter.

Als ein paar Jahre später einer der «Höflichen Paparazzi» die Titelschrift der «Plüschgewitter» lobt, geht Herrndorf wie automatisch auf Distanz. «Mittlerweile stört mich selbst die Haffmans-Kursivschrift nicht mehr», antwortet er im Forum, «ich bin jedesmal erleichtert, wenn ich das Cover sehe, von dem ich im letzten Moment die beiden Toilettenmännchenillustrationen (Männer,

Frauen) streichen konnte.» Dass es ursprünglich seine Idee mit der Typo gewesen ist, sagt er nicht dazu. Haffmans, behauptet er stattdessen, habe den Roman «unbedingt ‹Generation Nix› nennen» wollen und es «aus Protest in jede Vorschau» geschrieben. Tatsächlich notiert Herrndorfs Verleger die beiden Wörter einmal auf dem Ausdruck einer E-Mail: «Generation Nix». So ein Titel hätte in seiner kulturpessimistischen Floskeligkeit den literarischen Eigensinn vielleicht wirklich unterminiert, den Herrndorfs Roman trotz aller modischen Elemente entwickelt. Andererseits, wenn man auch diesen Titel als gebrochenen Metatitel verstanden hätte, wie Arntz das versucht hat, als Etikettenschwindel für die besonders Schlauen: Dann hätte auch «Generation Nix» gepasst zu dieser Etüde in Popliteratur.

Der Himmel über Schleswig-Holstein, Nürnberger Aushilfsjobs, Altbauten in Berlin: Wie in all seinen künstlerischen Produktionen bedient sich Wolfgang Herrndorf auch hier im Roman am eigenen Leben, den zufälligen Stoff, den es hervorbringt, gestaltet er für seine Zwecke um. Dass Ulrike Schulte Overberg in den «Plüschgewittern» ihre unmittelbare Berliner Vergangenheit wiedererkennt und Calvin sich selbst im Doktorand Desmond, ist das eine. Das andere, in welchem Ausmaß Herrndorf seine Kindheit und Jugend in eine neue Geschichte der Entfremdung und des Ausgestoßenseins verwandelt.

So viele autobiographische Spuren aus Garstedt finden sich: Malte Lipschitz, der Kindheitsfreund des Erzählers, ist eine kaum veränderte Version von Stefan Büchler, mit dem Wolfgang Herrndorf und Karsten Schmidt im «Wischibonga»-Versteck unter dem Dach des gemeinsamen Wohnblocks Comic-Hefte gelesen haben. Die Feldmark ist die Feldmark vor dem Haus in Garstedt, sogar die «Mütze», die sich Wolfgang, Stefan und Karsten an den Rand des Felds gegraben hatten, kommt vor: «Im Sommer bauten wir in

der Feldmark Höhlen in die Knicks, die wir mit Heu auspolster-
ten und mit allerlei Trophäen, Vogelfedern, Sammelbildern und
Autobatterien.» Was ein Knick ist, muss der norddeutsche Lektor
Arntz aber beim Autor extra nachfragen, genau wie Jahre später
Marcus Gärtner, als der für den Rowohlt Taschenbuch Verlag das
Manuskript bearbeitet. «Knicks! Das sind gegen den Wind mit
Sträuchern und Bäumen bepflanzte Streifen zwischen den Fel-
dern», so erklärt Herrndorf es Arntz.

Wie *straightforward* Herrndorf mit den autobiographischen
Einflüssen in seiner Geschichte umgeht, zeigt sich auch in den
Vorarbeiten zum Roman, beispielsweise wenn er über das Mofa
recherchiert, das Malte Lipschitz fahren soll: «Hercules Prima
4 N (hatte Stefan)», notiert er für sich selbst in einem Materialord-
ner. Und es finden sich auch verworfene Passagen der «Plüschgewitter», in denen Desmond noch nicht Desmond heißt, sondern,
schlicht und einfach: «Calvin». Warum sich irgendwas ausdenken,
wenn das Leben es einem schon so schön vorgebaut hat. Auch die
wahre Geschichte seiner eigenen dramatischen Geburt und des
kompletten Blutaustauschs steckt Herrndorf abgewandelt in seinen Debütroman, wenn der Erzähler von seinem Bruder berichtet: «Als Kind habe ich manchmal gedacht, dass er wahrscheinlich
gar nicht mein Bruder ist. Meine Mutter hätte ja fremdgegangen
sein können oder ihn adoptiert haben. Das habe ich wirklich gedacht. Alles an ihm war fremdartig und langsam. Zur fixen Idee
wurde diese Vorstellung allerdings erst, als sie sich umkehrte. Als
ich dachte, wahrscheinlich bin *ich* es, den sie adoptiert haben. Als
in Biologie die Blutgruppen drankamen und der Lehrer Freiwil-
lige zum Testen suchte, habe ich mich sofort gemeldet, um dann
zu Hause mein Ergebnis Null-Negativ mit den Blutspendeaus-
weisen meiner Eltern zu vergleichen. Die Erkenntnis, dass ich
theoretisch ihr Kind hätte sein können, hat mich aber nicht allzu
sehr beeindruckt. Null ist ja eine ziemlich häufige Blutgruppe.»

Jahre später berichtet Herrndorf in seinem Blog vom kindlichen Gefühl der Entfremdung und Unzugehörigkeit, das ihn in den ersten Jahren seines Lebens begleitet und geängstigt hatte. Davon, sich wie nicht von dieser Welt, wie adoptiert und fremd in der eigenen Haut gefühlt zu haben, wird er auch Carola Wimmer erzählen. Das Fremdeln mit dem Dasein, der vergebliche Versuch, zu Hause anzukommen, die Sinnlosigkeit der Sinnsuche sind die stärksten Motive in diesem Roman. Damit nähert er sich zugleich «Faserland» an, denn Kracht geht darin ganz ähnlichen Fragen nach.

Und diese starken, bedrückenden Motive bringt Herrndorfs Roman zum Ausdruck, ohne dass es notwendig wäre, die Referenzen und Anspielungen und autobiographischen Elemente zu erkennen, die eingeflossen sind. Es scheint fast, als habe Herrndorf sie nur gebraucht, um sich beim Schreiben daran festzuhalten. Die Elemente haben eine technische Funktion, sie machen das Erzählen überhaupt erst möglich, aber Herrndorf *verarbeitet* hier nichts. Dieser psychologische Gedanke wäre ihm völlig fremd, so fremd wie das Schreiben mit doppeltem Boden, das er, als Konzept, auch nicht begreift, wie er seinem Lektor Heiko Arntz erklärt hat. Wobei es tragisch ist, wie Herrndorf in der Figur der Mitschülerin Anja Gabler seine hoffnungslose, unglückliche Liebe zu A. umschreibt. In den «Plüschgewittern» kommen der Erzähler und Anja doch zusammen, zwei Jahre nach dem Abitur: «Und wir blieben ein Paar. Über ein Jahr lang, bis wir uns wieder trennten, an einem Sonntag im Juni, an einem sehr warmen Sommertag, während Argentinien Fußballweltmeister wurde.» Es ist der Sommer 1986, bevor Herrndorf nach Nürnberg geht.

Im wahren Leben hat es Herrndorf, als er diese Passagen schreibt, geschafft, sich von der Fixierung auf A. zu lösen. («Stalking» ist das Wort, das er selbst gegenüber seinem Freund Marek Hahn benutzt.) Jahrelang hatte er ihr noch Briefe geschrieben, die unbeantwortet blieben. In Berlin hört er auf damit. Aber die Erfahrung wirkt nach, auch hier, in diesem Buch, verwandelt in Literatur. Und verwandt mit Literatur ist sie ja sowieso. Denn die Geschichte dieser Fixierung ähnelt den Geschichten von jungen Männern, die sich in unglücklicher Liebe zu unerreichbaren Frauen verzehren, in Romanen, die Herrndorf liebt. Auch Stendhal hat in «Rot und Schwarz» davon erzählt.

Fast zeitgleich mit Herrndorfs Debüt erscheint Karen Duves zweiter Roman «Dies ist kein Liebeslied». Duve spielt darin eine Variante dieser Konstellation durch, die so alt ist wie die Literatur. Bei ihr verliebt sich die Erzählerin in einen Mitschüler, lebenslang bleibt das unerwidert, bis sie ihn schließlich, Jahre später, in London wiedertrifft, sie miteinander schlafen – und danach nichts mehr folgt. Das war es. Hat's nicht gebracht. Dafür hat sie sich gequält, verzehrt und gelitten, all die Jahre für nichts. Kein Wunder, dass «Dies ist kein Liebeslied» ein Lieblingsroman des Scheiterexperten Herrndorf ist. «Karen Duve ist Gott», wird er etwas später erklären. Und das zeigt nicht nur seine Begeisterungsfähigkeit, sondern auch, und nicht zum ersten Mal, wie stark Herrndorf beim Lesen nach Identifikation und Verwandtschaft sucht.

Duves Roman erfüllt seiner Hauptfigur ihren größten Wunsch. Die unerwiderte Liebe wird erhört – ähnlich wie in Herrndorfs Debüt. Die beiläufige Grausamkeit, mit der das im «Liebeslied» geschieht, korrespondiert mit der Einsilbigkeit, in der Herrndorfs Erzähler seine Beziehung zu Anja abhandelt: «Wir waren zusammen. Wir waren ein Paar. Und wir blieben ein Paar. Über ein Jahr lang, bis wir uns wieder trennten.» Aber es ist nicht nur Lakonie. Mehr gibt es über dieses Jahr mit Anja offenbar einfach nicht mitzuteilen. Seitenweise schildert er vorher, wie blöd ihn die Verliebtheit in das «Mädchen mit den hellblauen Jeans» gemacht hat. Wie der Anblick ihres Gesichts seine «Gehirnfunktionen auf der Stelle abschaltete». Wie er nur ihretwegen zu reiten beginnt, weil er glaubt, dass Anja Pferde liebt, das aber, wie sich herausstellt, nur falsch verstanden hat. Wie er Kunst zum Leistungsfach wählt, nur weil sie das auch tut. Wie er ihr auflauert, wie er in magischem Denken aus Anjas Namen seine Glückszahl 17 ableitet und versucht, täglich um 17:17 Uhr und 17 Sekunden auf die Uhr zu schauen. Bis auf die Sekunde genau erzählt er von dieser Qual – und hat dann nicht einen einzigen Satz dafür übrig, wie es war, mit Anja zusammen zu sein. Was sie so gemacht, geredet haben. Wie es war, sie zu küssen. Es war offenbar nicht der Rede wert, jedenfalls bei Weitem nicht so wie die jahrelange Qual davor. In beiden Romanen, Duves wie Herrndorfs, ist selbst die Erfüllung der Sehnsucht: die Geschichte eines Scheiterns.

Aber da ist noch etwas mehr als das. Am Abend der Abiturfeier, Sommer 1984, trägt der Erzähler der «Plüschgewitter» ein T-Shirt, beschriftet mit «Bahamas». Er betrinkt sich, führt ein kaputtes Gespräch mit Anja, taumelt dann, nein: flieht vor die Tür, in die Dunkelheit, unter den Trost der Sterne. Eine Szene, die typisch werden wird für Herrndorfs Geschichten, in denen Figuren immer wieder nach sozialen und kommunikativen Verknotungen in die Stille der Nacht oder die schweigende Natur treten, um dort zu sich zu kommen, Verständnis oder Frieden zu finden. «Ich schwankte hinaus auf den Mittelstufenschulhof, warf die Bierflasche in hohem Bogen weg und wartete vergeblich auf ein Aufschlaggeräusch.»

In dieser Szene ist die unaufhörliche Vergeblichkeit, mit der Herrndorf an A. gehangen hat, auf sie gewartet hat, Jahre, Jahre, Jahre, ungeheuer subtil verarbeitet. Vielleicht ist es die eine Stelle in diesem Debütroman, an der sich am deutlichsten zeigt, was den Schriftsteller Wolfgang Herrndorf ausmachen wird: Er kann das, was aus der Lektüre und dem Leben in seine Stoffe einfließt, so präzise zu Text formen, dass man die Übergänge nicht mehr sieht. Und zugleich Szenen schreiben, die für sich stark sind, die wirken ohne Kenntnis der Referenzen. Denn an dieser Stelle – der Erzähler auf dem Schulhof, nachts, allein – klingt eine berühmte Gedichtzeile von Dylan Thomas an: «The ball I threw while playing in the park / Has not yet reached the ground.» Ein unvergessliches Bild für das Band, das manche Menschen für immer an ihre Kindheit fesselt. Und auch für das gemischte Gefühl, von dem, was war, nicht loskommen zu können und auch nicht loskommen zu wollen. Herrndorf wird Dylans Gedichtzeile Jahre später als Motto einem Kapitel seines Romans «Sand» voranstellen. Hier bleibt sie im Subtext verborgen, in einer Passage großer literarischer Kunstfertigkeit.

Kapitelanfänge mit Zitaten zu versehen, wie später dann in «Sand», hat Herrndorf sich bei Stendhals «Rot und Schwarz» abgeschaut. Wie die Vorarbeiten zu den «Plüschgewittern» belegen, hatte Herrndorf das auch für sein Debüt erwogen, hatte schon Zitate gesammelt und sie den Kapiteln zugeordnet, es dann aber wieder verworfen. Dafür lässt er seinen Erzähler Stendhals Buch lesen, im Bett, in Berlin, zum fünften oder sechsten Mal, wie der behauptet. Also ungefähr so oft, wie Wolfgang Herrndorf es im Laufe seines Lebens selbst gelesen hat.

Die, die sich in den «Plüschgewittern» wiedererkennen, finden das Buch aufgesetzt, aber beeindruckend (wie Ulrike Schulte Overberg). Oder sind sauer, aber geschmeichelt (wie Calvin Scott). Oder haben eng daran mitgewirkt (wie Holm Friebe und Kathrin Passig). Herrndorfs Vater mag das Buch nicht, unter anderem, weil darin so viel gesoffen wird. Herrndorfs Mutter liest es an einem Tag durch. Nach der Hälfte legt sie es erst einmal weg und macht einen großen Spaziergang, danach liest sie es zu Ende und ruft ihren Sohn an. Es sei ein sehr gutes Buch, habe sie ihm gesagt, aber schwer verdaulich. Auch Katrin Herrndorf erkennt die autobiographischen Elemente im Roman. Du darfst den Erzähler nicht mit mir verwechseln, habe ihr Sohn geantwortet, das sei ein Fehler, den Menschen immer machten. Das Buch handele nicht von ihm.

«Das Biographische ist bei Wolfgang Herrndorf nicht zu trennen von Texten, Bildern, Literatur: Es befindet sich auf einer Ebene», sagt Lars Hubrich, einer der engeren Freunde, die Herrndorf im Forum der «Höflichen Paparazzi» findet. Hubrich wird später das Drehbuch für die Verfilmung von «Tschick» schreiben. Er stößt, wie die meisten «Pappen», zum Jahreswechsel 2001 zu den «Paparazzi» dazu, also zu der Zeit, als auch Herrndorf dort mitzuschreiben beginnt. «Ah, du bist das also – gute Texte», habe Herrndorf zu ihm gesagt, als die beiden sich persönlich kennenlernten. «Das war ein kleiner Ritterschlag», erinnert sich Hubrich. Herrndorf wird schnell zu einer zentralen Figur in diesem Forum. Man kennt und nennt ihn beim richtigen Namen, weil er sich zuerst auch so angemeldet hatte. Herrndorf führt zwar noch eine Reihe anderer Pseudonyme, unter denen er im Forum schreibt, aber «Stimmen», angemeldet am 1. Mai 2001, wird das entscheidende.

Gute Texte abliefern – damit fangen Existenz- und Mitmachrecht im innersten Kreis der «Höflichen Paparazzi» an. «Pappen» nennen sie sich, haben sich über das Forum gefunden und schon bald davon emanzipiert, einen Staat im Staat gebildet, einen Inner Circle innerhalb des größeren Ganzen. Er setzt sich zusammen aus Leuten, die entweder schon Texte veröffentlicht haben, im Laufe der Zeit Texte veröffentlichen werden, mit Texten arbeiten – oder nur hier schreiben, im Forum, aber hauptberuflich etwas ganz anderes tun. Hundert Leute sind es im innersten Kreis. Sie nutzen die Infrastruktur einer Webseite, die Christian Ankowitsch gemeinsam mit Tex Rubinowitz um die Jahrtausendwende gestartet hatte, angedockt an ein schon etwas älteres Projekt des Journalisten und Internetpioniers Ankowitsch, «Alles Bonanza»: ein Forum, in dem sich Menschen im Netz über ihre Erinnerungen an die siebziger und achtziger Jahre austauschen. Bei den «Paparazzi» soll es darum gehen, Zufallsbegegnungen mit Prominenten zu beschreiben, aber dabei «mehr Wert auf das ganze Drumherum, die eigene ‹Befindlichkeit› zu legen», wie Rubinowitz 2004 in seinem Vorwort zu einer Anthologie der schönsten Beiträge erklärt, «so dass es zu einer Umkehrung der Verhältnisse kommt. Der Berichterstatter wird zum Star, der Promi zum Komparsen.»

Ankowitsch wiederum sagt im anderen Vorwort zu dieser Anthologie, die Idee zu so einer Geschichtenaustauschseite sei 1983 am Küchentisch einer Wiener Wohngemeinschaft im 6. Bezirk entstanden – und dass das Internet letztlich auch nichts anderes sei als ein riesiger Küchentisch. Als sozialer Ort kommunikativen Handelns bringt es um die Jahrtausendwende – «Facebook» existiert da noch nicht – tatsächlich viele solcher Seiten und Gruppen im deutschsprachigen Raum hervor. Sie verbinden Leute, das ist ein entscheidendes Merkmal, die keinen Widerspruch erkennen zwischen gedruckter und digitaler Welt, die verstanden haben – oder diesen Effekt auch nur mitnehmen –, in welchem Ausmaß das Internet intellektuellen und sozialen Austausch möglich macht. Und sogar auf einzigartige Weise vereint. Während sich im traditionellen Kulturbetrieb der Verdacht gegen das Internet als Totengräber des Abendlandes verhärtet, umso stärker, als das Platzen der Internetblase um 2002 zur Einstellung vieler journalistischer Projekte führt, entsteht hier eine neue Szene. Aber der Begriff ist viel zu klein für das, was damals passiert. Es entsteht ein Utopia.

Was mit Anekdoten über Helmut Berger oder Inge Meysel oder Max Goldt (der auf seiner eigenen Webseite auf die «Paparazzi»-Seite verlinkt, so finden viele zum Forum) beginnt, entwickelt bald ein Eigenleben: Ein innerer Kreis spaltet sich ab, es wird zunehmend auch in parallelen Chats miteinander geschrieben. Darum geht es bei den «Pappen»: Das, was passiert, was gedacht und beobachtet wird, in Text zu verwandeln und diesen Text einer kommunikativen Situation auszuliefern, in der nicht nur über das, was passiert ist, sondern auch über das, was der Text daraus macht, geschrieben wird. Und was dabei entsteht, entsteht wie von selbst, indem Leute zusammenkommen, die schon immer so etwas wie das hier gesucht haben, aber im traditionellen Kulturbetrieb – der Jazzbahnhof, die Wasserglaslesung, das Literaturfrühstück – nirgendwo finden konnten, weil dort die falschen Götter herrschen. Natürlich gibt es auch bei den «Pappen» bald Regeln, strengste Regeln sogar, aber sie verstehen sich von selbst. Wer nicht verstanden hat, wie gut Filme mit Leslie Nielsen oder Bücher von Rainald Goetz sind, hat hier nichts zu suchen. Oder muss mit sehr, sehr guten Gründen dagegenhalten. Eine eigene Sprache entsteht. Humor ist genauso wichtig als Distinktionsmerkmal – «Worüber lachst du?» – wie das Interesse an, das Leben mit technischem Fortschritt.

Drei Sätze charakterisieren, worum es beim sozial-intellektuellen Experiment der «Pappen» geht. Einmal: «Mit klugen Leuten dummes Zeug reden», der auf Harry Rowohlt zurückgeht. (Er hatte das einmal sinngemäß auf die Frage nach dem «vollkommenen irdischen Glück» geantwortet.) Und dann: «Es gilt das geschriebene Wort.» Holm Friebe hat erklärt, was das bedeutet: «Eine fröhliche Parallelwelt in der Staatsform der Meritokratie: Die härtere Pointe und das rigorosere Urteil regierten. Darin konnten Menschen unterschiedlichen Schlages Freunde werden, auch solche, die nur ungern die Wohnung verließen.» Der dritte Satz schließlich lautet: «Geh weiter, wir sind hier nicht das Internet.» Ein selbstbewusstes Sonderbewusstsein herrscht hier. Eine eigene Gesellschaft mit eigener Moral.

Zu den Leuten, die ungern die Wohnung verlassen, gehört Herrndorf ja eigentlich auch. Andererseits: Wenn das Bier ruft, das war schon in Nürnberg mit Calvin und den Rollschuhleuten so, ist er dabei. «Bier! Jetzt!» heißt der Strang, unter dem sich die «Pappen» verständigen, wie und wann und wo sie sich treffen. Meistens ist das in der Gaststätte und Raucherkneipe «Prassnik» auf der Torstraße, die in Laufweite der Volksbühne liegt, mit entsprechendem Publikum. Die Berliner «Pappen» (es gibt auch Inseln in Wien, in Hamburg, in München, in Zürich) sind schon in den ersten Monaten, seit sie sich gefunden haben, so oft im «Prassnik», dass sie überlegen, zur Abwechslung mal woanders hinzugehen.

Herrndorf ist egal, wo sie sich treffen: «Ich komme sowieso immer», schreibt er. Es ist der Sommer 2001, und Herrndorf hat auf einen Schlag so viele neue Freundinnen und Freunde gefunden, die so viel Platz in seinem Leben in Anspruch nehmen, dass sie bald die anderen, älteren Freundinnen und Freunde an den Rand drängen. Ulrike Schulte Overberg zum Beispiel, zu der bald der Kontakt erkaltet, weil sie mit den «Pappen» nichts anfangen kann. Calvin Scott bringt er irgendwann einmal mit, als der zu Besuch aus München in Berlin ist. Sie gehen aus, von den «Pappen» ist Ulrike Sterblich dabei und sieht ihren Freund Wolfgang zum ersten (und fast zum letzten Mal) tanzen. Sie sieht aber auch, wie unglaublich glücklich Wolfgang ist, seinen alten Freund Calvin mit seinen neuen Berliner Freundinnen und Freunden zusammengebracht zu haben. «Das war Liebe», sagt Ulrike Sterblich.

«In Plüschgewittern» ist nicht zuletzt ein Freundschaftsroman, er bringt das Glück der Freundschaft wie den Schmerz und Verlust zur Sprache, Konkurrenz, Eifersucht, Verdacht. Was diese Freundschaftsmotive aber erzählerisch überwölbt und verbindet, ist der Versuch des Erzählers, den Abstand zu verringern zwischen ihm und der Welt und den Menschen, die sie bevölkern.

Das treibt ihn hinaus und auf die Straße, fast immer ist er allein unterwegs in Berlin. «Nach sechs oder sieben Kneipen lande ich im Kaffee Burger in der Torstraße, einem völlig heruntergekommenen 70er-Jahre-Wohnzimmer mit speckigen Häkelvorhängen und Ostdevotionalien an der Wand, und ich merke zu spät, dass das Ganze keine Stüberl-Kneipe mehr ist. Und zwar merke ich das daran, dass die Musik, die da läuft, nicht wirklich scheiße ist und überall nur ganz, ganz junge Leute in Trainingsjacken rumstehen. Sie sind alle noch schlechter angezogen als ich, das heißt also eigentlich besser, denn die Masse hat ja irgendwie immer recht. Ich versuche, ein Bier zu bestellen, und es dauert eine Dreiviertelstunde, bis die Bedienung reagiert. Dass man nicht bedient wird, gehört in solchen Clubs ja dazu. Keine Bedienung, Hosen ohne Form und grauenvoll bedruckte T-Shirts. Ich fühle mich da immer ein bisschen ausgegrenzt.»

Genau dort, im «Kaffee Burger» auf der Torstraße, früher eine Dissidentenkneipe, später die Heimat von Wladimir Kaminers «Russendisko»-Abenden, liest Herrndorf am 10. Dezember 2002 erstmals öffentlich aus den «Plüschgewittern». Es ist ein Galaabend der «Zentralen Intelligenz Agentur» (ZIA), die Holm Friebe kurz zuvor mit Kathrin Passig und Jörn Morisse gegründet hat. Zu den Mitarbeitern der Agentur zählen auch die «Pappen» Cornelius Reiber, Philipp Albers und der ehemalige «Titanic»-Redakteur Christian Y. Schmidt. Die ZIA hat damals ein Büro am Schlesischen Tor, betreibt eine Webseite, entwirft Veranstaltungen. Und sie wird in den kommenden Jahren vor allem beim Bachmann-Preis in Klagenfurt für Unruhe sorgen, weil sie der literarischen Öffentlichkeit das Gefühl vermittelt, man könnte Texte, die beim Bachmann-Preis gewinnen, einfach so programmieren. (Dass es möglich ist, in einem Text die Jury so zu bedienen, dass sie gar nicht anders kann, als ihn zu prämieren, wird Passig dann 2006 vorführen.)

Die ZIA ist ein typisches Berliner Projekt der nuller Jahre. Mit das Schönste, was sie hervorbringt, sind die sogenannten Bunny Lectures im Club NBI auf der Schönhauser Allee. Ironische Informationsabende, an deren Konzeption auch Herrndorf beteiligt ist. In den Hauptrollen wirken mit: Ulrike Sterblich als Supatopcheckerbunny und Stese Wagner als Hilfscheckerbunny. Regelmäßig zu Gast sind neben den ZIA-Leuten auch der Comiczeichner Fil («Didi & Stulle»), der Popmusiker Jens Friebe und befreundete Menschen aus Literatur und Medien und dem Supatopcheckerberlin, für das diese Shows veranstaltet werden. Mit den Bunnys diskutieren die Gäste erste, letzte und allerletzte Fragen und Themen wie Tiere, Adel, Mode und Sex. Das Supatopcheckerbunny hatte sich Ulrike Sterblich ausgedacht, eine «Störfigur», wie sie selbst es nennt, um in hochtourige Diskussionen im «Pappen»-Forum mit naiver Schlauheit hineinzuplatzen und die Wahrheit ans Licht zu bringen.

Beim ZIA-Abend im «Kaffee Burger» 2002 stellt sich der Debütant Herrndorf als «Joachim Lottmann» vor, um dann aus seinem Roman vorzulesen. («Lottmann» heißt im Roman ein Kollege von der Postverladestelle auf dem Bahnhof, wo der Erzähler früher gejobbt hat, auch das ist natürlich eine autobiographische Stelle.) Leider hat Herrndorf, so berichtet es Cornelius Reiber am Tag danach im «Forum», aber vergessen, weitere Exemplare mitzubringen, um sie zu signieren und zu verkaufen. Am Ende wird gefeiert, bis der Morgen kommt und Herrndorf kein Bier mehr kriegt (hier wird der Roman dann Wirklichkeit), vom Barhocker fällt und «lange» liegen bleibt. Irgendwann hilft ihm Cornelius Reiber dann doch auf. Reiber ist seit Anfang 2002 bei den «Pappen» und spielt auch in Herrndorfs Fußballgruppe an der Bergstraße mit. «Die anderen drei Gäste außer uns», berichtet Reiber weiter, «schauten einfach nur zum Boden und waren betroffen darüber, wie schnell der Ruhm Menschen zerstören kann. Nachdem ich dann doch ein Einsehen und Herrndorf wieder aufgerichtet hatte, sagte er ‹Tat nicht weh› und wir gingen essen.»

«Meine Einstellung zu Lesungen ist grundsätzlich: Jein», hatte Herrndorf zwei Monate vorher an seinen Verleger Haffmans geschrieben. Das Literarische Colloquium am Wannsee hatte überlegt, Herrndorf zu einer Veranstaltung mit dem Haffmans-Autor Steffen Jacobs einzuladen, und Haffmans seinen Debütanten deswegen angeschrieben. «Dass das Literarische Colloquium auf Steffen Jacobs kommt, kann ich verstehen, aber auf mich? Ein Popautor mit Bumsroman? Ich kenne die Atmosphäre im Literarischen Colloquium, da sitzen immer so alte Männer, die vor zwanzig Jahren mal einen Verkaufsschlager mit Oden an die vergängliche Vergänglichkeit hatten, und ich weiß nicht, ob ich das überleben würde.» Herrndorf behauptet, noch nie vor Publikum gelesen zu haben, fürchtet, dass seine Stimme nicht trage, dass er maximal dreißig Minuten am Stück lesen könne und es auch möglich wäre, dass er vor Aufregung gar nichts rausbringt. Aber: «Ich würde es gern wenigstens einmal probieren.» Nur eben nicht allein. Das Honorar sei ihm dabei «völlig egal».

«Er hatte einen Tonfall, der immer in der Schwebe blieb», sagt Heiko Arntz. «Er hat geredet, und der Ton ging nicht runter am Ende des Satzes, das wirkte natürlich unsicher. Wolfgang war schüchtern bis zum Exzess, aber seine Schüchternheit hatte auch etwas Lauerndes. Gleichzeitig musste man sich nie um ihn Sorgen machen: Er hat die Peinlichkeit genossen, diese komische Situation, fehl am Platz zu sein. Wenn man das einmal kapiert hatte, dann war es eigentlich ganz entspannt und man konnte mit Wolfgang überall hingehen.» Arntz erzählt von einem gemeinsamen Abend in Berlin in dieser Zeit, mit seinen Autoren Herrndorf und Max Goldt (die beiden hatten sich über Gerhard Henschel schon Ende der neunziger Jahre kennengelernt), zu dem auch der Zeichner Stephan Katz dazukommt, mit dem Goldt als

Duo Comics anfertigt. Die vier Männer sitzen da, aber es kommt kein gemeinsames Gespräch zustande (Katz und Goldt tuscheln dann untereinander auch noch). «Es war saupeinlich», sagt Arntz. «Aber ich habe das Gefühl, dass Wolfgang das damals gefallen hat.»

Seinen Verleger Haffmans lernt Herrndorf persönlich erst im September 2002 kennen, in der «Paris Bar» in Berlin. Auf der Frankfurter Buchmesse, im Monat darauf, versetzt er Haffmans dann. Und erscheint einfach nicht zu einem Essen des neuen Verlags. Er sei zu blöd gewesen, das Restaurant zu finden, schreibt Herrndorf später zur Entschuldigung an Haffmans. Dreimal sei er im Hotel Maritim gewesen: einmal zu früh, beim zweiten Mal war noch niemand sonst da, beim dritten Mal sei er «hinauskomplimentiert» worden, die Kellner hätten ihn mittlerweile angesehen wie einen «arabischen Buchmessenterroristen». Und doch: «Es war nicht deprimierender als meine üblichen Buchmessenerfahrungen.» Das Maritim liegt unmittelbar am Messegelände. Es ist eigentlich nicht möglich, sich dort zu verlaufen, undenkbar auch, dass Kellner keine Erfahrung mit orientierungslosen Schriftstellern gehabt hätten, die irren da zu Messezeiten jeden Oktober von Neuem herum. Kann sein, vermutet Haffmans heute, dass Herrndorf einfach keine Lust gehabt hat. Am nächsten Morgen jedenfalls, auf dem Messegelände, «war er dann plötzlich da. Irgendwie hatte ich das Gefühl, er macht sich ein bisschen lustig, was ich aber auch in Ordnung fand.»

Die ersten Rezensionen der «Plüschgewitter» erscheinen. In fast allen überregionalen Medien. Und überwiegend sind sie positiv. In der «Berliner Zeitung» feiert Klaus Cäsar Zehrer den Roman, aber der gehört auch zu den «Pappen» und spielt mit Herrndorf Fußball, die beiden verbindet nicht nur auf dem Platz eine ironische Konkurrenz. (Es ist nicht die einzige Rezension aus freundschaftlicher Verbindung: Frank Schulz schreibt im Magazin «konkret» über das Buch.) In der «Welt» lobt es Jochen Förster. In der Buchmessen-Literaturbeilage der «Frankfurter Allgemeinen Zeitung» erkennt Edo Reents eine Verwandtschaft des «haltlosen Helden» aus Herrndorfs Geschichte mit der Figur des Anton Reiser. Und Reents stellt in seiner kurzen Kritik eine entscheidende Frage, die sich an den Autor wie seinen Erzähler zu richten scheint: «Herrndorf hat einen Helden geschaffen, dessen Widerspruchsgeist diesem satirischen, aufklärerischen Milieu entwachsen ist. Was hilft es diesem Renitenten, dass er über verblüffend richtige Ansichten verfügt, wenn er damit keinen Anschluss findet?» Im wahren Leben des Autors haben sehr viele Renitente mit verblüffend richtigen Ansichten seit einiger Zeit über die «Höflichen Paparazzi» zueinandergefunden.

In der «Süddeutschen Zeitung» erscheint eine begeisterte Kritik von Gustav Seibt, der ihn trotzdem «Herrndorfer» nennt. Nur Gerrit Bartels in der «taz» ist genervt: «Man ist ihm schon oft begegnet, diesem jungen Mann und namenlosen Icherzähler», schreibt er. «Wie schwer es ist, bloß mit sich selbst klarzukommen! Warum kann man nicht wenigstens einmal in die Haut eines anderen schlüpfen? Da bleiben nur gnadenloses Durchblickertum und hilfloser Zynismus: Diese Generation muss nur noch durch Plüschgewitter, nicht mehr durch Stahlgewitter!»

Im Sommer vor der Veröffentlichung hatte sich Herrndorf gemeinsam mit seinen Freundinnen Kathrin Passig und Ira Strübel noch Zitate für den Klappentext ausgedacht und an Haffmans und Arntz geschickt. Die klangen so: «Mit betörender Unaufgeregtheit wird die Geschichte einer Existenz verhandelt, die von bestechender Langeweile ist.» Oder: «Die Erinnerung des Erzählers funktioniert als Palimpsest, das in seinem eigenen Referenzsystem rhizomatisch verschwindet.» Oder: «Middle of the Road, aber nicht so spannend.» Oder: «Arschloch (Tex Rubinowitz).»

Oder: «Ich wollte einen Berlinroman schreiben, den ich auch selbst verstehe. Also ohne Diskussionen über Pop, ohne Sexszenen, ohne Latte macchiato. Einen Drogenroman ohne Drogen. Ich wollte eine einfache Geschichte erzählen, die ohne Handlung auskommt. Und außerdem wollte ich Rainald Goetz zeigen, wo der Barthel den Most holt. Ich glaube, das ist mir gelungen. (Herrndorf)» Oder: «Wer diesen Roman nicht gelesen hat, kann das 21. Jahrhundert nicht verstehen.» Mit einer Variante des letzten erfundenen Zitats wird Haffmans dann tatsächlich werben. «Wirklich sehr schwierig, dieses Ausdenken von Klappentexten», schreibt Herrndorf seinem Verleger dazu. Aber seine Imitate sind schon wieder so nah am Original, dass einen die echten Pressestimmen zu seinem Debüt fast enttäuschen.

Sogar das Fernsehen kommt und macht eine Homestory aus der Novalisstraße, Anfang April 2003 lässt Herrndorf den legendären Wilfried Rott für die SFB-Sendung «ticket» in seine Wohnung. Aber so gut das Echo auf die «Plüschgewitter» auch ausfällt: Der Roman wird kein Verkaufserfolg. Herrndorf ist enttäuscht. Der Weg jedoch ist eingeschlagen, und Herrndorf kehrt auch nicht mehr um, der Entschluss, vom Schreiben zu leben, so zu leben, wie er jetzt lebt, steht fest. Irgendwann um diese Zeit erwähnt der kahl geschorene Herrndorf einmal, dass er einen Föhn besitzt. «Wozu brauchst du denn einen Föhn?», fragt Lars Hubrich zurück. «Um Acrylfarben zu trocknen», sagt Herrndorf. So habe Hubrich erfahren, dass sein neuer Freund früher gemalt hat. Für die «Pappen», die ihn jetzt kennenlernen, ist er, wenn sie überhaupt wissen, was er macht, der Autor Wolfgang Herrndorf. Und wenn er mal von der Malerei erzählt, dann ist das seine ominöse Vergangenheit.

Ende Mai 2002, nur Tage, nachdem Herrndorfs Agent Uwe Heldt mit Haffmans den Vertrag über die «Plüschgewitter» abgeschlossen und Herrndorf den kompletten Inhalt seines Kühlschranks weggeschmissen hatte, weil an Essen offenbar nicht mehr zu denken war, er musste das Manuskript fertigmachen und abschicken, treffen sich die «Pappen» zur ersten Vollversammlung im fränkischen Pappenheim, Landkreis Weißenburg-Gunzenhausen. Zwei Tage lang trinken und reden fünfzig Leute, die sich bis dahin zum großen Teil nur als Pseudonyme hinter Texten gekannt haben, auf engstem Raum im Hotel Krone. Sie fallen regelrecht im kleinen Städtchen ein. «Woher kommen Sie denn nur alle?», fragt die Rezeptionistin vom Hotel Krone entgeistert. «Aus dem Internet», antwortet Murmel Clausen. Sie spielen Fußball, sie gehen zum Kennenlernen auf eine Art Schnitzeljagd, bei der es auch gilt, eine Aufgabe zum «Wallenstein» zu lösen, denn aus Schillers Drama stammen ja die «Pappenheimer», sie küssen und sie schlagen sich.

Als der Drehbuchautor Murmel Clausen zwei Monate zuvor im Forum die Idee zu einem solchen Treffen aufbringt und herumgefragt wird, wer denn kommen würde, ist Herrndorf der Erste, der sich meldet, er eröffnet dafür einen Abzähl-Kommentarstrang. Das Forum, schreibt er an Calvin Scott, fordert «zur Zeit achtzig Prozent meiner Aufmerksamkeit». Aber umgekehrt ist auch Herrndorfs Anziehungskraft auf die anderen enorm. Es umgibt ihn eine Art von Geheimnis, man weiß nicht genau, was er macht, wovon er lebt, man ahnt, dass er schreibt, aber nicht, was genau. Am Anfang, wird Max Hiller später sagen, hatten wir Angst vor ihm. Das trifft nicht für alle zu, sagt Marek Hahn, der Herrndorf im Juni 2001 kennenlernt: Aber wenn die «Pappen» sich treffen, orientiert sich das Gespräch wie von selbst zu Herrndorf hin. Auch Gerd Haffmans, der in seinem Leben mit großen Egos zu tun hatte und selbst eins hat, sagt: «Von ihm ging Autorität aus. Ich habe in ihm eine höhere Urteilskraft gesehen, die ganz wenige Leute besitzen.»

Marek Hahn nennt Herrndorf damals für sich den «dunklen Mogul». Aber er ist auch überrascht von Herrndorfs Herzlichkeit, als er ihm dann zum ersten Mal persönlich gegenübersteht. «Für ihn war seine Lebensweise die einzig nicht-absurde», schreibt Kathrin Passig in ihrem «Porträt des Künstlers als erfolgloser Autor». «Das ist vermutlich einer der Gründe, warum er in seinem Freundeskreis die zentrale Instanz in allen Fragen der konsequent durchgeführten Kunst darstellte; eine Figur, die in unseren Träumen auftaucht und sich erkundigt, was wir da eigentlich für einen Blödsinn machen.» Einmal, erinnert sich Marek Hahn, treffen sich ein paar «Pappen» im «Prassnik», der Abend ist eigentlich schon vorbei, da kommt Herrndorf mit vier anderen rein – und Lars Hubrich, der schon aufgestanden und in der Jacke war, bestellt direkt ein neues Bier. Es ist klar gewesen, sagt Hahn: Wenn Herrndorf kommt, geht es noch ein paar Gänge weiter.

Hahn und Herrndorf sehen sich immer montagabends, wenn im Filmtheater am Friedrichshain neue Filme in der «Sneak-Preview» gezeigt werden: Eine ganze Reihe von «Pappen» sitzt dann gemeinsam im Kino. Ulrike Sterblich gehört dazu, Holm Friebe, Lars Hubrich, auch Cornelius Reiber, ursprünglich sind auch Leute dabei, die nicht zu den «Pappen» gehören, die ziehen sich dann aber bald zurück, der Ton ist zu insiderisch. Nach dem Kino geht es ums Eck in die queere «Sonderbar» an der Käthe-Niederkirchner-Straße. Dann wird bis in die Morgenstunden Bier getrunken, und sie vergeben Punkte für die Filme, die sie gesehen haben, von null bis zehn. Bei solchen Sneak-Previews weiß man ja nie, was gezeigt wird, also laufen die «Pappen» schon mal aus dem Kino raus, während der Film noch läuft. Bei «Grabgeflüster» sind nach zwölf Minuten alle «Pappen» wieder draußen, bei «My Big Fat Greek Wedding» ist es ähnlich, bei «Solino» von Fatih Akin, dem späteren Regisseur der «Tschick»-Verfilmung, zieht sich

Holm Friebe die Jacke schon wieder an, als der Vorspann noch läuft, wie Herrndorf begeistert ins Forum meldet.

«Viele Menschen verstehen das Soziale ja als gegenseitige Bestätigung des Immergleichen», sagt Friebe. «Das hat Wolfgang nie interessiert. Wenn man sich trifft, dann geht es um etwas. Bei Wolfgang musste es das Versprechen geben, dass was passiert, um ihn aus der Wohnung zu locken – weil er sich sonst in besserer Gesellschaft mit seinen Büchern fühlt oder mit den Aufgaben, an denen er gerade sitzt. Das ist der Unterschied ums Ganze bei Wolfgang: Kunst und Leben sind nicht getrennt. Wenn man Künstler ist, dann ist man das halt in allem, was dazugehört – und dann kann man auch nicht damit aufhören. Man ist das nicht *nine to five*. Und man hat einen Freundeskreis, der das teilt. Man ist bei der Arbeit, alles ist Arbeit – aber alles ist auch Freundschaft.»

Den freiberuflichen «Pappen» fällt dieser Lebensstil natürlich leichter als den anderen, die morgens früh rausmüssen. So mäandernd und versumpfend Herrndorfs Lebensstil auch auf seinen Freund Calvin wirken mag, der zu dieser Zeit noch in der Münchner Unternehmensberatung arbeitet: Er hat doch Struktur. Die Woche beginnt für Herrndorf montagabends im Kino, direkt am Volkspark Friedrichshain, und endet freitags beim Fußball auf dem Tartanplatz an der Bergstraße in Mitte, danach ist Wochenende. Auch nach dem Fußball wird natürlich getrunken, in der «Z Bar», direkt nebenan. Es geht beim Fußball und beim Kino um das niedrigschwellige Angebot von Verabredungen, die Herrndorf nicht extra einfädeln muss, die immer stehen: Ort und Zeit sind fix, nur der Fußball wechselt im Winter vom Tartanplatz in Mitte nach Hohenschönhausen in eine Halle.

Niedrigschwellige Regelmäßigkeit ohne Vorgeplänkel: Damals wohnt das «Hilfscheckerbunny» Stese Wagner in der Novalisstraße im Haus gleich gegenüber von Herrndorf. Der kommt regelmäßig zum Zocken mit Steses Freund vorbei. Sie spielen

«Quake», einen Egoshooter. Es wird nicht viel geredet, es wird Bier getrunken und gespielt, und in den Morgenstunden geht Herrndorf wieder nach Hause. Auch das Online-Game «Bloomin' Gardens» spielt er so lang und in «starker Verbissenheit», wie Marek Hahn sich erinnert, bis er den Highscore geschafft hat, dann kann er es sein lassen. Und Herrndorf hat selbst ein Computerspiel programmiert: zwei Burgen, die sich gegenseitig mit Kanonen beschießen, der ballistische Winkel lässt sich einstellen, die Menge des Schießpulvers bestimmen. Holm Friebe hat es auch gespielt. Und Herrndorfs Mutter.

Seinen Berliner Freundinnen und Freunden wird Herrndorf oft davon erzählen, wie seltsam sein Sozialleben in Nürnberg gewesen sei. Doch er organisiert es in Berlin eigentlich nicht wesentlich anders: Es gibt Rituale. Es gibt ein Drinnen am Schreibtisch und ein Draußen in Gruppen. Und es gibt eine entscheidende Regel: Wenn Herrndorf arbeitet, arbeitet er und darf nicht gestört werden. Cornelius Reiber erinnert sich an einen Abend im «Prassnik», bei dem sich alle fragen, wo denn bloß Herrndorf bleibt, «die Sau», also ruft Reiber ihn an. «Er geht dann natürlich nicht dran. Oder irgendwann dann doch, aber er sagt: ‹Ich arbeite.› – ‹Aber es ist halb elf, jetzt ist es doch auch mal gut.› – ‹Nee.› – ‹Okay.› – ‹Ja.› – ‹Ciao.› – ‹Ciao.›»

Überhaupt sind Telefonate mit ihm «furchtbar» (Per Leo), «ein Horror» (Ulrike Sterblich). Irgendwann, erzählt Stese Wagner, werden dann «die Mädchen» vorgeschickt, um ihn anzurufen, denn «wir wurden nicht angeschrien». Mit Herrndorf, sagt Heiko Arntz diplomatisch, «konnte man am Telefon auch mal schweigen».

Der Verständigungsapparat der «Pappen» ist letztlich auch gar nicht das Telefon: Es ist ihr Forum im Internet. Es ist geschriebener Text, der dort eingestellt und mit neuem Text kommentiert wird, der wiederum mit immer neuem Text kommentiert wird, es bilden sich Stränge von Themen, idiosynkratisch, je nachdem, wer was eingibt, mal sind die Themen aus dem Leben gegriffen (das Phänomen verknoteter Telefonkabel, wie spielt man «Schere, Stein, Papier»), mal speist sich die Weltgeschichte ein in die permanente Kommunikation. «Lief eben die Friedrichstraße runter», schreibt Herrndorf am Abend des 11. September 2001, «300 Meter vom Reichstag entfernt. Musste immer nach oben gucken.»

Aber Wortwörtlichkeit ist eher selten, wie sich gerade an diesem 11. September zeigt, weil da im Forum nicht nur über die Terroranschläge in den Vereinigten Staaten geschrieben wird, sondern direkt auch darüber, wie man darüber schreibt. Das Forum produziert Text – und die Textkritik immer gleich mit.

Das erste Jahrzehnt des neuen Jahrtausends zieht so an Herrndorf und seinen «Pappen» vorbei: die erste deutsche Kanzlerin. Der erste schwarze Präsident in den Vereinigten Staaten. Das «Sommermärchen» der Fußball-WM 2006. Die Finanzkrise 2008. All diese Ereignisse hinterlassen ihre Spuren im Forum. Aber wenn sie sich dort darüber verständigen, dann verständigen sie sich darüber, *wie* man sich darüber verständigt. Da muss man mithalten können, und wer das nicht kann, wird gedisst und sofort weggeekelt. Herrndorf ist einer der Strengsten, wenn es um Texte geht, er kann hart sein, wird deswegen auch gefürchtet. Und er setzt damit einen Ton.

Im Herbst 2003 erhält Herrndorf Post vom Landgericht Berlin. «Bin auf die Vorschlagsliste für Schöffen berufen worden», schreibt er am 15. November ins Forum. «Ein Ehrenamt, wenn ich das richtig sehe. Ich muß bis zu 24 Tage im Jahr zur Verfügung stehen, für wie viele Jahre steht da nicht. Aufwandsentschädigung unklar. Ich weiß nicht, ob ich das machen möchte, weiß nicht, ob es möglich ist, abzulehnen. Gerichtswesen interessiert mich sehr, aber: Wie lang dauert so ein Tag im Gericht?» Er wägt ab, was dafür- und dagegenspricht, was das überhaupt sei, Gerechtigkeit, dass er nie auf die Idee kommen würde, jemanden zu bestrafen, dass Gesetze nur etwas für Leute seien, die sowas bräuchten, er hätte sie jedenfalls noch nie beachtet und bislang nur einmal, wegen der Blasphemie-Sache in der «Titanic», vor einem Richter zur Aussage erscheinen müssen. «Ich denke, ich stehe mit mindestens einem Bein fest auf dem Boden des mir unbekannten Grundgesetzes, mit dem anderen in irgendeinem Sumpf. Aufmerksame Leser dieses Forums wissen, daß ich zum Beispiel für die Todesstrafe bin, obwohl ich glaube, Humanist oder sowas zu sein. Mir ist aber nie ein Grund eingefallen, warum man als aufgeklärter Humanist immer gegen die Todesstrafe sein muss.» Dann zählt er noch auf, wer nicht als Schöffe berufen werden dürfe, zum Beispiel der Bundespräsident («Möchte wirklich mal wissen, wie oft der Bundespräsident diesen Brief schon bekommen hat und dann erleichtert unter § 34 sich selber aufgeführt fand») oder Leute, die in Vermögensverfall geraten sind. «Was ist Vermögensverfall? Ich hatte nie was, was hätte verfallen können, aber ich bin in den letzten zehn Jahren genau einmal im Urlaub gewesen (1 Woche Ostsee), habe in den letzten acht Jahren ein Paar Schuhe gekauft und zwei Hosen. Bin ich ein Vermögensverfall?»

Eine Woche später bedankt er sich für die guten Ratschläge. «Ich hab den Brief jetzt abgeschickt und mich entschieden, da mitzumachen, wenns geht. Erlernter Beruf: Porträt- und Schlachtenmaler, derzeit ausgeübter Beruf: arbeitslos.» Jahrelang wird Wolfgang Herrndorf als Schöffe zu Gericht sitzen, erst als Hilfs-, später dann als Hauptschöffe. Eine Erfahrung, die sich auch in den Gerichtsszenen von «Tschick» niederschlägt.

Herrndorf nutzt das Forum der «Pappen» bis zuletzt, um sich in solchen Alltagsfragen zu beraten. (Er bittet die anderen auch darum, ihm rechtzeitig Bescheid zu geben, wenn Halloween ist, damit er Süßigkeiten für klingelnde Kinder in der Wohnung hat.) Vor allem aber kann er hier Texte testen: Das Forum ist, anfangs jedenfalls, auch ein Ort zum Geschichtenerzählen. Also bringt Herrndorf hier nicht nur ältere Texte – den Frankfurter Puffbesuch, das Mädchen auf dem Klo, variierte Anekdoten aus Briefen an Calvin – unter. Am 25. Mai 2003 veröffentlicht er einen längeren, neuen Text ohne Titel. Es ist die Geschichte eines Erzählers namens «Stimmen», der eines Nachmittags, nachdem er tagelang nur ferngesehen und nicht geschlafen hat und nun der Fernseher kaputt ist, alle seine Freundinnen und Freunde abtelefoniert. Aber niemand will sich mit ihm treffen, es ist drei Uhr nachmittags, und die meisten sind beschäftigt. (Es kann also nicht autobiographisch sein, der echte «Stimmen» würde sich nicht verabreden und, wenn doch, keinesfalls am Telefon.)

«Drei Uhr nachmittags war keine gute Zeit, nie war das eine gute Zeit, es war immer eine beschissene Zeit. Wenn man um drei Uhr nachmittags allein war und keinen zum Reden hatte, lief irgend etwas falsch im Leben, dann kam alles zum Stillstand, und die Staubteilchen in den Lichtstrahlen und die Kratzer auf dem Türrahmen, alles verursachte Übelkeit.» Also treibt es den Erzähler aus der Wohnung, hinunter zu seinem schrottigen Rad im Hinterhof, mit dem fährt er los, ein paar Kilometer durch das sozial schwache Berlin, bis er «Lottmanns Auto» sieht. Einen gelben Wartburg. Er ist nicht abgeschlossen, nie abgeschlossen: «Das war auch wieder so ein Trick, um sich wichtig zu machen, er kriegte trotzdem keine Frauen. Ich steckte die beiden Kabel zusammen und parkte aus. Na bitte, dachte ich, geht doch.» Mit Lottmanns Wartburg fährt er hinaus aus der Stadt, was er noch nie getan hat, er ist überhaupt noch nie Auto gefahren in Berlin. «Als ich endlich die Feldmark erreichte, begann es zu dämmern. Ich suchte das Licht, es funktionierte. Auch das Radio funktionierte.

Es war großartig. Ich wusste eigentlich nicht, wo ich hinwollte. An der untergehenden Sonne im Rückspiegel sah ich, dass ich Richtung Nordosten fuhr, und wenn mich nicht alles täuschte, würde ich früher oder später am Meer oder in Polen rauskommen.» Er muss tanken und fantasiert davon, sich mit der Dorfjugend anzufreunden, immer wieder hierher zurückzukehren an die Tankstelle, «nachts würden wir uns mit komplizierten Handschlägen voneinander verabschieden, und mein gelbes Auto würde in der Dunkelheit verschwinden, und niemand würde wissen, wer der geheimnisvolle Fremde war, der jeden Abend das Gespräch in interessante Bahnen lenkte. Wahrscheinlich würden diese Leute sogar eine Art Messias in mir sehen.»

Die Sonne geht unter, er sucht sich den Weg nach Nordosten anhand des Großen Wagens am Sternenhimmel, «ich *musste* ans Meer kommen, es war längst wieder der Auftrag von oben», verliert sich in Gedanken an seine Vergangenheit: «Kunst zu studieren war ein für mich völlig unerreichbares Ziel. An dem Tag, an dem ich die Aufnahmeprüfung bestanden hatte, war mein Leben um eine Illusion ärmer. Sonst nichts.» Dann fantasiert er sich, der Text ist eine fließende Bewegung, eine «Weltmeisterschaft im Orientierungsfahren» zusammen, «letzte Etappe Berlin-Polen», moderiert von Gerhard Delling, seine Konkurrenten heißen «Wigbold Droste» und «Maxel Biller», schließlich wacht er am Meer auf. In einem Strandkorb, den er aufgebrochen hat. «Gern würde ich ja sagen, das Meer rauschte, aber es rauscht nicht, es gibt keine Wellen, es ist absolut windstill, und als ich so durch den Sand laufe, auf dieses Meer zu, wird mir klar, wie sinnlos mein ganzes bisheriges Leben war und dass meine Zukunft hier liegt, an diesem Strand ohne Menschen, in dieser Morgendämmerung, die ich irgendwie anhalten muss.» Als er ein zweites Mal erwacht, liegt er mitten in einem Volleyballfeld, eine Gruppe braungebrannter Teenager will spielen, und er wärmt sich auf, um mitzuspielen, springt total begeistert sinnlosen Bällen hinterher, bis er sich wieder erinnert, wie das geht, Volleyballspielen, von früher her, «eine versunkene Welt steht prächtig aus den Tiefen auf, eine fremde Technik des Seins, wie konnte ich das vergessen.»

Der Text, der ganze Trip endet mit einem Bild. Festgehalten in einer veralteten Technik, wie die Kassette mit den Geräuschen aus dem Elternhaus in den «Plüschgewittern», zweimal fünfundvierzig Minuten. «Polaroid: Sonne senkrecht über uns, und ich pritsche den Ball hingebungsvoll auf das Mädchen in dem weißen Badeanzug, sie macht einen Punkt nach dem anderen. Am Horizont ein Dampfer.»

In dieser Geschichte aus dem Mai 2003 klingen zum ersten Mal Motive eines Romans an, den er ein paar Monate später beginnt, nämlich «Tschick»: das geklaute Auto, die orientierungslose Fahrt durch den Osten, der Idealzustand einer Freiheit der Bewegung, deren eigentliches Ziel in der Vergangenheit liegt. Und nicht zum letzten Mal sind da autobiographische Elemente am Werk. Aber dieser Text nimmt auch Salingers «Fänger im Roggen» und vor allem Motive des «Schnee»-Kapitels aus Thomas Manns «Zauberberg» auf. Hans Castorp, der zu einem langen Spaziergang in die Berge von Davos aufbricht, im Schnee und in der Erinnerung an seine Heimat verloren geht, zu träumen beginnt, von früher, von einem idyllischen Strand, bevölkert von schönen «Sonnen- und Meereskindern», bis der Traum schließlich ins Furchtbare umschlägt und Castorp mit einem Vorsatz erwacht, der zentral geworden ist für das Werk des Humanisten Thomas Mann: «Der Mensch soll um der Güte und Liebe willen dem Tode keine Herrschaft einräumen über seine Gedanken.»

Herrndorf spielt hier also mit Anleihen an den geliebten «Zauberberg». Dass aber Motive seiner Wartburg-Geschichte in jenem Roman auftauchen, dessen Bearbeitung er im Angesicht des Todes im März 2010 wieder aufnimmt und den er gegen seine

Todesgedanken, als Abwehr seiner Todesgedanken, fertigstellt, dass also tief im Inneren von «Tschick» sich auch Spuren dieses Castorpschen Traums finden lassen: Es zieht einem den Stecker, würde Maik Klingenberg sagen, der Erzähler von «Tschick».

Und auch den «Pappen» zieht dieser Text den Stecker, als Herrndorf ihn im Mai 2003 postet: «Unverkennbar ein neuer Fixstern am deutschen Literaturhimmel.» – «Da zieht er nun an uns vorbei und sieht uns künftig nur noch im Rückspiegel oder an der Büchner-Preis-Verleihung.» – «Bachmann, nicht Büchner.»

Bachmann, nicht Büchner: Der letzte Kommentar stammt von Tex Rubinowitz. Der Wiener Zeichner, Autor, Herausgeber des «Raben» und Mitinitiator der «Höflichen Paparazzi» gehört zu jenen im Forum, die den Bachmann-Preis in Klagenfurt immer schon genau verfolgen. Der Wettbewerb ist mehr oder weniger von Beginn an ein jährliches Ritual der «Pappen». Jeden Sommer, Ende Juni, sitzen sie wieder vor dem Fernseher oder dem Rechner und schauen den Lesungen zu. Kommentieren die Kandidatinnen und Kandidaten, verlieren die Fassung über feinsinnig-poetische Porträtvideos, beschimpfen oder loben die Jury und drohen immer mal wieder damit, den Fernseher aus dem Fenster zu werfen.

Im Jahr 2002 richtet der Bachmann-Wettbewerb erstmals einen Publikumspreis ein, gestiftet vom Kärntner Energieunternehmen Kelag: Abgestimmt wird darüber mittels eines Tools auf der Webseite des ORF. «Wir haben doch hier jeder fünfzig Pseudonyme, folglich fünfzig Mailadressen, folglich einige tausend Stimmen», schreibt Herrndorf, der natürlich auch zuschaut, am ersten Lesetag. «Können wir nicht in einer konzertierten Forums-aktion die größte Arschkrampe zum Kelag-Preisträger machen? Oder ist das eine blöde Idee, weil die Zuschauer das von allein machen werden?»

Vielleicht ist das der Augenblick, 27. Juni 2002, in dem eine Idee geboren wird, die noch zwei Jahre Zeit bis zu ihrer Umsetzung braucht. Als der ORF jedenfalls am Abend dieses ersten Lesetages einen Publikumschat im sogenannten Kärnten-Room mit dem Juryvorsitzenden Robert Schindel im Internet anbietet, meldet Herrndorf sich mit seinem Pseudonym «Stimmen» an und stellt dem österreichischen Schriftsteller Fragen. Holm Friebe postet das Protokoll danach im Forum. «Herr Schindel, nach welchen Kriterien wählen Sie eigentlich Ihre Kandidaten für Klagenfurt aus? Wen lesen Sie und wen nicht?», fragt Herrndorf also. «Ich meine, ich schreibe nämlich auch selbst, zum Beispiel Gedichte, wenn ich mal eins zitieren darf: ‹ich / mags frisch / und / irgendwo bach, mann.›» Herrndorf hatte diese Zeilen vorher schon im Forum gepostet. «Das ist ein weites Feld. Das geht sich hier beim Chat nicht aus», antwortet Schindel ausweichend. «Das ist doch nicht schlecht, oder», fragt Herrndorf.

Der Bachmann-Preis passt genau in sein Beuteschema: Er liebt es, wenn Autorinnen und Autoren sich nicht nur mit schlechten Texten blamieren, sondern auch noch extrapeinlich herumtun und dumm daherreden. Klagenfurt ist ein Festival der Metapraxis Autordasein, die ihn ja fasziniert und beunruhigt, auch aus allergrößten eigenen Befürchtungen, er könnte selbst peinlich sein. Mit wenig anderen Dingen, erinnert sich Lars Hubrich, konnte man Herrndorf so gut unterhalten wie mit Gossip über Kolleginnen und Kollegen: Helmut Krausser, Juli Zeh, Thor Kunkel. In Klagenfurt kommen die Faktoren Text und Auftritt geballt zusammen, und praktischerweise wird es auch noch live im Fernsehen übertragen.

Tex Rubinowitz ist damals aufgefallen, wie engagiert Herrndorf den Wettbewerb verfolgt. Als es dann im Juni 2003 wieder losgeht und jemand im Forum fragt, wann denn eigentlich die «Pappen» endlich mal jemanden in den Wettbewerb entsenden, antwortet Rubinowitz: «Ich wollte Stimmi hinschicken, aber Stimmi wollte nicht.» Herrndorf geht im Forum nicht auf diesen

Kommentar ein. Aber die beiden sprechen tatsächlich über die Idee, Herrndorf könnte in Klagenfurt lesen. Und als dann auch noch Klaus Nüchtern, der Kulturchef vom Wiener «Falter» und ein Freund von Tex Rubinowitz, in die Klagenfurter Jury 2004 berufen wird, denkt Rubinowitz: Da könnte der doch Wolfgang gleich mitbringen. Rubinowitz bezweifelt heute, dass ihre «kleine Kommunikation» über Klagenfurt relevant für Herrndorfs Entscheidung gewesen sei. Das ist nichts für mich, habe er erwidert und Gründe wie «Auftrittsscheu» und «Zweifel» angeführt. Aber Herrndorf habe auch gesagt, dass er trotzdem darüber nachdenke, es zu versuchen. «Dass Klaus Nüchtern da eine Rolle mitspielte», sagt Rubinowitz, «hat vielleicht auch seinen Schritt erleichtert, und dass ihn dann eine Gruppe aus dem Forum begleitet hat, er also nicht ganz alleine dort sitzt.»

Jedenfalls ruft Herrndorf ein paar Monate später Kathrin Passig an, um sie zu fragen, was sie von der Idee mit Klagenfurt hält. So beschreibt Passig es in ihrem «Porträt des Künstlers als erfolgloser Autor». Herrndorf rechnet ihr die Sache vor: Wenn es klappe und er mitmache, käme «praktisch ein Jahreseinkommen» für ihn dabei heraus, garantierte tausend Euro für die Teilnahme plus weitere fünftausend Euro für den Publikumspreis, denn den zu gewinnen sei «mit einem so onlineaffinen und abstimmungsfreudigen Freundeskreis» ja auf jeden Fall drin. Passig stellt sich zwar die Teilnahme in Klagenfurt äußerst langweilig vor, «ein bisschen peinlich ist es schon auch», habe sie ihm geantwortet – «aber wenn du das Geld dringend brauchst».

Zwei Wochen, bevor er dann im Juni 2004 nach Klagenfurt aufbricht, bekommt er seinen aktuellen Rentenbescheid und meldet das ans Forum: «Ihre bislang erreichten Rentenanwartschaften würden nach heutigem Stand einer monatlichen Altersrente von 87,02 EUR entsprechen. Sollten Sie bis zur Vollendung des 65. Lebensjahres jährlich 0,2120 Entgeltpunkte (wie im Durchschnitt der letzten fünf Kalenderjahre) erwerben, bekämen Sie ohne Berücksichtigung von Rentenanpassungen eine monatliche Altersrente von: 216,06 EUR.»

«Danke für die Information», kommentiert Herrndorf nur.

An der Geschichte, mit der er sich für den Klagenfurter Wettbewerb des Jahres 2004 bewarb, hat Herrndorf vermutlich schon im Spätsommer 2002 zu schreiben begonnen. «Diesseits des Van-Allen-Gürtels» heißt sie. Der Van-Allen-Gürtel umgibt die Erde und schützt sie vor Teilchen aus dem All. Die Szenerie in Herrndorfs Erzählung ähnelt in manchem oberflächlich den «Plüschgewittern», die damals kurz vor der Veröffentlichung stehen: eine Altbauwohnung in Ostberlin an einem Samstag im Hochsommer. Ein namenloser Erzähler um die dreißig. Unter seiner ironischen Rücksichtslosigkeit und Kühle ahnt man eine sentimentale, heimwehkranke, zeitwehkranke Seele. Später, als «Diesseits des Van-Allen-Gürtels» im gleichnamigen Band gedruckt erscheint, lässt sich aus einer korrespondierenden Erzählung erschließen, dass der Mann «Bleistein» heißt. Er wartet auf dem Balkon der ausgeräumten, dunklen Wohnung seines Nachbarn darauf, dass es zu spät ist, um noch zu einer Party am Stadtrand zu fahren, wo seine neue Freundin auf ihn wartet. Dann betritt auch ein Junge aus dem Haus, der ihn nachmittags noch mit Steinen beworfen hat, die Wohnung und den Balkon. Er hat eine grüne Adidas-Sporttasche über der Schulter. «Was machst du hier?», fragt der Mann. «Was machen Sie hier?», fragt der dreizehnjährige Junge – beide haben offensichtlich die gleichen Fragen, was den Sinn ihrer zufälligen Existenz auf dieser zufälligen Welt anlangt.

Sie leeren gemeinsam eine Flasche Martini. Reden über den Kannibalen von Rotenburg. Und über die Mondlandung. Rauchen. Beobachten einen Nachbarn am Fenster. Lauschen dem Geräusch der Tram in der Ferne. Dann trennen sie sich wieder, der Junge geht heim zu seiner Mutter, der Mann in seine Wohnung. Dort schiebt er sein Bett vors Fenster und schaut zum Mond hinauf. Und fühlt, wie er da liegt, zum ersten Mal eine Art von Bestimmung, eine Ortszugehörigkeit, «ein unendliches Glücksgefühl, verdammt zur Bewegungslosigkeit für die nächsten Stunden, für die Nacht, für die nächsten fünf Milliarden Jahre, unter meinem Fenster, unter dem grünen Himmel, unter dem Mond, in einem sonderbar unverständlichen Universum wie diesem».

Als Herrndorf in Klagenfurt diesen Text liest, sind von den neuen Erzählungen, an denen er seit Längerem arbeitet, «vier mehr oder weniger fertig, zwei sind als Material da und müssen zusammengeschraubt werden, eine in Reserve». So schreibt er es an Gerd Haffmans, mit dem Herrndorf sich vor dem Wettbewerb über die Mitglieder der Jury berät. «Die Geschichten, ich weiß nicht, ob ich es erwähnte, hängen alle miteinander zusammen, Nebenfiguren werden Hauptfiguren undsoweiter. In einer Geschichte zum Beispiel sieht man eine Firmenparty, die Gastgeberin und ihr Kind im Mittelpunkt, und alle warten ostentativ auf den unbekannten, neuen Freund der Gastgeberin, der aber nicht erscheint. Warum er nicht erscheint, erfährt man dann im Van-Allen-Gürtel, wo er sich mit dem Jungen betrinkt. So das Konstruktionsprinzip.» Und während er an diesen Erzählungen arbeitet, im Frühjahr 2004, sitzt er parallel schon am nächsten Romanprojekt. Arbeitstitel: «Tschick reist nach Amerika / In die Walachei».

Ursprünglich hat Herrndorf die Idee, die beiden aus dem «Van-Allen-Gürtel» auf ihrem Balkon Whisky trinken zu lassen. Er schickt das Manuskript unter den «Pappen» herum, Holm Friebe wendet ein, dass man von Whisky zu betrunken wird, jemand schlägt stattdessen Martini vor. Herrndorf fragt, wer das mit ihm testen will, und Marek Hahn sagt zu. Es ist einer der wenigen persönlichen Momente, die er damals mit ihm hat. Sie spielen Schach und trinken den Martini. In der Wohnung liegt ein riesiger Papierstapel. Das sind die ganzen Fassungen des Texts, erklärt Herrndorf: «Ich habe die erste gerade wieder durchgelesen und mich gefragt, ob die hundertzwanzigste wirklich die bessere ist.» In diesem Moment, sagt Marek Hahn, habe er das erste Mal richtig verstanden, wie viel Herrndorf das Schreiben bedeutet, habe das Hadern und die Selbstzweifel gespürt. Herrndorf hält ja vieles vor den «Pappen» verborgen, von seinen Projekten erfahren sie meist erst spät.

In den vier Wochen vor dem Auftritt in Klagenfurt ist er dann im Grunde mit nichts anderem beschäftigt als damit. Er googelt die anderen Autorinnen und Autoren, die mit ihm lesen werden. Er schlägt mit einem Eishockeyschläger so lange an die Wand, bis die Musik aus der Nachbarwohnung aufhört. Er faltet seine T-Shirts in japanischer Technik (damals kurz eine Obsession unter den «Pappen») und denkt darüber nach, ob er das für den obligatorischen Porträtfilm machen soll, der in Klagenfurt zur Vorstellung eingespielt wird, bevor die Autorinnen und Autoren zu lesen beginnen. «Wie wär's, wenn ich das für Klagenfurt nachspiele? Ich sitze auf dem Boden, rede japanisch und falte T-Shirts. Ist das bescheuert oder ist das bescheuert?» Was Herrndorf für diesen ominösen Kurzfilm tun oder nicht tun soll, geht im Forum hin und her. Irgendwann faucht er: «Ich möchte zum Thema Porträt bitte nichts mehr hören. Auch zum Preisgeld nichts. Das ist wie Wörns, wenn er am Anfang der Saison sagt: ‹Ich bin sicher, dass wir Meister werden, auf jeden Fall Champions League›, ja, schön, Herr Wörns, wirklich, danke für die Auskunft.» Christian Wörns ist damals Abwehrspieler bei Borussia Dortmund und in der Fußballnationalmannschaft der Männer – und keine Lichtgestalt des Spiels, das Herrndorf so liebt.

Herrndorf hat Rückenschmerzen. Er hustet. «Seit sechs Wochen, Spätfolge eines grippalen Infekts.» Er geht deswegen auch zum Arzt, der «sieht meinen rosigen Hals und verordnet Biologisches. Außerdem Sprechverbot. Habe seit einer Woche nicht gesprochen. Und was hilfts? Ich HUSTE, sobald ich einen Satz sage.» Schon als er kurz zuvor mit einer Achillessehnenreizung vorstellig werden musste, habe der Arzt ihm ein Naturprodukt gespritzt. «Hey, danke, Mann! Aber mein Körper reagiert nicht auf Placebos!» Und dann: «NATUR HILFT NICHT. Könnt ihr auf meinen Grabstein meißeln.» Aber Herrndorf schweigt gar nicht, auch wenn der Arzt ihm Sprechverbot erteilt hat. Im Gegenteil: Er übt das Vorlesen seines Textes. Und nimmt sich dabei auf. So berichtet es Kathrin Passig.

Dann kommt der Morgen des 24. Juni 2004, es ist kurz vor neun Uhr in Klagenfurt. Die Übertragung des Wettbewerbs auf 3sat moderiert Gert Scobel. Im Jahr davor hat Volker Weidermann im Feuilleton der «Frankfurter Allgemeinen Sonntagszeitung» die Abschaffung des Bachmann-Preises gefordert, Scobel kann das natürlich jetzt nicht unkommentiert lassen: «Klar, wer keine unveröffentlichten Texte mag, sondern durchgenudelte Popliteratur erwartet oder von mir aus auch die Verlesung eines Klassikers, möglichst in hörspieltauglicher Qualität: Der ist möglicherweise völlig falsch hier auf den 28. Tagen der deutschsprachigen Literatur. Wer allerdings hören und auch sehen will, wo die deutschsprachige Literatur im Augenblick steht, der ist hier richtig. Und immerhin haben ja die Juroren selber die Texte ausgewählt, also gefunden, dass diese Texte, von allen denen, die ihnen bekannt sind, die besten sind.»

Wolfgang Herrndorf ist, wie Tex Rubinowitz es sich ausgemalt hatte, auf Einladung des neuen Jurors Klaus Nüchtern gekommen. (Herrndorf habe sich gewünscht, dass Rubinowitz seinem Freund Nüchtern nicht davon erzählt, dass sie sich kennen, «damit nicht der Eindruck entsteht, da wäre etwas ‹geschoben›, was ich nachträglich rührend-hehr finde», so Rubinowitz.) Bei der Auslosung der Reihenfolge am Abend zuvor hat Herrndorf die undankbare zweite Position von achtzehn erwischt. Vor ihm liest noch, am undankbarsten, Anna Katharina Hahn. Im Videoporträt läuft die Autorin durch das Städtische Lapidarium von Stuttgart. «Mit ihrer Familie hat sie lange in Berlin gelebt, und diese Zeit lebt in vielen Geschichten weiter. In Stuttgart sieht das Leben seit kurzem etwas anders aus, aber kurios ist auch hier so manches, nicht nur der Alltagsmüll der Gegenwart», heißt es dazu aus dem Off.

Wolfgang Herrndorf hat sich geweigert, ein solches Porträtvideo von sich drehen zu lassen. Nachdem Hahn zu Ende gelesen hat und die Jury am Ende ihrer ersten Diskussionsrunde dieses Jahrgangs auch nicht so recht weiterweiß, weil der Juror Burkhard Spinnen einfach mal davon erzählt, wie er 1972 von seinen Eltern in den Ferien zu Hause gelassen wurde und sich von seinem Budget einen «Playboy» gekauft hat, kündigt Ernst Grandits, der rauchende Moderator im ORF-Theater des Landesstudios in Klagenfurt, den nächsten Autor an. «Zuvor», sagt er, «eine ganz kurze Einführung.» Und schaut nach oben auf einen der Monitore, die im Theater montiert sind. Darauf sieht man jetzt also keinen Porträtfilm über Wolfgang Herrndorf, sondern Schnittbilder der Verlosung vom Vortag, Herrndorf in T-Shirt, Trainingsjacke und Adidas-Turnschuhen, grinsend, wie er aus dem Publikum zur Lostrommel läuft, zieht, seinen Zettel dem Justiziar übergibt und, ohne das Ergebnis abzuwarten, zurück zu seinem Platz geht. Zu diesen Bildern erklärt eine weibliche Stimme aus dem Off: «Wolfgang Herrndorf. Gestern Abend hat er die Startnummer 2 für die Lesungen um den Ingeborg-Bachmann-Preis gezogen. Der in Berlin lebende Autor hat vor zwei Jahren seinen vielbeachteten Debütroman ‹In Plüschgewittern› veröffentlicht. Die

Geschichte eines namenlosen Ich-Erzählers, der nichts anzufangen wusste mit seiner wohlbehüteten Kindheit in den achtziger Jahren. Ein Leben, das vom Autor nur zynisch betrachtet werden kann. Herrndorf schreibt unter anderem für das Satiremagazin ‹Titanic›.»

Bescheuerter wäre ein Porträtfilm, in dem Herrndorf T-Shirts faltet, bestimmt nicht geworden. Für das Feuilleton der «Frankfurter Allgemeinen Sonntagszeitung» schaut Joachim Lottmann in Klagenfurt zu und schreibt später über diesen Moment, als Herrndorf auf die Bühne kommt: «In den kleinen Filmchen, in denen jeder Autor vor seinem Lese-Akt gedankenschwer schweigend vorgestellt wird, in zeitloser Natur wandelnd, trübe in ein Gewässer starrend, fehlte eines. Wolfgang Herrndorf hatte sich geweigert, sich dergestalt dämlich aufnehmen zu lassen. Eine Sende-Leerminute entstand, peinlich, irre und aufregend. Es war die einzige Minute im Fernsehen, die mir wirklich literarisch vorkam.» Es stimmt nur nichts davon. Es gab keine leere Minute. Der ORF lässt das nicht zu, sondern sendet dann lieber eigenen Text.

Um 10.05 Uhr beginnt Wolfgang Herrndorf zu lesen. Er trägt Turnschuhe und einen Pullover mit Reißverschluss über einem T-Shirt. Er liest seinen Text, wie Heiko Arntz es beschrieben hat: in dieser leichten Unbestimmtheit der Intonation, als habe die Kraft, die Stimme zu heben, immer nur bis zum Ende des nächsten Satzes gereicht. Die Stimme geht am Ende des Satzes meist nicht herunter, sondern bleibt hängen. Während Herrndorf liest, kann Iris Radisch, die Literaturredakteurin der «Zeit» und Juryvorsitzende, ihr Desinteresse kaum verbergen. Sie sitzt direkt neben Herrndorf und fasst sich immer wieder theatralisch in die Haare. Klaus Nüchtern dagegen, Batik-Shirt unter dem Jackett, nickt mit dem Kopf manchmal im Rhythmus der Sätze. Fährt die Kamera über das Publikum im ORF-Theater, dann sieht man, wer sonst noch so da ist, ganz vorn sitzt Ijoma Mangold von der «Süddeutschen Zeitung», ganz hinten der Kandidat Uwe Tellkamp. Herrndorf macht erst kaum Fehler beim Lesen, trinkt umso mehr, je länger es dauert, er vergeudet einige Pointen, liest über sie hinweg, weil er nicht abwarten kann, bis sie zünden, da spürt man vielleicht doch seine Aufregung. Aber das Publikum lacht trotzdem, am lautesten an der Stelle, als der Erzähler davon berichtet, was zu hören ist, wenn man Neil Armstrongs berühmte Sätze beim Betreten des Mondes rückwärts spielt. Sogar Iris Radisch verzieht da ihr Gesicht kurz zu einer Art von Lächeln. Am Ende des letzten Satzes bleibt Herrndorfs Stimme wieder auf halbmast hängen, «in einem sonderbar unverständlichen Universum wie diesem».

Langer, warmer Applaus. Dann hat die Jury das Wort. Martin Ebel vom Zürcher «Tages-Anzeiger» fand es öde und bemängelt eine «radikale Immanenz», er hätte gern mehr über den Jungen erfahren. Iris Radisch findet es «ein bisschen billig», dass dieser Text seine Transzendenzfragen in einer leeren, ausgeräumten Welt austrägt – und misst, was sie von Herrndorf gehört hat, an dem, was sie davor von Anna Katharina Hahn gehört hat, als gäbe es da einen Zusammenhang, als habe der Weltgeist hier über den Zufall der Auslosung einen Sinn gestiftet. Der Kieler Germanist Heinrich Detering «kann nicht heftiger widersprechen», denn er ist bezaubert, entdeckt Mondromantik am Werk und den ebenfalls romantischen Trick, sich auf den Schrank zu stellen, um von dort aus die Welt neu zu sehen, erklärt: Kein Motiv bleibt leer, der Text wird mit jedem Lesen immer besser. «Das philosophische Gespräch unter zwei Männern hat in der deutschen Literatur eine lange Tradition», sagt die Literaturkritikerin Ursula März, erkennt Ähnlichkeiten zu Regeners «Herr Lehmann» und lobt die Dialoge. Danach regt sich zum ersten Mal Applaus im Saal, und nach Ilma Rakusas Beitrag gleich noch ein zweites Mal: Der Schweizer Kritikerin ist beim Zuhören «ein metaphy-

sischer Schauer über den Rücken gefahren». Sie widerspricht
Iris Radisch, weil die Leere doch ein großes Motiv der Literatur
sei, dann zitiert sie den französischen Philosophen Blaise Pascal:
«Le silence éternel des ces espaces infinis m'effraie», die Stille
dieser unendlichen Räume erschreckt mich, so übersetzt Rakusa
es.

Und Herrndorf hört zu und versucht, zu den Kommentaren
ein Gesicht zu machen, das wirkt, wie er seine Sätze enden lässt:
halbwaches Interesse, distanzierte Neugier, Pokerface. Der Germanist Norbert Miller findet den Text «ganz außerordentlich»
und «grandios», die österreichische Kritikerin Daniela Strigl ist
«sehr eingenommen», Klaus Nüchtern möchte Heinrich Detering auf «ein Getränk seiner Wahl» einladen, weil der alles gesagt
habe, was zu diesem Text zu sagen sei, und dann fügt Nüchtern
dem noch hinzu, dass Herrndorfs Text wie eine Bühne aufgebaut
sei, über der am Ende der Mond aufgezogen wird. Zuletzt stimmt
der Autor Burkhard Spinnen dem Positiven, das gesagt wurde,
mehr zu als dem Negativen, nennt den Text eine sadistische Auseinandersetzung zwischen zwei Männern, die sich fremder nicht
sein könnten, und den Schluss eine «Fossilisierungsmetapher»,
gibt Herrndorf noch kollegiale Tipps mit auf den Weg, wie der
sich beim Schreiben besser hätte entscheiden sollen, damit es ein
«wunderbarer» Text geworden wäre. Darauf meldet sich doch
noch einmal Detering: Dass es sich hier im Gegenteil um eine
Liebesgeschichte gehandelt habe! Dann dankt der Moderator
Grandits der Jury und «dem Herrn Herrndorf», und der Herr
Herrndorf geht ab, Richtung Publikum, aus dem ein Pfiff auf zwei
Fingern ertönt.

Zu Hause, an den Bildschirmen und im Forum, verfolgen die
«Pappen» die Diskussion. Live in Klagenfurt sind aus dem Forum
Felix Müller, Kathi Meierhofer, Sascha Lobo, Holm Friebe, Phi-
lipp Albers und Tex Rubinowitz dabei. Lobo wird so etwas wie

der Forumskorrespondent und meldet weiter, was in Klagenfurt passiert. Und in Norderstedt sitzen Herrndorfs Eltern vor dem Fernseher, an jedem der vier Tage.

Die «Pappen» in Klagenfurt schauen abends Fußball in der kleinen Kantine des Landesstudios, es ist ja auch Europameisterschaft in Portugal, sie sammeln Stimmungsbilder aus der Jury, wer gewinnen wird, denn im kleinen Klagenfurt hockt man bei diesen Tagen des Lesewettbewerbs unweigerlich so eng aufeinander, in den Pausen, über Schnitzeln, am See, dass solche Gespräche schnell zustande kommen. Lobo berichtet im Forum von einem Gespräch zwischen Herrndorf und einem Fernsehjournalisten des ORF, ob er ein Interview mit ihm machen könnte. Nein, habe Herrndorf dem konsternierten Mann geantwortet, nein, auch dann nicht, wenn ich gewinne, nein.

Nach Herrndorf lesen beim Wettbewerb unter anderem Juli Zeh, Richard David Precht – der in die laufende Diskussion einsteigt, um der Jury seinen Text zu erklären, und das in den Tagen danach weiter versucht –, Simona Sabato, Arno Geiger und Uwe Tellkamp, der auch im Forum schnell als Favorit ausgemacht wird. Es wird Fußball gespielt, am Samstag, natürlich ist Herrndorf mit dabei, die Literaturmannschaft verliert aber gegen die Betriebssportmannschaft vom ORF mit 7:8, Precht verletzt sich am Zeh. Es wird getrunken bei «Maria Loretto» am Wörthersee und über den Kellner geschimpft – eine Klagenfurter Legende, weil er angeblich notorisch ungenau abkassiert. Beim traditionellen Empfang des Bürgermeisters im Stadthaus (Harald Scheucher, ÖVP) läuft im Foyer der Fernseher, Frankreich verliert im Viertelfinale gegen den späteren Europameister Griechenland, für den Fernseher hat angeblich Juror Nüchtern gesorgt, der zu Griechenland hält, während sich Juror Ebel wundert, warum denn da nur so viele Menschen im Foyer herumstehen. Er trinkt Rotweinschorle, so berichten es die anwesenden «Pappen» ins Forum. Und auch, dass

Iris Radisch irgendwie mitbekommen habe, dass es im Internet eine Gruppe Menschen gibt, die Klagenfurt live kommentieren, Tex Rubinowitz behauptet ihr gegenüber, es seien zehntausend Leute, er könne ihr die Einträge mal schicken. Beeinflussen Ihre Leute da eigentlich auch die Publikumsabstimmung, habe Radisch dann noch gefragt.

Der Samstagnachmittag kommt, die Abstimmung im Netz beginnt. Im Forum ist der Abstimmungslink schon Donnerstagfrüh, als Herrndorf liest, herumgeschickt worden. Am Ende werden über das Internet 750 Stimmen abgegeben. Sonntagmorgen, Abstimmung und Preisverleihung. Bevor es losgeht, geht Melinda Nadj Abonji, deren Text bei der Jury gar nicht gut wegkam, ans Mikro, um Jury und Wettbewerb zu beschimpfen, «Klagenfurt ist nicht nötig», erklärt sie. Sechs Jahre später erhält Melinda Nadj Abonji den Deutschen Buchpreis.

Am 27. Juni 2004 um 10.56 Uhr ist klar: Wolfgang Herrndorf hat tatsächlich den Kelag-Publikumspreis gewonnen. 190 Stimmen entfallen auf seinen Text. Er sitzt in der ersten Reihe im ORF-Theater und trägt ein olivgrünes T-Shirt der ZIA, er lächelt leise, als ihm der Vorstandsdirektor der Kelag, Hans-Joachim Jung, dann den Preis und seinen Blumenstrauß auf der Bühne überreicht. Und er klatscht auch für die anderen, die ausgezeichnet werden, für Arne Roß, Guy Helminger und Simona Sabato. Und er gratuliert Uwe Tellkamp mit Handschlag, als der zum Gewinner des Bachmann-Preises gewählt wird. Herrndorf dreht sich extra deswegen zu Tellkamp um. Vielleicht ist das die letzte freundliche Geste, die Herrndorf für Tellkamp übrighat. «Der Kelag-Publikumspreis ging an den Hamburger Wolfgang Herrndorf», meldet der ORF in seinem kurzen Nachrichtenbeitrag, das wird dem Berliner Wolfgang Herrndorf sicher auch gefallen haben. Er steht da, in seinem ZIA-Shirt, die Blumen in der Hand, und strahlt.

Aus der Jury hatte nur Klaus Nüchtern Herrndorf in den Abstimmungsrunden für die anderen Preise nominiert, dafür aber jedes Mal. Beim Bachmann-Preis landet er auf dem fünften Platz. «Herrndorfs Text war zu leise», schreibt Marius Meller im «Tagesspiegel», ein Berliner Literaturkritiker aus dem Umfeld der «Pappen», «um sich gegen die 10 000 Watt zu behaupten, mit denen der letztlich zum Bachmann-Preisträger gekürte Uwe Tellkamp in die am Freitagnachmittag leicht ermüdeten Hirne der Jury brüllte.» Im Rückblick auf Klagenfurt sind sich die Feuilletons in den Tagen danach zwar nicht einig, was den Preisträger Tellkamp angeht, aber umso stärker darin, dass Wolfgang Herrndorf für seinen Text mehr verdient hätte, als er bekam: Der Publikumspreis sei nur eine Art Trostpreis. «Daran nicht ganz unschuldig war wohl eine Internet-Community namens ‹Höfliche Paparazzi›, die geschlossen für die Kurzgeschichte des Berliners stimmte», schreibt Verena Carl auf «Spiegel Online» – und wird von den «Pappen», bei denen sie auch mitschreibt, kurz deswegen auseinandergenommen: Geschlossen? Die komplette Community? Und wieso sollte es überhaupt anrüchig sein, wenn Herrndorf doch so einen herausragenden Text geschrieben hat?

Wer auch immer wie viele Extra-Accounts angelegt haben mag, um an der Abstimmung teilzunehmen: Auf die Idee konnten womöglich nicht nur Freundinnen und Freunde des Kelag-Preisträgers kommen, sondern ebenso Fans der anderen Kandidatinnen und Kandidaten des Bachmann-Wettbewerbs 2004. Aber hier entsteht ein Eindruck, der sich über die nächsten Wettbewerbe halten wird: dass Internetleute von der ZIA irgendwie den Klagenfurt-Algorithmus geknackt hätten und ab jetzt Siegtexte in Serie programmierten. Tatsächlich wird im folgenden Jahr ZIA-«Senior Consultant» Natalie Balkow den Ernst-Willner-Preis gewinnen (und zur Preisverleihung ein Shirt der ZIA tragen), 2006 erhält dann Kathrin Passig den Bachmann- und den Kelag-Preis.

2013 wird Christian Ankowitsch, ohne den es das «Pappen»-Forum nicht geben würde, die Moderation des Klagenfurter Wettbewerbs übernehmen, 2014 Tex Rubinowitz den Bachmann-Preis gewinnen. Ob das gereicht haben kann, um Klagenfurt zu unterlaufen? Es war eigentlich nie der Plan. Es gab die Entscheidungen einzelner Autorinnen und Autoren, Texte einzureichen. Und es gab einen Gruppenspirit, wie so oft bei den «Pappen»: Mal etwas ausprobieren und dann hören, was es für Geräusche macht. Im Forum finden so viele Leute zusammen, Herrndorf allen voran, die spielen und rätseln, die sich in Intelligenztests messen und sich Wettbewerbe ausdenken, die zum Schießtraining auf einen Schützenplatz nach Brandenburg fahren und sich zum Pferderouladen-Essen verabreden, die den *battle* brauchen: Wenn es da einen quasiamtlichen Wettbewerb gibt, den man auch noch mit einem Text gewinnen kann – wie könnten sie sich das entgehen lassen?

Was man sicher sagen kann: Die teilnehmenden «Pappen» nutzten das Format «Klagenfurt» so, wie Wolfgang Herrndorf zeit seines Lebens mit Formaten umgegangen ist. Sie studieren es, setzen es für eigene Zwecke ein und machen es besser, aber das funktioniert nur, wenn man die Bedingungen dabei einhält. Für den Wettbewerb 2006 drehen sie ein Antiporträt der Kandidatin Kathrin Passig, eine Mockumentary mit Cornelius Reiber als Aufnahmeleiter vor der Kamera und Lars Hubrich als Regisseur dahinter, einem Gastauftritt Herrndorfs als Bettler mit einem selbstgemachten «Kelag-Preisträger 2004»-Shirt und Passig als willfähriger Hauptdarstellerin, die sagt, was ihr diktiert wird, weil sowieso alles nur im Schnitt entschieden wird. In den Bachmann-Jahrgängen danach verzichten reihenweise Autorinnen und Autoren auf solche Porträts, dann legt sich das auch wieder. Seit Passigs Porträt sieht aber jedes neue Porträt, egal, wer da antritt zum Bachmann-Preis, so aus, als hätte es in Wahrheit Lars Hubrich gedreht: Seiltanzmetaphern, sensibles Nutzen des öffentlichen Nahverkehrs, der Verlust von irgendwas als literarischer Topos.

Am Montag nach der Preisverleihung, zurück in Berlin, meldet sich Herrndorf, wie vorher ausgerechnet um sechstausend Euro reicher, endlich selbst wieder im Forum. «Hat zufällig meine Lesung jemand auf Video aufgenommen? Würd ich mir gern einmal ansehen, wenn ich 80 bin und an die schönsten Tage meines Lebens zurückdenken möchte.» Er bedankt sich auch bei Gerd Haffmans schriftlich für dessen Glückwünsche. «Habe heute 20 Zeitungen gelesen, komme eigentlich überall gut weg, hatte mit so viel Zustimmung nicht gerechnet. War insgesamt eine sehr lustige Veranstaltung, auch wenn wir das obligatorische Fußballspiel trotz 6:2-Führung kurz vor der Pause noch vergeigt haben.» Die Preise «gehen alle in Ordnung, finde ich, nur den Siegertext von Tellkamp verstehe ich nicht. Trotz mehrfachen Reinschauens verstehe ich nicht, worum es überhaupt geht. Grauenvolle Sprache, reines Blabla. Was solls.» Es ist, wie sich zeigen wird, nicht sein letztes Wort, was Tellkamp angeht. Haffmans Einschätzung der Jury hätte übrigens auch gepasst, schreibt ihm Herrndorf. «Nach der Verleihung kam Radisch auf mich zu und freute sich, dass ich ‹völlig zurecht› den Publikumspreis gewonnen hätte. ‹Aber Sie fandens doch scheiße›, wollte ich sagen, war aber zu sprachlos.»

Haffmans hat Herrndorf offenbar sofort vorgeschlagen, die Bachmann-Geschichte als Sonderdruck den «Plüschgewittern» beizulegen. Herrndorf ist aber dagegen – und beschwert sich stattdessen, dass sein Debüt anfangs gar nicht auf dem Büchertisch im ORF-Studio zum Verkauf gelegen habe. Erst nach seiner Lesung habe man noch Exemplare auftreiben können. «Wie viel von der ersten Auflage wurden denn überhaupt verkauft?» Für die nächste Zeit habe er alles abgesagt, Interviews, Lesungen, um den geplanten Erzählungsband fertigzustellen, dessen Kernstück «Diesseits des Van-Allen-Gürtels» sein wird.

Auch im Forum erklärt Herrndorf an diesem Montag noch: «Klagenfurtbericht fällt vermutlich aus, wegen Ereignislosigkeit und allgemeiner Nettigkeit aller Beteiligten.» In Wahrheit sitzt er längst an einem großen Text, der nur Tage später fertig ist und am 17. Juli in der «Süddeutschen Zeitung» erscheint. Herrndorf postet diesen schlicht «Klagenfurt» betitelten Text am 2. Juli im Forum, er hat ihn aufgeteilt in zwei Kapitel: «I. Theorie» und «II. Praxis». Was eine schöne Rainald-Goetz-Haftigkeit simuliert.

Im ersten Teil, der Theorie, beschreibt Herrndorf, wie er sich überlegt, was er in Klagenfurt anzieht. Und dass er nach Auswertung aller Wettbewerbsbeiträge der Vergangenheit einen Text montiert hat, bestehend aus: Landschaftsbeschreibung, Metaphernsalat und zwei Seiten «nebelhaftes Tasten». Dann folgt die Beschreibung von einem «Loch in der Häuserzeile, wo vor vielen Jahren mal ein Jude drin gewohnt hatte. Der Jude hatte ein Schicksal der Verfolgung erlitten – nicht sehr originell –, aber das war Vorschrift.» Eine Studentin entdeckt dessen Aufzeichnungen, spürt dem Elend nach und wird zuletzt von Hooligans erschlagen. «Das alles fiel mir nicht schwer, ich schrieb einen tollen Riemen, den ich an Klaus Nüchtern schickte.» Der Juror rief sofort zurück und sagte: kompletter Stuss. «Also schrieb ich einen anderen Text, der ging dann.»

Dann fragt Herrndorf sich, was er eigentlich in Klagenfurt zu suchen habe: Skandale? Tabubrüche? Gesetzesverstöße? Rumschleimen im Literaturbetrieb? Er setzt sich zum Ziel, wenigstens die Aufmerksamkeit des Jurors Spinnen zu erlangen, um nicht ganz beim Wettbewerb unterzugehen. Er recherchiert, was die Konkurrenz so draufhat, telefoniert mit Leuten, die schon mal da waren – und berichtet dann, im zweiten Teil, der nah am wirklichen Geschehen ist, von der «Praxis» des Wettbewerbs. Wie er Codein gegen den Husten einwirft. Im Hotel seinen Text einstudiert. Aus der Maske vor seiner Lesung verfolgt, wie die Jury die Kandidatin vor ihm verreißt, Anna Katharina Hahn. «Dann Auftritt. Jurorin Radisch machte heftige Geräusche, während ich las.» Er fasst die Diskussion ziemlich exakt zusammen, wie sie verlief. «Situation wie auf der Kunsthochschule, nur nicht so demütigend (dort ja immer gleich Beleidigungen und Ruf nach Psychiatrie).» Er berichtet von Interviews, die er abgelehnt hat, vom Saufen im «obligatorischen Maria Loretto» am See. Er geht die Konkurrenz durch: Tellkamp «sehr gut vorgetragen», aber später «nicht mehr verstanden, worum ging es da?», Roß auch gut, Sabato sprachlich am besten, Helminger lustig. Er erzählt das Fußballspiel nach, das er mit den anderen Autoren verliert. Dann wird wieder im «Maria Loretto» gesoffen, diesmal mit Precht, am nächsten Morgen ist endlich Preisverleihung. Herrndorf verschläft, er rennt ins Landesstudio – und verrät noch ein letztes Klagenfurter Betriebsgeheimnis, diesmal in eigener Sache: «Publikumspreis mit 190 Stimmen: Wer das größte Internetforum hinter sich hat, gewinnt.»

Nach dem Festakt spricht Herrndorf noch mit einer «sehr netten Frau von Rowohlt» über den verhassten Thor Kunkel und dann noch mit zwei Klagenfurter Honoratioren, schließlich geht's wieder zum Trinken ins «Maria Loretto». Dort trifft Herrndorf auf Iris Radisch, fährt Schnellboot auf dem See, am nächsten Tag fliegt er heim nach Berlin. Bilanz: «Verwunderung, dass ich ausnahmslos alle supernett und supersympathisch gefunden hatte.»

Der Text ist im ersten Teil ein weiteres Beispiel der lebenslangen Herrndorfschen Lieblingsgattung «erfundener Lebenslauf», im zweiten Teil dann perfekter Literaturbranchengossip, nur mit Klarnamen. Karen Duve erfährt aus diesem Text also, dass Herrndorf sie für «Gott» hält. Und Thor Kunkel, dass er ein «eitler, dummer Sack» sei. Die «Süddeutsche Zeitung» entschärft die Wirkung dieses Gossips aber mit einem Untertitel:

«Ein erfundener Erfahrungsbericht aus Klagenfurt». Er kommt nicht von Herrndorf, und Herrndorf ärgert sich darüber. Und die Redaktion streicht zudem eine entscheidende Stelle, die er schon im Brief an Haffmans ausprobiert hatte: die Begegnung mit der Juryvorsitzenden Radisch am Wörthersee, die Herrndorf gratuliert und ihm damit die Kraft zum Widerspruch nimmt. Die «Süddeutsche» lässt von dieser Szene nur den ersten Teil stehen. «Argh, argh, argh», schreit Herrndorf deswegen am Tag des Abdrucks ins Forum, «ich kann diesen Artikel nicht lesen, ich will ihn nicht lesen, aber immer, wenn ich einen Blick darauf werfe, finde ich sofort einen Fehler. *Radisch gratuliert zum verdienten Preis.* Wozu? Was? WAS? Wo ist der Satz: *‹Ich dachte, Sie fandens kacke›, wollte ich sagen, hatte aber gerade keine Kraft mehr›*? Wenn ihr Fußhupen schon redigiert, könnt ihr bitte den Sinnzusammenhang löschen? Das fällt ja alles auf mich zurück, nicht auf euch. *Radisch gratuliert zum verdienten Preis.* Ja schönen Dank auch!»

Die letzten vier Sätze hämmert Herrndorf in Großbuchstaben in seine abgewetzte Tastatur. Drei Jahre lang hält er es danach noch mit ihr aus, hält sich an ihr fest – bis er sich endlich eine neue Tastatur leistet, zu Weihnachten, für fünfzehn Euro. Und weil sein Rechner auch den Geist aufgibt, kauft er den gebrauchten iMac G4 von Lars Hubrich gleich dazu.

6. KAPITEL

«Ich mache im Schrott immer so lange rum, bis ich hoffe, dass es kein Schrott mehr ist.»

Die zweite Hälfte der nuller Jahre: diesseits und jenseits des «Van-Allen-Gürtels»

Seit 2001 hatten das Forum und die «Pappen» die soziale und intellektuelle Infrastruktur für Wolfgang Herrndorf geliefert. Aber die angefeuerte, überdrehte Stimmung der ersten Jahre lässt langsam nach. Es hängen nicht mehr alle «Pappen» parallel zum Forum noch im privaten Chat ab, es haben sich, nach drei Jahren, Routinen und neue Arbeitszusammenhänge neben der permanenten Kommunikation herausgebildet.

Im Januar 2004 findet die «Berlin Bunny Lecture» zum Thema «Mode & Fashion!» im Club NBI statt. Diese Shows, die Bunny Lectures, sind Borderlineformate, extrem unterhaltsamer Unsinn mit Erkenntnisinteresse an den «zentralen Themen des Lebens». Das Supatopcheckerbunny Ulrike Sterblich, das Hilfscheckerbunny Stese Wagner und der wissenschaftliche Mitarbeiter Cornelius Reiber laden sich Gäste ein, um mit ihnen interessante Phänomene zu klären. Der Comiczeichner und Entertainer Fil ist, wie erwähnt, auch regelmäßig zu Gast, genauso der Popmusiker Jens Friebe. Das Geheimnis dieser Shows – die ein typisches Produkt Berliner Verhältnisse sind – liegt im naiven Ernst der beiden Bunny-Figuren, die als «Störfiguren» ohne Scheu fragen, was sie so fragen wollen, und meinen, was sie so meinen. Was tun Adlige? Was ist mit der Jugend von heute los? Wie geht Zauberei? Religion, Amerika, Sex, Ernährung: Die mysteriöse

Weisheit dieser Abende ist schwer zu beschreiben, sie liegt auch darin begründet, dass die Bunnys nie aus ihrer Rolle fallen. Sie sind höflich, schlau, sie sind freundlich und genau. Das Bedürfnis nach ironischer Distinktion bei den Bunny Lectures wird genauso erfüllt wie das nach absurder Unterhaltung.

Herrndorf zählt fest dazu, wenn die Abende konzipiert werden: mit Ulrike Sterblich, mit Stese Wagner, mit Holm Friebe. Kommt immer zu spät, nölt herum, streitet sich am liebsten mit Friebe, wenn der etwas vorschlägt, schreit dann «Das wird Bauerntheater, nein! nein!», so erinnert sich Stese Wagner. Aber er steuert regelmäßig Ideen bei – und sitzt dann beim Showabend im NBI an der Schönhauser Allee meist in der ersten Reihe, wenn das Supatopcheckerbunny und das Hilfscheckerbunny ihre Gäste empfangen. Herrndorf lacht am lautesten. Und strahlt, «von einem Ohr zum anderen», sagt Ulrike Sterblich.

Manchmal kommt Herrndorf dann auch selbst auf die Bühne, die aus kaum mehr als einem Sofa und ein paar Sesseln und einem Tisch besteht. In der Show über «Tiere und Insekten», eine der ersten überhaupt, liest er eigene Texte vor. Die Bunnys fragen ihn, welches Tier – frei nach Schopenhauer – denn Herrndorfs Wesen vereinfacht zeige. «Es gibt eine deprimierende Muschelart», antwortet er, so ist es später in einem Sammelband zu den Bunny Lectures dokumentiert, «die auf einem Stein sitzt und sich im Laufe ihres Lebens insgesamt zwölf Zentimeter in eine Richtung fortbewegt. Ich selbst würde mich eher als einen sympathischen Delfin sehen, einen geistreichen Tümmler oder sowas, weiß aber, dass meine Freunde mich allesamt für diese Muschelart halten.»

Eigentlich ist es eher umgekehrt. Das zeigt sich gerade an den Shows und ihren Vorbereitungen: Herrndorf reißt die anderen mit. «Er hat so eine kindliche Begeisterung mitgebracht», sagt Ulrike Sterblich. «Ich hatte Bock auf die Shows, weil Wolfgang so einen Bock darauf hatte.» Kurz vor Silvester 2004 sitzt

Herrndorf wieder auf dem Sofa bei den Bunnys und liest aus einem Brief vor, den ihm eine Leserin des in der «Süddeutschen Zeitung» erschienenen «Klagenfurt»-Artikels geschickt hatte. Es ist die Jahresrückblickshow. «Ich habe nicht wirklich was erlebt dieses Jahr, wie alle Intellektuellen», sagt er, «aber ich war beim Ingeborg-Bachmeier-Wettbewerb in Klagenfurt.» Und dann liest er, was die Leserbriefschreiberin ihm geschickt und auf die Zeitungsseite geklebt hat, mehrfarbig: Herrndorf hält die Seite hoch, damit man das Chaos mit eigenen Augen sehen kann. «Was Sie da in Klagenfurt lasen, fand ich so grauenvoll», gehört zu den verständlicheren Sätzen aus dem Brief, und das Publikum lacht (besonders laut Kathrin Passig), und Herrndorf freut sich sichtlich über diese Zuschrift und macht Witze darüber, besser seine Adresse zu wechseln. «Das ist für mich das Ereignis des Jahres gewesen», erklärt er. Herrndorf trägt denselben Pullover wie beim «Bachmeier-Wettbewerb» an diesem Abend, er trinkt Bier und stiftet als Publikumspreis dieser Rückblicksgala den Sammelband mit den Klagenfurter Texten 2004. Nicht als «Preis», korrigiert er, als Ulrike Sterblich das Buch zu den anderen Präsenten des Abends legt, als «Strafe».

Bei den Bunnyshows treffen die sozialen Welten Herrndorfs aufeinander. Hier kommt auch mal Per Leo vorbei, mit dem er seit einiger Zeit Fußball spielt. Fußball zählt weiter zu den Routinen und Arbeitszusammenhängen, zum Alltag Herrndorfs Mitte der nuller Jahre. Herrndorf geht mit Kurt Scheel, dem Herausgeber der Zeitschrift «Merkur», hin und wieder zu Hertha ins Olympiastadion. Zu seiner eigenen Mannschaft, die sich «Karkossa» nennt und freitagabends zum Spielen und Trinken und Reden an der Bergstraße trifft, gehören inzwischen neben Per Leo auch Cornelius Reiber und Philipp Felsch, alles Leute von der Uni und mehr oder weniger freischaffend unterwegs im Projekte-Berlin dieser Zeit. Leo hat das erste Mal von Herrndorf gehört, als er zum Fußballgucken bei seinem Freund Cornelius eingeladen ist und in dessen Wohnung ein Exemplar der «Plüschgewitter» herumliegt. Jetzt sieht er Herrndorf regelmäßig. Über die Zeit wächst ein Vertrauensverhältnis, unausgesprochen. «Wir waren uns nah», sagt Leo. «Das hat er mir zu verstehen gegeben. Nicht mit vielen Worten, aber wenn, dann oft überschwänglich: Alkohol hat da viel verstärkt.» Einmal, auf einer Party, kriecht Herrndorf durch die Beine von drei Leuten hindurch, zieht sich an Leo hoch und leckt ihm die Ohrmuschel aus. Die körperliche Nähe zu anderen Männern, sagt Leo, «war ihm wichtig».

Einmal ist Herrndorf mit ein paar anderen wieder zum Fußballgucken bei Per Leo eingeladen, der in diesen Jahren Vater geworden ist. Es ist der 12. Juni 2008, in Klagenfurt gewinnt Kroatien bei einem frühen Abendspiel gegen Deutschland mit 2:1, ein Gruppenspiel der Europameisterschaft. Als sich nach dem Abpfiff die anderen Gäste nach und nach verabschieden, bleibt Herrndorf einfach da. Wir machen Spaghetti zum Abendessen, möchtest du auch, fragt Per Leos Frau Alexa irgendwann, und dann sitzen sie zu viert am Tisch, die kleine Familie und Herrndorf, und als sie anstoßen wollen, stellt sich aus dem, was Herrndorf als Toast sagt, heraus: Es ist sein Geburtstag. Und er feiert ihn, indem er einfach sitzen bleibt, im Kreis einer Familie, die ihm stimmig erscheint, die seine antibürgerlichen Affekte, seinen Ideologieverdacht nicht weckt, die er liebt. «Wolfgangs Geburtstag», sagt Cornelius Reiber, «wusste nie jemand. Dass man so etwas von einem Freund gar nicht weiß, weil der selbst seinen Geburtstag auch nicht feiert: Das ist schon eine Ansage.» Zu Reibers Geburtstagen ist er aber gekommen.

Herrndorf gehört in diesen Jahren auch kurz zum Kader der Autorenfußballnationalmannschaft. Anfangs hatte die sich noch spontihaft zusammengefunden, später dann aber so kultur- und subventionsbetriebshaft professionalisiert, dass Herrndorf nichts mehr damit zu tun haben will. Im Oktober 2005 aber, als es gerade beginnt mit den Spielen und alles noch etwas wilder und freier zugeht, ist er beim ersten internationalen Turnier von Autorenmannschaften im italienischen San Casciano dei Bagni dabei. Es treten an: Italien, Ungarn, Schweden und Deutschland. Zu den Organisatoren dieser ersten Mini-EM gehört der ungarische Autor Péter Zilahy, der sich seit einem Stipendium am Literarischen Colloquium am Wannsee im Jahr 2001 immer mal wieder in Berlin aufhält und dann auch mit Herrndorf spielt, mit Ingo Schulze, mit Jochen Schmidt. Als in Italien plötzlich Geld dafür da ist, ein Turnier abzuhalten und Mannschaften einzuladen, ruft Zilahy seinen Freund Thomas Brussig an, und Brussig stellt ein deutsches Team zusammen, zu dem neben Moritz Rinke, Michael Lentz, Albert Ostermaier und Andreas Merkel auch Klaus Cäsar Zehrer, Jochen Schmidt und Wolfgang Herrndorf gehören. Trainiert wird diese Mannschaft mehr oder weniger begabter Fußballer allerdings schon da von Hans Meyer. Eine Legende des deutschen Fußballs, Ost wie West, der kurz zuvor noch Hertha BSC in der Bundesliga betreut hatte. Ein Profitrainer. Aber auch jemand, dem man künstlerische Interessen nachsagt und intellektuellen Eigensinn.

Es ist bei dieser Autorennationalmannschaft ein Ehrgeiz am Werk, der weit über das Sportliche hinausgeht und Herrndorf schnell suspekt wird. Im Finale in San Casciano unterliegt die deutsche Mannschaft, die sich «Autonama» nennt, dem schwedischen Team mit 0:5. Im Jahr darauf übernimmt Uwe Rapolder als Trainer. Auch der hatte kurz zuvor noch professionell in der Bundesliga trainiert, den 1. FC Köln. Über kurz oder lang sind das Goethe-Institut, die DFB-Kulturstiftung und sogar das Auswärtige Amt als Unterstützer der Mannschaft im Spiel. Jetzt treffen sich nicht mehr ein paar Leute, die schreiben, zum Fußballspielen, jetzt werden daraus Repräsentanten. Herrndorf hasst alles daran. Er hasst besonders den Namen Autonama.

Als etwas später sein Karkossa-Team und auch die Autorennationalmannschaft mit Moritz Rinke und Albert Ostermaier an einem Turnier in Berlin teilnehmen, auf dem berühmten Platz an der Kleinen Hamburger Straße in Mitte, spielt Herrndorf mit ganzem Herzen *nicht* bei der Autonama mit. Im Halbfinale treffen beide Teams aufeinander. Karkossa gewinnt. Ein Festtag. Ein Triumph. Herrndorf ist überglücklich. Schöner kann es nicht kommen. Das war, erinnert sich Per Leo aus dem Team Karkossa, «eine Liebe, die wir uns nicht verdient hatten». Denn sie zehrt von der Abneigung gegen die andere Mannschaft. Herrndorf verwertet diese Affekte und Motive auch literarisch: Im Nachlass findet sich ein verworfenes Kapitel von «Tschick» aus dem Jahr 2009, in dem Maik, Tschick und Isa, die hier noch «Elena» genannt wird, auf ihrer Fahrt im Lada im Riesengebirge einem Fußballspiel zwischen «zwei älteren Herrenmannschaften» zuschauen: Im Tor der einen steht ein Typ, der aussieht wie «Herthinho», so heißt das Maskottchen von Hertha BSC, ein stadiontauglich debil-kuscheliger Plüschbär mit zwei Zähnen. (Bei der Autonama hütet zu dieser Zeit Albert Ostermaier das Tor.) Auch den Trainer erkennen die drei: Es ist Uwe Rapolder. Er wird beim Namen genannt. Rapolder brüllt seine Spieler an: «Bist du schwul, Merkel?» – «Mein Gott, Jochen!» – «Hack ihn um, Lentz!» Und da ist auch noch ein «Skinhead» namens Wolfgang auf dem Platz, der von seinem Mitspieler, dem Stürmer «Moritz», zusammengebrüllt wird, weil der Skinhead Wolfgang zu spät abgespielt haben soll.

Herrndorf wird in der endgültigen Fassung von «Tschick» seinen Text weitgehend befreit haben von solch erkennbaren Anspielungen auf die unmittelbare Gegenwart, in der er seinen Roman schreibt, nicht aus Vorsicht, sondern um Zeitlosigkeit zu erreichen. Aber in dieser Frühphase von «Tschick» ist er noch nicht so weit. Hier spielt Herrndorf die Szene in Talmeißen sogar noch ein zweites Mal mit Klarnamen durch: In dieser Variante ist dann Hans Meyer der Trainer, den Elena/Isa erkennt, weil sie früher einmal in Gladbach gewohnt hat. Wo Meyer im echten Leben die Borussia trainiert hat.

Wie begabt Herrndorf als Fußballer war, ist nicht so einfach zu entscheiden. Péter Zilahy sagt: «Wolfgang war gut. Er hat sich nicht in den Vordergrund gedrängelt, aber wenn er losgelegt hat, dann hat er losgelegt.» Philipp Felsch bleibt diplomatisch: «Ich bin sicher, dass die Idee von Leistung, am besten objektiv ermittelt, ich würde sagen: auf allen Gebieten – für Herrndorf eine große Rolle spielte. Und der Ernst bei der Sache.» Sie hätten sich im Team Karkossa mit Tieren verglichen, verrät Felsch, «Wolfgang selbst spielte, wenn ich mich richtig erinnere, wegen seiner schlängelnden Hüftbewegungen wie ein marschierender Salamander.» Per Leo sagt: «Er spielte wie ein Handballer, dem man einen Fußballkurs geschenkt hat. Herrndorf hatte einen ganz okayen Schuss, er war technisch nicht schlecht, aber er hat überhaupt keinen Blick für den Raum gehabt.» Und Hans Meyer, der ihn 2005 für einen Sommer trainierte und der es nun wirklich wissen müsste, kann sich leider nicht an seinen Nationalspieler Herrndorf erinnern.

Die Zeit nach dem Klagenfurter Wettbewerb verbringt Herrndorf mit Schreiben. Parallele Projekte in unterschiedlicher Intensität und Geschwindigkeit. Die Erzählungen nehmen immer weiter Gestalt an. Gleichzeitig wächst auch das Manuskript des Jugendromanprojekts, für das Herrndorf schon eine Liste mit Arbeitstiteln angelegt hat: «Tschick reist nach Amerika», «Tschick reist in die Walachei», «Ostwärts Ho!», «Roadmovie», «Süß mein Arsch», «Fünfzehn», «Land der dunklen Wälder», «Und es geht ab», «Das schmale Brett» und «Jetzt schau ich grade wieder wie ein Fuchs».

Als er seinem Agenten Uwe Heldt vermutlich zum ersten Mal von diesem Projekt berichtet, im Februar 2006, ist «Tschick», so nennt Herrndorf den Jugendroman hier, «textmengenmäßig zu zwei Dritteln da». Er umreißt den Plot so: «Zwei 14jährige, einer bürgerlich, einer russischer Aussiedler, klauen ein Auto und fahren damit durch Deutschland. Typischer Adoleszenzroman, für Erwachsene wahrscheinlich lesbar, ob auch für 14jährige, weiß ich nicht, muss man dann mal testen. Aufgebaut alles auf dem Gedanken, wie schreibt man heute einen Abenteuerroman, wo mit dem Floß auf dem Mississippi/der Elbe rumzuschippern eher unwahrscheinlich ist.» Und Herrndorf berichtet Heldt noch von einem weiteren Roman, «textmäßig vielleicht zur Hälfte da». Der Arbeitstitel lautet «Random Noise», später auch der «Stimmen-Roman» genannt: «Berliner Umgebung, meine üblichen Charaktere, und davon reden so schätzungsweise sechs oder sieben in kurzen Kapiteln nebeneinander her, Texterin, Fahrradkurier, Jurastudent etc. Ich habe ein paarmal schon was draus vorgelesen, das funktioniert auch irgendwie, aber das große Konzept, der große Handlungsfaden fehlt noch. Da gibt's viel zu tun. Der Jugendroman wird früher fertig, schätze ich.» Einen Thriller hat Herrndorf zu diesem Zeitpunkt auch noch begonnen, aber den erwähnt er gegenüber seinem Agenten noch nicht. Für den Erzählungsband, den Heldt zur gleichen Zeit den Verlagen anbietet, hat es immer nur einen Arbeitstitel gegeben: «Diesseits des Van-Allen-Gürtels».

Und während Herrndorf an den sechs untereinander korrespondierenden Erzählungen dieses neuen Buchs sitzt, wird Kathrin Passig zum Bachmann-Wettbewerb nach Klagenfurt eingeladen, von der Jurorin Daniela Strigl. Sie gewinnt den Hauptpreis und den Publikumspreis. «Sie befinden sich hier» heißt ihre Geschichte einer Erfrierung. Passig hatte die Idee dazu zuerst Herrndorf vorgeschlagen, und der habe ihr erklärt: «Das könnte klappen.» Das erzählt Passig direkt nach der Preisverleihung jedenfalls so der «Frankfurter Allgemeinen Zeitung» – der es gelingt, den Kelag-Preisträger 2004 in diesem Interview einmal «Herrndorf» und dann «Herrndorfer» zu nennen.

«Er heißt Herrendörfer», korrigiert der Mann mit den vielen Namen sofort im Forum. «Und er hat auch nicht gesagt, das könnte klappen, sondern er sagte, das wird super, machet, Otze.» (Das ist ein berühmter Fußballerspruch.) Den Wettbewerb hatte Herrndorf wie jedes Jahr am Fernseher verfolgt, intensiv im Forum kommentiert und dabei auch Wünsche vorgebracht: «Ich möchte, dass Frau Passig sagt: ‹Ingeborg Bachmeier hat mir immer sehr viel bedeutet.› Ich möchte, dass Frau Passig sagt: ‹Die Texte der anderen Autoren waren doch auch kacke, Mann. Kacke!›» Herrndorf möchte also lauter Dinge, die er selbst gern getan hätte, zwei Jahre vorher in Klagenfurt, aber er war damals wohl zu kraftlos dazu, und dann waren auch noch alle so nett. «Ich möchte, dass Frau Passig sagt: ‹Was soll ich mit den Scheißblumen? Wo ist mein Ritalin?›» Natürlich sind auch wieder lauter «Pappen» nach Klagenfurt gereist. Als Passig mit ihrer Lesung fertig ist, schreibt Herrndorf ins Forum: «Meine Mutter: begeistert!»

Einen Monat später teilt er mit, er werde einige Sätze aus dem Forum klauen. «Die Geschichte, für die ich die Sätze brauche, handelt ironischerweise von spektakulärer Gründung und katastrophalem Untergang der Zentralen Intelligenz Agentur auf Schloß Beesenstedt.» Auf diesem Schloss in Sachsen-Anhalt hatten sich die «Pappen» im Juni 2003 zum zweiten Mal zur Vollversammlung getroffen (Fußball, Volleyball, Alkohol). Herrndorf muss um fünf Uhr morgens die Küche wischen, weil er Cornelius Reiber mit Orangensaft begossen hat – und er läuft herum und flüstert den anderen zu: «Hast du Lust auf Kontakte? In zehn Minuten in Zimmer 14!», aber da passiert dann gar nichts, das Zimmer ist leer, Ulrike Sterblich kann es bezeugen, Herrndorf freut sich.

Die Beesenstedt-Geschichte wird sein neues Buch beschließen. Im Frühjahr 2006 kann Uwe Heldt die Erzählungen erfolgreich an den Verlag Eichborn Berlin verkaufen. Das Manuskript, schreibt Herrndorf damals an Gerd Haffmans, der sich ebenfalls darum bemüht hatte, ist «dem Weg des größten Geldes gefolgt. Freut mich natürlich trotzdem, dass es Dir gefallen hat; den meisten inklusive mir hat es nämlich nicht so richtig gefallen, und es wird das Schicksal aller Erzählungen mittlerer Qualität teilen: sang- und klanglos in den Orkus. Ich hoffe, Du nimmst mir den Verlagswechsel trotzdem nicht übel.»

Für den Verlagswechsel hat natürlich nicht nur das Geld den Ausschlag gegeben. In Herrndorfs neuem Verlag bringt zum Beispiel auch Gott a. k. a. Karen Duve ihre Bücher heraus. Die beiden lernen sich kennen, irgendeine Verlagsparty wird es gewesen sein, vielleicht das Verlagsfest von Eichborn Berlin, draußen in Brandenburg, zu dem Herrndorf mit seinem Fahrrad fährt. Aber weil der eine wie die andere nicht die einfachsten Menschen sind, was das Soziale angeht, stehen Duve und Herrndorf mehr oder weniger sprachlos nebeneinander herum, wenn sie sich sehen. Karen Duve sagt heute, dass dieser Satz von Herrndorf, dieses unglaubliche Lob aus dem «Klagenfurt»-Artikel in der «Süddeutschen», für sie eine Art «Hans-Christian-Andersen-Moment» gewesen sei: «Wenn das hässliche Entlein, das von den anderen Enten, von Gänsen und Puten immer bloß eins auf die Mütze gekriegt hat, ausgerechnet von einem Schwan so viel Freundlichkeit erfährt.»

Und jetzt ist also auch Herrndorf ein Autor von Eichborn Berlin. Dort war ein paar Jahre vorher Sven Regeners Bestseller «Herr Lehmann» erschienen und hatte die Gattung «Berlin-Roman» erneuert, in die auch Herrndorfs «Plüschgewitter»-Debüt sortiert wird. Wolfgang Hörner, der Verleger von Eichborn Berlin, und Herrndorfs Agent Heldt werden sich sehr schnell einig. Es gibt auch wenig Konkurrenz um das Manuskript, die Hörner auszustechen hätte. Zwei, drei Erzählungen sind schon fertig, als der Vertrag geschlossen wird, darunter der preisgekrönte Text aus Klagenfurt. Der Rest folgt nach und nach: Herrndorf schickt die Texte in der Reihenfolge an seinen neuen Verlag, wie sie sich dann auch im Buch findet. «Es zog sich ganz schön in die Länge», erinnert sich Wolfgang Hörner. «Die Texte waren eigentlich fertig geschrieben. Es ging dann nur noch um Winzigkeiten, an denen Wolfgang unendlich lang herumgemacht hat. Das war sein Perfektionismus. Aber vielleicht ging es auch darum, nicht abgeben zu wollen, damit es nicht zu Ende ist. Am Ende haben wir ihm die Sachen fast entreißen müssen. ‹Wolfgang›, habe ich zu ihm gesagt, ‹es wird jetzt nicht mehr besser oder schlechter, es wird nur noch anders.›»

Das Lektorat beschränkt sich in Hörners Erinnerungen eigentlich darauf, dass er seinem neuen Autor Vorschläge macht, die Herrndorf mal annimmt, mal nicht, oder die er annimmt, um später dann doch wieder etwas ganz anderes zu tun, oder er tilgt die eingearbeiteten Änderungen von Hörner wieder. «Im Grunde», sagt Hörner, «hätte man seine Erzählungen schon so drucken können, wie Herrndorf sie abgegeben hat. Daher kam irgendwann auch diese leichte Irritation bei uns: Was *macht* der denn da?»

Was er da macht, erklärt Herrndorf ungefähr zur gleichen Zeit im Interview mit Morisse und Engler. «Ich schreibe sehr schnell was runter, aber hinterher, dieses Drehen an den Stellschrauben, wenn man Figuren und Handlung feinjustiert, das ist ein großer Spaß.» Man zuckt kurz zusammen bei diesem Begriff: «Spaß». Meint er das ernst? Aber Herrndorf ordnet schon im nächsten Satz selbst ein, was er damit meint: «Die Befriedigung, die man daraus zieht, dass man was kontrollieren kann.» Kontrolle, Befriedigung – das ist verwandt mit dem, was er seinem Freund Frank Schulz über den Unterschied zwischen dem Beschreiben und Malen des Himmels erklärt hatte: dass man die Chance zur Korrektur hat, wenn man schreibt, Sicherheitskopien anfertigen kann und nicht auf Sonnenlicht warten muss. Dass man die Sache selbst im Griff hat.

Aber ob Herrndorf die Sache im Griff hat oder die Sache vielmehr ihn, ist die Frage. Im Gespräch mit Morisse und Engler erzählt er davon, dass er zwar an das Hauptarbeitsprinzip «Wegschmeißen» glaube, dass es bei ihm aber nicht funktioniere, «weil der Computer Überarbeitungen in unendlicher Zahl zulässt. Ich mach dann im Schrott immer so lange rum, bis ich hoffe, dass es kein Schrott mehr ist. Es kann besser werden, und es wird auch besser. Das ist ein Erfahrungswert. Aber es ist auch eine Erfahrung, dass es am Ende eines langen Prozesses noch immer ein Schrott sein kann. Und Rückmeldungen von außen werden wichtig.»

Das Manuskript des «Van-Allen-Gürtels» gibt Herrndorf einer ganzen Reihe von Leuten zum Lesen. Marek Hahn gehört dazu, Holm Friebe, Klaus Cäsar Zehrer, Lars Hubrich. Und er schickt ein Begleitschreiben mit: «Liebe Korrekturleser, bitte einfach alles anstreichen», sagt Herrndorf darin, «ich will nur wissen, was NICHT geht. Worte, Sätze, die rausfallen, Dialogpassagen, ganze Geschichten mit Schlängellinien markieren, das muss keine weitere Begründung haben, nur so: hier sackt es ab, oder langweilig, oder peinlich, oder überflüssig.» Und dann: «Ich will nicht, dass mir das Gleiche wie mit den Plüschgewittern passiert, wo ich nach drei Jahren reingucke und es zieht mir im letzten Kapitel die Schuhe aus, obwohl, vielleicht unvermeidlich. Aber ich wäre gern gewarnt.»

Kurz darauf wird Herrndorf tatsächlich die Chance bekommen, das letzte Kapitel der «Plüschgewitter», das ihm inzwischen offenbar plump vorkommt, und auch alle weiteren zu überarbeiten. Aber ob es geholfen hat, diese Stimme zur Ruhe zu bringen, die ihn immer wieder zurück an den Text ruft? Den Selbstzweifel zu dimmen, die Scham? Solange er den Text offenlässt und daran arbeiten kann, übt er Kontrolle aus. Perfektionismus heißt in seinem Fall auch: Der Text, den ich nicht abgegeben habe, ist immer besser als der, an dem ich so lange gearbeitet habe, bis die Umstände es nicht mehr anders zuließen, als ihn abzuspeichern und freizugeben. Alles andere kann nicht so gut sein wie das, was ich nicht zu fassen kriege.

Kathrin Passig, auf deren Wort Herrndorf am stärksten vertraut, redigiert die sechs neuen Erzählungen in seiner Küche in der Novalisstraße, bei schwarzem Tee, Brot und schlechter Erdnussbutter. «Ich erinnere mich», schreibt sie im «Porträt des Künstlers als erfolgloser Autor», «dass ich angesichts der Geschichte ‹Herrlich, diese Übersicht› zu ihm sagte: ‹Herrndorf, wieso *schreibst* du sowas?› Ob es darauf eine Antwort gab, weiß ich nicht. Aber das Buch enthielt auch die ‹Blume von Tsingtao›, und deshalb sah ich ein, dass Herrndorfs Entscheidung für den Autorenberuf vielleicht doch gar kein so großer Fehler gewesen war.»

Die «Blume von Tsingtao» ist die zweite von den sechs Erzählungen aus dem neuen Buch. Fünf von ihnen erzählt ein Ich, jedes Mal ist es ein anderes. In der ersten Erzählung ist es ein Nürnberger Kunststudent, der dem Autor Herrndorf ähnelt. In der zweiten ein Krankenpfleger namens Hendrik, der sich an der Akademie in Nürnberg beworben hat, aber abgelehnt wird, später in seinem Berliner Krankenhaus einen Patienten ausraubt und mit dem Geld eine Reise nach Asien unternimmt. In der dritten ist es Georg Bitsch, der von seiner Autopanne im Wald bei Berlin berichtet, sie endet in einem seltsamen Haus mit einer Tischtennispartie gegen dessen junge Bewohnerin und einem Showdown.

Die fünfte ist Herrndorfs Klagenfurter Text, erzählt von jenem Mann auf dem Balkon, der seine eigene Wohnung beobachtet und über den wir aus der vierten Erzählung des «Van-Allen-Gürtels» erfahren, dass er Bleistein heißt. Diese vierte ist die einzige Erzählung, die einen auktorialen Erzähler hat, vielleicht heißt sie auch deswegen «Herrlich, diese Übersicht». Sie handelt von der Party bei der Familie Bitsch, zu der Bleistein eigentlich fahren will, bis er auf dem Balkon der Nachbarwohnung mit dem Jungen aus dem Haus hängen bleibt und den Mond anschaut. In der letzten Erzählung spricht dann wieder ein Ich, Heidi, die Freundin von Bleistein und Schwester von Hendrik, die vom Gründungstreffen der ZIA in Beesenstedt berichtet.

Es sind die Figuren, die alle sechs Erzählungen untereinander verbinden. Aber nicht nur die Figuren, die sie erzählen, auch die Figuren um sie herum: wie Franco Cosic, der in der – stark autobiographischen – ersten Erzählung noch ein Kunststudent in Nürnberg ist, in der dritten dann aber in der Agentur von Christine Bitsch arbeitet. Christines Mann Georg spielt in der dritten Erzählung im Oderbruch Tischtennis. In der fünften Erzählung erscheint Bleistein nicht auf einer Party, die Christine feiert. Deren Kindergartenfreundin Heidi wiederum hat einen Bruder, Hendrik, der sich in der ersten Erzählung erfolglos mit Franco und dem namenlosen Erzähler an der Kunstakademie in Nürnberg bewirbt, in der zweiten mit dem Geld seines Patienten eine Reise nach Asien macht, in der vierten und sechsten Erzählung dann als Phantom und Partytalk auftaucht, «der Wahnsinnige aus der BZ», «der Todesengel von der Charité», dessen wahre Geschichte Heidi, die Erzählerin der sechsten und letzten Geschichte und Freundin von Bleistein, aber nur Leuten erzählt, die ihn kennen, zu denen man sich als Leser dieser sechs Erzählungen also dann wohl nicht rechnen darf, denn mehr als diese Parolen verrät sie nicht. Knapp zweihundert Seiten lang entsteht über Figuren ein soziales Gefüge des Zufalls, das die Welt zusammenhält, ohne dass es über diese Zufälle hinaus einen Sinnzusammenhang geben würde, falls er nicht doch in abgerissener Kommunikation, unverständlichen Postkarten, Halbwissen und nicht ganz wahren Wahrheiten immer wieder neu entsteht.

Dass Figuren nicht nur durch einzelne Bücher, sondern auch durch ein gesamtes Werk wandern können: Das hat Herrndorf bei J. D. Salinger und bei Bret Easton Ellis studiert (der es wiederum von Stephen King hat). Im Grunde probiert Herrndorf sich in «Diesseits des Van-Allen-Gürtels» wieder an einem vorgefundenen Format aus, orientiert sich an einem literarischen Modell, das er zu eigenen Zwecken erforscht und dann anwendet. In Salingers drei Erzählungsbänden sind es die hochbegabten, lebensunglücklichen, dauerredenden Kinder der Familie Glass, die mal hier, mal dort auftauchen, um miteinander und übereinander zu reden. Wie sehr Herrndorf Salinger und dessen Erzählungen liebt, insbesondere «Ein herrlicher Tag für Bananen-Fisch», die erste der «Neun Erzählungen» von 1948: Das kann man daran ablesen, dass er bei den «Pappen» wieder und wieder davon anfängt, schon ganz am Anfang tut er das, im Sommer 2001. «Da kommt man einmal in ein Intellektuellenforum, um ‹Nine Stories› von Salinger zu hypen, das Buch, das alle anderen Short Stories von Hemingway über Brautigan bis Bukowski, von Bowles über Carver bis Updike alt, ja, sogar sehr alt aussehen lässt – und was passiert? Schon hackt's wieder.» Seinem Freund Calvin hat er die «Neun Erzählungen» noch zu Nürnberger Zeiten geschenkt. «Ein herrlicher Tag für Bananen-Fisch» handelt von den letzten Stunden im Leben von Seymour Glass, der mit seiner Strandbekanntschaft, der kleinen Sybil, noch im Meer schwimmt, um sich dann im letzten Satz des Textes in seinem Hotelzimmer eine Kugel in den Kopf zu schießen. «Wolfgang hat diese Erzählungen so oft gelesen: Er war beinah besessen davon, besonders von der ersten», sagt Calvin Scott. «Eine Zeitlang hat er gar nichts anderes gelesen.»

Man spürt Herrndorfs Liebe (oder Besessenheit) auch daran, dass er eine seiner eigenen zentralen Figuren, Malte Lipschitz, den verlorenen Freund des «Plüschgewitter»-Erzählers, nach einer Figur aus Salingers «Bananen-Fisch» benannt hat: Sharon Lipschutz ist die Freundin und Konkurrentin der kleinen Sybil. Sie tritt nie leibhaftig in Erscheinung, sie ist nur ein Name in den Gesprächen am Strand, wie Bleistein und Hendrik auf der Party von Christine Bitsch. «Ah, Sharon Lipschutz», sagt Seymour Glass in Salingers Erzählung. «Wie der Name immer wieder auftaucht. Erinnerung mit Begehren vermengt.»

Man findet in den sechs Erzählungen aus «Diesseits des Van-Allen-Gürtels» noch weitere literarische Anspielungen, auf Samuel Beckett («Wenn die Sonne schien, was sie freundlicherweise fast immer tat») oder Jeffrey Eugenides und dessen «Middlesex», und es gibt auch wieder ein bisschen Namedropping, Leute aus dem aktuellen Feuilleton, das ist offenbar immer noch unvermeidlich, wäre ja auch schade. Aber es kommt Herrndorf nicht mehr darauf an, dass die Insidergags entziffert werden. Man erkennt den Autor der «Plüschgewitter» zwar immer noch in diesem Roman, hört dessen neunmalcoole Stimme aus den Pointen heraus – das Marottenhafte des Debüts lässt Herrndorf jedoch zurück. Er ist ab jetzt allein unterwegs. Er hat einen Ton gefunden. Und er hat es geschafft, für das Episodische der menschlichen Existenz, für den Zufall, dass sich manche Wege kreuzen, andere nicht, eine eigene literarische Form zu gestalten. Vielleicht hat er ein bisschen bei Salinger Maß genommen dafür, ja. Die sechs Geschichten vom «Van-Allen-Gürtel» spiegeln aber auch eine Erfahrung, die Herrndorf vermutlich im Forum gewonnen hat, wo sich ein zufälliges Kollektiv gebildet hat, wo abreißende Kommunikation zum Alltag gehört und man den Überblick behalten muss.

«Diesseits des Van-Allen-Gürtels» zeigt einen Autor, dessen Wahrnehmung in den Jahren seit der Ankunft in Berlin noch einmal neu geschärft wurde. Obwohl Herrndorf schon seit seiner Schulzeit über nichts intensiver nachgedacht haben dürfte als darüber, was Wahrnehmung ist: nämlich alles. Deswegen liebt Herrndorf Vermeer so. Weil der nicht Häuser in Delft malt oder briefschreibende Mägde, sondern: wie wir diese Häuser und Mägde wahrnehmen. «Die Struktur des Gehirns als die Ursache aller Dinge und das Universum als Fortsetzung unseres Sinnensystems», so sieht Herrndorf die Welt, so hatte er es seinem Freund Calvin Mitte der neunziger Jahre in einem Brief zu erklären versucht, als die beiden mal wieder über die Seele und die Vorbestimmung diskutierten. Dieser Satz taucht auch in seinen Materialien zu den «Plüschgewittern» noch einmal auf. Nebenbei ein weiterer Beleg dafür, wie wichtig diese Briefe als Schreib- und Denkschule für ihn gewesen sind.

Herrndorf denkt sich für den Erzählungsband umwerfende Geschichten aus, die «Blume von Tsingtao» ist so schillernd wie der «Oderbruch» unheimlich und die «Zentrale Intelligenz Agentur» hysterisch. Aber eigentlich ist es die Konstruktion, die zeigt, wie stark der Schriftsteller Herrndorf von einem Buch zum nächsten geworden ist. Es gelingt ihm, eine Form für einen Gedanken zu finden, der ihn umtreibt, immer schon und jetzt in diesen sechs Erzählungen. Für die Unruhe in ihm, für die Lebensfrage, die er sich stellt. Man kann es «Kontingenz» nennen oder das «Geworfensein» in die Welt: Um zu zeigen, was er meint, stellt Herrndorf einen noch jungen und einen schon etwas älteren Mann auf einen Berliner Balkon unter den Mond. «Was machst du hier?», sagt der eine. «Was machen Sie hier?», sagt der andere. «Ich kann hier genauso sein.» Aber er könnte eben genauso auch nicht hier sein.

Am Ende der letzten Erzählung des Bandes, «Zentrale Intelligenz Agentur», verlässt Heidi die Party und tritt in die Morgendämmerung hinaus. «Die Luft war angenehm kühl und durchsichtig. Auf der einen Seite des Himmels war noch schwarze Nacht, auf der anderen wurde es hell. Blau übertaute Felder und Wiesen lagen rechteckig bis an den Horizont, alles glitzerte. Wie immer, wenn ich einen solchen Morgen sah, was nicht allzu häufig vorkam, hatte ich diese unangenehmen religiösen Gedanken. Ich fühlte mich wie ein Aussatz im All. Jeder Tautropfen war unvergänglicher als ich. Eine schreckliche Welt.»

Heidi. Und der Erzähler der «Plüschgewitter» auf dem nächtlichen Schulhof, der auf den Aufschlag der Bierflasche wartet. Und Maik und Tschick, während die Grillen zirpen, die ganze Nacht: Die Welt des Schriftstellers Wolfgang Herrndorf basiert zwar auf Zufällen, aber Muster legt er trotzdem in seinem Werk an. Eines davon ist die Begegnung seiner Figuren mit der Nacht und dem Wald und dem Himmel und den Sternen, die sich in allen Büchern Herrndorfs findet. Und ist diese Welt auch zufällig: In diesen Szenen, wenn die Figuren sich aus dem Sozialen hinaus und hinein in eine Sonne-, Mond- und Sterne-Erfahrung bewegen, wirkt es so, als würden sie endlich ankommen. Vielleicht sind sie auch nie weg gewesen. Vielleicht gehören sie genau dort hin. «Ich war ein sonderbar hochbegabtes Kind gewesen», lässt Herrndorf den Erzähler der Titelgeschichte «Diesseits des Van-Allen-Gürtels» über sich selbst sagen. Am Ende hat er dann das «sonderbare Gefühl», als wäre er «auf einmal sehr bestimmt», er liegt da in seinem Bett, «unter dem Mond, in einem sonderbar unverständlichen Universum wie diesem». So viele «sonderbare» Zufälle es in der Welt des Wolfgang Herrndorf gibt, so wenige gibt es in seinem Werk: Hier ist eine Figur im Einklang mit sich und ihrem Platz in der Welt. Und plötzlich, für einen kurzen Moment, ist nichts mehr sonderbar.

Das letzte Wort in diesem Erzählungsband hat aber das Klischee: «Irgendwo bellte ein Hund.» Dass Herrndorf sein neues

Buch mit der abgedroschensten Reporterfloskel aller Zeiten enden lässt, dient sicher als *comic relief* nach diesen unangenehmen religiösen Gefühlen, die Heidi angesichts der Dämmerung empfindet – aber wie der Verleger Wolfgang Hörner sagt: «Ich glaube, Wolfgang ist überall, wo er war, auf die Profanisierung des Eigentlichen durch den Kompromiss gestoßen.» Das treibt ihn vielleicht nicht in die Verzweiflung, aber an den Schreibtisch. Die Spannung, die sich aus diesem Zusammenstoß des Eigentlichen mit dem Kompromiss ergibt, setzt er als Autor für eigene Zwecke ein. Wenn die Unendlichkeit zu unendlich wird, holt einen das Klischee wieder in die desolate Gegenwart zurück.

Im März 2007 stellt Herrndorf sein neues Buch mit gebrochenem linken Fuß (ein Foul, beim Fußball) im NBI auf der Schönhauser Allee vor, Ijoma Mangold von der «Süddeutschen» moderiert. «Es geht also doch: Man kann auf Deutsch intelligente und zugleich extrem lustige Geschichten schreiben», hatte der in seiner Rezension gelobt. Auch sonst ist die Kritik fast nur positiv: «Federleichte Prosa» («NZZ»). «Ein dolles Buch» («Die Zeit»). «Der deutsche Literaturbetrieb kann froh sein, ein so begabtes Wackel-Ego wie Wolfgang Herrndorf zu haben» («Welt»). «Wenn der Sinn der Literatur darin besteht, Dinge zu verändern, sie anders zu sehen, als die Wirklichkeit dies zulässt, dann sind Wolfgang Herrndorfs Erzählungen keine Literatur. Denn er schreibt nur weiter, was in der Wirklichkeit schon begonnen hat. Seine Geschichten verweigern einen ästhetischen Mehrwert» («Frankfurter Rundschau»). «Herrndorfs Figuren sind Spätaufsteher des Lebens, um nicht den strapazierten Begriff der Boheme zu gebrauchen. Bei aller Verhaltenheit entwickeln sie eine leise Renitenz und Provokationslust gegenüber der allgemein empfohlenen Alltagswelt» (Deutschlandfunk).

Wolfgang Schneider, von dem diese beiden letzten Sätze stammen, hat die Erzählungen auch für das Magazin «Literaturen» besprochen und porträtiert Herrndorf im «Börsenblatt». Er besucht ihn dafür zu Hause, abends um 21 Uhr, weil der Spätaufsteher ihn früher nicht empfängt. Herrndorf erzählt ihm dann so dies und das aus seinem Leben, unter anderem, dass er zum Schöffen berufen worden sei, «das sei interessant, man bekomme es mit einer Form ‹niedrig organisierter Beklopptenkriminalität› zu tun». Später schauen sie gemeinsam «Maybrit Illner» auf Herrndorfs riesigem Fernseher, ausgerechnet Sascha Lobo ist zu Gast und redet mit Norbert Blüm über Rente («Wir nennen es Arbeit», das Manifest der «digitalen Boheme» von Lobo und Friebe, war im Herbst zuvor erschienen). Der riesige Fernseher habe gebraucht, aber noch funktionstüchtig im Treppenhaus gestanden, erzählt Herrndorf seinem Gast. Und dass er an drei Romanen arbeite. Autor und Journalist schauen auch das Nürnberger Selbstporträt an, auf dem sich Herrndorf mit nackten Füßen am Fenster sitzend gemalt hatte. Es hängt in der Novalisstraße an der Wand. «Ich konnte nicht, was ich wollte», sagt Herrndorf über diese Zeit.

Er humpelt also mit gebrochenem linken Fuß und maladem Knie ins neue Jahr. Und nicht nur das, vor Weihnachten fällt auch die Heizung in seiner Wohnung aus, drei Lichtschalter funktionieren nicht richtig, am Warmwasserboiler ist die Sicherung durchgebrannt und das Tretlager seines Fahrrades kaputt. Aber dafür bringt ihm 2007 gleich zwei neue Bücher auf einmal: Fast zeitgleich mit den neuen Erzählungen erscheint auch ein reclamheftkleines Bändchen von Wolfgang Herrndorf im Verlag SuKuLTuR: «Die Rosenbaum-Doktrin». Es ist die überarbeitete Druckfassung eines Gesprächs mit einem Kosmonauten namens Friedrich Jaschke, das sich Herrndorf für die Bunny Lectures ausgedacht hat. «Fast wäre er der erste Deutsche im Weltall gewesen», heißt es in der Einleitung zu diesem kurzen Text, dann reden ein «Herrndorf» und dieser komplett erfundene Kosmonaut und Rentner Jaschke ein paar Seiten lang miteinander: ein klassisches Zeitzeugengespräch. Wie es dazu kommt und wozu es geführt wird, bleibt offen.

Herrndorf hatte diesen Dialog schon zwei Jahre vorher für die Bunny Lectures zum Thema «Weltall & Space» geschrieben. Damals war in den Arbeitssitzungen die Idee entstanden, zu den Abenden im NBI auch mal geschauspielerte Gäste einzuladen und gescriptete Interviews mit ihnen zu führen. Herrndorf, erinnert sich Ulrike Sterblich, sei anfangs total dagegen gewesen. «Aber dann ist er voll drauf eingestiegen und hat sich nicht mehr eingekriegt vor Begeisterung.» Im NBI stellen die Bunnys dem Kosmonauten Jaschke ihre Fragen, der wird an dem Abend im Januar 2005 verkörpert vom «Pappen» Martin Bartholmy. Er sitzt da im Pullover und gibt komplett ungerührt die Antworten, die Herrndorf ihm aufgeschrieben hat. Gerade das Beiläufige daran ist das Geheimnis. «Das Gespräch wurde ein irres Highlight», sagt Sterblich. Ein paar Minuten davon sind zum Glück für die Nachwelt auf Youtube erhalten.

Das gedruckt dann leicht von der Performance im NBI abweichende Gespräch zwischen dem krebskranken «Jaschke» und «Herrndorf» spielt in einem Pflegeheim in der Berliner Invalidenstraße. Es bewegt sich nah an den Fakten durch die Geschichte der Raumfahrt seit Wernher von Braun mitten hinein in den Wettlauf zwischen den Vereinigten Staaten und der UdSSR im Kalten Krieg. Der DDR-Bürger und Pilot Jaschke hat 1977 mit Sigmund Jähn im Sternenstädtchen bei Moskau das Ausleseprogramm für Kosmonauten absolviert: Handgranatenweitwurf, Isolationszelle, theoretische und praktische Physik, Laufen mit Gasmaske, Kopfrechnen, Löten, hat er alles drauf. Jaschke bestand die

Prüfungen, aber für den Flug ins All wurde am Ende doch Jähn ausgewählt. Ein «Parteiliebling», sagt Jaschke. Aber warum genau er selbst nicht fliegen durfte, will er lieber nicht verraten: Politisch sei er ja sauber gewesen, es muss andere Gründe gehabt haben, und dann raunt Jaschke von «Orgien», er könne da Geschichten erzählen – «Kinder. Tiere. Alles.»

Ein Dialog zwischen einem jüngeren und einem älteren Mann über Verschwörungstheorien im Weltall: Da gibt es Parallelen zwischen der «Rosenbaum-Doktrin» und dem «Van-Allen-Gürtel». Aber das Gespräch mit dem Kosmonauten Jaschke ist viel lustiger, auch weil es so detailliert ist, Herrndorf hat einen tragikomischen Einakter für die Bühne geschrieben. «Weiß der Laie ja oft gar nicht: Das Schlimmste da oben ist der Gestank», sagt Jaschke, «im Weltall können Sie nicht lüften.» Es wirkt wie eine sozialistische Variante von Loriots berühmtem Sketch über den Verwaltungsbeamten Wieland, der in einer Fernsehsendung von Radio Bremen mit dem NASA-Major Gary Wickliff verwechselt wird: «Was war bisher die äußerste Entfernung von der Erdoberfläche, in der Sie gearbeitet haben?» – «Wir arbeiten jetzt im dritten Obergeschoss.» Und es schimmert eine Szene aus Loriots Kinofilm «Pappa ante portas» durch, in der sich ein Paar, das Wurzelbürsten verkauft, auf das Sofa der Familie Lohse setzt. Das Ende der Welt sei nahe, und vor dem könne man sich nur mit Körperhygiene schützen: «Nach den Berechnungen des international anerkannten Professors Pirkheimer hat der Venusmond Tetra seine Umlaufbahn verlassen und rast nun auf die Erde zu. Sein Aufprall steht unmittelbar bevor.»

Aber die Wahrheit ist auch, dass der Weltraum ein Lieblingsthema von Herrndorf ist, dass er dort, im All, zu Hause ist, vertraut mit Mythen, Personal und Wissenschaftslegenden, mit der Spezialsprache der Forschung. Er spielt damit, wie er sonst mit erfundenen Lebensläufen spielt: Jaschke redet vom «Bolzen-

Effekt», vom «Antonowitsch-Diskontinuum», warum sollte es diese Dinge denn nicht geben? Per Leo erinnert sich daran, wie er im Herbst 2009 bei einer nächtlichen Autofahrt durch Marokko mit Herrndorf fürchterlich über den Begriff des «Kraftstoßes» gestritten habe: Gibt es ihn? Gibt es ihn nicht? (Leo sagt Ja und hat recht.) Zwei Physik-Leistungskursler in der Wüste Nordafrikas, nachts unter dem Sternenlicht, die sich mit physikalischen Definitionen attackieren: Auch das wirkt wie aus einem Roman von Herrndorf. Und er bereitet ja auch so einen vor.

Herrndorfs «Leonid Rosenbaum» wiederum, ein Kybernetiker, der Ende der vierziger Jahre die Leitung der Raketenstation Baikonur übernommen hat, ist ein Verwandter jenes «Hugh Hepforscher», auf den sich Herrndorfs Erzähler im «Van-Allen-Gürtel» als Kronzeuge der inszenierten Mondlandung beruft. Den Namen, «Hugh Hepforscher», hatte Herrndorf geträumt. Kurz bevor er dann im Juni 2004 nach Klagenfurt reist, um dort seine Verschwörungstheorie-Erzählung vorzulesen, schreibt er einfach mal so die Namen sämtlicher Astronauten ins Forum, die auf dem Mond gewesen sind, «Armstrong, Aldrin, Conrad, Bean, Mitchell, Shepard, Irwin, Young, Duke, Scott, Cernan, Schmidt. Ohne googeln.» Aber die anderen wissen eh, dass er nicht googeln muss. Beim letzten Namen hat er sich vertippt.

Bei allem lustigen Unsinn und dem Weltraumkitzel und Schauder brennender Raketen in Baikonur steuert die «Rosenbaum-Doktrin» aber unaufhaltsam auf Fragen zu, die Herrndorf schon in Nürnberg ständig mit Calvin diskutiert hat, Fragen, die auch seine literarischen Figuren umtreiben, wenn sie nachts in den bestirnten Himmel schauen, letzte Fragen: Sind wir allein? Gibt es Gott? Und wenn ja, ist er wirklich dort oben? Was aber ist dort oben? Den Kosmonauten Gagarin, erzählt Jaschke, hätten die Bürokraten nach seiner Rückkehr aus dem All im April 1961 noch gezwungen zu erklären, dass er Gott nicht gesehen habe.

241

Die Rosenbaum-Doktrin regelte dann verbindlich für die Kosmonauten, «wie auf das Unerklärliche reagiert werden sollte», falls es im All erscheint. Als Dienstanweisung für Kosmonauten wie Bodenpersonal legt sie kurzum fest, dass es dort oben nichts Unerklärliches gibt. «Aber das ist doch ganz in Übereinstimmung mit dem offiziellen Atheismus», erwidert der Gesprächspartner Herrndorf. «Nein, das Gegenteil. Es gibt nichts Unerklärliches, konkret hieß das, in der sowjetischen Fachsprache: *Wenn* da oben etwas Unerklärliches auftaucht, also was auch immer – Außerirdische –, erschießen wir das mit der Bordkanone und tun so, als hätten wir nichts gesehen.» Sie meinen also, fragt Herrndorf zurück, es sei möglich, dass Jähn einen Außerirdischen auf dem Gewissen und Gagarin Gott gesehen hat, es aber nie zugab? Er sei ja ein alter Mann und lebe nicht mehr lange, antwortet Jaschke – und lässt dann eine Bombe platzen. «Was man weiß, ist nur: Gagarin hatte eine Waffe an Bord, eine Makarov. Die Makarov hat acht Schuss. Und als Gagarin aus dem All zurückkommt, fehlt ein Schuss.» Und dann steigert der sterbenskranke, alte Beinahkosmonaut sich immer weiter in Theorien hinein, bis ihn schließlich eine Pflegeschwester zum Mittagessen ruft und das Gespräch leider enden muss, und spätestens hier ist die Ähnlichkeit zum «Van-Allen-Gürtel» unverkennbar: Ein älterer Mann erklärt einem Jüngeren, was wirklich los ist. Und ein Weltbild wird auseinandergerissen. Die Amerikaner waren nicht auf dem Mond, und Gagarin hat Gott erschossen. Möglicherweise. Bei der Performance im NBI hat Martin Bartholmy als Jaschke diese Möglichkeit den beiden Bunnys ungerührt zugeraunt. Am Ende des Interviews verlosen sie noch ein Trümmerteil der russischen Raumstation «Mir». In Wahrheit ist es irgendein Ding aus dem Baumarkt. «Die Leute haben das echt geglaubt», erzählt das Hilfscheckerbunny Stese Wagner.

Mit Wolfgang Herrndorf, erinnert sich Stese Wagner, sei es immer so gewesen, als wären sie in derselben «Spielplatzgang»: Manchmal geht man raus zum Treffpunkt zwischen den Häusern und ist da zu zweit, zu dritt, aber alle haben «ein tolles, vertrautes Gefühl, weil man ja schon seit fünf Jahren zusammen spielt». Bei einem dieser Treffen der Spielplatzgang, Herrndorf ist nicht dabei, fragen ein paar männliche «Pappen», wen die Frauen eigentlich im Forum heiß finden. «Wolfgang sah ja toll aus», sagt Stese Wagner, «aber in diesem Gespräch wurde klar, dass Ulrike und ich ihn beide nicht so sehen. Aber das halbe Forum war verknallt in ihn.» – «Stese hat einmal beschrieben, wie das ist», sagt wiederum Ulrike Sterblich: «Da steht eine Gruppe mit Wolfgang herum, man geht hin und begrüßt sich, aber dann steht da Wolfgang vor dir, und man weiß nicht, was man machen soll – weil man Wolfgang nicht umarmen kann.» Sie lacht, wenn sie davon erzählt. «Ich habe Wolfgang entweder als den Gestrengen oder den Bruder wahrgenommen», sagt Stese Wagner.

Als Carola Wimmer Wolfgang Herrndorf kennenlernt, irgendwann im Winter 2001/2002, kann sie es erst einmal nicht fassen. Dieser «Stimmen», hatte sie gedacht, müsse «ein sechzigjähriger, miesgelaunter Kerl» sein, «weil der immer so hart geschrieben hat». Dann steht sie aber vor dem Mann hinter dem Pseudonym und den harten Ansagen, und sie ist «entzückt» von seiner Ausstrahlung. Carola Wimmer arbeitet noch als Onlineredakteurin für die Webseite kinder.de, als sie zu den «Pappen» kommt. Sie recherchiert an einer Geschichte über die Sängerin Françoise Cactus und stößt dabei zufällig aufs Forum. «Ich kannte niemanden», erinnert sie sich, «aber ich fand es interessant und witzig.» Sie liest die ersten drei, vier Monate nur mit, schreibt aber nicht selbst. Auf der Webseite, für die Carola Wimmer damals hauptberuflich arbeitet, bis die 2002 eingestellt wird, geht es um Erziehungsthemen für Eltern. Sie beginnt, Kinderbücher zu rezensieren und dann bald auch selbst zu schreiben, unter Pseudonym und unter eigenem Namen. Ihr erstes Kinderbuch, «Nie wieder Stunk im Kinderzimmer», kommt nicht lange nach den «Plüschgewittern» heraus. «Hey Kollege», sagt Carola Wimmer zur Begrüßung zu Herrndorf, später ärgert sie ihn damit, dass ihre Auflagen immer viel höher sind als seine. Die beiden gehen auch einmal Bier trinken, er macht ihr Komplimente – aber in dieser Zeit, sagt Carola Wimmer, seien viele Frauen aus dem Forum in Herrndorf verliebt gewesen, sie wollte nicht auch noch dazugehören. («Er wusste das», sagt Carola Wimmer, «denn die Frauen mussten es ihm ja sehr deutlich sagen», offenbar hat sich diese Wahrnehmungsschwäche bei Herrndorf seit Schultagen nicht gebessert.) Aber irgendwann knutschen sie dann doch einmal, 2006, gehen danach aber auf getrennten Wegen heim.

Zwei Jahre später probieren sie es noch einmal und beginnen eine Affäre. Sie tanzen in «Clärchens Ballhaus», wenn die anderen «Pappen» schon gegangen sind, sie treffen sich bei ihm, er kocht den «Westerntopf» für sie nach und schmeckt mit einer halben Flasche Ketchup ab, sie schauen sechs Staffeln «Sopranos» zusammen – aber sind bei alledem diskret, niemand ahnt etwas von den beiden. «Wolfgang war gut im Verstecken», sagt Stese Wagner, und auch mit anderen Freunden wie Marek Hahn oder Per Leo redet er nicht über Liebe – und wenn, dann über die von früher. Aber als Per Leo Geburtstag hat, bringt Herrndorf Carola mit, damit die ihn kennenlernt.

Die drei Bücher, die Wolfgang Herrndorf seit 2002 veröffentlicht hat, heißen also «In Plüschgewittern», «Diesseits des Van-Allen-Gürtels» und «Die Rosenbaum-Doktrin». Man kann wirklich nicht sagen, dass der Mann bis dahin ein Händchen für einprägsame Titel hatte. Im Gegenteil, diese drei Titel sind erstaunlich prätentiös für einen Autor, der sich gar nicht einkriegen kann, was die Prätentionen seiner Konkurrenz angeht: Wortspiele, Referenzen, Koppelungen. Und selbst wenn man annimmt, wie Heiko Arntz, dass «In Plüschgewittern» ein ironisch gewollter Literatur-Literatur-Titel ist, passt er nicht zur stilistischen Klarheit des Autors. «Diesseits des Van-Allen-Gürtels» verkauft in der gebundenen Ausgabe bei Eichborn Berlin zwischen zweitausend und zweitausendfünfhundert Exemplare, sagt Wolfgang Hörner. Auch «In Plüschgewittern» kommt seit 2002 über die erste Auflage nicht hinaus.

Aber irgendwie und auf nicht mehr rekonstruierbaren Wegen landet ein Exemplar von Herrndorfs Debüt im Frühjahr 2007 auf dem Schreibtisch von Marcus Gärtner, seit einem Jahr Programmleiter Belletristik im Rowohlt Taschenbuch Verlag in Reinbek. Nicht nur sein Verlag versucht damals, den Taschenbuchmarkt zu erweitern: weg von der reinen Zweitverwertung bereits erschienener gebundener Titel, hin zu mehr Originalausgaben, auch von erzählerischem Rang. Heinz Strunks Bestseller «Fleisch ist mein Gemüse», 2004 bei rororo rausgekommen, ist dafür ein Beispiel. Herrndorfs «Plüschgewitter» sind zu diesem Zeitpunkt schon seit fünf Jahren im Handel, viel zu lange eigentlich, um für Lizenzierungen noch interessant zu sein. Trotzdem ist da also ein Exemplar bei Gärtner angekommen. Und auch wenn er das Cover lahm und den Titel doof findet und vom Autor noch nie gehört hat, liest er hinein. Nach zehn Seiten ist Gärtner hin und weg. Er geht zu seiner Kollegin Katja Sämann, Assistentin des Rowohlt-Verlegers Alexander Fest, um sich mit ihr zu besprechen. Sämann hat die «Plüschgewitter» schon gelesen und kann erklären, wer dieser Herrndorf ist und aus welchen Berliner Zusammenhängen er kommt. Jedenfalls findet Gärtner den Roman «fantastisch, fantastisch, fantastisch» und gibt Anfang Juni 2007 bei Zweitausendeins «für wenig Geld» ein Angebot für die Taschenbuchlizenz ab. «Das Buch hat mich im Sturm erobert», schreibt er in die E-Mail dazu. Und er kauft auch gleich die Taschenbuchrechte vom gerade erschienenen «Van-Allen-Gürtel» bei Eichborn ein.

Dahinter steht ein Plan, und der Plan heißt «total makeover» – Neuauftritt. Gärtner will Herrndorfs Buch in Richtung «Poproman» und «Herr Lehmann» trimmen und dann mit Gewalt in den Markt pressen, so beschreibt er es selbst. «Wir wollten damit echt was erreichen», sagt er. Die «Plüschgewitter» sollen im Frühjahrsprogramm 2008 als Spitzentitel platziert werden. Vorab sollen die Medien nicht einfach die fotokopierten Fahnen bekommen, sondern aufwendigere Leseexemplare. Was man bei Taschenbüchern sehr selten macht.

Gärtner hat zudem vor, den Roman noch einmal redaktionell zu bearbeiten. Auch das machen Verlage beim Einkauf von Taschenbuchlizenzen eigentlich nicht. Aber Texteingriffe muss Gärtner mit dem Autor natürlich erst einmal besprechen, deswegen verabredet er sich mit ihm, was beim Einkauf von Lizenzausgaben ebenfalls unüblich ist. Die beiden treffen sich in der Zentrale der digitalen Boheme, im «St. Oberholz» am Rosenthaler Platz, schlimmeres Berlin-Mitte, das sagt auch Gärtner, gibt es eigentlich nicht: Hier hocken, das Klischee ist einmal wahr, die digitalen Nomaden mit Laptop und Latte macchiato herum. Die Zeiten, zu denen an dieser Ecke der Torstraße mal ein Burger King war, sind lange vorbei.

«Wir haben uns gesiezt», erinnert sich Marcus Gärtner. Und sie kommen erst einmal gar nicht zueinander, was nicht nur an der scheuen sozialen Grundausstattung Herrndorfs liegt: Ihm gefällt Gärtners Idee nicht, als «neuer Regener» lanciert zu werden. Und er will auch kein neues Cover für sein Buch illustrieren, wie Gärtner anregt. «Ich zeichne nichts mehr», sagt er. Aber als Gärtner ihm dann vorschlägt, den Text zu überarbeiten, stimmt Herrndorf sofort zu. Einen größeren Wunsch hätte man ihm nicht erfüllen können, er hat seit Jahren, nein: seit dem Moment, als sein

Debüt in den Druck ging, von nichts anderem geträumt, als alles noch mal umzuschreiben.

Das tut Herrndorf dann doch nicht. Aber er ändert Verben und Namen. Er streicht Übererklärtes und schreibt an anderer Stelle neue Dialoge dazu. Er legt zusammen, trennt auf. In einer Manuskriptdatei aus dem Juli 2007 beziffert Herrndorf es auf «4–500 Korrekturen gegenüber Haffmans' Druckfassung von mir; ohne Marcus-Gärtner-Korrekturen». Später spricht er immer wieder von weit über fünfhundert Korrekturen, er prahlt regelrecht damit.

Die sichtbarste Änderung ist der Schnitt, den er am Ende des dritten Kapitels macht. In der Taschenbuchausgabe haben die «Plüschgewitter» deswegen fünfzehn Kapitel. Herrndorf schafft damit ein eigenes, kurzes Kapitel für die Rückblende, wie Anja Gabler und der namenlose Erzähler zwei Jahre nach dem Abitur doch noch ein Paar wurden. So herausgestellt, fällt noch etwas stärker auf, wie wenig der Erzähler darüber zu sagen hat. Oder sagen will. Im letzten Kapitel, dem Perspektivwechsel des Romans, als der Bruder des Erzählers das Wort übernimmt, streicht Herrndorf Passagen, die einem beim Lesen das Denken abnehmen sollen: «Wenn man das Ganze einmal im Nachhinein betrachtet, erscheint natürlich manches in anderem Licht. Ich bin nicht nachtragend. Aber ich denke, es fällt mir leichter, wenn ich es einmal aufschreibe» – komplett getilgt. Stattdessen dichtet er jetzt dem Bruder und seiner Frau Marit zu deren ästhetischer Vernichtung eine Liebe zum Musical-Theater an – und deutet an, dass Volker Psychologe von Beruf ist, auch das als Vernichtung gemeint. Er bringt eine weitere literarische Referenz unter, lässt das Elternhaus der Brüder jetzt nicht mehr an der Forsythien-, sondern an der Reisergasse stehen, benennt sie also nach einer seiner Lieblingsfiguren der Literatur, Anton Reiser.

Und Herrndorf streicht die kursiven letzten Sätze des Romans: die Kostenaufstellung, die Volker für sich notiert und aus der man schließen könnte, dass es eine Beerdigung gegeben hat, dass sein Bruder nicht mehr am Leben ist. Jetzt endet der Roman mit dem kurzen Gespräch zwischen der schwangeren Marit und Volker: «‹Wenn es ein Junge wird, werden wir es nach ihm nennen›, hat Marit gesagt, und ich habe gelacht. Da kann man nur hoffen, dass es kein Junge wird.» Es ist das viel bessere Ende, der viel bessere letzte Satz, genauso andeutungsreich, was das Schicksal des Erzählers angeht, aber entschiedener. Keine kursiv gesetzten Zahlen und Abkürzungen mehr, die das Buch bis dahin im Schriftbild irgendwie ausfransen ließen. (In der Hörbuchfassung, die parallel der Schauspieler August Diehl einliest, ist das letzte Kapitel ganz gestrichen. Hier behält der Erzähler das letzte Wort, nicht sein Bruder, keine glückliche Entscheidung: Da liegt er also im Straßengraben und erinnert sich ans Meer. Das Ende ist zwar pathetischer, aber auch verschwommener.)

Wolfgang Herrndorf liest aus seinem überarbeiteten Debütroman auf der Vertreterkonferenz von Rowohlt. Mit solchen Autorenauftritten wird für hoffnungsvolle Titel aus den neuen Programmen eines Verlages geworben, aber eigentlich nicht bei Taschenbuchlizenzen wie den «Plüschgewittern». Nach der Lesung kommt eine Vertreterin auf Herrndorf zu und weist ihn auf einen Fehler im Roman hin: Pferde voltigiert man nicht, wie Herrndorf geschrieben hat, man longiert sie im Kreis. Sie bezieht sich auf eine Episode aus der Jugend des Erzählers, als der Reiten lernt, nur um Anja Gabler zu beeindrucken – und eines Tages im Wald von einem anderen Reiter betatscht wird. Eine autobiographisch gefärbte, zentrale Stelle im Roman, um die Selbsterniedrigung des Jungen zu inszenieren: Denn wie sich herausstellt, hat Anja sich nie für Pferde interessiert. Herrndorf reagiert «heftig» auf diesen Hinweis der Vertreterin, erinnert sich Gärtner, der davon etwas schockiert ist, aber das volle Ausmaß des Herrndorfschen Perfektionismus auch noch nicht kennt. In der nächsten Auflage ist der Fehler korrigiert.

«Es hat nicht richtig funktioniert», sagt Gärtner, den Roman à la Regeners «Herr Lehmann» zu pushen. Das Taschenbuch verkauft sich in den ersten Monaten zwar ungefähr zwölftausend Mal, aber bleibt damit hinter den Erwartungen des Verlags zurück. Als Herrndorf die neuen «Plüschgewitter» dann im «Golden Pudel Club» am Hamburger Hafen vorstellt, kommen außer seinem Lektor und einer weiteren Verlagsmitarbeiterin noch zwei zahlende Besucher aus dem Freundeskreis des Autors – und Herrndorfs Mutter.

Das Frühjahr 2008 ist eigentlich erfolgreich für den Autor Wolfgang Herrndorf. Er erhält nämlich gleich zwei Literaturpreise für seinen Erzählungsband: den Förderpreis des Internationalen Eifel-Literatur-Preises, dotiert mit dreitausend Euro, in der Jury sitzen Martin Lüdke, Sigrid Löffler und Volker Hage, und den Deutschen Erzählerpreis, ausgelobt vom Hotelier Karl-Heinz Berkner aus Badenweiler, dotiert mit fünftausend Euro und einem dreimonatigen Aufenthalt im Hotel Römerbad. Herrndorf reist für zwei Tage in den Breisgau, um die Auszeichnung entgegenzunehmen. «Keine Begrüßungsworte, keine Laudatio, keine Dankesrede des Preisträgers», hält die «Badische Zeitung» danach fest, stattdessen ein «lockeres Gespräch zwischen dem mit seinem sportiven Outfit wie ein Alien wirkendem Preisträger und dem Jury-Vorsitzenden Epkes», einem Literaturredakteur des SWR. «Ich muss nicht dazusagen, dass ich in meiner einzigen Hose angereist war. Alle anderen trugen Anzug», kommentiert Herrndorf den Bericht im Forum.

Zu den Statuten des Preises gehört eigentlich, dass die Ausgezeichneten bei der Verleihung einen unveröffentlichten Text vortragen. Herrndorf aber liest die längst erschienene «Rosenbaum-

Doktrin», im Wechsel mit dem Radiosprecher Gerd Andresen. Der Text wird am Tag der Preisverleihung, es ist der 1. März 2008, in der «Welt» abgedruckt. Die Gäste des Hotel Römerbad erhalten einen Sonderdruck, in dem auch aus der Begründung der Jury (zu der abermals Sigrid Löffler gehört, aber auch Jens Jessen von der «Zeit») zitiert wird: «Wolfgang Herrndorf erhält den Deutschen Erzählerpreis für sein ironisches und melancholisches Spiel mit zeitgenössischen Wirklichkeiten, seien es nun die Milieus von Werbeagenturen, Literatenzirkeln oder die asozialen Ränder Ostdeutschlands.»

Mit einer Bekannten aus dem Forum, die nach Badenweiler gekommen ist, führt er sich dann abends ein bisschen in der Hotelbar auf, so beschreibt er es den «Pappen», Wein wird verschüttet, mit Chips geworfen. «In den Blicken des Hoteldirektors meine ich am Ende etwas erkannt zu haben, das weder ein besoffener Russe in Jogginghose noch ein kackender Hund oder Himmler in Strapsen hätte auslösen können. Und auch darüber musste ich schließlich im Flugzeug lange und verwundert nachdenken: Wie sehr und wie unsäglich und wie auch ohne jeden Grund ich oft mein ganzes Leben lang unter den winzigsten Peinlichkeiten gelitten habe; und wie mein Puls in Badenweiler nicht eine Sekunde über 60 ging. You've come a long way, baby.»

Literaturpreise wie diese beiden gibt es wohl eher selten: Der eine wird danach sofort wieder abgeschafft, bei dem anderen, der zur Hotel-PR dient, gelingt es der Jury, den ausgezeichneten Autor in ihrer Begründung unfreiwillig vor den Kopf zu stoßen: Die «asozialen Ränder Ostdeutschlands»? Es ist gar nicht klar, was damit gemeint ist. Herrndorf hat sich mit maximal ausgestelltem Desinteresse dafür bedankt. Er kehrt auch nicht nach Badenweiler zurück, um seinen Preis einzulösen, den dreimonatigen Schreibaufenthalt im Hotel.

Er ist jetzt Anfang, Mitte vierzig. «Es stimmt, dass es ab 30 noch mal besser wird, aber das ist ein Strohfeuer», schreibt Herrndorf im Januar 2008 ins Forum. «Mit 35 schon weht ein eisiger Windhauch von der schattigen Straßenseite herüber, Hausnummer 40 blinkt weiß auf emailleblau. Statistisch ist man jetzt über den Scheitelpunkt der Parabel, die Talfahrt beginnt, und man muss nicht wahnsinnig intelligent sein, um zu ahnen, dass ohne die 30 das mit der 40 nicht passiert wäre. Ich selbst wollte nie auch nur 18 werden. Schon als Kind war mein angestrebtes Ziel 17 (Glückszahl, strahlend rot), das Bedürfnis meiner Altersgenossen, auf der dunkelblau-anthrazitfarbenen 18 endlich das legal tun zu dürfen, was sie ohnehin die ganze Zeit taten, habe ich nie begriffen.»

Als Herrndorf das schreibt, hat er zwei Bücher veröffentlicht, die zwar bei der Kritik gut angekommen, aber kein Verkaufserfolg geworden sind. Er lebt weiterhin in seiner Einzimmerwohnung, isst in der Mensa oder wärmt sich Doseneintopf auf, er hat, was er braucht, er lebt, wie er will, und wenn manchmal die Vögel in seiner Wohnung durchs Fenster einbrechen und herumfliegen, passt das fast malerisch dazu. Im Forum vermerkt er, als er Ende April 2009 seine Steuer macht: «bisheriges Einkommen '09: Null.» Herrndorf sitzt weiter an mehreren Manuskripten gleichzeitig, am Jugendbuch, am «Stimmen»-Roman und am Thriller, sie wachsen im Umfang immer weiter, aber keines nähert sich wirklich einer Vollendung: Herrndorf bohrt sich stattdessen immer tiefer in seine Texte hinein. Lars Hubrich erinnert sich an ein Gespräch im «Prassnik», bei dem Herrndorf ihm erzählt, dass er seit Tagen damit beschäftigt ist herauszufinden, ob und wie jemand, der auf dem oberen Boden einer Scheune sitzt, mit einer Leiter, die nicht lang genug ist, dass sie auf die Erde herunterreicht, irgendwie trotzdem durch ein Loch herunterklettern kann. Er arbeitet also an einer zentralen Stelle aus «Sand» beziehungsweise «Düne des

Grauens» – so hat er das Projekt kurze Zeit vorher im Anhang eines Sammelbands genannt, zu dem er eine Geschichte beisteuert, «Eis», in der man wiederum Elemente des «Stimmen»-Romans erahnen kann. Drei Typen aus der Stadt halten mit dem Auto auf dem Dorf, rutschen auf einem zugefrorenen See herum, quälen ein Kätzchen und fahren wieder zurück.

Diese Szene mit der Leiter aber, die er zwei Jahre später perfekt abliefern wird, qualvoll gedehnt und minutiös zelebriert, gehört zu den Stellen im Werk Herrndorfs, an denen man das Selbstbild des Menschen erahnt, der sie hervorgebracht hat. Wie der Junge mit dem Schlitten aus dem Cartoon, der sich mit jedem Schritt weiter von seinem Ziel entfernt. Wie das Kunstprojekt in der Erzählung vom «Weg des Soldaten», das sich der Nürnberger Kunststudent Franco ausdenkt: Er lässt seine Freundin Mara einen Spielzeugsoldaten schlucken und dokumentiert dessen Reise durch den Körper mit Röntgenaufnahmen. Am Ende, das ist Herrndorfs lebenslange Pointe, kommt bei Kunst eh nur Scheiße raus. Es gibt natürlich Ausnahmen, aber er selbst gehört nicht dazu.

Im Forum wird sein Ton gereizter. Herrndorf hat einen unangenehmen Anfall von Rechthaberei wegen eines «Welt»-Interviews mit dem Kunsthistoriker Benjamin Binstock, der in einem neuen Buch behauptet, Vermeer könnte viele seiner Bilder gar nicht selbst gemalt haben. Herrndorf nennt Binstock eine «Klemmschwuchtel», und so geht es zu bis fünf Uhr in der Früh, und auch wenn Herrndorf für seine Apodiktik und Schärfe eigentlich immer respektiert und gefürchtet wird, hört man aus den Reaktionen der anderen auf diese Tiraden jetzt eine Art nachsichtige Müdigkeit heraus. Vielleicht ist auch gerade nur die Luft etwas raus aus der Sache mit dem Forum, und Herrndorf spürt das, fühlt sich alleingelassen damit, den Spirit am Leben zu erhalten, er erfindet Spiele und Rätsel und Wettbewerbe, das ganze Jahr 2009 über.

Im Mai 2009 wuchtet er einen alten Strang wieder hoch, so nennen die «Pappen» die Technik, vergangene Diskussionen wieder aufzunehmen. «Das verhungerte Forum» heißt dieser Strang, den Tex Rubinowitz am 28. August 2001 eröffnet hatte: «Ich hab mich sehr oft geirrt, aber hier bin ich mir sehr sicher, es wird verhungern, Freunde», prophezeite er damals schon. «Tex hats halt drei Jahre früher gecheckt als wir anderen», kommentiert eine andere «Pappe» beim ersten Hochwuchten, 2004. «Acht Jahre, um genau zu sein», schreibt Herrndorf jetzt also am 25. Mai 2009, nachts um Viertel vor eins. Bemerkenswert ist daran nicht nur Herrndorfs Gedächtnis für alte Einträge, wie genau er sich also auskennt in den Verästelungen seines Forums: Es zeigt auch seine Sorge, die Prophezeiung könnte sich bewahrheiten und dieses einzigartige Forum, das Utopia, eingehen. Woran auch immer. Über die Jahre haben viele «Pappen» weitere soziale Medien (wie «Facebook») für sich entdeckt, Herrndorf aber ist dem Forum treu geblieben, braucht nichts anderes, will nichts anderes. «Mein Gott, darf man in diesem Forum nicht mal mehr seine Depression ausleben?», giftet er, als er von Cornelius Reiber ironisch gedisst wird, weil er Ende 2009 die traditionellen Jahresbestenlisten der anderen beschimpft hat. «Diese Listen muss ich nur anschauen, schon ist mein Tag versaut», hatte Herrndorf geschrieben. «Literatur jedenfalls geht mir am Arsch vorbei. Insbesondere eure.» Marek Hahn erinnert sich daran, wie irritiert er war, als Herrndorf Ende 2009 einmal behauptet, dass er seit Wochen niemanden gesehen habe. Dabei treffen sich die beiden nach wie vor jeden Montag in der «Sneak-Preview» am Friedrichshain.

Es geht Wolfgang Herrndorf nicht gut. Im Herbst bekommt er auf einmal Kopfschmerzen. Nachts liegt er oft wach, mit Todesangst, irgendetwas stimmt nicht. Er hat in seinem Leben immer wieder Todesangst gehabt, jetzt sind diese Gedanken noch einmal stärker geworden, und er erzählt Carola Wimmer davon.

Die beiden hatten sich eine Zeitlang verkracht, aber wieder ange-
nähert. Im November 2009 fliegt Herrndorf mit Per Leo und Jochen Schmidt nach Essaouira. Leo hatte nach einem Fußballabend
davon erzählt, dass er bald nach Marokko müsse, dort lässt er seit
Jahren Schatullen herstellen, die er entwirft und verkauft. «Kann
ich mit?», fragt Herrndorf sofort. «Aber warum willst du mit?»,
fragt Leo. Er habe trotz tagelanger Recherche im Internet nicht
herausfinden können, antwortet Herrndorf, ob man auf einer
Sanddüne Fluchtspuren hinterlasse. Jochen Schmidt geht auch
mit auf diese Reise, und als die drei dann am Strand von Essaouira
Fußball mit den Handwerkern spielen, die Leos Schatullen anfertigen, fällt Herrndorf über einen unsichtbaren Gegenspieler und
landet im Sand. Irgendetwas stimmt wirklich nicht. Weihnachten,
in Norderstedt, will er sich dann unbedingt ein Buch für die Rückfahrt nach Berlin kaufen. Im Geschäft stolpert und fällt er wieder,
diesmal über einen niedrigen Tisch, den er nicht gesehen hat.
Was er seiner Mutter, die dabei ist, aber nicht erzählt.

An diesem Weihnachtsfest 2009 schreibt Wolfgang Herrndorf seinem Freund Calvin Scott einen Brief nach Neuseeland,
nach langer Zeit des Schweigens, ein ganzes Jahr hatte er es hin-
ausgeschoben, auf den letzten Brief zu antworten: «Drei oder vier
Dinge muss ich zu meiner Entschuldigung anführen. Erstens, ich
kann nicht mehr mit der Hand schreiben (wie Du siehst). Zweitens fällt mir Schreiben immer schwerer, seit ich es zum Beruf gemacht habe. Zur Zeit hänge ich in einem Roman fest, der Mord,
Folter, Totalamnesie, den Schmuggel einer Atombombe durch
die Sahara und ‹Geheimdienste› aufs Albernste vereint. Du hältst
das für einen Witz, aber es ist leider keiner. Drittens Seelenver-
finsterung. Viertens habe ich im Vergleich zu Dir nicht das Ge-
ringste erlebt letztes Jahr. Träge trotte ich von der Mensa in die
Kneipe, von der Kneipe in mein Bett und zurück in die Mensa
– und kann, wie der gute Hans Castorp im Zauberberg, zwischen

dem ‹schon wieder› und dem ‹immer noch› längst nicht mehr unterscheiden (ohne dass eine Clawdia Chauchat mich dazu fesseln muss). Wo Du von Haarausfall, Verfettung und 40. Geburtstag schreibst: hier nicht wesentlich anders. Man denkt sich Zeit ja immer räumlich. Meine Vorstellung des Lebens war immer die einer Parabel: von der Geburt leicht geschwungen ansteigend bis zum Höhepunkt, dann ebenso leicht geschwungen und immer rascher abfallend bis zum Ende. Wobei dieser Höhepunkt nicht als Höhepunkt der Vitalität oder dergleichen vorgestellt werden kann, lediglich als geometrische Mitte des Lebens, als statistische Marke; und seit ich diese statistische Marke sicher überschritten habe und mich nun Tag für Tag und Nacht für Nacht auf abschüssiger Linie mit zierlichem Schwung dem Grab entgegenrutschen sehe, hat es meine ohnehin nie geringe Thanatophobie noch einmal in ganz andere Dimensionen katapultiert. Da sich die Psychologie der Behandlung dieser Angst wegen erwiesener Berechtigung und Realitätsnähe nicht widmet, habe ich in den letzten Monaten eine Selbstmedikamentierung mit Salmiak-Wodka nicht ohne Erfolg in die Wege geleitet.»

7. KAPITEL

«Ich glaube nicht an Zeichen, aber das ist das Projekt.»

Die Diagnose und «Tschick», Frühjahr bis Herbst 2010

Im Werk von Wolfgang Herrndorf verlaufen überall autobiographische Ströme. Motive wandern von einem Buch zum anderen. Konstellationen wiederholen sich. Figuren tauchen hier auf, dort noch einmal. Alle diese Elemente halten den erzählerischen Kosmos zusammen. Herrndorf wird zu Lebzeiten vier Bücher veröffentlichen. Und so unterschiedlich die auch ausfallen, inhaltlich wie formal – Berlin-Roman, Erzählungsband, Jugendroman, Thriller –, fühlt es sich doch vertraut an, wenn man nach dem einen das nächste liest. Philip Roth behandelt immer wieder das gleiche Sujet in seinen Romanen, um dieses Gefühl zu erzeugen, Wolfgang Herrndorf gelingt der Effekt mit vier Büchern, von denen eins nicht einmal ein Roman ist.

Sein komplettes Werk ist von Ideen durchzogen, die er mehrfach variiert. Schon in den «Plüschgewittern» liest der namenlose Erzähler beispielsweise ein Kinderbuch, «Pik reist nach Amerika», das Herrndorf später dann bei «Tschick» als eines von vielen Vorbildern dient. Er verrät das in seinem Blog «Arbeit und Struktur», während er noch am Manuskript des Jugendromans sitzt, in dessen Vorstufen als Titel auch «Tschick reist in die Walachei» oder «Tschick reist nach Amerika» in Frage gekommen waren. «Tschick» beginnt mit einer – farblichen – Referenz auf Herrndorfs Lieblingsbuch, Stendhals «Rot und Schwarz»: «Als Erstes ist da der Geruch von Blut und Kaffee», er lässt seinen Erzähler in den «Plüschgewittern» Stendhal lesen, die Mottozitate am Anfang der Kapitel von «Sand» hat er sich von Stendhal abgeschaut, der ihn auch inspiriert, eine Figur Polidorio zu nennen – Polidori hieß der Leibarzt von Lord Byron, mit dem Stendhal persönlich bekannt war. Auch Goethes «Werther», den Herrndorf liest, als er im Frühjahr 1986 mit der Fehldiagnose Hirntumor in einem Hamburger Krankenhaus liegt, hinterlässt Spuren im Werk, in «Tschick», aber auch in den kurzen Episoden aus seinem Leben, die er ins Forum stellt: Einmal erzählt Herrndorf davon, wie er fürchterliche Falafel isst und den Rest davon in den Rinnstein wirft, «am nächsten Morgen lag er noch immer dort, und er liegt auch noch heute da, Monate später. Kein Künstler, kein Hund, keine Arschmade hat ihn angerührt, kein Priester ihn begleitet.» Anspielungen auf «Anton Reiser» finden sich im posthum erschienenen Roman «Bilder deiner großen Liebe» genauso wie in den «Plüschgewittern», da fügt Herrndorf sie sogar nachträglich in die Taschenbuchausgabe ein.

Es herrscht also Durchlässigkeit in Herrndorfs Werk, prinzipiell. Das macht seine ganz eigene Schönheit aus, seinen Sound. Es herrscht Durchlässigkeit zwischen den einzelnen Büchern, aber auch zwischen Herrndorfs Leben und den Büchern, die er schreibt, und den Büchern, die er liest, den Filmen, die er sieht, den Bildern, die er liebt, es ist eine permanente Gegenwart des Gelesenen und Gesehenen und Geliebten, alles wird unaufhörlich neu verwendet, verwertet, ausgestellt und vorgeführt. Kaum eine Kommunikation mit ihm, auch privat, ohne Ironie oder Uneigentlichkeit, ohne Pointe. Cornelius Reiber erzählt davon, wie Herrndorfs Kritik an den Texten anderer im Forum immer etwas Übertriebenes, Affektiertes, Geschauspielertes hatte – und sie deswegen weniger verletzend wirkte, zumindest auf ihn. Herrndorf führt Kritik auf, so wie er mit Calvin Naphta und Settembrini, den gelehrten Streit gespielt hat.

Auch diese Auftritte hinterlassen ihre Spuren. Die «Pappen» träumen vom rabiaten Herrndorf, davon hat Kathrin Passig erzählt. Herrndorf wiederum träumt den Namen «Hepforscher» und schreibt ihn in eine Erzählung des «Van-Allen-Gürtels» hinein, benutzt ihn noch einmal am Ende des Bandes, dankt dort «Robert und Anita Hepforscher». Einen der beiden Namen will er später auch in die Danksagung von «Sand» aufnehmen, lässt das aber dann. Wenn man alle drei «Hepforscher» googelt, Anita, Robert und Hugh, landet man immer nur bei Herrndorf. Er setzt was in die Welt, er spielt, auch hier. «Die Struktur des Gehirns als die Ursache aller Dinge und das Universum als Fortsetzung unseres Sinnensystems», so hat er Calvin Scott seine Weltformel erklärt – in seinem Werk zeigt sich, was er damit meint. Wenn es nicht so ein abgedroschen postmoderner Slang wäre, und Herrndorf hasst ja Postmoderne und Abgedroschenheit und Slang, dann müsste man eigentlich sagen: Im Leben des Künstlers Herrndorf ist alles ein einziger großer Text.

«Diesseits des Van-Allen-Gürtels» wird von den Figuren zusammengehalten, die zum Teil nur in der Vorstellung anderer Figuren vorkommen, auch das gehört zu Herrndorfs Idee, «die Struktur des Gehirns als die Ursache aller Dinge und das Universum als Fortsetzung unseres Sinnensystems» zu begreifen. Eine der Figuren führt aber aus dem Buch auch hinaus – und hinein in ein anderes erzählerisches Projekt von Wolfgang Herrndorf. Diese Figur heißt «Maik Tschikowski». Und es gibt diesen Maik T. nur, weil über ihn geredet wird, man kriegt ihn nicht zu sehen. Maik Tschikowski ist vermutlich der Ex-Freund von Inka, der jungen Frau aus dem Haus der «Oderbruch»-Erzählung. So behauptet es Inka, sie fragt Georg Bitsch, den Erzähler, ob er Maik vielleicht auch kennt. Bitsch verneint. Sie nennt ihren Ex-Freund den «Weltmeister im Gereiztsein», weil er Inka offenbar geschlagen hat, das erzählt sie Bitsch beim Tischtennis. Mehr erfährt man nicht über ihn. Am Ende dieser beklemmenden Geschichte wird Bitsch dann noch mit Maik verwechselt, von einem schwarzgekleideten Typen, der plötzlich vor der Tür dieses unheimlichen Hauses im Wald steht, vielleicht der neue Freund von Inka ist – und zu ihr in den Keller hinuntergeht. Man hört Inka noch schreien, Bitsch macht sich lieber auf und davon. Maik Tschikowski aber bleibt ein Phantom.

Woher dieser Name kommt, wer oder was die Inspiration dazu war, ist nicht mehr zu rekonstruieren. In einem verworfenen «Tschick»-Kapitel aus dem Dezember 2008, also knapp anderthalb Jahre nach Erscheinen des «Van-Allen-Gürtels», probiert Herrndorf auch einmal die Variante «Tschikatilow» für seine Hauptfigur Andrej aus. Figuren müssen natürlich irgendwie heißen, Herrndorf experimentiert damit in seinen Geschichten herum, erstellt Listen mit möglichen Namen, benennt wieder um. Das ist schriftstellerischer Alltag. Aber er nimmt hier eben auch Stimmfühlung auf zu einer anderen Geschichte. Und weil es keine Zufälle im erzählerischen Werk von Wolfgang Herrndorf gibt, und falls doch, dann nur inszenierte, wird es etwas zu bedeuten haben, dass er die Namen beider Jungen verschmilzt. (Oder den einen Namen in zwei spaltet.) Vielleicht korrespondiert es aber auch mit einer Idee, die Herrndorfs Kindheitsfreundin Tatjana Adolphs gekommen ist, als sie «Tschick» las und darin so viel aus den gemeinsamen Garstedter Tagen wiedererkannte: dass Maik und Tschick zwei Seiten des einen Autors verkörpern könnten, der sie sich ausgedacht hat. Einmal der in seine eigene Welt zurückgezogene, stark empfindende Schreibtischrebell, der auf seine Erweckung durch ein Mädchen wartet – und dann der autonome, Ansagen verteilende Außenseiter mit Aura und Geheimnissen. Womöglich hat Herrndorf dieser Name, Maik Tschikowski, auch einfach nur so gut gefallen, dass er ihn zerlegt und seine Einzelteile verwendet. Aber hat man den

Namen einmal hier gelesen und später wieder dort, lässt einem die Korrespondenz keine Ruhe mehr. Und da ist dann noch die Frage, ob Herrndorf nur das, diese Verwirrung, beabsichtigt haben könnte. Dass man also nur denken soll, dass es etwas zu bedeuten hat.

Gegen Ende des Jahres 2009 aber sitzt Herrndorf nicht an «Tschick», sondern am Thriller «Sand»: Das schreibt er an Calvin Scott nach Neuseeland – möglich, dass es gerade Vorrang hat, weil Herrndorf eben erst aus Marokko, aus Essaouira zurückgekommen ist, wo er zu den Fluchtspuren im Sand geforscht hat. Am 13. Januar 2010 zitiert er im sogenannten «Schlafgestörtenstrang» des Forums aus dem Verhörhandbuch der CIA, erschienen 1963. Er recherchiert offenbar für die Folterszenen seines Wüstenromans. Es ist acht Uhr morgens. Niemand antwortet ihm, er schreibt noch dies und das, und dann: «Es gibt so Momente, da hat man einfach keine Lust mehr.» Damit ist wohl nicht das Forum gemeint. Er steckt fest, er kommt nicht voran. Er hat sich zwar eingerichtet in dieser parallelen Arbeit an mehreren Projekten, die Erbschaft der Großmutter fängt ihn dabei auf. Aber Carola Wimmer vermutet, dass Herrndorf sich damals, Ende 2009, in einer Krise befindet, dass er darüber nachdenkt, das Schreiben und Veröffentlichen aufzugeben. Seine Einnahmen aus freiberuflicher Arbeit im Jahr 2009 betragen 1260 Euro.

Vier Wochen später eröffnet Herrndorf im Forum einen weiteren Strang. «Das etwas neue Gefühl» nennt er ihn und schreibt: «Krank sein bei gleichzeitigem Ausfall des Computers. Selbstdiagnose unmöglich, nachts auf allen vieren zum Bücherbord kriechen, um im Brockhaus Gehirnerschütterung und Artverwandtes nachzuschlagen, und denken: Diese mageren Dreizeiler haben wir vor Wikipedia als Lexikonartikel akzeptiert? Gleichzeitig durchaus gemischtes Gefühl: Während ich so einfach dumpf wieder hinsackte, hätte ich mich per Internet unweigerlich auf irgendwas zwischen Cluster Headache und Hirntumor gesteigert.»

Herrndorf hat starke Kopfschmerzen, er nimmt Schmerzmittel. Die Sehstörungen, die er am Strand in Marokko und in Norderstedt schon erlebt hat, wiederholen sich. Zweimal ist er in diesen Wochen mit der linken Schulter an einer Säule hängen geblieben. Einmal hat er sich neben einen Stuhl gesetzt. Er rempelt andere Menschen an. Und sein Computer ist kaputt, weil er eine Tasse auf seinem Schreibtisch mit der linken Hand umgestoßen hat und Tee in die Tastatur gelaufen ist. Mit seiner linken Hand passiert ihm so etwas neuerdings oft. Die Kopfschmerzen werden jetzt so stark, dass er zum Hausarzt geht, der ihn ins Bundeswehrkrankenhaus in der Scharnhorststraße überweist, nicht weit von seiner Wohnung. Er läuft von der Auguststraße direkt zu Fuß dorthin.

Im Krankenhaus wird eine Nasennebenhöhlenentzündung diagnostiziert; gegen die Kopfschmerzen erhält Herrndorf ein Migränemedikament. Aber sie kommen wieder, drei Tage später. Beim Hausarzt übergibt sich Herrndorf und wird mit einem Krankenwagen wieder ins Bundeswehrkrankenhaus transportiert, dort schließen die Ärzte erneut auf Nasennebenhöhlenentzündung. Herrndorf läuft zu Fuß heim. Zwei Nächte später fällt er nachts auf dem Weg zur Toilette in seiner Wohnung um, ein Schwindelanfall, er kommt nicht wieder auf die Beine, robbt zum Telefon, wählt, zum ersten Mal in seinem Leben, die Notrufnummer 112. Können Sie die Tür öffnen, wird er gefragt, wir sind gleich bei Ihnen. Herrndorf zieht sich irgendwie etwas an und schleppt sich zur Tür. Einer der Sanitäter muss ihm die Schuhe zubinden und hilft ihm danach die Treppen hinunter. Herrndorf wird wieder ins Bundeswehrkrankenhaus in der Scharnhorststraße gebracht. Dort wird am 17. Februar eine Computertomographie gemacht. Der Arzt, der Herrndorf nun schon zum dritten Mal behandelt, zeigt ihm das Resultat. Eine Raumforderung, sagt er. Eine Magnetresonanztomographie wird erforderlich.

Was eine «Raumforderung» ist, erfährt Herrndorf jetzt. Im menschlichen Schädel sind ungefähr anderthalb Liter Platz, den sich Gehirnmasse, Nervenwasser- und Blutvolumen teilen. Nimmt einer dieser drei Teile an Volumen zu und fordert mehr Raum, geht das auf Kosten der anderen beiden. Eine bösartige Geschwulst kann stark wachsen und Schwellungen des umliegenden Hirngewebes nach sich ziehen, bis im gesamten Schädel so viel Druck herrscht, dass das Herz kein Blut mehr durchpumpen kann. «Infolge der anatomischen Lage der Geschwulst am Übergang von Scheitel- zu Hinterhauptstirn kam es bei Herrndorf zu Störungen, etwa zu Einschränkungen des Gesichtsfeldes», erklärt Professor Dag Moskopp.

Moskopp ist Chefarzt der Klinik für Neurochirurgie am Vivantes-Klinikum im Friedrichshain, das mit dem Bundeswehrkrankenhaus in Mitte kooperiert – und einer der Ärzte, die Wolfgang Herrndorf ab jetzt behandeln werden. (Um über die Krankengeschichte seines Patienten Auskunft geben zu können, hat sich Moskopp von Herrndorfs Witwe Carola Wimmer und von Katrin und Christian Herrndorf für dieses Buch von der ärztlichen Schweigepflicht entbinden lassen.) Am 18. Februar wird Herrndorf ins Klinikum am Volkspark Friedrichshain verlegt. Gleich auf der anderen Seite des Parks befindet sich das Kino, in das er fast jeden Montag mit den anderen «Pappen» zur «Sneak-Preview» geht. Neun Jahre lang jedenfalls hat er das getan, aber ab jetzt nicht mehr.

Herrndorf hat sein Handy auf der Marokkoreise verloren. Bevor er verlegt wird, muss er deswegen im Bundeswehrkrankenhaus darum bitten, telefonieren zu dürfen. In seinem Portemonnaie steckt ein Zettel mit Nummern. Holm Friebe sitzt in seinem Büro am Alexanderplatz, als das Telefon klingelt. «Die haben hier was gefunden», sagt Herrndorf zu ihm, im Kopf, und dass es nicht gut aussieht. Ob Friebe bitte auch Marek Hahn und Carola Wimmer informieren könnte? In diesem Augenblick erfährt Friebe von der Verbindung zwischen Carola Wimmer und seinem Freund Wolfgang. Auch Marek Hahn erfährt erst davon, als er im Klinikum Friedrichshain ankommt und Carola Wimmer schon dort ist. Sie ist ab jetzt ständig bei Herrndorf.

Am Vormittag des 19. Februar wird ihn Professor Moskopp operieren. Morgens, also kurz davor, klingelt in Norderstedt das Telefon. Katrin Herrndorf nimmt ab. Mutter, setz dich hin, habe ihr Sohn gesagt, ich werde gleich am Gehirn operiert. «Wir kommen sofort», sagt Katrin Herrndorf. Aber Wolfgang bittet sie darum, noch einen Tag zu warten. Die Eltern respektieren seinen Wunsch. Er gibt ihnen die Nummer von Holm Friebe, zur Absprache. Friebe wohnt damals auf der anderen Seite des Volksparks, seine Wohnung wird in diesen Tagen zur Anlaufstelle für die Berliner «Pappen», die sich über Herrndorfs Zustand informieren oder gemeinsam auf Neuigkeiten warten wollen. Friebe richtet auch einen Skype-Chat ein. An diesem Vormittag sind ein paar der Freundinnen und Freunde vor dem Eingriff bei Herrndorf im Krankenhaus, später zieht der engste Kreis weiter in die «Tilsiter Lichtspiele», einmal ums Eck vom Klinikum, ein Ableger vom «Prassnik». Tränen. Gegen 18 Uhr gehen Friebe, Reiber und Hahn wieder zurück ins Klinikum. Herrndorf hat schon am Nachmittag von einem Assistenzarzt erfahren, die Operation sei planmäßig verlaufen, aber nicht mehr als das. Am Abend zuvor hatte Herrndorf telefonisch mit Reiber und Friebe besprochen, was zu tun ist, falls er als «Gemüse» aufwacht. Sie sollen, sagt er ihnen, wie Chief Bromden in «Einer flog über das Kuckucksnest» ein Kissen nehmen. Er füllt vor der Operation eine Patientenverfügung aus. Als sie jetzt an seinem Bett stehen, bittet Herrndorf die Freunde, ihm Fragen zu stellen, Logikprobleme. Herrndorf will testen, ob sein Hirn noch funktioniert. Sie probieren es mit dem Rätsel von dem Mann, der ein Schaf, einen Kohlkopf und einen Wolf über einen Fluss rudern will, aber nur einen zweiten Platz auf seinem Boot hat. Herrndorf, erinnert sich Moskopp, löst das Rätsel «innerhalb weniger Sekunden und bittet – leicht verächtlich – darum, ihm ein anspruchsvolleres Rätsel aufzugeben». Danach probiert Marek Hahn es mit Schacheröffnungen, das läuft nicht ganz so gut für Herrndorf, aber eben auch nicht anders als sonst, wenn die beiden spielen und Marek gewinnt.

Abends ruft Holm Friebe in Norderstedt an. Die Operation war erfolgreich, sagt er und gibt Katrin Herrndorf die Nummer des Klinikums, damit sie sich am nächsten Tag selbst dort erkundigen kann. Es ist ganz früh am Morgen, als sie auf der Intensivstation anruft, eine Schwester geht ans Telefon. «Möchten Sie mit Ihrem Sohn sprechen?», fragt sie. «Kann er das denn?», fragt Katrin Herrndorf zurück und muss sich kurz vor Überraschung und Erleichterung fangen. Ja, kann er. Die Eltern fahren nach Berlin und übernachten in der Wohnung des Sohnes. Am nächsten Tag stehen sie im Klinikum an dessen Bett, und es sind auch wieder Freundinnen und Freunde da. «Wolfgang», sagt Katrin Herrndorf, «wir wohnen bei dir und haben deine Pfandflaschen weggebracht.» – «Das war doch meine Altersvorsorge!», ruft Herrndorf. Katrin Herrndorf lacht noch heute darüber.

Herrndorf geht es nach der Operation rasch besser. Im Labor der Charité erfolgt unterdessen eine pathologisch-anatomische Untersuchung des Gewebes, das Moskopp seinem Patienten entnommen hat. Die Histologie zieht sich aber. Am 25. Februar kann Moskopp Herrndorf endlich die Diagnose mitteilen, die Eltern sind dabei. Glioblastoma multiforme, WHO-Grad IV. Ein hirneigener, bösartiger, schnell wachsender Tumor. Zu hundert Prozent tödlich.

In der Erinnerung von Katrin Herrndorf an diesen Moment fragt ihr Sohn seinen Arzt: «Hat das, was ich habe, auch einen Namen?» Seiner eigenen Erinnerung nach hört Herrndorf kaum zu, als Moskopp ihm den Befund erklärt, denn er muss daran denken, «dass ich mich nie wieder verlieben werde, nie wieder wird sich jemand in mich verlieben». In der Erinnerung von Dag Moskopp fragt ihn sein Patient: «Wie viele Bücher kann ich noch schreiben?» Herrndorf hat zwar auch nach «allgemein publizierten Überlebenszeiten von Patienten mit Glioblastom» gefragt, sagt Moskopp, «wobei stets Gegenstand des Diskurses mit Wolfgang Herrndorf war, dass man aus Statistiken – selbstredend – nur bedingt etwas über Individuen sagen kann». Aber er fragt den Professor nicht danach, wie es ihm in diesen Phasen seiner Erkrankung dann gehen werde, wie es dann sein würde für ihn. Fünf Bücher habe er noch geplant, erklärt er seinem Arzt, «halten Sie das für möglich?» – «Und was soll man da anderes antworten als: Machen Sie!», sagt Moskopp.

Am Abend dieses Tages, an dem Herrndorf erfährt, dass er unheilbar, unrettbar an einem Tumor erkrankt ist, geht er mit Carola Wimmer ins Kino. Sein körperlicher Zustand hat sich stabilisiert, er darf die Klinik zeitweilig verlassen. Das Filmtheater am Friedrichshain zeigt «A Serious Man» von den Coen-Brüdern, eine Art Hiobsgeschichte im Mittleren Westen Ende der sechziger Jahre. Vorher läuft das Paar noch etwas durchs Bötzowviertel, wo einige der zentralen Stellen von Herrndorfs Debütroman spielen. Wo er seit Jahren montags regelmäßig ins Kino gegangen ist und danach bis in die frühen Morgenstunden getrunken und geredet hat, wo er mit Ulrike Sterblich, Stese Wagner, Holm Friebe und Cornelius Reiber die Bunny Lectures vorbereitet hat. Die beiden klingeln bei Friebe, in dessen «War Room», wie Friebe es nennt, lauter «Pappen» versammelt sind, die auf das Ergebnis der Histologie gewartet haben und den Schock gemeinsam zu verarbeiten versuchen. Fast alle begleiten Herrndorf und Carola Wimmer ins Kino. Holm Friebe aber kommt nicht mit, er muss mal raus. Er fährt stattdessen zu einer Party des Verlags Kiepenheuer & Witsch, der sein Frühjahrsprogramm im Restaurant Borchardt vorstellt. Hier trifft Friebe einen Bekannten, den Berliner Journalisten Cornelius Tittel. Aufgewühlt erzählt Friebe ihm von der Diagnose, die sein Freund Herrndorf vor Stunden erhalten hat. Tittel antwortet, dass sein Vater seit mehr als zehn Jahren mit der gleichen Diagnose lebt. Friebe bittet ihn um die Nummer des Vaters, damit Herrndorf mit Ulrich Tittel telefonieren kann. Er notiert sie auf einer Visitenkarte der ZIA.

Was ein Glioblastom ist, hat Dag Moskopp seinem Patienten Herrndorf behutsam mit Bildern und Analogien zu erklären versucht, im Wissen, wie unvollkommen sie bleiben müssen, weil, wie Moskopp sagt, «einerseits das Hirn kompliziert gebaut ist. Und andererseits niemand auf diesem Planeten ein ‹Glioblastom› verstanden hat.» Ein Tumor im Schädelinneren – beispielsweise ein Hirnhauttumor – könne, von außerhalb des Hirns, auf dieses zuwachsen und es verdrängen. Dieser Zustand lasse sich – mit allen Vorbehalten – damit vergleichen, als ob eine Kirsche in einer Quarkschale liegt. Ein geschickter Chirurg könne die entfernen, ohne das umliegende gesunde Hirn zu beschädigen. «Bei hirneigenen Tumoren, insbesondere bei bösartigen wie den Glioblastomen, ist die Lage aber eine grundsätzlich und schwer verständlich andere. Mit noch größeren Vorbehalten könnte man, um im Bild zu bleiben, diesen Zustand damit vergleichen, dass sich in einer Schale etwa Sauerkraut mit Quark durchmischt befindet.» Die Behandlung von Glioblastomen bleibe bis auf den heutigen Tag immer ein nicht zufriedenstellender Kompromiss, sagt Moskopp. «Man versucht, Geschwulstmasse aus anatomisch eher stummen Hirnregionen mikroneurochirurgisch zu entfernen, das Geschwulstbett und das bildgebend übrig befallene Hirngewebe nachzubestrahlen und gleichzeitig eine Chemotherapie zu verabreichen. Weitergehende experimentelle Ansätze aus Immunologie und Gentherapie werden in Studien verfolgt, haben ihre allgemeine Wirkung auf die Überlebenszeit und -qualität aber noch nicht unter Beweis gestellt. Nichtsdestoweniger wird weltweit dazu geforscht.» Ganz vereinfacht könne man aber sagen: «Wenn man heute bei hundert Menschen ein Glioblastom diagnostiziert, sind nach einem Jahr etwa die Hälfte dieser Menschen verstorben, und nach zwei Jahren etwa 97 Prozent, aber eben nicht alle. Manche überleben länger. Aber eine Heilung, bei zeitgemäßer, neuropathologischer Diagnose, ist für ein Glioblastom bis heute nicht bekannt.»

Im Augenblick dieser Diagnose steht Herrndorfs Entscheidung fest: Er wird sich das Leben nehmen, bevor ihm die Krankheit die Kontrolle darüber nehmen kann. Es ist ihm vollkommen klar. Es gibt keine Hoffnung, und er will das letzte Wort behalten. Über diesen Ausweg hat Herrndorf noch vor dem ersten MRT im Bundeswehrkrankenhaus mit Carola Wimmer gesprochen. Und es ist schnell klar, dass er es mit einer Waffe tun will. Noch im Krankenhaus steht also das fest, was Herrndorf die «Exit-Strategie» nennen wird.

Das ist die eine Frage, die Herrndorf sich stellt und auf die er seine Antwort schon gefunden hat. Die zweite Frage ist: Wie viel Zeit habe ich noch? Passig googelt Statistiken für ihn. Am Tag der Histologie, dem 25. Februar, druckt ihm der «Pappe» Kai Schreiber eine Statistik der Neuroonkologie der University of California in Los Angeles aus. Herrndorf rechnet nach und überschlägt und notiert und stellt fest: Die Antwort liegt irgendwo zwischen drei Wochen und 6065 Tagen. Nein, die Antwort auf die Frage, wie viel Zeit ihm noch bleibt, lautet: ein Buch, egal wie lange er dafür noch hat. Herrndorf ermittelt mit Passig eine durchschnittliche Lebenserwartung. 17,1 Monate. Welches Buch kann er in

17,1 Monaten schaffen? Das ist die dritte Frage, die sich ihm jetzt stellt.

Am 1. März wird Herrndorf entlassen. Am Morgen dieses Tages besucht ihn Stese Wagner mit einer Freundin im Klinikum, sie begleiten ihn nach Hause in die Novalisstraße und tragen seine Taschen, bis er sie dann doch lieber selbst tragen will. Jahrelang hat Stese Wagner direkt gegenüber von Herrndorf gewohnt, jahrelang kennt sie ihn schon, jetzt betritt sie zum ersten Mal die Wohnung ihres Freundes. Herrndorfs Eltern sind zurück nach Norderstedt gefahren und haben ihm Zwieback dagelassen.

In den Tagen im Klinikum hat Carola Wimmer zum ersten Mal von dem Jugendroman gehört, an dem Herrndorf seit Jahren arbeitet. Wieder daheim, setzt er sich an seinen Computer und öffnet den dazugehörigen Arbeitsordner. Die älteste Datei trägt das Datum 1. März 2004. Herrndorf stellt an diesem 1. März 2010 fest, dass er die erste und älteste Datei zum Jugendroman auf den Tag genau sechs Jahre zuvor angelegt hat. In der Datei sind unter anderem Arbeitstitel des Projekts aufgezählt. «Ich glaube nicht an Zeichen», schreibt Herrndorf etwas später in seinen Blog, «aber damit ist klar: Das ist das Projekt.» Er hat eine Antwort auf die dritte Frage bekommen, die sich ihm seit seiner Erkrankung stellt. Sie lautet «Tschick».

Der Jahrestag ist aber nur das Ornament für eine pragmatische Entscheidung, die Herrndorf noch im Krankenhaus mit Carola Wimmer und einigen «Pappen» besprochen hat. Welchen Roman schreibe ich jetzt fertig, gegen die ablaufende Uhr? Die Tendenz ist eindeutig: Die meisten raten ihm zum Jugendbuch. Auch weil das andere Projekt, der nihilistische Wüstenthriller, an dem er zuletzt vor allem gearbeitet hat, viel umfangreicher ist. Nicht zu schaffen in der Zeit, die ihm bleibt. «Tschick» wirkt wie das Projekt, das Herrndorf am wahrscheinlichsten vollenden kann –

unter den kraftraubenden Belastungen einer Tumortherapie und dem seelischen Druck einer unheilbaren Erkrankung. Herrndorf hat das Format Jugendbuch zudem seit Langem studiert. Nicht nur lesend: Er hat Bilder für Gerhard Henschels «Bruno»-Bücher gezeichnet, er hat für den Haffmans Verlag Umschläge für Neuauflagen der Klassiker des Genres gemalt, «Tom Sawyer», «Huckleberry Finn», «Die Schatzinsel», «Das Dschungelbuch». Und er hat eine Frau an seiner Seite, die seit Jahren erfolgreich Kinder- und Jugendbücher schreibt.

In den Arbeitsordnern, die Herrndorf an diesem 1. März öffnet, befinden sich schon Dutzende Seiten Manuskript in mehr oder weniger fortgeschrittenem Zustand, alternative Handlungsbögen, alternative Enden. Dazu Vorrecherchen, Materialien und Notizen: über Jugendstrafrecht. Über Alkoholismus in Familien. Über den Berliner Schullehrplan. Über das Computerspiel «Grand Theft Auto». Über Sprachtherapie. Über die Geographie des Südostens Deutschlands. Über Bumerangs und seinen alten Lehrer Bretfeld. Über die durchschnittliche Sprunghöhe von Jugendlichen. Darüber, wie man Autos knackt und kurzschließt. Über das Modell Lada Niva. Über die Hausordnung katholischer Mädchenwohnheime in Bayern. Was Herrndorf jetzt vor sich hat, sind Kürzungen, Straffungen, Erweiterungen, Entscheidungen. Sechs Jahre Vorarbeiten für einen Roman, der nun in 17,1 Monaten fertig werden muss.

Am Abend des 1. März ruft Wolfgang Herrndorf bei Ulrich Tittel an, dem Mann, der seit Jahren mit der Diagnose lebt, die auch Herrndorf bekommen hat. Tittel erzählt ihm seine Geschichte: Vor elf Jahren, 1999, wird ein Glioblastom in seinem Hirn entdeckt, Grad WHO-IV, wie bei Herrndorf. Die Ärzte geben Tittel ein Jahr. Zwei Tage nach der Operation fährt er aus der Klinik heim und geht einfach wieder zur Arbeit. Er ist da Mitte fünfzig, Richter von Beruf und ein disziplinierter Mensch mit einer starken Autorität, so beschreibt sein Sohn Cornelius ihn: jemand, an dem sich andere orientieren, der Streit schlichten kann. Während der Chemotherapie hält Ulrich Tittel zweimal am Tag an immer der gleichen Tankstelle, um sich zu übergeben, morgens auf dem Weg ins Gericht und abends auf der Heimfahrt. Er bekommt Temodal. Der Tumor hat sich seit Jahren nicht gemeldet, Ulrich Tittel arbeitet und ist fit.

Das ist die Geschichte, die Herrndorf genau jetzt hören muss. Sie bestätigt ihn in dem Plan, den er eigentlich längst gefasst hat für die Zeit, die ihm bleibt: Arbeit und Struktur. Schreiben, bis es nicht mehr geht, und wenn es dann nicht mehr geht, seinem Leben selbst ein Ende setzen. «Arbeit und Struktur»: Ob diese Formel genau so in dem Gespräch zwischen den beiden Männern gefallen ist, lässt sich nicht mehr sagen. Ulrich Tittel stirbt am 9. März 2015, fünf Jahre nach dem ersten Telefonat mit Herrndorf. «In der Zeit nach dem Telefonat haben mein Mann und ich häufiger darüber gesprochen, wie es Wolfgang Herrndorf wohl ergehe», erinnert sich Carina Engelbrecht-Tittel. Das Ehepaar liest bald auch in Herrndorfs Blog. «Mein Mann hat Herrndorf bewundert. Ich erinnere mich, dass er zu mir sagte: ‹Der ist stark. Der schafft das auch.›» 2013 wird dann ein Rezidiv bei Ulrich Tittel diagnostiziert. Herrndorf hat er noch um anderthalb Jahre überlebt. Und zuletzt, als die körperlichen Einschränkungen zu schwer wurden, sagt Carina Engelbrecht-Tittel, bewusst die Nahrungs- und Flüssigkeitsaufnahme eingestellt.

Am Abend seines ersten Telefonats mit Ulrich Tittel eröffnet Herrndorf einen neuen Strang im «Paparazzi»-Forum: «Das große Glück». Sein erster Eintrag lautet: «Arbeiten.» Am nächsten Tag, es ist der 2. März, ordnet Herrndorf die Dateien zum Jugendromanprojekt neu. Aber bevor er das Arbeiten daran strukturiert aufnehmen kann, erhält er eine Nachricht: Seine Strahlentherapeutin aus dem Klinikum im Friedrichshain teilt ihm mit, dass noch ein zweiter Herd auf den Bildern seines Hirns entdeckt worden sei. Auch das meldet Herrndorf sofort ins Forum. Und macht Witze darüber. Er hat den anderen schon zu verstehen gegeben, dass er kein Mitgefühl, kein Mitleid für seine Lage will. Die anderen spielen mit.

Zweieinhalb Wochen wird es dauern, bis sich die Diagnose eines zweiten Herds als falsch herausstellt. Ab jetzt aber beginnt eine Dynamik aus Panik und Todesangst und Schlaflosigkeit und hyperaufmerksamer Selbstbeobachtung und Turboschreiben, die Herrndorf vier Tage später, am 6. März, für eine Nacht in die Notaufnahme der Charité bringt – und am nächsten Abend erneut und dann für eine ganze Woche in die Klinik für Psychiatrie und Psychotherapie.

Die Diagnose der Ärztinnen und Ärzte, die ihn dort behandeln, lautet am Ende auf ein organisch-manisches Syndrom. Also auf eine Persönlichkeitsveränderung mit körperlichen Ursachen, offenbar unter Einfluss einer Hirnschwellung, die sich nach der Operation gebildet hat. Was Herrndorf erlebt, ist nicht ungewöhnlich nach Tumoroperationen im Hirn. Er bekommt ein Beruhigungsmittel und ein Schlafmittel. Was sich an affektiven Schwankungen und kognitiven Störungen bei seiner Einlieferung gezeigt hat, legt sich in der Klinik bald wieder. Herrndorf verlässt sie auf eigenen Wunsch am 15. März. Noch auf der Station hat er wieder mit dem Schreiben begonnen.

Und zwar auch im Forum. Am 13. März kommentiert er hier und dort, was die anderen schreiben, berichtet davon, dass die uralte, von seiner Großmutter geerbte Miele-Waschmaschine, die seine Eltern kaputtgemacht zu haben glauben, als sie bei ihm übernachtet haben, doch noch funktioniert – eine echte Nachricht nach den ganzen Ausfällen der letzten Zeit. Und Herrndorf meldet sich an diesem 13. März zum ersten Mal in einem eigens für ihn eingerichteten Unterforum zu Wort. Nur bestimmte User des

Paparazzi-Forums können es lesen. «Es soll ein Blog ohne Kommentare werden», schreibt Herrndorf. Er nennt ihn «Arbeit und Struktur».

Bis er dort zum ersten Mal etwas einträgt, dauert es aber noch fast vier Wochen. Herrndorf wird hier für die «Pappen» festhalten, was er denkt und schreibt und erlebt, Tag für Tag, aber immer leicht zeitversetzt im Rückblick. Herrndorf wird auch von der hirnorganisch bedingten manischen Episode berichten, die er Anfang März durchgemacht hat, wird für sich und die anderen rekonstruieren, was sich ereignet hat zwischen dem Moment, als er vom angeblichen zweiten Herd in seinem Hirn erfuhr, und seiner Selbsteinlieferung in die Charité am 7. März. Herrndorf muss seinen Weg dorthin selbst erst einmal nachverfolgen aus den eigenen Erinnerungen und den Mitschriften in seinem Notizbuch.

Wie er nach der Nachricht der Strahlentherapeutin stundenlang durch die Straßen läuft, um sich zu beruhigen. Sich am Tag darauf ein Notizbuch von Moleskine kauft. Und dort schreibend seine Gedanken zu sortieren versucht. Wünsche aufschreibt, Einkaufslisten, Glücksvorstellungen als mentales Mittel gegen die Todesangst: Das ist eine Technik, die er ähnlich schon in seiner Jugend eingesetzt hat, um sich aus Tagträumen zu reißen. Herrndorf ist in diesen frühen Märztagen wechselweise ultra-euphorisch und panisch geängstigt: Gegen das Gefühl «Ich bin zwölf Jahre alt, und es ist der erste Tag der Sommerferien» stürmt stärker und stärker die Todesangst an. Bald bedrängt sie ihn im Sekundentakt, Herrndorf muss in seinem Kopf drastischer aufrüsten, um diese Gedanken zu vertreiben: Er stellt sich eine Pistole vor, mit der er sie abknallt. Bald geht diese Walther PPK wie von selbst los, die Todesgedanken ziehen sich zurück, aber dafür wird eine Stimme lauter, die Herrndorf von zentral hinten in seinem Kopf einen Satz zuruft: «Du stirbst.» Herrndorf gibt dieser

Stimme einen Namen, Störer, Wilhelm Störer, jetzt batteln sich also Walther und Wilhelm in seinem Kopf.

In der Welt außerhalb davon versucht währenddessen eine Freundin, Kontakt mit Herrndorf aufzunehmen, ruft ihn an, auch wenn er ihr das schon im Krankenhaus untersagt hat, denn das Mitgefühl, das er aus ihrer Stimme heraushört, triggert ihn in einem Ausmaß, dass er ihren Namen nicht mehr schreiben kann, weil er mit Todesangst kontaminiert ist und seine mentale Rüstung sprengt, er fürchtet, die Todesangst könnte auch andere Dinge, die ihm lieb sind, kontaminieren, Namen, Menschen, Herrndorf kriegt die Gedanken nicht aus seinem Kopf – und rutscht so immer tiefer in seinen Erregungszustand hinein. Bald bringt der auch die Idee hervor, eine Rede zu halten, um seinen Freundinnen und Freunden mitzuteilen, dass es ihm erstens gut geht und sie ihn zweitens bitte verschonen sollen mit Mitgefühl und zusätzlichen medizinischen Informationen.

In der Nacht vom 4. auf den 5. März kann Herrndorf dann endlich mal schlafen, knapp zwei Stunden lang. Am Morgen aber kommt zu der Angst vor dem Tod durch den Tumor auch die vor einem Unfalltod dazu, weil er ja auch überfahren werden oder ihm ein Ziegelstein auf den Kopf fallen könnte, und er rast durch den Tag, kauft ein, telefoniert mit Cornelius Reiber, verschickt eine Mail an zwölf Freundinnen und Freunde, damit die sich am nächsten Abend bei Holm Friebe im Bötzowviertel einfinden, wo er dann seine Rede halten will. Er schreibt ein paar Sätze dafür auf, reißt sie aber wieder aus dem Notizbuch heraus und wirft sie weg. Schläft nicht. Jagt durch seine Welt.

Am frühen Morgen des 6. März, um halb sechs, ruft Herrndorf Cornelius Reiber an, um einen lebenswichtigen Gedanken aus seinem Freund herauszufragen, den er bei einem Telefonat mit Reiber am Tag davor gefunden, jetzt wieder verloren hat und unbedingt, unbedingt zurückwill. Er kriegt diesen Gedanken dann mit Reibers Hilfe fast wieder zu fassen, kann ihn aber nicht halten, schreit Reiber zusammen, dass der ihm den Satz diktiert, damit Herrndorf ihn in sein Notizbuch eintragen kann, und dort steht dann, unter größter Anstrengung auf Papier gebannt: «Ich bin besorgt daß die anderen besorgt sind.» Herrndorf strichelt noch einen Rahmen drum herum, wie um den Satz einzusperren, damit er nicht wieder abhauen kann.

In dieses Notizbuch schreibt Herrndorf meist nur auf die rechte Seite. Unter den eingerahmten Satz, dessen fliehende Buchstaben die Not verraten, in der sie geschrieben wurden, notiert er, was dieses Telefonat am frühen Morgen für ihn war: «Exorzismus, 6. März 2010, 5:35», und: «Exorzist: Cornelius.» Auf den Seiten danach hält er Ableitungen seines zentralen Gedankens «Ich bin besorgt, daß die anderen besorgt sind» fest: «2. Ich melde raus, wie gut es mir geht.» – «3. Das beruhigt meine Freunde.» Je länger Herrndorf an dieser Liste schreibt, umso größere Fliehkräfte entwickeln die Buchstaben.

Er notiert hier auch den Beginn jener Rede, die er abends in der Wohnung von Holm Friebe an seine Freundinnen und Freunde richten möchte: «In der letzten Nacht dachte ich, dass ich vor Angst verrückt werde, Cornelius dachte das vermutlich auch. Er war live dabei, gestern Nacht um 5. Und er hat mir das Leben gerettet.» Der Eintrag reißt dann aber ab. Herrndorf kopiert die Seiten vorsichtshalber dreimal in einem Copyshop, damit er sie nicht noch einmal herausreißen und vernichten kann. So flipperkugelt er durch den Tag, zwischen Einkaufen, Essen, Schreiben und Haareschneiden geht es dahin. Um 14.10 Uhr notiert er sich: «WORK. Alles ausanalysiert und ready to go.» Er malt sich «Voraussagen für die Zukunft» aus und prognostiziert zum Beispiel, was geschehen wird, während er seine Rede hält: «Marek wird schauen wie eine Figur in einem Dostojewski-Buch.» Bevor Herrndorf zu Friebe fährt, ruft er ihn noch dreimal an. Beim letzten Mal erklärt er seinem Freund: «Ich habe die Weltformel gefunden.» Und Friebe denkt bei sich, dass man diese Situation wohl nur mit Humor meistern kann, und wenn Herrndorf die Weltformel gefunden hat, soll er sie ihnen halt vortragen. Aber Herrndorf hat sie dann doch nicht gefunden. Auch diese Erkenntnis kreist da schon in seinem Kopf. «Alles, alles zuende gedacht: 6.3.2010, 17:42 Uhr. Weltformel nicht in Sicht: vermutlich alles sinnlos.»

Und so kommt Herrndorf, aufgelöst, hochtourig rasend, verzweifelt hoffnungsvoll und am Rand seiner Kräfte zu Fuß in Friebes Wohnung an, nachdem ihn der Fahrer aus dem Taxi geworfen hat, das er eigentlich nehmen wollte. Hier, in der Wohnung, sucht er in seinem Notizbuch nach dem Text, den er vorlesen will, obwohl ihm irgendwie schon bewusst ist, dass er da gar nicht stehen kann, weil er ihn gar nicht geschrieben hat, oder vielleicht doch? Und er sucht und findet nichts und blättert und sucht und wirft das Buch irgendwann durchs Zimmer.

Was er sich aber tatsächlich als Plan notiert hat, am 5. März, mitten in der Nacht, um 2:24 Uhr, für diesen Abend bei Holm, für den Notfall: «Kunststücke vorführen.» Auf dem Weg ins Bötzowviertel, in der Angst, endgültig verrückt geworden zu sein und nie, nie, nie mehr bei seinen Freundinnen und Freunden anzukommen, hält er sich immer wieder an dem Gedanken fest, dass sie dort alle für ihn versammelt sind, in Friebes Wohnung, «dass ein Publikum dort wartet auf die Zauberkunststückchen, die ich von meinem Gehirn aus vorführen will und für die ich ja auch Beweise habe und die der eigentliche Grund sind, warum ich überhaupt zu Holm wollte, deshalb hatte ich ja alle eingeladen, wie konnte ich das vergessen.» Und so irrt er voran und durch die Wohnung, und wäre diese manische Episode eine Szene aus einem Film, dann würde jetzt, in der äußersten Not und Anspannung und Zuspitzung, eine Rückblende die Zeit um vierzig Jahre zurückdrehen:

Zoom auf eine Grundschulklasse in Garstedt, frühe siebziger Jahre, die Sommerferien sind vorbei, der junge Wolfgang tritt vor seine Klasse und seine Lehrerin, um Tricks aus dem Zauberkasten vorzuführen, den ihm seine Eltern geschenkt haben, und seine Aura, sein Kinderernst und seine Fantasie ziehen alle in den Bann. Aber die zwölf in Holm Friebes Wohnung rufen den Notarzt.

«Eine der Bunnyshows, die wir nie gemacht haben, sollte ‹Sinn des Lebens und Weltformeln› heißen», erinnert sich Ulrike Sterblich. «Wolfgang und ich waren total begeistert von dem Thema, aber die anderen nicht so. Es sollte um Religionen gehen, um große verworrene Fragen, die sich nicht klären lassen, die uns aber anziehen, weil sie sich nicht klären lassen.» Es ist Ulrike Sterblich, die jetzt die Rettung ruft. Bald stehen zwei Sanitäter in der Tür, Carola Wimmer und Kathrin Passig begleiten den in totaler Verzweiflung aufgelösten Herrndorf im Krankenwagen in die Charité.

«Dieser Abend bei Holm», sagt Per Leo, «ist einer der spektakulärsten, traurigsten Wolfgang-Momente überhaupt. Er dreht durch, weil er in seinem Notizbuch die Weltformel nicht wiederfindet, die er gestern Abend verfasst haben will. Er wälzt sich auf dem Boden und schreit, er lässt sich nicht beruhigen und hält uns alle für Komplizen einer Verschwörung.» Leo beschreibt in einer E-Mail an den gemeinsamen Freund Jochen Schmidt die letzten Momente dieses Zusammenbruchsauftritts: wie Herrndorf die Sanitäter noch kurz um Aufschub bittet, eine Minute nur, um den Text zur Weltformel, den er doch noch gefunden hat, vorzulesen. In der Erinnerung von Per Leo lautet der Text ungefähr: «Alles ist richtig. Alles ist richtig. Alles ist richtig. Die Welt ist eine Schleife. Das Leben ist das Leben, und das Nichts ist das Nichts.»

«ALLES RICHTIG», das steht tatsächlich auf der ersten Seite des Notizbuchs, und auch die anderen Sätze finden sich so ähnlich darin: «Der Tod ist [natürlicher] Bestandteil des Lebens (Plüschg.) – Das Leben besteht aus Leben. Das Leben will leben. Es hat keine anderen Bestandteile. Es gibt außerdem noch das Nichts. Aber das Leben ist das Leben. Und das Nichts ist das Nichts.» Ein paar Sätze seiner Formel konnte Herrndorf also doch noch finden in seinem Notizbuch. Und eine zentrale Erkenntnis daraus hat er offenbar schon in seinem Debütroman entwickelt.

Kathrin Passig und Carola Wimmer berichten im Skype-Chat über den weiteren Verlauf des Abends. In der Notaufnahme verhält Herrndorf sich ruhig. Er bleibt zur Beobachtung für eine Nacht in der Psychiatrie und bekommt ein Beruhigungsmittel. «Vermutlich habe ich die Weltformel nicht gefunden», schreibt er wohl noch in der Notaufnahme in sein Notizbuch. Am nächsten Morgen, es ist Sonntag, holen ihn zwei «Pappen» ab und bringen ihn heim. Zu Hause sucht Herrndorf im Computer weiter nach der Rede zur Weltformel und bearbeitet das erste Kapitel von «Tschick», steigert sich im Verlauf des Tages dann aber in einen erneuten Erregungszustand hinein, drängt Carola Wimmer am Telefon zu Geständnissen, so dass die über Skype Kathrin Passig, Marek Hahn und Philipp Albers in die Novalisstraße schickt; Albers ist einer der beiden, die Herrndorf gerade erst morgens aus der Charité abgeholt hatten. Die Situation in der Wohnung eskaliert, der hocheuphorische Herrndorf will auch von Kathrin Passig – wie vorher schon von Carola Wimmer – die Zustimmung zu seiner Theorie erzwingen, dass sie beide Mitleid mit ihm empfänden, es aber nicht zu zeigen wagten. Passig weigert sich, Herrndorf droht, sie zu erwürgen. «Als er auf Passig losging», erinnert sich Marek Hahn, «habe ich mich gefragt: Werde ich mit dem fertig, kann ich den auf den Boden schmeißen? Ich wusste, dass er stark ist, aber er war auch immer noch der Wolfgang, den ich kenne.» Herrndorf lässt sich von den dreien irgendwie davon überzeugen, erneut in die Charité zu fahren.

In seinem Badezimmer hängt zufällig ein Pinguinkostüm: Kathrin Passig hatte es zur Tough Guy Challenge getragen, einem jährlich stattfindenden Extrem-Hindernislauf. Zwischen Passig und Herrndorf kommt die Idee auf, dass er es anzieht. «Es ist irrational, aber vollkommen rational und erledigt den Job», kommentiert Holm Friebe diese Aktion heute. «Wenn es dir so schlecht geht, dass du in die Klinik musst, kriegst du den Papierkram nicht hin, also ziehst du einfach ein Pinguinkostüm an.» So existenziell und dramatisch und verzweifelt die Situation an diesem Sonntagmorgen für Herrndorf auch ist, neun Tage, nachdem er erfahren hat, dass der Tumor in seinem Kopf ihn definitiv umbringen wird, zweieinhalb Wochen, seit er beschlossen hat, dass er sich im Fall einer solchen Diagnose irgendwann das Leben nehmen wird: In fast aussichtsloser Lage zeigt sich wieder und trotzdem die Abwehrkraft seines Humors und seiner ironischen Distanz zur eigenen Rolle. Selbst wenn Herrndorf gerade außer Rand und Band ist, findet er Halt und Autonomie in einer Pointe. Bei der Aufnahme in der Charité versucht Herrndorf, wieder witzig zu sein: «Ich bin übrigens nicht verrückt!», sagt er da, findet aber in der Krankenschwester, die ihn aufnimmt, seine Meisterin – und hält das später in seinem Blog fest. «Das hat hier auch niemand gedacht», antwortet sie nämlich.

Herrndorf kommt in ein Zweibettzimmer und erhält erneut Beruhigungsmittel. Das Medikament gegen die Manie wird schon am zweiten Tag abgesetzt, die Ärzte relativieren diese erste Diagnose schnell. Auch das Schlafmittel wird nach ein paar Tagen reduziert. Dass es Herrndorf besser geht, lässt sich an der Handschrift in seinem Notizbuch erkennen, die nicht mehr flieht, sondern stabil bleibt.

«ARBEIT & STRUKTUR», so schreibt Herrndorf es jetzt dort hinein, in Großbuchstaben und umrahmt. Er trägt die Ereignisse der Tage seit dem 7. März nach. Nach einer Nacht auf der

Psychiatrie wird Herrndorf in die Neuropsychiatrie verlegt. Die Stimmen in seinem Kopf – Wilhelm, der Störer, und Walther, die Waffe – sind immer noch da. Nun denkt sich Herrndorf aber noch einen Hebel zur Manieregulation dazu, den er auch ins Notizbuch zeichnet: ein entfernter Verwandter des «Sensibilitätsbarometers», wie Calvin und Wolfgang das «imaginierte Stimmungsgerät» genannt haben, mit dem sie sich in Nürnberg über ihre Launen verständigten. Die Kontur des Manieregulators ähnelt einem Hirn, an das ein Hebel geschraubt ist. Er will ihn einsetzen, um die Kontrolle zu wahren, er kann hier nicht Zeit mit Wahnsinn verplempern, er muss doch ein Buch schreiben. Herrndorf zeichnet etwas, um die Funktionen seines Lebens besser zu verstehen – aber der Regulator funktioniert leider nicht. Dafür meldet sich jetzt eine weitere Figur in seinem Kopf, die Herrndorf «Neue Regentin» nennt, sie bringt alle anderen Stimmen zum Schweigen und dimmt auch Herrndorfs Rededrang. Die Regentin verschwindet in dem Augenblick, als Herrndorf am 15. März die Charité wieder verlässt; er geht auf eigenen Wunsch, und sie lassen ihn gehen.

Noch in der Nervenklinik beginnt für Herrndorf die Tumortherapie, er kann die Charité dafür verlassen. Am 10. März fährt Lars Hubrich ihn zum Planungs-CT für die erste Strahlentherapie ins Virchow-Klinikum im Wedding. Am Abend dieses Tages schreibt Herrndorf ein Datum in sein Notizbuch: «Ich sterbe am 12. August 2011.» Und rahmt auch diesen Satz ein. Das Datum entspricht den verbleibenden 17,1 Monaten Lebenszeit, die er gemeinsam mit Kathrin Passig ausgerechnet hat. Herrndorf sitzt am «Tschick»-Manuskript und hört Kassetten mit klassischer Musik, die ihm Calvin noch in Nürnberg aufgenommen hat. Er schreibt nahtlos weiter, in den Erregungszustand hinein und durch ihn hindurch und aus ihm heraus und immer weiter. Er fertigt Chronologien der letzten vier Wochen an. Er konzipiert die ersten Einträge für seinen neuen Blog im Forum. Er schafft Struktur. Herrndorf darf bald tagsüber auch wieder allein in seine Wohnung. Er macht auf eigene Kosten einen Termin zum PET-CT aus, um so die Frage des zweiten Herds in seinem Hirn zu klären, bei dieser Variante der Computertomographie werden radioaktive Substanzen zur Diagnose eingesetzt. Nach seiner Entlassung aus der Neuropsychiatrie stellt er zu Hause seinen Computer ans Fenster. Am nächsten Abend besucht er die Bunny Lectures im NBI, ist noch hingerissener als sonst, gewinnt dort einen Kompass und rekapituliert mit Passig den Moment, als er sich im Pinguinkostüm selbst eingeliefert hat. Das Ergebnis vom PET-CT kommt am 19. März und zeigt keinen zweiten Herd.

Drei Tage später wird Wolfgang Herrndorfs Hirn zum ersten Mal bestrahlt. Einundvierzig Termine wird er bis zum 22. April absolvieren müssen. Parallel bekommt er Temodal, das soll das Wachstum des Tumors bremsen. Im Wartezimmer der Klinik für Radioonkologie und Strahlentherapie arbeitet Herrndorf an seinen Texten. Wieder also, trotz aller Konzentration und Disziplin und der ablaufenden Uhr seines Lebens, schreibt Herrndorf an mehreren Projekten gleichzeitig. Hier der Blog, dort der Jugendroman, als ginge es einfach nicht anders.

Am Morgen nach der ersten Sitzung ist Herrndorf gleich wieder zur Bestrahlung in der Charité, und auch am späten Nachmittag, da sitzt ihm ein Mann im Wartezimmer gegenüber, und Herrndorf nimmt seinen Kugelschreiber und zeichnet ihn: seine leicht vorgebeugte Haltung, die geschlossenen Augen, die Andeutung seiner Schläfen, der Faltenwurf seines Jackenärmels. Es ist Herrndorfs erste Arbeit am lebenden Objekt, das erste Porträt seit den letzten Monaten in Nürnberg, seit Tiina, seiner Ex-Freundin aus Finnland. Es ist, als erwache da jetzt eine Erinnerung: Das gehört zum Blick zurück. Eigentlich ist er schreibend in entgegengesetzte Richtungen unterwegs, denn in dem Blog vermischt er die Nachrichten des Tages von Anfang an mit den Erinnerungen an das Leben, das er geführt hat. Dabei tauchen nicht nur die Bilder von damals auf, er zeichnet jetzt auch neue. Herrndorf wird im Wartezimmer der Charité sogar auf Überweisungsformulare Einträge für seinen Blog schreiben. Das hilft ihm, ihm geht es dann besser, das ist Arbeit und Struktur, und dazu gehört auch die schnelle Zeichnung dieses anderen Mannes im Wartezimmer.

Herrndorf geht allein zu seinen Behandlungsterminen. Mit Carola Wimmer hat er verabredet, sich danach immer gleich zu melden. Sie haben auch verabredet, dass er tagsüber in Ruhe arbeiten kann. Die beiden sehen sich erst abends – und auch Katrin Herrndorf darf ihren Sohn erst ab 20 Uhr anrufen. Carola Wimmer und Herrndorf reden anfangs kaum über den neuen Roman, den Herrndorf jetzt fertigstellen will. «Es wäre unvernünftig gewesen, ihn zu fragen, was er da genau macht, weil er so im Fluss war», sagt Carola Wimmer. «Ich habe ihn einfach machen lassen. Mein Leben bestand nicht darin, ihn beim Schreiben zu begleiten, mein Leben bestand darin, ihn beim Schreiben zu unterstützen.»

Herrndorf geht in diesen Märztagen 2010 also davon aus, im August 2011 zu sterben. Anderthalb Jahre bleiben ihm nach der Rechnung. Diese Spanne gibt das Tempo vor für das, was Herrndorf sich vornimmt. Nicht etwa, die Welt zu bereisen, Herrndorf verlässt Berlin sowieso nicht gern. Er will arbeiten, bis es nicht mehr geht. «Gib mir ein Jahr, Herrgott, an den ich nicht glaube, und ich werde fertig mit allem», schreibt Herrndorf unter dem Datum vom 13. März im Forum in den Blog. Ab dem 9. April beginnt er, ihn regelmäßig mit Text zu füllen, als Erstes schließt er rückwirkend die Lücke seit Anfang März.

An diesem 9. April zeigen sich auch die ersten Folgen seiner Tumortherapie. «Auf Wiedersehen, Haare», schreibt Herrndorf in seinen Blog. Ansonsten geht es ihm bislang gut mit dieser Therapie, keine Nebenwirkungen außer einem leichten Schwindelgefühl. Gut zehn Tage zuvor, am 29. März, hatte er in der Sprechstunde von Professor Moskopp erfahren, dass er zu jener Gruppe von Menschen gehört, bei denen Temodal nicht anschlagen könnte, das Bremsmedikament gegen das Tumorwachstum. Herrndorf rechnet diese deprimierende Nachricht sofort in Zeit um: Falls das Temodal nicht wirkt, bedeutet das ein paar Wochen oder Monate weniger für seinen Jugendroman. Und nimmt sich vor, ab jetzt jeden Tag ein Kapitel von «Tschick» fertigzustellen.

Zwei Jungen, beide vierzehn, lernen sich am Ende eines Schuljahrs in ihrem Gymnasium im Berliner Osten kennen. Beide sind Außenseiter in ihrer Klasse, beide leben in dysfunktionalen Familien. Erst kann nur der eine mit dem anderen etwas anfangen, bald freunden sie sich aber an. Als die Ferien beginnen, brechen sie in einem geklauten Auto in den Sommer auf, Richtung Walachei, oder eben so weit sie kommen, zu zweit. Sie begegnen auf ihrer Reise freundlichen und unfreundlichen Menschen: einem gleichaltrigen Mädchen auf einer Mülldeponie, das auf der Flucht ist und die Jungen ein kurzes Stück begleitet, bis es weiterzieht und dem einen von den beiden damit das Herz bricht. Dem anderen aber nicht, denn der steht nicht auf Mädchen. Die Jungen begegnen auch einem alten Mann, der erst mit dem Gewehr auf sie schießt und ihnen dann ein geheimnisvolles Elixier für den Weg schenkt, das sie gleich wieder wegwerfen. Sie bestaunen die Schönheit des Himmels, am bewölkten Tag und in der besternten Nacht. Ihnen wird geholfen, und sie helfen auch selbst. Sie schreiben Tschicks Namen mit dem Auto in ein Maisfeld. Zweimal verunglücken sie auf der Autobahn, beim ersten Mal geht es noch glimpflich aus, beim zweiten Mal ist die Reise für die beiden vorbei. Die Polizei kann sie jetzt doch stoppen. Der eine kommt in ein Erziehungsheim. Der andere kehrt zu seiner dysfunktionalen Familie und in die Schule zurück. Die Ferien sind vorbei. Dann wird wieder ein Lada in ihrer Nachbarschaft geklaut. Vielleicht flieht der eine Junge damit direkt wieder aus dem Heim. Dem anderen Jungen schreibt das Mädchen von der Mülldeponie einen Brief, denn sie will ihn wiedersehen. Der Sommer ist zu Ende. Aber nichts ist mehr, wie es vorher war.

Der Jugendroman «Tschick» ist so etwas wie der gesamte Herrndorfsche Kosmos in einem Text. Das gilt zwar ganz ähnlich für seine anderen Bücher, aber hier sind alle Motive, die Herrndorf sein Leben lang umtreiben, hochkonzentriert verdichtet zu einer Geschichte: Freundschaft, unerfüllte Liebe, die Schönheit des Himmels und der Natur, die Dummheit und Bösartigkeit und Freundlichkeit der Menschen, die Kunst der Wahrnehmung, die Liebe zur Kunst, die Kunst. Und mittendrin ein Erzähler, der sich erhaben wähnt über seine Affekte, der abseitssteht und dem Regelwerk der Welt zusieht, ohne aber je das Gefühl zu haben, selbst dazuzugehören, der cool und ironisch tut, es vielleicht auch ist, es sich und anderen mit dieser Coolness aber nicht leicht macht. Dessen Herz trotzdem laut und vernehmlich für die Schönheit pocht, die er um sich herum erkennt. Ein lustiger, ironischer, freundlicher Romantiker.

Als Herrndorf die Idee zu seinem Jugendroman «Tschick» kommt, analysiert er zunächst einmal die Regeln des Genres. Zu den Kinderbüchern seines Lebens gehört, wie gesagt, Franz Werner Schmidts «Pik reist nach Amerika», es handelt von den beiden Freunden Ben und Terry, einem Eichhörnchen und einer Schiffsreise, die in einem unwahrscheinlichen Happy End mündet, bei dem in großer Gerechtigkeit alle genau das bekommen, was sie verdienen, die Guten wie die Bösen. In den ersten zwei Arbeitstiteln für den eigenen Jugendroman – «Tschick reist in die

Walachei» beziehungsweise «Tschick reist nach Amerika» – wird die Referenz überdeutlich, nein: die Verbeugung vor Schmidts Buch. Das nicht zum populären Klassiker wurde wie die ungefähr zeitgleich entstandenen Kinderbücher von Erich Kästner – aber Herrndorf liebt es wie «Rot und Schwarz», wie «Anton Reiser», wie «Dies ist kein Liebeslied», wie die «Suche nach der verlorenen Zeit», wie den «Zauberberg».

Die Regeln, die Geschichten wie «Pik reist nach Amerika» unwiderstehlich machen, hat Herrndorf also ermittelt. Sein Plan ist, so etwas wie die Idealform eines Jugendbuchs zu schreiben. Drei Regeln sind ihm sofort aufgefallen: 1. «Rasche Eliminierung der elterlichen Bezugspersonen.» 2. «Große Reise.» 3. «Großes Wasser.» Den ersten Punkt kann man bei «Tschick» schnell abhaken, Andrej Tschichatschow ist nur mit seinem Bruder aus Russland nach Deutschland gekommen, die Mutter von Maik Klingenberg ist über den Sommer mal wieder in der Entzugsklinik, Maiks Vater mit seiner Geliebten unterwegs – und der Junge allein zu Haus. Vom letzten der drei Punkte, dem «großen Wasser», ist nur die Farbe des Ladas geblieben, den Tschick klaut, um mit Maik auf die große Reise zu gehen: Das Auto ist blau.

«Tschick», sagt Herrndorfs Freund Lars Hubrich, von dem das Drehbuch zur Verfilmung des Romans stammt, «ist viel weniger eine sentimentale als eine formale Übung: Was eint die guten Jugendbücher? Wie kann ich eines dazu fügen?» Katrin Herrndorf behauptet, ihr Sohn habe immer vorgehabt, auch mal einen Bestseller zu schreiben – «Tschick» ist zwar nicht darauf angelegt, und doch hat das Buch etwas von einem Wettbewerbsbeitrag. Ein Spiel, das Herrndorf gewinnen möchte – und dass er die Arbeit an diesem Spiel ursprünglich zu der Zeit aufnimmt, als er an seinem Klagenfurt-Beitrag arbeitet, im Frühjahr 2004, passt auch dazu. Aber wäre es nur eine Frage der Formatbeherrschung, wäre «Tschick» ein lebloses Projekt. Der Trick ist ja vielmehr, dass Herrndorf sich selbst ein ideales Jugendbuch schreibt, das all die Fehler nicht macht, die er in den anderen findet. Die Formatfrage ist letztlich eine Haltungsfrage: Wie schreibe ich ein integres Buch, eins, das nicht nervt, das Jugendliche ernst nimmt, das zeitlos bleibt und verstanden hat, dass Jugendliche unveränderliche, geradezu anthropologisch konstante Interessen beim Lesen haben? Zu den Interessen gehört: nicht gelangweilt zu werden. Nicht von seltsamen Formulierungen aus dem Text vertrieben zu werden. Nicht erzogen, nicht für dumm verkauft, nicht behätschelt und mit Langeweile gefoltert zu werden. «Durchlesbarkeit» nennt er das einmal im Forum, «eine von der Literaturkritik ja leider völlig unterschätzte Kategorie.»

Das eine ist also ein unlangweiliger Plot. Das andere und ganz Entscheidende aber ist die Sprache. Ein falscher Ton und man ist draußen. Das Risiko ist bei «Tschick» umso größer, weil sich Herrndorf entschieden hat, seine Geschichte in der Gegenwart spielen zu lassen, in die hinein sie erscheint: 2010. Herrndorf hatte das immer schon so vorgehabt, Erscheinungsjahr = Jahr der Handlung, er passt deswegen in seinen verschiedenen Manuskriptstufen die Daten, die Maik, Tschick und Isa in einer der bewegendsten und witzigsten Stellen in die Balken einer Hütte ritzen, von Jahr zu Jahr an: 2009, 2010, einmal hat er das Datum auch vorverlegt auf 2011, falls das Buch erst dann erscheinen sollte. Im Wunsch nach einem authentischen Ton schreibt Herrndorf aber nicht all das, was aktuell auf Schulhöfen geredet, gehört, geschaut wird, in seinen Roman. Sondern hält ihn möglichst weit weg von einem Sound, der 2011 schon wieder alt klingen könnte. Der Trick ist, einen jugendlichen Slang zu finden, der nicht von gestern oder von heute ist, sondern nur in «Tschick» gesprochen wird. Und das auch nur sehr dosiert. Wenig Slang, der aber für jugendliche Leserinnen und Leser aller Epochen als Jugendsprache erkennbar bleibt, weil die Jugendlichen in diesem Roman ihn sprechen.

Anfang April notiert Herrndorf eine Liste von Ausdrücken, die er auch in seine Manuskriptdateien überträgt: «absnobben», «ich hab die krass gesehen», «vollmäßig», «voll der Terror», das Präfix «sturz-», «hat mich ziemlich gerissen», «hat mich voll geschickt», «rein nichts dagegen», «erste Sahne», «übertrieben geil», «rausmelden», «endbescheuert». Aus einer RTL-Sendung, die er im September 2007 schaut, notiert er sich «dumm machen», «wenn jemand meine Mutter dumm macht», «dumm machen ist da normal». Von diesen Experimenten und Varianten landet am Ende so gut wie nichts im Roman. Ein «mich reißt's gerade voll» bleibt beispielsweise davon übrig. Dafür hat «das zieht mir den Stecker» es aus dem Roman hinaus ins Umgangsdeutsch geschafft, «Tschick» bringt den Ausdruck in breiten Umlauf.

Bei der Arbeit an diesem Text hat Herrndorf auch andere Gegenwartssignale immer weiter reduziert, bis nur noch wenige bleiben: Prominente wie der Basketballer Dirk Nowitzki und die Sängerin Beyoncé werden genannt. Beim Soundtrack, den Maik und Tschick im geklauten Lada hören, die Kassette mit der süßlichen «Ballade pour Adeline» von Richard Clayderman, hatte Herrndorf erst auch mit Varianten gespielt: dass sie beispielsweise in einer Tankstelle im Osten einen ganzen CD-Ständer mit Shakira, Amy Winehouse und dem damals populären Volksmusiktrio De Randfichten klauen. In einer anderen Variante hören die beiden eine CD, die sie in einer Tasche von Maiks Vater gefunden haben: «Herr Weber hört Musik». Darauf gefällt ihnen ein Technotrack besonders, «Ist tot», und sie singen mit: «Es sterbe Heiner Müller. Ist tot. Ist tot. Ist tot.» Die CD ist inspiriert vom Sampler «Pappstars», der Lieder musizierender «Pappen» kompilierte (und bei einer Bunnyshow im April 2004 vorgestellt wurde), Kai Webers Song heißt eigentlich «Ist tot (es starb der Herr Müller)». Aber Herrndorf verwirft die Variante, genau wie die, dass sie in einer Kneipe eine Kassette mit Songs der Berliner

Band Jeans Team klauen, deren Mitglieder zum erweiterten Umfeld der «Pappen» gehören. «Ich singe eins zwei drei vier», singen Jeans Team. «Was ist das für kranke Scheiße?», fragen sich Maik und Tschick. Auch das verwirft Herrndorf, wie das Gegenwartssignal aus einer Manuskriptstufe von 2008, in der er Maik am Pool seines verlassenen Elternhauses zum fünften Mal «den neuen Potter» lesen lässt. Auf der Stereoanlage im elterlichen Wohnzimmer hören Maik und Tschick Bach, Jens Friebe, Outkast und White Stripes, deren CD «Elephant» hatte Tschick mitgebracht (im fertigen Roman besitzt Maik sie selbst). Tatjana Cosic, die angebetete Mitschülerin, ist in einer Variante kein Fan von Beyoncé, sondern von Vanessa, einer der fünf Sängerinnen der deutschen Girlgroup No Angels: Und so bringt Maik zu Tatjanas Geburtstagsparty, zu der er nicht eingeladen ist, dann auch keine Zeichnung von Beyoncé mit, sondern eine CD von Vanessa.

Von all diesen Referenzen bleibt im endgültigen Manuskript wenig übrig. Am Ende dürfte sich in den Streichungen auch die selbstkritische Analyse seines verspäteten Popliteratur-Romans «In Plüschgewittern» zeigen, der schon vor seinem Erscheinen gealtert war. In den Tagen nach der Diagnose liest Herrndorf aber nicht in seinem Debüt, sondern im «Van-Allen-Gürtel», um herauszufinden, ob es sich überhaupt lohnt, seine letzten Monate in ein Buch zu stecken. Er entscheidet sich dafür.

«Tschick», die Geschichte der beiden Jungen, die im geklauten Lada von Berlin aus aufbrechen, weil sie etwas Besseres als den Tod überall finden, ist wie noch jeder andere fiktionale Text von Herrndorf ein autobiographisch angehauchtes Formatexperiment. Sehnsüchte und Wünsche und Erfahrungen verdichten sich zu einem Plot, für den Herrndorf Maß genommen hat an den geglückten und misslungenen Jugendbüchern seines Lebens.

«Tschick» gehört zur autobiographischen Revision dazu, die

er auch im Blog anstellt. Wie fließend die Übergänge zwischen dem einen und dem anderen Text sind, zeigt sich an dem programmatischen Auftakt, mit dem «Arbeit und Struktur» am 9. April 2010 beginnt, eingestellt im Forum als erster Eintrag, morgens um 9:24 Uhr, es ist jene bereits zitierte Passage, die den Garstedter Kinderzimmerblick einfängt: «Ich bin vielleicht zwei Jahre alt und gerade wach geworden. Die grüne Jalousie ist heruntergelassen, und zwischen den Gitterstäben meines Bettes hindurch sehe ich in die Dämmerung in meinem Zimmer, die aus lauter kleinen roten, grünen und blauen Teilchen besteht, wie bei einem Fernseher, wenn man zu nah rangeht, ein stiller Nebel, in den durch ein pfenniggroßes Loch in der Jalousie bereits der frühe Morgen hineinflutet. Mein Körper hat genau die gleiche Temperatur und Konsistenz wie seine Umgebung, wie die Bettwäsche, ich bin ein Stück Bettwäsche zwischen anderen Stücken Bettwäsche, durch einen sonderbaren Zufall zu Bewusstsein gekommen, und ich wünsche mir, dass es immer so bleibt. Das ist meine erste Erinnerung an diese Welt. Angeblich wächst die Sentimentalität mit dem Alter, aber das ist Unsinn. Mein Blick war von Anfang an auf die Vergangenheit gerichtet.» Als Herrndorf ein halbes Jahr später mit dem Blog auf eine Webseite umzieht, gibt er diesem allerersten Eintrag einen Titel: «Dämmerung». Es ist die Dämmerung im Himmel über dem Garstedter Feld.

In dieser Szene, im Verschmelzen des Jungen mit seiner Umgebung und in der wiederkehrenden Wortwahl des «sonderbaren Zufalls», klingt nicht nur das Ende der «Van-Allen-Gürtel»-Erzählung an, Herrndorf stellt auch eine Verbindung her zum neuen Roman. In einer Manuskriptdatei aus dem Jahr 2008 findet sich eine längere Variante jener Szene aus «Tschick», in der Maik auf seinem Bett liegt, nachdem sein Vater ihn geschlagen hat, und aus dem Fenster schaut. «Das Rouleau war uralt. Ich hatte es schon gehabt, als ich drei Jahre alt war. Ich hatte es durch die Stäbe meines Gitterbetts gesehen. Es war immer dagewesen, all die Jahre. Das fiel mir jetzt zum ersten Mal auf, als ich daran herumzuzelte. Ich hörte aus dem Garten meine Eltern, ohne sie verstehen zu können. (…) Später hörte ich die Vögel im Garten, dann setzte die Dämmerung ein und es wurde ruhig. Ich lag da, während es immer dunkler wurde, und betrachtete mein Rouleau und dachte darüber nach, wie lange alles noch so bleiben würde. Wie lange ich hier noch liegen könnte, wie lange wir noch in diesem Hause leben würden, wie lange meine Eltern noch verheiratet wären. Und auch: Wie lange es dauern würde, bis ich endlich achtzehn wäre und raus könnte aus allem. Ich konnte mir das nicht vorstellen. Die Zukunft ist ja immer unvorstellbar und dunkel und beunruhigend, weil sie noch nicht da ist. Aber wenn sie dann da ist, ist sie meistens ganz normal und überhaupt nicht mehr dunkel, und man kann wieder irgendwo in der Abenddämmerung herumliegen und an seinem Rouleau zutzeln. Oder? Und wie's einem geht, wen interessiert das schon.»

In dieser verworfenen Variante sind die Parallelen zwischen Herrndorf, der in «Dämmerung» zurückschaut, und seiner Figur Maik, die in «Tschick» vorausschaut, deutlich. Was sie sagen, scheint sich gegenseitig zu widerlegen, denn Herrndorf dichtet seinem Maik eine Desillusion an, die er selbst erst mit den Jahren durchmacht. Diese autobiographische Szene der Garstedter Dämmerung wandert jedenfalls durch die Texte Herrndorfs. Es gibt sie auch als Forumseintrag aus dem September 2007: «Meine erste Kindheitserinnerung war ein metaphysisches Erlebnis, eine Lichtzerlegung in Grün, Rot und Blau, durch die Gitterstäbe meines Bettes gesehen, im frühen Morgenlicht. Es war zugleich mein letztes metaphysisches Erlebnis.»

«Projekt Regression: Wie ich gern gelebt hätte», nennt Herrndorf den Jugendroman früh in seinem Blog. Es gibt keine bessere Formel dafür. Doch sie impliziert zugleich, dass Herrndorf daran gescheitert ist, so zu leben. Wenn man den Freundinnen und Freunden seiner Kindheit und Jugend glaubt, die «Tschick» lesen werden und wie Karsten Schmidt beim Umblättern damit rechnen, auf der nächsten Seite selbst um die Ecke zu kommen, oder wie Tatjana Adolphs sich darin einmal namentlich und dann auch noch in einer Figur, in diesem Fall Maiks Kindheitsfreundin Maria, verewigt finden, dann darf man bei aller Vorsicht sagen: Ein paar Ähnlichkeiten muss es da schon gegeben haben. Herrndorfs Kindheit und Jugend mag nicht so weit entfernt gewesen sein von der Welt, die er sich in «Tschick» für Maik und Tschick ausmalt.

Und es ist in «Tschick» auch ein Echo der Geschichte seiner eigenen Mutter zu hören, die als Kind und Jugendliche nicht so gelebt hat, wie sie gern gelebt hätte, die früh, viel früher noch als die beiden Jungen in diesem Roman Verantwortung übernehmen musste. Nicht für sich selbst, sondern auch für andere – so wie Maik für seine alkoholkranke Mutter. Das Echo klingt an in ihrem Verhältnis, in ihrem Rollenwechsel, darin, wie der Junge sich mehr um die Mutter sorgt, als sie sich in ihrer Krankheit um ihn kümmern kann, darin, wie Maik ihre Fehltritte kompensiert. Das ist ein typisches Verhalten für Kinder aus Suchtfamilien, die ihre aus der Ordnung gebrachte Welt durch Überaufmerksamkeit und vorauseilendes Verhalten wieder einzurenken versuchen. Herrndorf hat dazu recherchiert: Es findet sich ein «Spiegel»-Artikel, «Mama, die Trinkerin», in seinen Materialien. Aber er romantisiert den Konflikt auch, nutzt ihn für die größere Emanzipationsgeschichte des jungen Maik, die «Tschick» erzählt. Herrndorf fehlt die Sensibilität für die co-alkoholischen Dynamiken in einer Suchtfamilie, eine der wenigen psychologischen Schwächen dieses Buchs.

Es wirkt trotzdem authentisch, was er aus der Suchtfamilie Klingenberg erzählt. So authentisch, dass gleich wieder eine

Pointe daraus wird. Als «Tschick» erscheint, ein Erfolg wird und auch die Leute aus der Nachbarschaft in Norderstedt den Roman lesen, wird Katrin Herrndorf von einer Bekannten gefragt, wann sie denn in der Entzugsklinik gewesen sei. Aber sosehr Katrin Herrndorf auch beteuert, dass es nicht ihre Geschichte sei, dass sie nicht die Mutter Klingenberg sei, dass es sich doch um einen Roman handele: Die Bekannte will ihr einfach nicht glauben. «Du kannst es mir doch gern erzählen», habe die Bekannte Katrin Herrndorf erklärt, «das ist doch nicht Schlimmes!» Ihr Sohn hört nicht auf zu lachen, als sie ihm das berichtet.

Die autobiographischen Elemente in dem Buch wirken stark auf alle, die sie erkennen können, und so ist es am Ende nur verständlich und ein Beweis für die Kraft des Erzählers, dass man auch das für selbst erlebt halten könnte, was ausgedacht oder sogar angelesen ist. Herrndorf bringt in den Passagen über die dysfunktionale Familie Klingenberg zugleich literarische Anspielungen unter: in der Szene etwa, als Maik im Deutschunterricht einen Aufsatz über die Eskapaden seiner Mutter vorliest. Die Klasse bricht vor Lachen zusammen. Der Lehrer schreit Maik an, er solle die Seiten aus seinem Schulheft reißen, «dieser Aufsatz wäre das Widerwärtigste und Ekelerregendste und Schamloseste, was ihm in fünfzehn Jahren Schuldienst untergekommen sei». «Ein Baum wächst in Brooklyn» von Betty Smith klingt hier überdeutlich an, erschienen 1943, ein Jugendbuchklassiker und auch der Roman eines Kindes, Francie, das früh erwachsen werden muss: Eines Tages liest Francie in der Schule die wahre Geschichte ihrer Familie und ihres trinkenden Vaters vor – und wird von der Lehrerin ermahnt, dafür sei aber Literatur nicht da, sie solle den Aufsatz abends im Ofen verbrennen, «und wenn die Flammen lodern, sage dazu: ‹Ich verbrenne Hässlichkeit.›»

«Tschick» ist voller solcher literarischer Anspielungen (auch auf «Faserland», wenn Maiks Mutter sich im Tennisclub mit

Brandy Alexander betrinkt wie Krachts Erzähler, was wiederum auf Evelyn Waughs «Wiedersehen mit Brideshead» anspielt). Und wie schon bei den «Plüschgewittern» dokumentiert Herrndorf bei der Arbeit am Manuskript in seinen Unterlagen, was er tut. Das berühmteste Beispiel für sein Spiel mit den Referenzen ist jene Szene, als Maik und Tschick mit dem Lada aus einem Weizenfeld brechen, in das sie mit dem Auto ihren Namen zu schreiben versucht haben – und auf einem Hügel zu stehen kommen: «Minutenlang schauten wir einfach nur. Kleinere, hellere Wolken flogen unter den schwarzen hindurch. Blaugraue Schleier liefen über die entfernten Hügelketten, über die näheren Hügelketten. Die Wolken hoben sich und kamen wie eine Walze auf uns zu. ‹Independence Day›, sagte Tschick.» Herrndorfs Freund, der «Pappe» und spätere «Tschick»-Dramaturg Robert Koall war der Erste, dem hier eine Überblendung von Roland Emmerichs Blockbuster mit der «Klopstock»-Szene aus Goethes «Werther» aufgefallen ist. In gleich zwei Manuskriptfassungen des Romans (aus dem Februar 2009 und dem Mai 2010) hat Herrndorf an dieser Stelle tatsächlich für sich eine Fußnote angebracht: «Werther, Reclam, S. 29.» Er ist halt sein eigener Germanist.

Aber es verdichten sich an dieser Stelle eben auch die Kunstformen und Epochen, denn Maik und Tschick kommen mit ihrem Lada nicht nur vor einem Goethe-Roman zum Stehen, sie fahren aus einem Hollywood-Film in einen anderen hinein: Für Lars Hubrich ist es vollkommen klar, dass Herrndorf in der Autofahrt durch die Felder eine Szene aus dem letzten Spielfilm von Steve McQueen verarbeitet hat, «Jeder Kopf hat seinen Preis» von 1980. Hubrich arbeitet später beim Drehbuch für Fatih Akins «Tschick»-Verfilmung auch mit dem Regisseur Hark Bohm zusammen, dessen «Nordsee ist Mordsee» (1976) Ähnlichkeiten mit Herrndorfs Roman hat – zwei Jungs, der eine aus einer zerrütteten Familie, der andere Kind einer migrantischen Familie, erst hassen sie sich, dann klauen sie gemeinsam ein Segelboot und hauen damit ab, hinaus aufs Meer –, dass man Herrndorf nicht recht glaubt, wenn er im Blog so tut, als habe er Bohms Film nicht gekannt. Die Ähnlichkeiten erkennt Herrndorf zwar, den Film aber findet er nicht gut. In Fatih Akins Verfilmung haben sie eine kleine Verbeugung eingebaut: Uwe Bohm, Hark Bohms Sohn, der in «Nordsee ist Mordsee» noch einen der Jungs verkörpert hat, spielt in «Tschick» Maiks Vater. In dem einen Film ist er noch der Sohn, der vom Vater geschlagen wird, in dem anderen der Vater, der den Sohn schlägt.

Als Herrndorf sich im März 2010 die Manuskriptbestände und Vorarbeiten für seinen Jugendroman vorknöpft, baut er einerseits also auf einer länger zurückliegenden Formatanalyse auf. Er muss sich aber andererseits nun auch rasend schnell auf den Plot festlegen. Herrndorf verwirft dafür ganze Kapitel, die von Maiks Sozialstunden in einem Heim für Schwerbehinderte erzählen, wo er auch einmal in höchster Not einen Transporter fahren muss. Er sortiert alternative Enden für den Roman aus: dass sich Maiks Eltern scheiden lassen. Dass Maik und Tschick sich noch einmal über den Weg laufen. Dass Maiks Vater einen Brief an seinen Sohn fälscht, um die Verbindung zwischen Maik und Tschick zu manipulieren. In diesem gefälschten Brief erfährt Maik vom Direktor der Bleyener Anstalten, dass Tschick bei einer Revolte in seinem Jugendheim betrunken vom Dach gefallen sei. Der Vater probiert auch andere Varianten aus, um die Jungen auseinanderzutreiben: dass Tschick an einer Lungenentzündung gestorben sei, sich das Leben genommen habe oder nach Russland abgeschoben worden sei. Maik kapiert, was da läuft, als er die Briefentwürfe im Mülleimer findet, und stellt seinen Vater lautstark und handgreiflich zur Rede. Aber nichts davon bleibt jetzt bestehen, Herrndorf entscheidet sich für ein offenes Ende. Und legt den ersten Satz fest, der nicht mehr wie ursprünglich lautet: «Als Erstes habe ich mir in die Hose gepisst», sondern: «Als Erstes ist da der Geruch von Blut und Kaffee». Als Erstes ist da also, wie erwähnt, die literarische Anspielung auf «Rot und Schwarz».

Herrndorf legt sich jetzt auch auf die Namen der Figuren und Straßen im Roman fest: Aus der Kindheitsfreundin Mariana – ein Name, der klanglich noch näher an seiner Garstedter Kindheitsfreundin Tatjana liegt – wird Maria. Aus Ines – inspiriert von Herrndorfs Nürnberger Freundin Ines Kuth – wird am Ende dann doch nicht Elena, sondern: Isa. Maik wohnt in Marzahn nicht mehr am Aurikelstieg, wie die Garstedter Straße heißt, an der Christian Herrndorfs Realschule steht, sondern in der Nauenstraße 45. Herrndorf streicht und kürzt und fixiert den Text, vor allem in enger Zusammenarbeit mit Kathrin Passig. «Sie ist die Hauptkorrektorin», sagt Carola Wimmer, die abends, wenn sie Herrndorf besucht, das Manuskript durchschaut, das er jetzt vorantreibt, zwischen den Arztterminen, daheim in seiner Wohnung, mit dem Schreibtisch vor dem Fenster und dem «Bumsmusik»-Nachbarn unter ihm. Carola Wimmer schenkt Herrndorf ein Buch über das Sujet der Heldenreise, die «Tschick» auch ist, eine Analyse seiner klassischen Elemente, zu denen das Fläschchen mit dem Elixier gehört, das dem Helden in die Hände fällt. «Wolfgang hat sich darüber lustig gemacht», erzählt Carola Wimmer, «deshalb hat er es ironisch ins Buch geschrieben.» Maik und Tschick werfen das Fläschchen mit dem Elixier natürlich gleich wieder weg.

Für die neuen und fertigen Kapitel des Jugendromans, die jetzt entstehen, müssen Herrndorf und sein Agent Uwe Heldt noch einen Verlag finden. Und dieser Verlag muss angesichts der begrenzten Zeit, die Herrndorf für sich errechnet hat, dazu bereit sein, das Manuskript so schnell es geht in ein Buch zu verwandeln, in Höchstgeschwindigkeit zu lektorieren, zu drucken und auszuliefern. Aber Wolfgang Herrndorf hat so einen Verlag nicht. Er hat nicht den einen Verlag, der ihn seit Jahren schon gestützt hätte und nun tut, was zu tun ist. Herrndorf hat zu diesem Zeitpunkt zwei Bücher geschrieben. Keines davon ist besonders erfolgreich gewesen, auch nach gründlicher Überarbeitung nicht. Zu Haffmans will er nicht zurück. Und bei Eichborn sind die beiden Leute gegangen, mit denen er beim Erzählungsband noch zusammengearbeitet hatte: Wolfgang Hörner und Esther Kormann. Die beiden haben einen neuen Verlag gegründet, Galiani, aber das ist gerade eben erst passiert, im Jahr zuvor.

Im Mai 2010 schickt Uwe Heldt die ersten Kapitel, die Herrndorf fertiggestellt hat, auf den Weg. Zu Wolfgang Hörner und Esther Kormann bei Galiani und zu Marcus Gärtner beim Rowohlt Taschenbuch Verlag. Ein paar Wochen zuvor hatte sich Gärtner bei Herrndorf mit einer neuen Handynummer gemeldet, Herrndorf schickt ihm auch seine eigene neue Nummer zurück. Er hat gerade die Neuropsychiatrie der Charité verlassen. Er erzählt Gärtner aber nicht, was mit ihm los ist. Die beiden hatten sich nach der Überarbeitung der «Plüschgewitter» etwas aus den Augen verloren, einmal zwischendurch aber zumindest beim Geburtstag einer gemeinsamen Freundin wiedergesehen. Ein Gespräch zwischen ihnen kam da erst mal nicht so richtig in Gang. Bis sie über Kino redeten. Und zwar über Lieblingsfilme. Jeder soll seine Top Drei verraten. Gärtner zählt seine auf: «Kroko», «Der Wald vor lauter Bäumen» und «Welcome to the Dollhouse». Bei jeder Nennung flippt Herrndorf kurz aus. Er liebt diese drei Filme auch.

«Kroko» hat Herrndorf sogar schon im Paparazzi-Forum empfohlen, das war 2003, kurz nachdem der Film von Sylke Enders in die Kinos gekommen war. «Kroko» handelt von einer Sechzehnjährigen aus dem Berliner Wedding, die ziemlich hart druff ist und

Mitschülerinnen abzockt, dann aber zu Sozialstunden verdonnert wird, was ihr Leben verändert. Maren Ades «Der Wald vor lauter Bäumen» wiederum erzählt von der fortschreitenden Desillusionierung einer jungen Lehrerin: eine Geschichte, die zu den schleichenden Scheiterdramen passt, die Herrndorf auch sonst stark identifikatorisch liebt. «Welcome to the Dollhouse» von Todd Solondz schließlich handelt von der Siebtklässlerin Dawn Wiener, die, gequält und erniedrigt, hofft, dass ihr Leben in der achten Klasse besser wird. Unkorrumpierbar und zäh hält Dawn aus, was ihr aufgebürdet wird – von ihrer Familie, in der Schule, vom Leben überhaupt. Am Ende geht es nicht gut aus mit ihr, sondern einfach nur immer so weiter. Aber Dawn hält dagegen. «I was fighting back», sagt Dawn einmal zu ihrer Mutter. «Who ever told you to fight back?», schießt die Mutter zurück.

«Ich habe mich gewehrt.» – «Wer hat gesagt, dass du dich wehren sollst?» Schon früh hat Herrndorf sich entschieden, den Dialog aus «Welcome to the Dollhouse» seinem Jugendroman als Motto voranzustellen. Dawn Wiener ist ja auch eine Verwandte von Maik und Tschick. Erst in seinem letzten Romanprojekt aber, «Bilder deiner großen Liebe», wird er sich zu einer weiblichen Hauptfigur entschließen. Von dem Jugendroman, an dem er seit Jahren arbeitet und der mit einem Dialog aus einem gemeinsamen Lieblingsfilm beginnen soll, erzählt Herrndorf seinem ehemaligen Lektor Gärtner nichts. Er spricht nicht von unfertigen Projekten, jedenfalls nicht auf Partys.

Nach dieser Party war der Kontakt zwischen den beiden wieder eingeschlafen. Bis sie dann im März 2010 ihre neuen Handynummern austauschen und sich zwei Monate später Uwe Heldt bei Gärtner meldet. Herrndorf sei schwer krank, er arbeite aber an einem neuen Buch, das er unbedingt noch herausbringen wolle. Herrndorf spreche natürlich mit Galiani über das Buch. Aber er habe Heldt auch gebeten, das Manuskript an Gärtner zu geben.

In ihren neuen Verlag Galiani haben Wolfgang Hörner und Esther Kormann auch Karen Duve mitgebracht. Frank Schulz ist hier inzwischen ebenso zu Hause. Als Eichborn-Autor gehört Herrndorf eigentlich wie automatisch zu diesem Kreis. «Zur Verlagseinweihung haben wir ein Essen für Autoren im Verlag gemacht», erinnert sich Wolfgang Hörner, «da war er auch dabei. Wir waren in losem, aber stetem Kontakt. Eigentlich rechneten wir beide damit, dass er Galiani-Autor sei.»

Und er träumt auch offenbar davon, er schreibt: «Ich stelle mir vor, im Sommer 2011 auf dem Balkon meines Verlags mit dem fertig geschriebenen und gedruckten Jugendroman zu stehen, oben der Abendhimmel, neben mir alle vom Verlag. Und Karen Duve.» Diese Partyszene, festgehalten im Blog, gehört zu den Vorstellungen, mit denen Herrndorf Anfang März seine Todesangst unterdrückt. Und Hörner sagt Uwe Heldt auch sofort zu, als der ihm «Tschick» anbietet. «Heldt hat offen kommuniziert, dass er das Manuskript uns und Rowohlt – die trotz der schlechten Verkäufe das Taschenbuch gemacht und sich richtig dafür eingesetzt hatten – angeboten hat», erinnert sich Hörner. «Ich las es, war elektrisiert, aber in einem fürchterlichen Dilemma – nach einer extrem turbulenten Phase des Neustarts kommt so ein Hammermanuskript, das man aber gleich als Schnellschuss einschieben muss.» Intern habe es starke Bedenken gegeben, «gleich im ersten Programm eines neuen Verlages einen Titel außerhalb der Vorschau und außer der Reihe rauszubringen», denn das hätte «nach außen den Eindruck eines chaotischen Ladens erwecken» können. Galiani bietet die Veröffentlichung erst zum Frühjahr 2011 an. «Ich sagte immer, dass das Buch im Frühjahr allen Platz der Welt bekäme, wir da ganz anders agieren könnten (auch finanziell) – aber das war ja außer Diskussion.» Denn das ist zu spät für Herrndorf.

Bei Rowohlt lesen Marcus Gärtner und Katja Sämann das Manuskript und sind begeistert. «Nach den ersten fünfzig, hundert Seiten, die uns vorlagen, war klar: Das machen wir auf jeden Fall. Wir haben es durchgerechnet und gesagt: Wir schaffen es zur Frankfurter Buchmesse.» Sie sprechen mit dem Verleger von Rowohlt, Alexander Fest. Der sieht das Buch als Hardcover am besten in Berliner Zusammenhängen aufgehoben und ruft Gunnar Schmidt an. Schmidt, seit 2004 Verleger von Rowohlt Berlin, hat dort im Lauf der Jahre auch Autorinnen und Autoren aus der Umlaufbahn der «Titanic» und der Neuen Frankfurter Schule versammelt, wie Oliver Maria Schmitt, Martin Sonneborn oder Peter Knorr, und ebenso aus dem Kreis der «Höflichen Paparazzi» und der Zentralen Intelligenz Agentur: Kathrin Passig, Christian Ankowitsch, Christian Y. Schmidt oder Sascha Lobo. Gunnar Schmidt hatten schon die «Plüschgewitter» sehr gefallen, jetzt liest er «Tschick» und ist ebenfalls hingerissen. «Uns lag ja», erinnert er sich, «nur ein Ausschnitt vor, aber schon der hatte einen unvergleichlichen Sound. Am meisten hat mich umgehauen, dass jemand, der in einer solch verzweifelten Lage ist, einen Text abliefern kann, dem das ganz und gar nicht anzumerken ist. Oder eben nur durch das, was der Roman spiegelt: ‹Tschick› ist ja zuallererst eine Liebeserklärung an das Leben, an das Universum der Möglichkeiten, das es bietet.»

Am 15. Juni kann Heldt dann Wolfgang Herrndorf ein Angebot von Rowohlt Berlin präsentieren, Schmidt sagt darin auch verbindlich zu, das Buch noch im Herbst des gleichen Jahres herauszubringen, voraussichtlich im September, also vor der Frankfurter Buchmesse, die so etwas wie der Fixstern der herbstlichen Verlagsplanung ist. Verleger Gunnar Schmidt unterschreibt den Vertrag am 25. Juni, Wolfgang Herrndorf am 12. Juli.

Marcus Gärtner, der bei Rowohlt die Taschenbuchbelletristik leitet, übernimmt ausnahmsweise das Lektorat für Rowohlt Berlin. Bei der Neuauflage und Revision der «Plüschgewitter» war zwischen Herrndorf und Gärtner ein stilistisches Verständnis entstanden. Und Vertrauen. Und das braucht es auch für das, was in den folgenden Wochen passiert. Denn so macht man eigentlich keine Bücher, nicht in dieser Geschwindigkeit. Gärtner lektoriert ein Buch, das noch nicht fertig ist und für dessen Bearbeitung ihm kaum Zeit bleibt. Und Herrndorf liefert in Höchstgeschwindigkeit neue Kapitel ab, manchmal schafft er drei an einem Tag. «Ich wusste nicht, wie der Roman ausgeht», sagt Gärtner, «und ich weiß nicht, ob Wolfgang es überhaupt selbst gewusst hat.» Eigentlich wird in der Produktion jetzt alles mehr oder weniger im ersten Anlauf erledigt: «Herrndorfs Überlegungen waren sehr rational. Ein Jugendroman hat einen Aufbau, an den man einfach immer weiter dranstricken kann. Er hat mir Kapitel geschickt – und ich habe parallel redigiert.» Aber der Lektor ist begeistert von seinem Autor, immer schon, und Gärtner ist auch begeistert von dem, was er da zu lesen bekommt – während Herrndorf schon das nächste Kapitel schreibt, zur Strahlentherapie und Blutabnahme geht und mit Sehstörungen kämpft. Katja Sämann unterstützt Gärtner, so wie Kathrin Passig und Carola Wimmer Herrndorf beim Schreiben unterstützen.

Und Herrndorf bindet noch weitere «Pappen» in den Prozess ein: In den Materialien zum Roman findet sich eine Reihe von Umschlagideen. Eine besonders schöne stammt von Maik Novotny, der einen Lada in die herrlichste Abendstimmung auf ein Feld stellt: «Wolfgang Herrndorf. Die Republik der Jugend. Roman» steht darüber. Aber der Roman soll «Tschick» heißen, und Wolfgang Herrndorf wird wieder nicht selbst das Cover anfertigen, das übernimmt eine Münchner Grafikagentur. Es zeigt eine stilisierte Fahrtszene in Pastelltönen: Straße, Grünstreifen, Leitplanke, Feld, Himmel und in ihm der kursiv gesetzte Romantitel. Dessen erster Buchstabe ist aber klein gesetzt, so dass es bis heute immer wieder neue Leserinnen und Leser gibt, die denken, Herrndorfs Roman hieße *tschick*.

Doch selbst wenn es jetzt so schnell gehen muss, im Sommer 2010, bleibt einiges wie gehabt. «Wolfgang hat immer noch die Zeit gefunden, das Korrektorat wahnsinnig zu machen», sagt Gärtner. «Am Ende unserer einzigen Redaktionssitzung bei mir zu Hause», mittlerweile ist es der 5. Juli, «hat er mir nur noch eine letzte Frage gestellt. Und die lautete: ‹Wieso macht ihr es eigentlich als Erwachsenenbuch?› Ich war komplett überrascht, denn ich wäre gar nicht auf die Idee gekommen, es anders zu machen. Ein Jugendbuch? Bloß weil der Held vierzehn ist? ‹Tschick› als Roman in einem literarischen Programm herauszubringen, war die einzig und allein vernünftige Entscheidung. Jugendliche lesen Erwachsenenbücher, aber Erwachsene keine Jugendbücher.» Die Rezeptionsgeschichte von «Tschick» sollte beiden recht geben. Herrndorf hat einen Jugendroman geschrieben, den Teenager an ihre Eltern verleihen. Und umgekehrt.

Drei Monate ist es an diesem 5. Juli her, seit Herrndorf die Arbeit am Manuskript wieder aufgenommen hat. Drei Monate, in denen er eine Strahlen- und Chemotherapie absolviert und Temodal bekommt, wieder Fußball spielt, ihm die Haare ausfallen, er mit seinem neuen Macbook täglich ein Selbstporträt macht. Wieder also, wie von Anfang an, wie in Norderstedt und in Nürnberg, macht Wolfgang Herrndorf: Selbstporträts. In Serie. Eins der Fotos stellt er in seinen Blog im Forum, kahler Schädel, blasse Haut, er hat Gewicht verloren, «sieht gut aus», notiert er aber. Herrndorf trinkt jetzt keinen Alkohol mehr. Und er geht irgendwann auch nicht mehr ins «Prassnik», weil ihm der Zigarettenrauch in seiner Lieblingskneipe zusetzt. Lukas Imhof, einer der «Pappen», baut ihm zum Trost ein Modell vom «Prassnik», für zu Hause. Herrndorf freut sich unglaublich darüber, lacht und ist gerührt.

Herrndorf ist jetzt vor allem müde von der Therapie, aber er schreibt, schreibt, schreibt: am Roman, am Blog, mit dem neuen

Rechner, ins Notizbuch, in Wartezimmern, wo er auf die Blutabnahme wartet, auf die nächste Bestrahlung, wann immer er kann. Die Arbeit, sagt Carola Wimmer, «war der Abwehrzauber gegen die Todesangst». Er steht morgens meist um sieben Uhr auf und löscht das Licht um Mitternacht, er hat, vermutlich zum ersten Mal seit seinem Praktikum in der Norderstedter Offsetdruckerei 1986, so etwas wie einen geregelten Tagesablauf. «Wolfgang hatte die Kraft für diese Arbeitsleistung, unter anderem, weil er bis zur Diagnose ein körperlich extrem gesunder Mensch gewesen war», sagt Carola Wimmer. «Wenn wir abends zusammen waren und uns ausgeruht haben, lagen wir Stirn an Stirn und haben uns Geschichten von früher erzählt.» Sie sehen sich meist in der Novalisstraße, Carola Wimmer wohnt in Charlottenburg und fährt zum Schlafen wieder heim, «ich gehe gern, und Wolfgang entdeckte daran auch die Vorzüge».

Die Krankheit hat Herrndorfs Bereitschaft verändert, eine feste Beziehung einzugehen. «Wenn er nicht krank geworden wäre», sagt Carola Wimmer, «wären wir kein Paar geworden. Er ist durch die Krankheit nahbarer geworden. Wenn ich diese Geschichte als Kitschroman erzählen würde, dann würde ich schreiben, dass er erkannt hat, dass er sich auf jemanden ohne Wenn und Aber verlassen kann. Und das war in diesem Fall ich.» Wolfgang Herrndorf analysiert sich nicht selbst, verweigert das, lehnt das ganze Konzept der Psychologie brüsk ab, wann immer er kann, im Blog, in seinen Texten, Carola Wimmer ist da ganz anders. «Wir haben unsere Gegensätze harmonisiert, indem wir sie ironisiert haben», sagt sie. «Ich wusste, was seine wunden Punkte sind, ich wollte nie, dass er sie spürt.» Und so behandelt er umgekehrt auch seine Partnerin.

Und so «apsychologisch», wie Carola Wimmer sagt, Herrndorf auch tut oder gern wäre, ihm fallen die Veränderungen an sich selbst auf. Anfang April listet er ein gutes Dutzend davon unter der Überschrift «Neue Features» im Notizbuch auf, es ist eine interessante Mischung aus Alltagsdingen, von denen einige anderen Leuten komplett selbstverständlich erscheinen müssen:

«Schamverlust.»

«Ironieverlust.»

«Händewaschen vorm Essen, Körperpflege.»

«Milde.»

«Rückkehr der klassischen Musik.»

«Komplimente.»

«Brötchen holen.»

«Mit der Hand schreiben.»

«Arbeiten können, wenn Leute im Raum sind, Krach, gleichzeitig Gespräche führen, ohne den Faden zu verlieren.»

Jahrelang hatte Herrndorf in Stille und totaler Zurückgezogenheit und sogar Verschwiegenheit gearbeitet, im Zimmer am Westtorgraben, in der Novalisstraße. Er steht zwar noch immer regelmäßig beim «Bumsmusik»-Nachbarn vor der Tür, um sich über die Bässe zu beschweren, aber schreibt im Grunde, wo und wann er kann. Und er bezieht sein Umfeld in seine Arbeit ein, mehr und anders als je zuvor. Plötzlich wird transparent für die «Pappen», was Herrndorf über Jahre meist für sich behalten hat, bis es gedruckt erschien, an was genau er arbeitete, wenn er nicht ins «Prassnik» kommen konnte. Jetzt nutzt er das Forum auch als Korrekturinstanz für Fehler. Herrndorf hat früher selten Fehler in seinen Forumseinträgen gemacht, und wenn er sie nicht korrigiert hat, dann sollten sie vielleicht auch deswegen stehen bleiben, weil sie eine Art von performativer Beweiskraft hatten: weil es spät war, wenn er sie schrieb, weil er voll war, weil er wütend war. Die Einträge unter «Arbeit und Struktur» sind jetzt so gut wie makellos, aber sie werden auch Korrektur gelesen, bevor sie online gehen.

Dass Herrndorf nun öffentlich arbeiten kann, zeigt sich ebenfalls im Notizbuch, das er überallhin mitnimmt, auch und besonders in die Wartezimmer seiner Therapie. Hier sind die Seiten immer wieder dicht gefüllt mit Text, meist aus dem fertig werdenden Roman. Herrndorf wechselt zwischen szenischen Notizen, Ideen für den Roadtrip der Jungen («Sehen verlassene Häuser, gehen hinein, sehen verlassene Gegenstände – Tschernobyl») und ausformulierteren Passagen.

Anfang Juni wacht er eines Morgens mit Sehstörungen auf. Sein Sichtfeld bleibt eingeschränkt. Zwei Wochen später wird ein neues MRT gemacht, turnusmäßig gehört das zur Therapie. Eine Schrankenstörung wird festgestellt, das bedeutet: Die Blut-Hirn-Schranke ist durchlässig, das zeigt ein Kontrastmittel. Die eigentliche Nachricht aber lautet: keine Veränderung. Es wächst nichts im Hirn. Katrin Herrndorf hat ihren Sohn zu diesem Termin in die Charité begleitet. Und sie ist bei ihm, als Wolfgang danach an der Spree weinend zusammenbricht. Im Blog erzählt er von diesem Zusammenbruch, aber so, als sei er allein gewesen. Wie klar und schonungslos Herrndorf in «Arbeit und Struktur» auch aus seinem Alltag mit der unheilbaren Erkrankung erzählt, von den Ängsten, von seiner Exit-Strategie: Einiges behält er doch für sich.

Herrndorf behält aus nachvollziehbaren Gründen auch für sich, dass er sich inzwischen eine Waffe besorgt hat. Einen Magnum-Revolver von Smith & Wesson, Kaliber 357. Irgendwann Mitte Juli, und irgendwo in den Hinterhöfen von Neukölln, wie er in seinen Blog schreibt, die Passagen sind aber erst 2013 in der gedruckten Variante zu lesen. Wenn Herrndorf sich ab jetzt, Sommer 2010, mit der Photobooth-Funktion seines Rechners fotografiert, hat er den Revolver oft in der Hand. Liegt er griffbereit in der Nähe. Ist er sichtbar im Bild. «Ich schlafe mit der Waffe in der Faust, ein sicherer Halt, als habe jemand einen Griff an die

Realität geschraubt. Das Gewicht, das feine Holz, das brünierte Metall. Mit dem Macbook zusammen der schönste Gegenstand, den ich in meinem Leben besessen habe.» Was Herrndorf hier ein gutes Jahr später in den Blog schreibt, fasst in Worte, was auf seinen Selbstporträts zu sehen ist.

Und auch wenn diese Metapher vom «Griff an der Realität» korrespondiert mit dem Hebel zur Manieregulation, mit dem Stimmungsbarometer aus Nürnberg, mit Herrndorfs Bedürfnis, etwas ins Bild zu setzen, um es betrachten und verstehen zu können: Er literarisiert oder überhöht nicht. Wenn er den Griff der Waffe hält, hält er die Exit-Strategie in eigenen Händen, die Kontrolle über die letzte Entscheidung seines Lebens. Und es beruhigt ihn.

«Es war von Anfang an klar», sagt Carola Wimmer, «dass es nur eine Waffe sein kann. Alle anderen Überlegungen waren rein theoretisch. Er hat nie bei einer Sterbehilfeorganisation wie ‹Exit› angefragt.» Er beschäftigt sich zwar mit Sterbehilfe, für ihn kommt sie aber nicht in Frage. «Ich habe mich damit abgefunden, dass ich mich erschieße. Ich könnte mich nicht damit abfinden, vom Tumor zerlegt zu werden, aber ich kann mich damit abfinden, mich zu erschießen. Das ist der ganze Trick.» Es ist der 25. August 2010, als Herrndorf das schreibt.

In den Hochsommertagen, als Herrndorf sich einen Revolver organisiert, Spiele der Fußballweltmeisterschaft schaut, selbst Fußball spielt und mit dem Rad nach Rahnsdorf aufs Sommerfest von Michael Lentz fährt, mit dem er in der Autorennationalmannschaft gespielt hat, schließt er das Manuskript von «Tschick» endgültig ab.

Im August besucht Herrndorf auch seine Eltern für ein paar Tage in ihrem Urlaub auf Rügen. Geht schwimmen, spielt Volleyball am Strand – und arbeitet bereits am nächsten Projekt, am Wüstenroman. Es gibt keine Pause. Die Uhr läuft weiter gegen ihn. Der Manuskriptbestand von «Sand» ist umfangreicher, als der von «Tschick» es war, und hat, anders als der Jugendroman, eine hochkomplexe Struktur. Mitte August beginnt für Herrndorf der vierte Zyklus seiner Chemotherapie. Zeitgleich richtet er eine Dropbox ein, damit Kathrin Passig gemeinsam mit ihm an den vorhandenen Dateien des neuen Romans arbeiten kann.

Am 16. September beginnt der fünfte Zyklus der Chemotherapie. Einen Tag später erscheint «Tschick». «Keine Tagträume zum Roman, bevor nicht das erste, noch ungeschriebene, maximal als vages Konzept existierende Kapitel da ist», hat Herrndorf fast auf den Tag genau ein halbes Jahr vorher in sein Notizbuch geschrieben. Jetzt ist die erste Auflage in den Buchhandlungen. Viertausend Exemplare hat Rowohlt Berlin gedruckt. Der Tagtraum ist wahr geworden, aber Herrndorf hält nicht inne. Es ist gar keine Zeit für so etwas, oder dafür, sich Erwartungen hinzugeben, was den möglichen Erfolg des Buches anlangt, das er gerade mit vereinten Kräften herausgebracht hat. «Wolfgang ist in den Urlaub gefahren und hat nahtlos an ‹Sand› weitergeschrieben», sagt Carola Wimmer. «Es ging nur ums Arbeiten.»

Vier Tage nachdem «Tschick» erschienen ist, erhält Herrndorf das Ergebnis des routinemäßigen MRTs, bei dem überprüft wird, wie sich Chemo und Bestrahlung auf den Tumor auswirken. Kein Wachstum. Und wieder rechnet er die Diagnose nicht in Lebenszeit, sondern in Bücher um, wie damals, beim ersten Gespräch mit Professor Moskopp. «Es folgt: Der Wüstenroman», schreibt Herrndorf in den Blog.

Und während Herrndorf jetzt die Vorarbeiten und vorhandenen Manuskriptteile des neuen Romans durchsieht und wieder vor allem zusammenstreicht, wartet der Verlag auf Reaktionen auf «Tschick». Viele Medien hatten den Text angefordert. Aber dieser 17. September verstreicht, ohne dass die großen überregionalen Feuilletons etwas bringen. Die «Badischen Neuesten Nachrichten» sind die Ersten, die «Tschick» besprechen, am 19. September. Dann kommt zehn Tage lang gar nichts. Am 29. September folgt der österreichische «Falter». Am selben Tag bringt Deutschlandradio Kultur die erste überregionale Rezension des Romans, sie stammt vom Berliner Literaturkritiker Jörg Magenau. Dann erscheinen die Messebeilagen der großen Zeitungen, aber: nichts in der «Süddeutschen Zeitung», in der «Zeit», in der «Frankfurter Allgemeinen» oder in deren Sonntagszeitung. Am 8. Oktober, ein Freitag, bemerkt auch Herrndorf selbst die Stille um sein Buch: «Drei Wochen ist ‹Tschick› raus, und in keiner Buchmessenbeilage und keiner Zeitung. Es ist mir nicht so gleichgültig wie früher», schreibt er in seinen Blog.

Zwei Tage darauf erscheint meine Rezension von «Tschick» in der «Frankfurter Allgemeinen Sonntagszeitung». Ich muss an dieser Stelle kurz persönlich werden, denn ich glaube, dass es für die Dynamik der folgenden Ereignisse repräsentativ ist. Auch für die Frage, ob der Erfolg von «Tschick» mit dem Schicksal seines Autors verknüpft ist, wie sich die Anteilnahme an Herrndorfs Lage und die Begeisterung für das Buch zueinander verhalten. Ich kannte Wolfgang Herrndorf nicht persönlich, ich habe ihn nie kennengelernt. Ich hatte aber kurz zum Kreis der «Paparazzi» gehört, hatte deswegen über die Jahre verfolgt, was Herrndorf machte, und 2008 das Hörbuch der «Plüschgewitter» rezensiert. Das Erscheinen von «Tschick» im September 2010 war aber an mir vorbeigegangen. Für die Buchmessenausgabe unseres FAS-Feuilletons Anfang Oktober war der Roman nicht vorgesehen. Ende September bekam ich dann eine SMS von Robert Koall, einem gemeinsamen Freund von Herrndorf und mir. Herrndorf sei sterbenskrank, schrieb er, sinngemäß. Und habe einen neuen Roman, «Tschick», willst du nicht mal lesen?

Und ich lese sofort, bedrückt und angestoßen von der Nachricht, wie schwer Herrndorf erkrankt ist – und nach den ersten Seiten kann ich das Buch nicht mehr weglegen. Wie viele Leserinnen und Leser, jung und alt, haben das bis heute über «Tschick» gesagt? Der Sog dieser Geschichte, dieses Sounds ist unwiderstehlich, der große Witz des Erzählers Maik ebenso, der sich oft genug, aber nicht immer gegen sich selbst richtet, sondern in angemessener Schärfe auch gegen die Leute um ihn herum: die blöden Lehrer, die doofen Mitschüler, die affektierten Mitschülerinnen, die Ärzte, Lehrer, Lkw-Fahrer. Aber da ist auch die Wärme und das Verständnis, die Neugier, mit der sich Maik und dann auch Tschick der Welt um sie herum zuwenden. Von dieser Ambivalenz lebt der Roman. Wäre «Tschick» nur die Stilübung eines Schriftstellers, der sich mal im Genre ausprobieren wollte, wäre das Buch vielleicht unterhaltsam, nicht aber so bewegend. Denn Herrndorf wagt sich mit seiner Geschichte von Anfang an weit hinaus, wirft sich mit seinem ganzen Herzen – zum ersten Mal in seiner Karriere als Schriftsteller – in einen Text hinein, auch mit seinem gebrochenen Herzen, mit den Erfahrungen seines Lebens, auch mit der Weisheit eines Erwachsenen, der nicht vergessen hat, wie es war, jung und blöd zu sein, aber der jetzt mit diesem Text für das Recht eintritt, jung und blöd sein zu dürfen, Fehler machen zu dürfen, es auszuprobieren, herauszufinden, wie es geht, dieses «Scheißleben», wie Rainald Goetz es genannt hat. Herrndorf lässt das Pathos zu, steigert es, fängt es dann aber immer wieder auf mit Humor, lässt die Jungen in den Sternenhimmel schauen und sich fragen, was da oben nur auf sie wartet – aber dann kommen die beiden eben nicht auf Gott zu sprechen, sondern auf Rieseninsekten wie aus dem Hollywood-Kino, und die Grillen spielen eine kleine Nachtmusik dazu. Der Auftritt des Kometen Isa, die einmal kurz am Leben von Maik vorbeizieht, es aber für immer verändert – Herrndorf mag mit allem, was er hat, in dieser Geschichte stecken, aber er verliert seinen Kopf nie dabei, seine literarische Stilsicherheit: Was man an solchen erzählerischen Entscheidungen merkt. Daran, wie er die Kontrolle und Distanz wahrt, das Klischee auf Abstand hält.

Und hat man fast vergessen, dass der Autor dieses Buchs sterbenskrank ist, fällt es einem wieder ein, aber das verstärkt diese existenziell anrührende Lektüre nur noch. «Tschick» behält dennoch immer seine Autonomie als Kunstwerk, das für sich steht, als Meisterwerk der Coming-of-Age-Literatur. Beginnt direkt auf der ersten Seite ein Eigenleben, löst sich damit vom Autor, von der Frage, wer das ist, der hier schreibt, wie es ihm gehen mag – weil in dieser individuellen Geschichte des Erwachsenwerdens die allgemeine, jeden Tag irgendwo auf der Welt von Neuem beginnende, jahrtausendealte Geschichte des Erwachsenwerdens angelegt ist und in maximaler «Durchlesbarkeit» erzählt wird. Vielleicht hätte Wolfgang Herrndorf «Tschick» nie beendet, wäre er nicht krank geworden. Vielleicht hat die Krankheit des Autors manche auf sein Buch aufmerksam gemacht, die es sonst nicht in die Hände bekommen hätten. Aber sobald man das Buch aufschlägt, beginnt ein anderes Kapitel, das mit der Kraft der Literatur zu tun hat: die Geschichte des Erwachsenwerdens, die allen passiert, die so oft schon aufgeschrieben worden ist, noch einmal so zu erzählen, als würde man sie zum ersten Mal lesen – und trotzdem alles darin wiedererkennen. Immer hat Herrndorf selbst beim Lesen nach Identifikation gesucht. Nach Figuren, die ihm ähneln – Stendhals Julien Sorel, Duves Anne Strehlau, Moritz' Anton Reiser. Und dann hat er selbst ein Buch geschrieben, das Identifikation auch jenen schenkt, die danach gar nicht gesucht haben. Projekt Regression: wie wir alle gern gelebt hätten.

Am 24. September, eine Woche nach dem Erscheinen von «Tschick», war Herrndorf mit seinem Blog aus dem «Paparazzi»-Forum auf eine eigene, öffentliche Webseite gewechselt – http://

www.wolfgang-herrndorf.de. Eingerichtet haben sie Sascha und Meike Lobo. Herrndorf passt zurückliegende Ereignisse darin leicht an, wer anonymisiert werden will, soll ihm Bescheid geben. Jetzt kann die ganze Welt lesen und verfolgen, wie es Herrndorf geht. Kann also lesen, dass er todkrank ist. Dass er sich Ende Februar im Pinguinkostüm in die Psychiatrie der Berliner Charité eingeliefert hat. Und dass er in den letzten Monaten einen neuen Roman fertiggestellt hat, «Tschick». Und sich fragt, warum sich niemand für diesen Roman interessiert.

Ab jetzt geht es schnell und schneller. Am 29. September 2010 verschickt Nora Gottschalk, die das Buch in der Pressearbeit betreut, eine E-Mail, und zwar nur an den Kreis der Medienleute, der die Fahnen von «Tschick» bestellt hatte:

«Liebe Kolleginnen, liebe Kollegen», steht darin, «da Sie den Roman ‹Tschick› bekommen haben, schicke ich Ihnen den Link zu Wolfgang Herrndorfs Blog: http://www.wolfgang-herrndorf. de

Der erste Eintrag vom 8. März 2010, 13:00 beginnt so:

‹Gestern haben sie mich eingeliefert. Ich trug ein Pinguinkostüm.›»

Die Mail zitiert den gesamten ersten Absatz des Blogeintrags und schließt ohne jede weitere Erklärung dazu.

Die Unruhe im Verlag ist nachvollziehbar: ein wunderbares Buch mit Hochdruck herausgebracht zu haben, dessen Autor die Zeit davonläuft. Dass Bücher einen langsamen Start erleben, kommt regelmäßig vor, aber in diesem speziellen Fall darf das nicht passieren. Um nicht selbst etwas zu sagen, weist der Verlag auf den Blog hin, nachdem Herrndorf ihn öffentlich gemacht hat – damit sich alle, die diesen Hinweis lesen, selbst einen Reim darauf machen können.

«Das Buch war draußen, aber außer in der ‹Stuttgarter Zeitung› kam es nirgendwo vor», erinnert sich Marcus Gärtner. «Als

Herrndorf dann seinen Blog online gestellt hat, bin ich zu unserer Presseabteilung gegangen, damit wir einen Hinweis darauf per Mail verschicken und den auch auf unserer Facebook-Seite einstellen – mit der größten Delikatesse.» Herrndorf erfährt davon natürlich. Und schreibt ein paar Tage später in seinen Blog: «Bekomme mit, dass der Verlag Bloglink mit Psychiatrisierungseintrag als Werbemittel rumschickt. Wahnsinn. Und nein, das ist nicht mit mir abgesprochen.» Es ist auch nicht mit ihm abgesprochen. Nur warum eigentlich hat Gärtner sich nicht bei ihm abgesichert, ob er das so machen kann, jetzt, da Herrndorf mit der Krankheit selbst in die Öffentlichkeit getreten ist? «Es war eine Mischung aus Befangenheit und dem Gedanken, Herrndorf nicht mit Pressefragen zu behelligen», sagt Marcus Gärtner.

Nur Tage nach diesem Hinweis auf den Blog erscheinen jedenfalls die ersten Rezensionen in den überregionalen Feuilletons. Meine eigene am 10. Oktober in der FAS, ich erwähne darin die Krankheit und feiere das Buch. Drei Tage später folgt Gustav Seibt in der «Süddeutschen Zeitung», seit den «Plüschgewittern» ein Fan Wolfgang Herrndorfs. «Untergründig», schreibt Seibt, «kommuniziert Herrndorfs Ton mit einer anderen Jugendepoche der deutschen Literatur, der Romantik Tiecks und Eichendorffs. Übrigens ist das schon eine Antwort auf manche gegenwärtige Literaturlangeweile: In deutscher Sprache gedieh ‹Realismus› noch nie gut, unsere Stärken liegen anderswo.» Die Krankheit erwähnt Seibt nicht. Das tut aber Gerrit Bartels am Tag darauf in seiner Hymne im «Tagesspiegel». Am 16. Oktober schreibt Felicitas von Lovenberg, damals Literaturchefin der «Frankfurter Allgemeinen Zeitung», einen Satz in ihre Besprechung, den sich jeder Verlag auf der Welt wünscht, um ihn auf seine Bücher zu drucken: «Auch in fünfzig Jahren wird dies noch ein Roman sein, den wir lesen wollen. Aber besser, man fängt gleich damit an.» Die Krankheit erwähnt sie nicht.

Etwas später, am 27. Oktober, folgt eine weitere Hymne in der «taz» von René Hamann, in der steht, wie sterbenskrank Herrndorf ist. Tags darauf preist Ulrich Seidler das Buch in der «Berliner Zeitung», ohne die Krankheit zu erwähnen. Am 11. November ist dann die «Zeit» an der Reihe, «Tschick» in die höchsten Höhen der Literatur zu heben: Thomas Mann, Salinger, Mark Twain – aber zugleich bringt der Rezensent Dieter Hildebrandt es fertig, fast alle Namen aus dem Buch falsch zu schreiben. Serielles Namenfalschschreiben ist aber ja nichts Neues für Wolfgang Herrndörfler. Die «Frankfurter Rundschau» ist die letzte überregionale Zeitung, die in diesem Herbst Herrndorf für dessen Meisterwerk feiert, die Rezension stammt von Ulrich Rüdenauer.

Das ist die Dynamik, der «Irrsinn» (Gärtner) dieser ersten Monate von «Tschick»: die atemlose Arbeit am Manuskript, die glückliche Fertigstellung, dann die Stille, nach der sich, jedenfalls im Verlag, eine Erwartung aufgebaut hat, das offene Geheimnis der Krankheit – und ab Mitte Oktober eine Hymne nach der anderen, eine fast lauter als die andere. Ein Kanon von Hymnen. In den sich die Sorge um den kranken Autor unter das Glück über dieses unerwartete Meisterwerk mischt, aber dezent.

Was den Drive, den Schub ausgelöst hat, ist zum einen sicher der enge Takt der Rezensionen. Im Feuilleton stachelt man sich oft gegenseitig an, immer will man schneller sein, als Erster mit einer Entdeckung auftrumpfen oder den Punkt richtiger treffen. Ob es aber wirklich die gedruckten Feuilletons waren, die die Verkäufe von «Tschick» so stark angetrieben haben, ist zweifelhaft. Eine entscheidende Rolle spielt wohl auch die Literaturkritikerin Christine Westermann. Am 14. Oktober sagt sie im «Buchtipp» auf WDR2 nur richtige Dinge über «Tschick», in der ihr eigenen Klarheit: «Man liest ein Buch, aber eigentlich hört man einen Vierzehnjährigen sprechen. Maik macht keine großen Worte –

und doch welche, in denen er Großes sagt. Über die Liebe, das Leben, das Alter, die guten und die schlechten Menschen. Eine beeindruckende und wahrhaftige Sicht auf die Dinge des Lebens, die einem als Erwachsener schon verlorengegangen ist. ‹Tschick› ist ein Buch, das Eltern ihren Kindern und Kinder ihren Eltern schenken sollten. Es wird funktionieren. Egal, ob man 14, 34, 64 ist. Oder 94.»

Christine Westermann weiß zu diesem Zeitpunkt nicht, dass Wolfgang Herrndorf krank ist – sonst hätte sie es bestimmt erwähnt, erzählt sie heute, «um darüber zu sprechen, wie einer, der dem Tod nah ist, ein so lebendiges Buch schreiben kann». Das Cover des Romans habe sie angesprochen, die Farben, die Weite darauf, die Sehnsucht ausgelöst hat. Und nach der ersten Seite habe sie weiterlesen müssen. Auch sie zog der Sog einfach weiter, immer weiter in die Geschichte hinein.

In diesem Herbst 2010 greifen also einige Dynamiken ineinander, die den Verkaufserfolg von «Tschick» und seinen blitzschnellen Status als Klassiker erklären können. Nicht zuletzt ist da das Sortiment, die Buchhändlerinnen und Buchhändler im ganzen Land, die den Roman zu lesen beginnen. Auf sie kommt es am Ende an, da kann die Kritik noch so viele Loblieder singen. In der Vertriebsrunde des Verlages wird überlegt, was man noch tun kann, um im Dickicht der Herbstnovitäten ihre Aufmerksamkeit zu gewinnen, ja sie selbst für «Tschick» zu gewinnen. Denn nichts ist wichtiger, als dass die Buchhändler lesen, von der Lektüre überzeugt sind und das Buch weiterempfehlen. «Wir haben schlicht und einfach versucht», erinnert sich Gunnar Schmidt, «für ein Buch, von dem wir alle überzeugt, ja begeistert waren, und das wir aufgrund der Umstände außerhalb der Vorschau anbieten mussten, etwas zu tun, uns etwas einfallen zu lassen.» Eine Idee des Vertriebs ist, das Buch noch einmal als Leseexemplar an die Buchläden zu schicken, in Papier eingeschlagen und mit aufgedruckten Pressestimmen – und das mit einem Gewinnspiel zu verbinden. Also werden bei Niederegger hundert Kisten Marzipan bestellt: Wer eine davon gewinnen will, muss «Tschick» gelesen haben, jedenfalls die ersten einundzwanzig Seiten. Die Hoffnung ist, dass die Buchhändlerinnen und Buchhändler bis dahin so elektrisiert sind, dass sie von selbst weiterlesen. Die Frage, die sie beantworten müssen und deren Antwort also auf Seite 21 steht, lautet: «Ein Deutschaufsatz in der 6. Klasse brachte Maik seinen Spitznamen ein – welchen?» Herrndorf bekommt auch eine Kiste Marzipan.

Versehen ist der beiliegende vierseitige Folder, der noch im Oktober produziert wird und Anfang November mit dem Leseexemplar im Buchhandel eintrifft, mit einem Brief des Rowohlt-Berlin-Verlegers Gunnar Schmidt: «Es gibt Bücher, die sind ein Ereignis. ‹Tschick› ist eins», schreibt er darin. «Wolfgang Herrndorf erzählt von der Zeit, in der Gefühle nur in Wirbeln auftreten und Glück auch furchtbar traurig machen kann. Zwei Freunde entdecken die Welt – und das Leben selbst. Ein Buch von existenzieller Wucht und Intensität und doch unglaublich leicht und komisch. Einen solchen Roman bekommt ein Verlag nur alle paar Jahre auf den Tisch. Doch unser Enthusiasmus wird allein nicht reichen, um diesem Buch zu dem Erfolg zu verhelfen, der ihm gebührt. Dafür, liebe Kolleginnen, liebe Kollegen, bedarf es Ihrer Begeisterung, Ihrer Unterstützung. Und darum bitte ich Sie. Ich lege Ihnen ein Buch ans Herz, das, da bin ich mir sicher, bleiben wird.»

Rasch kommen aus dem Buchhandel viele, sehr viele richtige Antworten auf die gestellte Frage zurück, aber nicht nur das. Eine Buchhändlerin aus Unterfranken etwa schreibt: «Wenn man solche Bücher zugeschickt bekommt, sie lesen darf, sie früher lesen darf als viele andere Leser, dann weiß man mal wieder, was für einen tollen Beruf man hat.» Und ein Buchhändler aus Baden-

Württemberg: «Leider mussten einige Kunden länger warten, bis ich ausgelesen hatte. Toll, ich bin begeistert. Ach ja, der Spitzname: Psycho. Den hat er verdient.»

Als Gunnar Schmidt Herrndorf Mitte Oktober anruft, um ihm zu erzählen, dass nachgedruckt wird, ist ein Moment Stille in der Leitung, bevor Herrndorf sagt: «Ich habe noch nie eine zweite Auflage gehabt.» Bald wird eine Auflage nach der anderen gedruckt, aber der Erfolg lenkt Herrndorf nicht von der Arbeit ab. «Er war vergnügter», sagt Carola Wimmer, «wir haben gekichert und uns im Unglück gefreut, aber sonst hat sich nichts geändert. Alles, was einem aufstrebenden Schriftsteller normalerweise passiert – Interviews, öffentliche Auftritte –, fand ja nicht statt für Wolfgang. Es war, als ob sich da eine Schriftstellerfigur von ihm abgespalten hat, die jetzt in der Öffentlichkeit verhandelt wird – aber er ist zu Hause, schaut dem Ganzen nur zu und schreibt an seinem nächsten Roman. Das ist das Wichtigste. Nicht mehr zu arbeiten, hätte Panik ausgelöst.» Gefeiert wird der Erfolg von «Tschick» auch nicht. «Wolfgang war nicht der Typ dafür. Aber er hat mich gefragt: ‹Ach, Carola, wollen wir heute essen gehen?› Das war das höchste der Gefühle. Und dann sind wir ans Friedrich-Krause-Ufer und haben wie so oft beim Asiaten auf dem Parkplatz vorm Aldi gespeist. Es hat sich schlicht und ergreifend überhaupt nichts geändert nach ‹Tschick›.»

Die Freude bleibt privat. Der neue Bestsellerautor Wolfgang Herrndorf ist für die Öffentlichkeit nicht sichtbar. Als etwas später die «Tagesthemen» über ihn berichten, nutzen sie dafür Aufnahmen, die Wilfried Rott 2003 für seinen «ticket»-Beitrag im SFB in Herrndorfs Wohnung gemacht hat. Anfragen für Interviews lehnt er ab. Das ist zwar prinzipiell nichts Neues, aber jetzt hat es andere Gründe: Er hat keine Zeit dafür. Er muss arbeiten. Nur auf eine Anfrage des «Spiegel» lässt er sich ein, trifft Wolfgang Höbel Ende Januar in einem Café im Bötzowviertel, spricht aber nur über seine Arbeit und Literatur.

Einmal aber, ein letztes Mal, tritt Herrndorf doch noch auf, am 25. November 2010, für eine Lesung aus seinem neuen Buch. Der «Rote Salon» der Berliner Volksbühne ist zum Platzen voll. Herrndorf trägt eine neue, schwarze, glänzende Trainingsjacke, sein Haar ist wieder dunkel und dicht. Er liest aus dem wunderschönen zwanzigsten Kapitel von «Tschick», die beiden Jungen haben gerade Berlin hinter sich gelassen, «ich hatte meinen Arm aus dem Fenster gehängt und den Kopf daraufgelegt. Wir fuhren Tempo 30 zwischen Wiesen und Feldern hindurch, über denen langsam die Sonne aufging, irgendwo hinter Rahnsdorf, und es war das Schönste und Seltsamste, was ich je erlebt habe.» Und Herrndorf liest auch aus Passagen, die es nicht in den Roman geschafft haben, die er kurz danach aber in seinen Blog stellt. Eine Deutschstunde aus der Zeit, bevor Tschick in die Klasse kommt, und in der Maik ein selbstgeschriebenes Gedicht vorstellt, das er schnell auf der Schultoilette geschrieben hat, in mehreren Anläufen: «Ich liebe dich, du blöde Sau, während ich ins Jungsklo schau.» «Der Winter kommt. Die Luft ist kalt. Ich hab kein Schal, Herr Rechtsanwalt.» Am Ende trägt er zwölf Zeilen vor, die auf «Ein Lada steht im Parkverbot. / In hundert Jahren sind wir tot» enden. Das Publikum im «Roten Salon» lacht lange und laut.

Herrndorf liest dann auch noch aus dem Manuskript, an dem er jetzt sitzt, das zehnte Kapitel von «Sand». Das ganze Projekt stellt er so vor: «Das ist ein dem Genre des Trottelromans entnommener Roman, also eigentlich ein Thriller, der im Jahr 1972 in der Wüste spielt. Trottelroman insofern: Die Araber sind alle dumm, faul und stinken, die Europäer sind arrogante Rassisten und Päderasten, die Amerikaner foltern alles, was ihnen in den Weg kommt, und hinter allem stecken selbstverständlich die Juden.» Nach der Lesung gehen der Autor und seine Entourage essen, wie man das so macht, direkt gegenüber am Rosa-Luxemburg-Platz, ein langer Tisch, an dem auch Karen Duve sitzt. Aber ein Gespräch zwischen ihr und Herrndorf ergibt sich in dieser Situation nicht, wie Karen Duve sich das gewünscht hätte. Wie sie sich bis heute wünscht, es wäre zustande gekommen. Darüber, wie viel es Karen Duve bedeutet hat, was Herrndorf über sie gesagt hat.

Rowohlt Berlin druckt inzwischen immer neue Auflagen von «Tschick». Und die Dynamik nimmt noch einmal zu, als auch die Schulen aufspringen. Nicht lange nach Erscheinen von «Tschick» melden sich nämlich die ersten Lehrerinnen und Lehrer beim Verlag und fragen, ob er vielleicht Unterrichtsmaterialien bereitstellen würde, die man nutzen könne, um «Tschick» im Deutschunterricht zu lesen. Auch bei Herrndorf selbst, der seine Adresse ins Impressum seines Blogs stellen muss, geht inzwischen stapelweise die Fanpost ein. «Bekomme jeden Tag Briefe und Karten, die ich nicht mehr beantworten kann. Grüße an dieser Stelle», schreibt er im November 2010. Es sind Menschen, die ihm für «Tschick» danken und für das, was er in seinem Blog vom Leben mit der Krankheit erzählt. Die ihm Trost spenden wollen, die ihm schreiben, dass auch sie über Wilhelm Bretfeld zum Bumerangwerfen gekommen oder mit Herrndorf zur Schule gegangen sind. Es melden sich auch auffällig viele Ärzte, die ihm homöopathische Heilungsmittel für den Tumor vorschlagen.

Ab 2011 schreiben ihm dann Schulklassen aus der ganzen Bundesrepublik. Aus Böblingen. Aus Dormagen. Aus Freiburg. Aus Greven. Buxtehude. Geisenheim. Zirndorf. München. Orscholz. Leverkusen. Meist sind es Vierzehn-, Fünfzehnjährige. Sie schicken ihm bündelweise Briefe, wie gut ihnen das Buch gefallen hat. Schreiben neue Kapitel, wie es mit Maik und Tschick und Isa weitergehen könnte. Oder stellen dem Autor Fragen. Wie haben Sie das gemacht, Herr Herrndorf? Und warum haben Sie das gemacht? Wie jene Frankfurter Schülerin, die von Herrndorf wissen will, wie die Stilmittel in seinen Text gekommen sind, und ob er beim Schreiben denkt, hier könnte doch mal eine Metapher oder Hyperbel gut passen.

Herrndorf antwortet seinen Leserinnen und Lesern dann doch: im Blog. «Den ganzen Abend mit C. zusammen Briefe von Schülern einer Frankfurter Schule gelesen», berichtet er im Juni 2011. «Stellen natürlich auch tausend Fragen. Aber bitte um Verzeihung, zum Antworten fehlt die Zeit.»

Die vielen, vielen Briefe, die Herrndorf bekommt, sind zum Teil wundervoll. Da schreibt ein Großvater, der jeden Morgen am Radio hängt, weil «Tschick» dort vorgelesen wird. Und ein Unternehmensberater, der ein Meeting ausfallen lässt, um weiterlesen zu können. Die komplette zehnte Klasse einer deutschen Schule in Costa Rica schreibt ihm, wie sie auf Klassenfahrt in die Buchläden von Hamburg und Berlin gestürmt ist, um das Buch zu kaufen und dann in San José im Unterricht durchzunehmen. Sie schicken auch ein Bild aus dem Schulgarten mit: lauter Teens in Schuluniform unter Palmen, Herrndorfs Buch vor der Nase. «‹Tschick› jetzt Schullektüre in Costa Rica», schreibt er am 12. Oktober 2011 in seinen Blog. Und es kommen auch Briefe, die einem den Stecker ziehen. «Ich kann mich sehr gut in Ihre Lage hineinversetzen, da ich selbst einmal Krebs hatte. Und daher weiß ich auch, wie wichtig es ist, aufgemuntert zu werden. Dies möchte ich mit diesem Brief tun», schreibt ihm die Achtklässlerin Lisa Buccoli aus Hanau. «Geben Sie den Kampf gegen den Krebs niemals auf, denn ich habe es auch nie getan.»

Der Brief der Freiburger Realschullehrerin Heike Könneke gehört zu den schönsten Reaktionen auf «Tschick»: «Im Juni und Juli habe ich mit meiner Klasse ‹Tschick› gelesen. Die Schüler, 27 pubertierende 9.Klässler, hatten mich bis dahin mit ihrer Lustlosigkeit und Gleichgültigkeit fast in den Wahnsinn getrieben. Also suchte ich nach etwas, womit ich sie aufwecken und aus der Komfortzone locken könnte. Und dann las ich für mich ‹Tschick› und fühlte mich nach wenigen Seiten an meine Klasse erinnert, besonders weil darin acht Jugendliche aus Russland sind, die schon aufgrund ihres ganz eigenen Klamottenstyles als zusammengehörend zu erkennen und bei Abstimmungen auf wundersame Weise immer einer Meinung sind. Ich beschloss also, Ihr Buch mit der Klasse zu lesen. Und weil nicht wieder ich diejenige (bzw. einzige!) sein wollte, die vorbereitet und mit Fragen im Unterricht erscheint, ließ ich die Schüler ihren Leseprozess und ihre Gedanken zu ‹Tschick› in Portfolios dokumentieren. Herausgekommen sind kreative und originelle Texte, Bilder, Collagen. Sie haben mit Ihrem Buch offensichtlich den Nerv dieser Klasse getroffen! Das ist auch in zahlreichen Gesprächen deutlich geworden. So haben wir uns u. a. über außerirdisches Leben ausgetauscht, uns gefragt, was für jeden von uns eigentlich die wesentlichen Dinge sind, und uns gegenseitig die peinlichste Situation geschildert, in die wir bisher geraten sind. Nebenbei stellte sich heraus, dass sich alle bei der Definition ‹Asi› einig waren, wir aber bei der Frage, wann jemand ein ‹Psycho› ist, sehr weit auseinanderlagen. Ich habe viel gelernt! Einige Schüler haben Ihnen geschrieben, das war natürlich nicht ihre Idee, sondern meine. Verglichen mit der sonstigen ‹Coolness› dieser Klasse, sind die Briefe enthusiastisch.»

Der Brief ist vom 11. August 2012. Nach der Prognose, die Wolfgang Herrndorf sich selbst gegeben hatte, «siebzehn Komma irgendwas Monate», hätte er an diesem 11. August 2012 seit einem Jahr tot sein sollen. Schon fast auf den Tag genau. An diesem 12. August 2011 aber, dem ursprünglich errechneten Todestag, ist Wolfgang Herrndorf mit seinen Eltern wieder im Urlaub auf Rügen. Abends schreibt er in seinen Blog: «Der zwölfte August in meinem Kalender ist eingekastet, grabsteinförmig, mein Todestag, errechnet in der Woche nach der OP aufgrund der ersten von

Passig runtergeladenen Statistiken, siebzehn Komma irgendwas Monate. Der Nachmittag vergeht mit einem langen Strandspaziergang im Regen nach Sellin runter und zweimaligem Baden im 15 Grad kalten Wasser. Herrliche Wellen, herrlich alles.»

Niemanden verehrt Herrndorf mehr als Vermeer. Dessen «Briefschreiberin in Gelb», entstanden zwischen 1665 und 1670, kopiert er.

In die Szene der «Briefleserin in Blau» malt Herrndorf für das Satiremagazin «Titanic» den deutschen Bundeskanzler Kohl hinein. Ein Meisterwerk – und der Start einer Serie kunsthistorischer Kohl-Porträts.

Am liebsten aß Wolfgang Herrndorf aus der Dose: Auch seine «Titanic»-Bildgeschichte über einen «Westerntopf» der Marke Henkelmann hat autobiographische Spuren.

Das erste Buchcover des Illustrators Herrndorf für den Haffmans Verlag:
Starnberger See mit Segelboot für Claudia Zameks Kriminalroman «Das
Unschuldslamm» (1998).

Nachdem Kathrin Passig (vorn) 2006 den Bachmann-Preis gewonnen hatte, hielten manche die «Zentrale Intelligenz Agentur» für eine Geheimorganisation zum Umsturz des Kulturbetriebs. Hier auch die Z I A-Mitglieder Herrndorf und Natalie Balkow (vorne rechts); Scholz, Hubrich, Friebe, Lobo (mittlere Reihe v. l. n. r.); Albers und Reiber (hinten v. l. n. r.).

Auch wenn sie am liebsten im Netz zusammen abhängen: Das «Prassnik» auf der Torstraße ist die Lieblingsgaststätte der Berliner «Höflichen Paparazzi». Herrndorf (links) war unter ihnen eine zentrale Figur. Wenn er kam, ging der Abend noch einmal los, selbst wenn er eigentlich schon vorbei war. In der Mitte Cornelius Reiber, rechts Hermann Bräuer und Sonja Schlöndorf.

«Projekt Regression: Wie ich gern gelebt hätte». Szenenfoto aus der
Verfilmung von «Tschick» (2016) mit Tristan Göbel als Maik, Mercedes
Müller als Isa und Anand Batbileg als Tschick (von links).

Im November 2009 reist Herrndorf mit seinen Freunden Per Leo (rechts)
und Jochen Schmidt (am Auto) nach Marokko. Er will dort herausfinden, ob
man auf einer Sanddüne Fluchtspuren hinterlässt: Recherchen zu seinem
Wüstenroman «Sand», der zwei Jahre später erscheinen wird.

Wolfgang Herrndorfs Perfektionismus war berüchtigt. «Ich mache keine
Fehler», hat er im Forum der «Höflichen Paparazzi» einmal gesagt. Seine
Freundin Kathrin Passig hat ihm mit
diesem Satz ein T-Shirt gestaltet.

Am Plötzensee, 2011.

Wolfgang Herrndorf und Carola Wimmer, die beiden heiraten 2013.

Die einzige Lesung aus «Tschick» und letzte öffentliche Lesung überhaupt:
Wolfgang Herrndorf auf der Bühne im «Roten Salon» der Berliner Volksbühne, 25. November 2010.

Das Tagebuch «Arbeit und Struktur», das Herrndorf nach der Diagnose im März 2010 beginnt, ist ein einzigartiger Text in der deutschen Literatur. Die gedruckte Fassung, die posthum im Dezember 2013 erscheint, hat er noch mit vorbereitet.

Einer der letzten Einträge in Herrndorfs Ringblock, August 2013.

Am Ufer des Berliner Hohenzollernkanals erinnert ein Kreuz an Wolfgang Herrndorf. Es wurde nach seinen Wünschen aus einfachen Winkeleisen geschweißt.

8. KAPITEL

«Die Sonne geht immer hinter der Düne unter, die dir gerade am nächsten ist.»

Von «Sand» zu «Isa», Winter 2010 bis Frühsommer 2013

D ie Entscheidung, es nach der Diagnose mit «Tschick» zu probieren, war schnell gefallen, mehr oder weniger auf dem Heimweg aus dem Klinikum am Friedrichshain in die Nova-lisstraße. Es war ein Stoff, den Herrndorf unter den dramatischen Umständen seines Lebens beenden konnte. Einmal, weil er formal in den Griff zu kriegen war – und auch, weil die eskapistische Atmosphäre der Handlung seelisch und emotional zur Situation passte, in der sich der Autor befand.

Was aber als Nächstes? Was kann er noch schaffen gegen die ablaufende Uhr? Den sogenannten Stimmen-Roman, montiert aus den Geschichten wechselnder Berliner Charaktere? Oder «Mercer 5083», das Science-Fiction-Projekt, bei dem es um eine faschistische Dystopie geht? «Den ‹Stimmen-Roman› hat er fallengelassen, weil er ihm zu deprimierend war», so sieht es Carola Wimmer. «Wolfgang hatte keine Lust mehr auf diese disparaten Figuren.» Von «Mercer» wiederum existieren damals nur dreißig bis fünfzig Seiten, Herrndorf erzählt Lars Hubrich einmal ausführlich davon, beim Baden am Plötzensee, Hubrich findet «großartig», was er hört. Aber Herrndorf gibt auch dieses Projekt auf – weil es zu kompliziert ist. «Es hätte niemals geklappt», sagt Carola Wimmer.

Also entscheidet sich Herrndorf für den Wüstenroman. An dem er in den Monaten vor seiner Diagnose intensiv gearbeitet hat. Von dem er Calvin Scott in seinem Brief Ende Dezember 2009 erzählte. Der ihn mit Per Leo und Jochen Schmidt nach Essaouira geführt hat. Der Textauszug, den Herrndorf seinem Agenten Uwe Heldt Mitte September 2010 schickt, ist mehr als achtzig dicht beschriebene Seiten lang, manche Passagen sind allerdings noch nicht fertig ausformuliert. Es sind die ersten einundzwanzig Kapitel, Kathrin Passig liest, Carola Wimmer natürlich ebenfalls – und bald eine ganze Reihe von «Pappen», Marek Hahn gehört dazu, Jens Friebe, Lars Hubrich.

Mit seinem Verleger tauscht sich Herrndorf über die vorhandenen Arbeitstitel aus; er hat so viele, dass er sie in seinen Materialordnern in Kategorien unterteilt. Am 1. Oktober 2010 schickt er Gunnar Schmidt in einer E-Mail diese «teilweise nicht ganz ernstgemeinte Liste», er stellt sie auch ins Forum der «Paparazzi»:

Nüchterne Titel:
AMNESIE
SAND
SAHARA
GEHEIMSACHE SAND
ZWISCHENFALL AN DER OASE TINDIRMA
DER SAND, DIE WÜSTE
IM SALZVIERTEL
DER FALL SAND
DIE URANOASE

Supermarktkassenbestseller:
HERZ AUS SAND
SAND DER SEHNSUCHT
AM ENDE DER FATA MORGANA
SÖHNE DES SANDES
TOD IN DER SANDUHR

DIE HÖLLE IST GELB
SCHLOSS AUS SAND
DER GESANG DES SANDES
WO DER SAND WOHNT
DAS SANDKORN ALLAHS
SPUREN IM SAND
SUREN IM SAND
SAND IN DER SAHARA
NUR DIE SONNE HÖRT MEIN SEUFZEN
DIE SANDMASKE

Hochkultur:
STRAND OHNE MEER
DIE ERINNERTE WÜSTE
WÜSTEN DES ZORNS
UNTER DÜNEN
VERGESSENER SAND

Parodien:
DIE WÜSTEN DES BÖSEN
DAS WÜSTE DENKEN
DER LETZTE SAND
IN PLÜSCHWÜSTEN
FÜR EINE HANDVOLL SAND
DIE WÜSTE DES REALEN
SCHULD UND DÜNE
IN WÜSTEN NICHTS NEUES
EIN SANDKORN ZUVIEL
SANDIGE GITARREN
DER GLÄSERNE SAND
DER SANDWOLF
WELT ALS WÜSTE UND VORSTELLUNG

DER WILLE ZUR WÜSTE
SIE NANNTEN IHN SAND
SAND OHNE EIGENSCHAFTEN
WANDERDÜNE, SPÄTER

Seventies:
MÄNNER, MIEZEN UND MUSLIME
WÜSTENSÖHNE, FRAUENZIMMER UND KARBOL-
  MÄUSCHEN
DER MANN, DER AUS DER HITZE KAM
DICKE LUFT IN DER SAHARA
EIN KAMEL ZUM KNUTSCHEN
KOYOTEN LÜGEN NICHT
TODESTANGO IM TREIBSAND

Mit Gewalt:
DAS ULTRAZENTRIFUGENMASSAKER
DAS AFRIKANISCHE ULTRAZENTRIFUGEN-
  MASSAKER
DIE WÜSTE KENNT KEIN ERBARMEN
DIE FARBE DER HÖLLE
WÜSTE OHNE WIEDERKEHR
SÄRGE AUS SAND
DAS SANDIGE GRAB
FRIEDHOF AUS SAND

Too much:
WÜSTEN DES WAHNSINNS
DÜNE DES GRAUENS
DIE UNSICHTBARE FATA MORGANA
1 SANDKASTEN SO GROSS WIE DIE HÖLLE
OASE DES WAHNSINNS

Much too much:

MASSAKER DES GRAUENS

1000 GRAD IM SCHATTEN

FÜR EINE HANDVOLL URAN 238

Am Ende entscheiden sich Herrndorf und Schmidt für den einfachsten aller Titel. Für ein Wort, eine Silbe: «Sand». Und dieses einsilbige Wort bringt eine Geschichte auf den Punkt, die so vertrackt ist, dass Herrndorf seinem Verlag Erläuterungen zum Manuskript mitschicken wird, damit der sich zurechtfindet.

Es geht um einen korrupten, attraktiven Polizisten, Polidorio, der sich auch Cetrois nennt und im Verlauf der Handlung Carl genannt wird. Es ist September 1972, und Polidorio lebt in Targat, einer Hafenstadt in einem Land, das Marokko ähnelt. Er ermittelt gerade wegen eines Massakers in einer Hippiekommune in der Oase von Tindirma, als er dort zufällig einem Atomspion namens Lundgren begegnet. Der übergibt ihm irrtümlich Pläne für eine Ultrazentrifuge, die in einem Kugelschreiber stecken und eigentlich an den Schieberkönig Adil Bassir gehen sollen. Bassirs Leute kommen zu spät und verfolgen Polidorio in die Wüste. Der flieht in eine Scheune, wo ihm zwei illegale Schnapsbrenner den Schädel einschlagen, worauf Polidorio das Gedächtnis verliert. Die CIA hat die Übergabe der Pläne beobachtet, vermutet einen Zusammenhang mit dem Massaker in der Hippiekommune und schickt die Agentin Helen Gliese auf die Suche nach Polidorio. Helen greift ihn an einer Tankstelle in der Wüste auf, nennt ihn ab jetzt Carl, nimmt ihn mit zurück nach Targat und bringt ihn in ihrem Hotelbungalow unter.

In Targat wird Polidorio dann von Leuten des Schieberkönigs Bassir entführt. Sie stellen ihm ein Ultimatum, damit er die Pläne rausrückt. Polidorio kann sich immer noch an nichts erinnern, schließt aber jetzt zumindest aus dem, was Bassir ihm sagt, dass es um eine «Mine» gehen muss. Polidorio fährt also mit der Agentin Helen zu einem Bergwerk in der Wüste, aber sie finden dort nichts. Helen schickt Polidorio zu einem Psychologen namens Dr. Cockcroft, der eine Amnesie ausschließt. Polidorio kehrt in die Oase von Tindirma zurück, entdeckt dort sein Auto, den Namen «Cetrois» auf einem Notizbuch – und auch den Kugelschreiber. Er ruft Helen an, dabei wird ihm der Kugelschreiber von Kindern geklaut. Als er wieder in Targat bei Helen im Bungalow ist, glaubt die ihm kein Wort mehr und sagt, dass er verschwinden soll. Polidorio fährt noch einmal in die Oase von Tindirma, holt seinen Mercedes und wird von Leuten der CIA einkassiert, die ihn in die Bergmine verschleppen, in der er schon mit Helen gewesen ist. Und wo sie ihn nun foltern, damit er die Wahrheit sagt. Helen kommt dazu, sie lassen ihn zum Sterben zurück. Polidorio befreit sich irgendwie, taumelt hinaus und wird vom Betreiber der Mine erschossen, weil der ihn verwechselt. Der Kugelschreiber mit den Plänen für die Ultrazentrifuge, die man zur Urananreicherung benutzt, landet im Besitz des Schuljungen Hossam aus dem Salzviertel von Targat. Der zerbricht ihn aber. Hossams kleine Schwester Samaya findet den Stift im Sand vor der Wellblechbaracke ihrer Familie und steckt ihn in eine Puppe, die sie aus Gras gebastelt hat. Ein Bulldozer planiert das Viertel und die Baracke der Familie und mit ihr das Mädchen und die Puppe und die Pläne im Stift.

Als «Sand» am 15. November 2011 erscheint, ist die Kritik verwirrt, aber wohlwollend, begeistert von der Prosa, irritiert von den Rätseln, die Herrndorf in seinem neuen Roman aufgibt. Dazu gehören die Rätsel, wer wer ist in dieser Geschichte und wer was genau getan hat – und warum Herrndorf nach der magischen Leichtigkeit von «Tschick» so ein völlig anderes Buch abliefert. Der Literaturkritiker Michael Maar wird eine viel gerühmte Analyse von «Sand» im «Merkur» veröffentlichen, die einen Weg weist durch die Geschichte. Vermeintlich lose Enden verbindet. Er gewinnt dem Nihilismus, der hier am Werk ist und auf den sich die gesamte Kritik schnell einigt, ein «glitzerndes Partikel» an Sinn ab: «Mitleid mit dem Lebendigen», darum gehe es in «Sand», behauptet Maar. In der Begründung für den Preis der Leipziger Buchmesse, den Herrndorfs Roman im März 2012 erhalten wird, ist von einer «absoluten Alptraumszenerie» die Rede. All das stimmt, und wie Gustav Seibt in der «Süddeutschen Zeitung» den Gegensatz von «Sand» und «Tschick» auf den von heller und dunkler Romantik bringt, leuchtet ebenfalls ein, Herrndorf hat ihn selbst erkannt.

Aber man könnte all diese Analysen auch beiseiteschieben wie der Bulldozer am Ende des Romans die Trümmer des Salzviertels von Targat – und diesen Roman betrachten als eine einzige, große, achtundsechzig Kapitel und vierhundertfünfundsiebzig Seiten lange Feier des Spiels. Ein Romanexperiment von einem Autor, der spielt, weil es das bringt. So wie er schon als kleiner Junge in der Klasse von Frau Nikolai von der Tafel zurück zu seinem Tisch über die Heizkörper geklettert war, weil es das bringt. So wie er nicht nur Egoshooter spielt, sondern auch ein eigenes Computerspiel programmiert, weil es das bringt. So wie er mit den «Pappen» spielt, Fußball, Schach, Aktienhandel, weil es das bringt. Das große Glück der «Pappen» besteht für die Beteiligten ja auch darin, in diesem Forum lauter andere Leute gefunden zu haben, die das Spielen nicht mit dem Eintritt in die Pubertät abgelegt haben, sondern es für einen elementaren Teil ihrer Autonomie halten. «Sand» ist vieles auf einmal: das nächste Formatexperiment. Es finden sich autobiographische Elemente, wenn auch diesmal weniger als bei seinen Projekten davor. Aber ganz entscheidend ist das Buch ein Ausdruck der Lebenshaltung, des «Spirits» seines Autors Wolfgang Herrndorf.

Er spielt einen Roman durch, wie es bislang in der deutschen Literatur keinen gegeben hat. «Sand» wirkt wie ein Thriller aus europäischer Koproduktion mit Jean-Paul Belmondo in der Hauptrolle, der an einem verregneten Sonntagnachmittag im Fernsehen läuft. Er ist natürlich wieder randvoll mit literarischen Referenzen. Die beginnen mit den Mottozitaten vor den achtundsechzig Kapiteln des Romans: Jetzt hat Herrndorf endlich die Idee umgesetzt, die er schon bei den «Plüschgewittern» erwogen und bei Stendhal abgeschaut hat. Und sie enden nicht mit den Anspielungen auf den «Zauberberg», auf Beckett, auf Ernst Jünger, auf Nabokov, auf Christian Kracht, die man entdeckt, erleichtert, mal etwas zu kapieren und nicht immer nur mit dem mulmigen Gefühl weiterlesen zu müssen, auf der nächsten Seite schon wieder etwas Entscheidendes *nicht* zu checken.

Aber literarische Referenzen sind schnell hergestellt. Und auch Schlüsse daraus schnell gezogen. Im Blog hat Herrndorf die Literaturkritik dafür zerlegt, dass sie Uwe Tellkamps Dresdner Geschichte «Der Turm» reflexhaft mit dem Modell «Buddenbrooks» erklären wollte: «Alles über 600 Seiten und Familie: Thomas Mann. Ja, richtig, der hat mal diesen einen Roman über eine Familie geschrieben. Gesellschaft kommt auch vor. Und?» Dann fügt er einen Satz an, der programmatisch ist auch für den Erzähler Wolfgang Herrndorf: «Was mich killt an Mann und immer gekillt hat, sind seine formalen Tricks, diese kleinen Hebel zum Beispiel, die er im Text einbaut, um Hunderte Seiten später mit einem einzigen Ruck und Satz und Wort ganze Figuren, Handlungsstränge und Lebenskonzepte im Abgrund zu versenken.» In «Sand» spielt er selbst mit diesen formalen Tricks und kleinen Hebeln. Noch die schlimmste Szene im ganzen Roman, in der Polidorio sich nach entsetzlichen Qualen endlich aus dem Bergwerk ins Freie kämpft, um dort einfach erschossen zu werden, muss man als Vorführung genau solch eines Tricks verstehen.

An dieser Szene hängt die fast einhellige Deutung des Romans als nihilistisches Experiment. Letztlich hängt daran auch Maars Erkenntnis, dass es in «Sand» um Mitleid geht. Aber die Szene zelebriert auch ihren eigenen erzählerischen Effekt: Über Seiten hinweg quält sich Polidorio aus der Todesgefahr, aus der Dunkelheit ans Tageslicht, um dann innerhalb von ein paar Sätzen trotzdem zu sterben. Es ist gleichzeitig eine der zentralen autobiographischen Stellen in Herrndorfs Werk, vergleichbar mit der verschluckten Spielzeugfigur im «Weg des Soldaten»: Du kannst dich noch so bemühen, dich noch so quälen und hoffen und weitermachen – am Ende kommt doch nichts dabei herum, und du stirbst trotzdem, es war alles sinnlos. Womit man wieder beim Nihilismus wäre.

Was sich an der Szene auch zeigt: Es nimmt der existenziellen Tiefe des Romans nichts, wenn man sich am Spielerischen, Ehrgeizigen, an der Herausforderung dieser komplizierten Erzählung erfreut, an den Tricks und Hebeln, am Abfeiern aller denkbaren Einflüsse aus Film und Kunst und Wissenschaft, verdichtet auf einen einzigen, langen Text, der dann auch noch «durchlesbar» ist, wie es Herrndorf bei Literatur am liebsten ist. In «Sand» ist beides immer zugleich präsent: der unsentimentale Blick des Autors auf die Sinnlosigkeit menschlicher Existenz – und seine sentimentale Liebe für den künstlerischen Reichtum, den diese sinnlose menschliche Existenz seit ungefähr Herodot hervorbringt.

Und natürlich begleiten «Sand» wieder die üblichen kleinen Witze auf Kosten der Metapraxis Autorendasein. Herrndorf dankt am Ende des Romans nicht nur den «Pappen» mit Klarnamen, sondern auch, wie erwähnt, Anita Hepforscher, ein Nachname, der ihm im Traum gekommen ist. Er verwirft die Idee, der Danksagung noch eine Art Disclaimer anzufügen: «Dieses Buch ist ein Roman. Die Namen der handelnden Personen sind ausgedacht, die Orte findet man auf keiner Landkarte. Wenn dem Leser dennoch einiges bekannt vorkommen sollte, wenn ihn die Häuser und Straßen des Romans an Häuser und Straßen der wirklichen Welt erinnern, wenn er glaubt, sich an gewisse Tagesschau-Meldungen der siebziger Jahre erinnern zu können, an einen Spionageskandal oder den merkwürdigen Fall eines Amnestikers, der in den siebziger Jahren für Aufsehen sorgte, so kann das ein Zufall sein oder auch nicht. In den fast vier Jahren ab 1996, die ich in Afrika und hauptsächlich Nordafrika verbrachte, habe ich vieles gelernt. Oder wie ein Sprichwort der Fulbe sagt: ‹Wer nicht weiß, wohin er geht, erreicht mit jedem Schritt sein Ziel.›» Dann dankt er «dem Auswärtigen Amt und hier insbesondere Frau Dr. Gärtner-Sämann für ihre jederzeit rasche und unbürokratische Hilfe» und noch einer Reihe anderer Leute, unter anderem seiner Frau «Heather».

Herrndorf verwirft auch eine Klappentextvariante aus dem Juni 2011, in der er darum bittet, «in Kritiken seines Buches auf eine Inhaltsangabe nach Möglichkeit zu verzichten», wobei: «Für alle, die sich Kritik ohne Nacherzählung nicht vorstellen können, hat der Autor sich bereit erklärt, entsprechende Kritiken zu seinem Buch selbst zu verfassen, unter Pseudonym und zu den bei Ihrer Zeitung üblichen Tarifen, jedoch nicht unter 200 Euro.» Gunnar Schmidt schlägt er in einer E-Mail vor, den Klappentext mit einem Blurb von Kathrin Passig zu versehen: «Ich find's ganz gut.» Und er setzt hinzu: «Kriegen wir zur Not sicher auch noch ein etwas anderes Zitat, so im Sinne von ‹Herrndorfs erstes Buch, das ich lesen konnte, ohne einzuschlafen›.» Lars Hubrich erinnert sich daran, dass Herrndorf irgendwann mit dem Gedanken gespielt habe, den Roman unter Pseudonym und mit dem Zusatz «Aus dem Amerikanischen übersetzt» zu veröffentlichen. Am Ende entscheidet er sich unter all diesen Ideen: für eine klassische Danksagung.

«Sand» ist Herrndorfs dritter Roman, er stellt ihn über ein knappes Jahr hinweg fertig. Gearbeitet hat er aber schon lange daran. Der Manuskriptbestand reicht bis ins Jahr 2005 zurück: Am Kapitel, das seine Figur Helen vorstellt, hatte er Jahr für Jahr weitergearbeitet. Die Recherchen und Materialsammlungen im Nachlass sind enorm, ein Berg ausführlich abgeklärter Details: wie die CIA foltert, wie Dünen entstehen, Nachtsichtgeräte funktionieren, Hirsebier gebraut wird, Amnesien heilen. Herrndorf speichert eine Chronik der Ereignisse von 1972. Er lädt bei E-Bay Fotos vom Etikett der Herrenmodemarke «Carl Gross» herunter, im Roman trennt Helen ein solches Etikett aus Polidorios Anzug und nennt ihn fortan «Carl», weil sie ihn ja irgendwie nennen muss. Herrndorf checkt auch den Mercedes 280, den Polidorio fährt, und Bassirs Alfa Romeo 2600 Spider und den Honda P800, den Helen Gliese sich leiht. Er stellt eine Liste marokkanischer Fußballer zusammen, um ihre Namen für Figuren zu verwenden. Einer der Männer aus der Hippiekommune heißt dann wie einer der Holzschnitzer, die für Per Leo in Essaouira Schatullen anfertigen. Herrndorf hat auch wieder Jargon recherchiert, Dialoge aus Fernsehserien der siebziger Jahre («Die 2», «Starsky & Hutch») und Filmen mit Bud Spencer und Terence Hill, auch deutsche Umgangssprache jener Zeit, die er dann aber nicht nutzt. Die Nummer des Bungalows, in dem Helen wohnt, spielt auf den Namen des erdähnlichen Exoplaneten an, der im April 2007 entdeckt wird und dem die CIA-Agentin auch ihren Nachnamen verdankt, Gliese 581d – der Exoplanet wiederum ist benannt nach dem deutschen Astronomen Wilhelm Gliese, dessen Lebenslauf Herrndorf gleich mitnotiert. Und unter dem Sand all dieser Recherchen liegt die Erinnerung an zwei Ägyptenreisen, Mitte der siebziger Jahre mit seinen Eltern nach Kairo, wo Christian Herrndorfs Studienfreund Klaus Hartz an einer deutschen Schule unterrichtet (und den Wolfgang später, in den Fragmenten zu «Arbeit und Struktur», zu den prägenden Menschen seines Lebens zählt). Einmal gerät die Familie auf der Rückfahrt von Alexandria nach Kairo im Auto in einen Sandsturm. Mit seiner Mutter steigt Wolfgang die Cheops-Pyramide hoch, sie stecken einen Stein ein, der fortan im Setzkasten bei den Herrndorfs in Norderstedt aufbewahrt wird, aufbewahrt wie die Fotos der Eltern von den Olympischen Spielen in München, wo Christian und Katrin im Stadion sitzen, als Ulrike Meyfarth und Heide Rosendahl Gold gewinnen (in «Sand» flackert Rosendahl auf einem Fernseher im Kommissariat von Targat kurz durchs Bild).

Der Text, den Herrndorf ab dem Spätsommer 2010 aus seinen Recherchen und den schon reichlich vorhandenen Kapiteln formt, hat eine Struktur, die höchste Aufmerksamkeit und Geistesgegenwart erfordert. Denn es fällt alles in sich zusammen, wenn er seine Bravour und Durchdachtheit nur behauptet. Als jemand aus dem Forum ihn später doch auf einen Fehler in «Sand» hinweist, antwortet Herrndorf: «Ich mache keine Fehler.» Kathrin Passig wird ihm ein T-Shirt mit genau dieser Aufschrift gestalten.

In diesen Monaten nach dem Erscheinen von «Tschick», in denen sich der Roman zu einem grandiosen Erfolg entwickelt und im April 2011 die Grenze von hunderttausend verkauften Exemplaren knackt, in denen am Schauspielhaus Dresden ein Ensemble die Bühnenfassung von «Tschick» probt, in denen Herrndorf, der nie in seinem Leben richtig Urlaub gemacht hat, mit befreundeten «Pappen» im Februar nach Fuerteventura fliegt und im April nach Sizilien, in denen er beginnt, regelmäßig im Plötzensee zu schwimmen, ein umwaldeter See mit einem kleinen Sandstrand, in denen er mit seiner alten Freundin Ines Kuth ins Kino geht und sich an die kurze, glückliche Zeit ihrer Freundschaft in Nürnberg erinnert, in denen er im Blog nicht nur davon erzählt, wie sie damals gemeinsam das «Fliegenpapier» von Musil lesen, sondern auch vom Flugzeugabsturz in Hasloh und dem zugefrorenen Feuerwehrteich von Garstedt, in diesen Monaten, in denen Herrndorf zum ersten Mal Yoga probiert, Büchner liest, Nabokov, Kästner und Kempowski, in denen er Zeichnungen aus der Nürnberger Zeit wegwirft und Briefe vernichtet, vergeblich eine neue Wohnung in Charlottenburg sucht und bei Carola Wimmers Vater Knochenkrebs diagnostiziert wird, in diesen Monaten ist Herrndorf weiter in ärztlicher Behandlung.

Sechs Zyklen Chemotherapie mit Temodal absolviert er bis Oktober 2010. Zum ersten Mal muss er sich übergeben. Sonst geht es ihm körperlich so gut, als könnte er noch dreißig Jahre weiterleben. Aber genau damit, schreibt er in den Blog, kommt sein Denken nicht klar. Kurz vor Weihnachten 2010 zeigt ein neues MRT zwar Vernarbungen im Hirn, aber vor allem, dass weiterhin kein Tumorwachstum festzustellen ist.

Im Mai 2011, bei seinem vierwöchigen Urlaub in Cefalù, einer Küstenstadt im Norden Siziliens, ist neben Kathrin Passig, die die Reise organisiert hat, auch Marek Hahn dabei. Herrndorf zieht sich meist zurück, arbeitet an seinem Manuskript. Er ist so vertieft in seine Arbeit, wie schon beim letzten Urlaub auf Fuerteventura, dass er gar nicht merkt, wie genervt Kathrin Passig von seinem Desinteresse an den anderen Menschen ist, weil er immer nur vor seinem Rechner hockt. Einmal aber spricht er mit Hahn abends länger am Strand, da hat er gerade an der Szene geschrieben, in der Polidorio im Bergwerk gefoltert wird. Das habe ihn so fertiggemacht, gesteht Herrndorf, er könne in seinem Zustand nicht mehr so ein Buch schreiben.

Diese Erkenntnis hält er kurz darauf auch in seinem Blog fest. Die Dinge passieren jetzt immer zweimal, einmal im echten Leben und dann im Blog. Marek Hahn liest «Arbeit und Struktur» manchmal, aber nicht immer, weil ihn das traurig macht. Die Zeit-verzögerung, mit der Herrndorf seine Texte einstellt, hat einen merkwürdigen Effekt, gerade wenn es um Dinge geht, bei denen Hahn selbst dabei gewesen ist. «Es war schon so ein vergangenes Leben», sagt Hahn, «als würde Wolfgang seinen eigenen Nach-ruf schreiben.» Katrin Herrndorf fragt sich anfangs auch, ob sie den Blog ihres Sohnes überhaupt lesen soll. Dann druckt ihr eine Freundin die Einträge aus. Schließlich kaufen sich die Herrndorfs einen Computer. Mutter und Sohn telefonieren regelmäßig, abends, erst nach zwanzig Uhr, worum er seine Eltern gebeten hat. Aber Wolfgang will oft nicht mit ihr darüber reden, wenn es ihm nicht gut geht – stattdessen dokumentiert er es im Blog. Es sei dann ja schon vorbei, wenn sie es dort lesen würde, sagt er zu seiner Mutter, zum Trost. «Aber man wusste», sagt Katrin Herrn-dorf, «es geht nicht vorbei.»

Calvin Scott wiederum, am anderen Ende der Welt, erfährt nicht von seinem Freund selbst, dass er todkrank ist. Nach dem letzten Brief von Weihnachten 2009 hatte Herrndorf plötzlich nicht mehr auf Calvins E-Mails reagiert. «Weiß nicht, wie ich es ihm sagen soll», schreibt Herrndorf im März 2010 in seinen Blog. «Wahnsinnig empfindlicher Mann, kann nicht mal Blut sehen.» Eine Projektion wie aus dem Lehrbuch. Calvin Scott erfährt dann aber über Umwege doch von der Diagnose seines Freundes. «Ich habe ihn in der Novalisstraße angerufen», erinnert er sich, «ich musste es mehrmals probieren, bis ich ihn endlich erreichte.» Ir-gendwann zwischen April und Juni 2010 muss das gewesen sein, die Gespräche waren so bedrückend wie sonderbar, sagt Scott: «Wolfgang sagte in trocken-nüchternem Ton Sachen wie: ‹Da muss ich schauen, wie lange ich noch zu leben habe›, ‹vielleicht bin ich schon nächste Woche tot.›» Seiner Mutter erzählt Herrn-dorf jetzt, wenn sie am Telefon doch einmal über seine Lage spre-chen, dass er immer gewusst habe, dass er früh sterben werde, und wohl auch deswegen, so vermutet es Katrin Herrndorf, hat er seine Rentenversicherung gekündigt.

Die Aufmerksamkeit für den Blog, die Anteilnahme an Herrndorfs Situation ist groß. Ein Mensch, der seine letzten Lebensjahre, Monate, Tage unmittelbar dokumentiert: So etwas wie dieses Journal hat es in der deutschsprachigen Literatur noch nicht gegeben. Ein paar Jahre zuvor hatte der Theater- und Filmregisseur Christoph Schlingensief mit dem Tagebuch seiner Lungenkrebserkrankung etwas Ähnliches getan, es war im Jahr vor Schlingensiefs Tod 2009 erschienen, aber eben als Buch, in abgeschlossener Form. Herrndorf beschreibt einen Prozess mit klarem Ausgang.

Der Erfolg von «Tschick» führt viele Leserinnen und Leser zum Blog. Herrndorf bekommt Post dazu, Danksagungen für die Ehrlichkeit seiner Worte, Trost, auch gute Ratschläge und schlicht esoterischen Wahnsinn: Haben Sie es denn schon mal mit einer Kur aus Essig und Kaffee probiert? Geistliche klingeln an Herrndorfs Tür in der Novalisstraße. Dass es jetzt eine breite Öffentlichkeit für seinen Blog gibt, ist das eine. Das andere ist die Funktion, die er für Herrndorf hat. Und auch wenn er sich dort manchmal, selten, in Szene setzt: Er schreibt, um Arbeit und Struktur für sein Leben zu schaffen.

Der Text, der Eintrag um Eintrag entsteht, folgt der Form, in der Herrndorf seit fast zehn Jahren im Forum der «Höflichen Paparazzi» geschrieben hat. Die idiosynkratische Mischung, die so viele begeistert, die den Blog zu lesen beginnen, und die so neu wirkt, der Humor, die lakonische Schärfe, die sentimentalen Rückblicke in die eigene Vergangenheit, die Exegesen von Büchern und Filmen, die kleinen Alltagsmitschriften: Seit zehn Jahren hat Herrndorf wenig anderes gemacht, als genau mit solchen Texten seine Tage und oft genug auch seine Nächte zu füllen, wenn er nicht gerade an seinen Romanprojekten saß. Die in der deutschen Literatur so nicht gekannte Form von «Arbeit und Struktur» ist das Resultat jahrelangen, kollektiven Schreibens im Forum, ein einziger, langer Herrndorf-Strang – nur dass hier niemand auf die Einträge reagiert, jedenfalls nicht auf der Webseite. Denn im Forum begleiten und kommentieren die «Pappen» immer noch, was Herrndorf schreibt, ein Backoffice sozusagen. Sie geben Tippfehler durch, sie diskutieren im Oktober 2010 auch erst einmal hin und her, wie gut die Navigation des neuen Blogs im Netz funktioniert und ob Herrndorf den Ablauf nicht auch anders ordnen könnte.

«Es war klar, dass Wolfgang ‹Arbeit und Struktur› ins Forum schreibt», sagt Carola Wimmer, «weil es der Ort ist, wo er seine Sachen hineinschreibt.» Und schaut man auf die neun Jahre im Leben des Dichters Wolfgang Herrndorf vor der Diagnose, muss man wohl feststellen, dass ihm das Forum schon in dieser Zeit Arbeit und Struktur gegeben hat.

«Mit der Diagnose leben geht, Leben ohne Hoffnung nicht», schreibt Herrndorf Anfang Januar 2011 in den Blog. «Am Anfang konnte ich mir immer sagen: Ein Jahr hast du mindestens noch. Ein Jahr ist eine lange Zeit. Auch wenn ich den körperlichen und geistigen Verfall, der von den avisierten 17 Monaten noch abgehen sollte, dabei ausblenden musste. Aber nachdem der größere Teil der statistisch erwartbaren Zeit vorüber ist, ist der Blick auf den schwindenden Rest immer beunruhigender.» Das Arbeiten fällt ihm jetzt schwerer: «Das Gefühl der Sinnlosigkeit überrennt mich.»

Mitte Januar 2011 beginnen derweil die Verhandlungen um die Filmrechte zu «Tschick». Produzenten schreiben Herrndorf auch direkt nach Hause, um sich dafür ins Gespräch zu bringen. Aber es ist ihm egal. Die Ironie der Situation ist Herrndorf klar – jahrelang unter Ausschluss der Öffentlichkeit an nichtsnutzigen Projekten gewerkelt zu haben, so kommt es ihm jedenfalls vor, und ausgerechnet jetzt den Durchbruch zu erleben, als nicht mehr viel Leben übrig ist. Es dauert einige Wochen, bis er wieder so hochtourig produktiv am Manuskript von «Sand» sitzt wie zuvor.

In den ersten Wochen des zweiten Jahres mit der Erkrankung, in diesem Sinnlosigkeitsloch, in dem er da steckt, sich also sterbenskrank gesund zu fühlen, recherchiert Herrndorf nach Medikamenten: Avastin hemmt die Blutversorgung eines Tumors, Herrndorf hatte schon bald nach der Diagnose mit einem seiner Ärzte in der Charité über den Einsatz gesprochen. Das Medikament ist in Deutschland nicht zugelassen, kann aber in Ausnahmefällen zur Therapie beantragt werden.

Anfang April zeigt sich nach einem erneuten MRT mit einem unklaren Bild und in der Folge zwei weiteren PET-CTs, um dem nachzugehen: «Nichts.» Herrndorfs Zustand ist unverändert. Er heult danach beim Bäcker. Und fliegt drei Wochen später nach Sizilien, um dort zu schreiben.

2011 ist das erfolgreichste Jahr seines bisherigen Berufslebens: «Tschick» wird im Frühjahr für den Preis der Leipziger Buchmesse nominiert. Bekommt ihn zwar nicht, dafür aber den Brentano-Preis und den Deutschen Jugendliteraturpreis. Herrndorf muss seine Einnahmen fürs Finanzamt schätzen – und geht davon aus, dass sie sich für 2011 verzehnfachen werden gegenüber dem Vorjahr, in dem er so viel Geld verdient hat wie noch nie zuvor. Und nicht nur die Filmrechte an «Tschick» werden am Anfang dieses Jahres verhandelt – Ende 2011 ist auch ein Bühnenstück daraus geworden. Robert Koall hatte seinen Freund Herrndorf nach Erscheinen des Romans angeschrieben, ob der sich vorstellen könne, dass von ‹Tschick› eine Bearbeitung für die Bühne entsteht. «Ich kann es mir zwar nicht vorstellen», antwortet Herrndorf typisch, es geht einfach nicht ohne Pointe, «aber das liegt daran, dass ich vom Theater grundsätzlich keine Ahnung habe. Wenn du es dir vorstellen kannst und das schreiben magst, mach's.» Mehr müssen die beiden nicht besprechen, Herrndorf hält sich aus der Bearbeitung heraus. «Er wollte wirklich nichts damit zu tun haben», sagt Koall, «weil er sich konzentrieren musste und nicht über andere Sachen nachdenken wollte – und auch, weil ihm das Theater wirklich fremd war.» Koall bemüht sich darum, dass jeder Satz der Adaption Originalton des Romans ist. Dort, wo es nicht funktioniert, spricht er es aber doch mit Herrndorf ab. Mitte Juni kann Koall ihm die fertige Theaterfassung schicken. Die Dresdner Uraufführung von «Tschick» unter der Regie von Jan Gehler folgt am 19. November 2011. In den Jahren danach wird «Tschick» so oft in den Stadttheatern des Landes inszeniert, Kiel, Osnabrück, Düsseldorf, Heidelberg, natürlich auch in Nürnberg, dass Wolfgang Herrndorf zeitweilig der meistgespielte Autor auf deutschen Bühnen ist. Platz zwei: William Shakespeare.

Aber Herrndorf kommt nicht zur Uraufführung am Staatsschauspiel Dresden. Er wird auch keine der anderen Inszenierungen seines Romans sehen, am Deutschen Theater in Berlin beispielsweise, einen Monat später. An diesem 19. November 2011, dem Tag der umjubelten Uraufführung in Dresden, ist er mit Kathrin Passig im Kino.

2011 ist auch das Jahr, in dem sich Wolfgang Herrndorfs Zustand verschlechtert, ab dem Sommer. Im Juli zeigt sich bei einem erneuten MRT ein verdächtiges Areal. Die Ärzte können sich nicht darauf einigen, was es ist, vielleicht ein Strahlenschaden, vielleicht ein langsam wachsender Tumor, aber, wie Herrndorf in seinen Blog schreibt, «in beiden Fällen wurscht, da es keine Probleme macht, gebe so Regionen im Hirn, die man nicht brauche, könne man jahrelang unbehandelt lassen».

Herrndorf arbeitet weiter am Manuskript von «Sand», das jetzt Formen angenommen hat und Anfang August zwischen ihm und Kathrin Passig hin- und hergeht. Sie streicht vor allem. Er fährt mit dem Zug an die Ostsee, um mit seinen Eltern wieder ein paar Tage Urlaub zu machen. Herrndorf badet im Meer, spielt Volleyball, eines Abends in der Ferienwohnung, es ist der 5. August, stellt sich die Welt vor seinen Augen plötzlich seitenverkehrt auf, er kann nicht reden, eine halbe Stunde lang bleibt das so. Sein Vater spricht von Überanstrengung, seine Mutter von Epilepsie. Herrndorf googelt, vergeblich, stellt sich vier Tage später beim Neurologen in Bergen vor, der ihm ein Mittel gegen Epilepsie verschreibt. Herrndorf arbeitet trotzdem weiter am Manuskript, schwerfälliger. Es kommt und geht der 12. August, der Todestag, den er im Jahr zuvor ausgerechnet hatte. Er sagt in diesen Tagen seiner Mutter ein Gedicht auf, «In der Heimat» von Georg von der Vring, ein norddeutscher Maler und Schriftsteller (1889–1968) genau wie Wolfgang Herrndorf, der ihn jetzt rezitiert, wie um etwas zu beweisen.

An der Weser, Unterweser,
Wirst du wieder sein wie einst.
Durch Geschilf und Ufergräser
Dringt die Flut herein, wie einst.

Deine Mutter, alte Mutter,
Bringt das Abendbrot wie einst,
Und du isst die frische Butter
Auf dem schwarzen Brot, wie einst.

Große Dampfer, ferne Dampfer
Rufen durch die Nacht wie einst,
Und die Kammer riecht nach Kampfer,
Und du bist erwacht, wie einst.

Und die Sterne, sieben Sterne
Stehn im Fenster blass wie einst,
Und noch immer ruft's von ferne,
Und du weißt nicht was, wie einst.

Es ist der reinste Herrndorf. Die Kinderlandschaften, das Erwachen in der Kammer, das Fenster, die Sterne und auch dieses
unbestimmte Gefühl, von Anfang an: fortgerufen und zurück-
gerufen zu werden. Dass es mehr geben könnte im Leben, aber
nicht zu fassen ist, was es sein könnte. Doch es geht nicht weg, ein
Leben lang.

Tage, nachdem Herrndorf für eine halbe Stunde nichts mehr
herausbekommen hat, fasst dieses Gedicht eine Stimmung in
Worte, die er in seinem eigenen Werk seit Jahren wieder und wieder erweckt hat, in Bildern, in Büchern. Vrings Zeilen geistern in
den nächsten Wochen durch sein Bewusstsein, er spricht sie in die
Kamera seines Laptops, er hört die Zeilen in der Stimme seiner
Mutter, in den Stimmen seiner Freunde, sie sind wie ein Feed-
backloop des ersten epileptischen Anfalls von Anfang August.

Zurück in Berlin, werden bis Ende Oktober fast zwanzig weitere epileptische Anfälle folgen, Herrndorf hält sie in seinem Notizbuch fest. Beim zweiten Anfall, am Plötzensee, ist Marek Hahn
dabei. Herrndorf kann wieder nicht sprechen, er schlottert vor
Angst, aber er kann schreiben und hält auf einem Kellnerblock
von Berliner Kindl fest, was passiert: «Ich habe einen epileptischen Anfall habe ich ~~den einen~~ bekommen. Du mußt dich nichts
damit angekommen. letzten Mal war es 20–30 minuten. Ich kann
nicht sprechen an. Wird alles gut.»

In sein Notizbuch trägt er eine Variante dieser gestammelten
Sätze grammatikalisch korrekt in Großbuchstaben ein, für den
Notfall, griffbereit auf der letzten Seite des Hefts: «Ich bin Epi-
leptiker. Ich kann nicht sprechen. Sie müssen nichts tun. In 20–30

Minuten ist es vorbei.» Er bekommt zwei neue Medikamente und hält die steigende Dosis und die Dauer der Anfälle fest.

Es könnte jetzt losgehen. Das Ende vom Ende. Herrndorf ertränkt und vernichtet Tagebücher und Briefe in seiner Badewanne und fotografiert das. Für wen, wozu? Er stellt das Foto jedenfalls in den Blog. Und wirft die aufgeweichten Papiere weg. Das nächste MRT wird auf Mitte September vorgezogen.

Herrndorf hat am Rechner immer mitgesprochen, wenn er geschrieben hat. Jetzt muss er aufhören damit, um die Stimmen und die Geräusche und den Hall in seinem Kopf nicht zu triggern. Der «Bumsmusik»-Nachbar treibt ihn erst recht in den Wahnsinn. Am 15. September wird das nächste MRT gemacht. Am 16. September ist klar: Das Glioblastom wächst. Und löst vermutlich auch die epileptischen Anfälle aus. Nach weiteren Untersuchungen und Beratungen entscheiden die Ärzte: Sie können Herrndorf operieren. Der Termin wird auf den 19. Oktober festgelegt.

Marcus Gärtner lektoriert in diesen Wochen das Manuskript von «Sand», Herrndorf schickt ihm Dateien, in denen auch noch Passagen zu erkennen sind, die er nicht verwendet, aber trotzdem dringelassen hat. Vieles, gesteht sein Lektor, habe er einfach nicht kapiert. Anfang Oktober treffen sich Gärtner und Kathrin Passig bei Herrndorf zu Hause, zur Redaktionssitzung. «Das war superanstrengend», erinnert sich Gärtner, «wir haben sechs Stunden am Stück gearbeitet und gestritten. Und Wolfgang hat uns nichts zu essen angeboten. Am Ende war er absolut glücklich, wie ein Glückshefeklops.»

Denn Herrndorf hat es geschafft. «Sand» ist fertig. Oder so gut wie. Er hat zwischen der ersten und der zweiten Operation, also innerhalb von zwanzig Monaten, zwei Romane beendet.

Am 19. Oktober wird Herrndorf im Virchow-Klinikum operiert. Der Eingriff verläuft nach Wunsch. Das nächste MRT am 21. Oktober zeigt: Sie haben alles, was sichtbar war, erwischt und weggeschnitten. Am Tag darauf besucht Marcus Gärtner ihn in der Neurochirurgie. Er liegt in einem kleinen, engen Zweibettzimmer mit einem schnarchenden Patienten. Es riecht nach Krankenhaus, Paprika und Tomate. Mittagszeit. Die beiden gehen im Aufenthaltsraum der Klinik noch einmal letzte Fragen zum Buch durch.

Für das Cover, hatte Herrndorf Gunnar Schmidt schon im Frühjahr geschrieben, «würde ich das Naheliegende bevorzugen: Sand. Eine Düne in der Sahara.» Die findet sich nun auch auf dem Umschlag, gestaltet von der Münchner Agentur, die schon das «Tschick»-Cover gemacht hat. Über dem Klappentext, der ohne Insidergags oder Metawitze die Erfolge Herrndorfs der zurückliegenden Monate aufzählt, taucht zum ersten Mal das Foto vom Mann in der grünen Trainingsjacke auf. Steffi Roßdeutscher hat das Porträt Herrndorfs an einem Nachmittag, den die «Pappen» am Plötzensee verbrachten, aufgenommen. Herrndorf wird den Trainingsjackenmann bald in seinen letzten Roman schreiben, den er nicht mehr selbst vollenden kann – und der die Geschichte von Isa erzählt, bevor und nachdem sie Maik und Tschick getroffen hat. In diesem fragmentarischen Text taucht der Mann in der grünen Trainingsjacke wie aus dem Nichts auf, als Isa bei ihrer Wanderung durch die Bundesrepublik vor dem Grab eines jungen Mannes stehen bleibt, der mit fünfundzwanzig Jahren gestorben ist. Isa denkt gerade über die Relativität der Zeit nach, und darüber, wie es wäre, wenn dieser Fünfundzwanzigjährige nicht gestorben, sondern inzwischen zweiundneunzig Jahre alt wäre, aber nur noch fünf Minuten zu leben hätte. «Was machst du da?», fragt der Mann in der Trainingsjacke das Mädchen. Sie antwortet ihm nicht, er grantelt noch etwas Kulturpessimistisches, dann ist die Szene vorbei und Isa schon wieder weitergezogen.

Und was machst *du* da, Mann in der grünen Trainingsjacke?

Ich tauche nach meinem Tod in meinem eigenen Roman auf einem Friedhof auf.

Seine Adidasjacke hat Wolfgang Herrndorf bei Karstadt Sport gekauft, gemeinsam mit Carola Wimmer. Eigentlich sind sie wegen einer neuen Jeans für ihn gekommen, aber da hängt sie jetzt, glänzend grün, an einer Kleiderpuppe, er nimmt sie sofort.

Im Herbst 2011, als «Sand» erscheint, «Tschick» das Theater erobert, immer neue Auflagen davon gedruckt werden und Kathrin Passig auf der Frankfurter Buchmesse für ihn den Jugendliteraturpreis entgegennimmt, beginnt für Herrndorf die nächste Strahlentherapie. Am 25. November ist die letzte Sitzung, und als Herrndorf im Abschlussgespräch nach einer Perspektive fragt, antwortet ihm der behandelnde Arzt: Schlimmstenfalls erlebe er nur noch das nächste Jahr, bestenfalls werde es wie nach der ersten Operation. Also: zwanzig Monate. Nochmals die Zeit, in der er zwei Romane vollendet hat. «Das ist zu viel», schreibt Herrndorf danach in seinen Blog. «Wenn man gern Gefühle hat, gegen deren Ausagiertwerden man nichts unternehmen kann, ist Hirnkrebs eine tolle Sache. Den Arzt beeindruckt mein Herumgespringe wenig, der hat vermutlich schon anderes gesehen. Ich selbst hatte mir drei bis vier Monate zusammengegoogelt. Da könnte ich ja noch zwei Bücher schreiben, wenn ich wollte. Komischerweise will ich gar nicht mehr. Ich habe fast zwanzig Monate durchgearbeitet, weil ich musste. Jetzt muss ich nicht mehr. Also schreibe ich nicht mehr. Schon praktisch seit dem vierten November nicht mehr.»

An diesem 4. November hatte er sich das Manuskript von «Mercer 5083» angeschaut und ausgerechnet, dass er die fünfundfünfzigtausend Zeichen innerhalb von zwölf Wochen vermutlich auf Novellenlänge verdoppeln könnte, auch wenn Passig das Projekt, anders als Lars Hubrich, als «reine Scheiße» bezeichnet hat. Im Sommer hatte Herrndorf, während er noch an «Sand» schrieb, schon mit «Isa» begonnen – und direkt wieder abgebrochen. «Aber irgendwas muss ich ja machen», schreibt er Ende November in den Blog. «Ich kann hier nicht rumsitzen.» Herrndorf hat allerdings verschiedene Ärzte, der nächste relativiert die optimistische Prognose des Strahlenarztes gleich wieder.

Bevor sich Herrndorf im neuen Jahr an das nächste Projekt setzen kann, stößt er Anfang Januar auf seinem Fahrrad mit einem Auto zusammen. Er ist in falscher Richtung auf dem Radweg am S-Bahnhof Tiergarten unterwegs, abends, das Auto kommt aus der Ausfahrt vom dortigen «Burger King», bremst nicht. Herrndorf auch nicht – und fliegt in hohem Bogen auf die Straße. Oberschenkelprellung, Schultereckgelenksprengung. Herrndorfs eigene Diagnose aber lautet: «Drei Monate ohne Arm.» Das Virchow will Herrndorf wegen seiner Erkrankung nicht operieren, das Klinikum am Friedrichshain tut es doch. In der Aufnahme erleidet er einen epileptischen Anfall. Bei der OP wird ein Draht um sein rechtes Schlüsselbein gewickelt.

Jetzt sitzt Herrndorf nicht nur rum, sondern liegt auch noch. Eine Katastrophe, die ihn nach eigener Einschätzung die Fertigstellung von «Isa» kosten wird. Als er Mitte Januar aus dem Krankenhaus heimkommt, hat ihn die Fahrerin des Autos angezeigt. Prophylaktisch. Das Verfahren wird Wochen später eingestellt, die Fahrerin muss eine Geldbuße zahlen, Herrndorf ebenfalls, weil er in falscher Richtung auf dem Radweg gefahren ist. Im Forum müssen die anderen «Pappen» ihn erst mal beruhigen, der Unfall, die Anzeige, es kostet alles Zeit, die Herrndorf nicht hat. Der Befund eines erneuten MRTs Anfang Februar ist diffus, die Chemotherapie – Herrndorf bekommt regelmäßig Temodal – geht unverändert weiter. Und zeigt Nebenwirkungen. Ein Backenzahn fällt ihm aus, etwas später eine Goldkrone.

Zwei Jahre sind seit der ersten Hirnoperation bei Professor Moskopp vergangen: Und Herrndorf lebt noch immer. Er hat seinen dritten neuen Roman begonnen, parallel schreibt er an dem Blog, er lebt einen Alltag wie immer, geht auch ins Kino, sieht «Drive» mit Ryan Gosling, der eine «übertrieben geile Jacke» darin trägt, wie Tschick sagen würde, spaziert um den zugefrorenen Plötzensee. Bis er darin allerdings auch wieder schwimmen kann, vergehen noch Wochen. Der Draht um sein Schlüsselbein wird Anfang März entfernt.

Am 9. Februar gibt die Jury ihre Shortlist für den Preis der Leipziger Buchmesse bekannt: «Sand» ist auch nominiert. Herrndorf verliert kein Wort darüber in seinem Blog. Es ist völlig ausgeschlossen, dass er selbst nach Leipzig fahren wird, er fragt seinen Dresdner Dramaturgen Robert Koall, ob der im Fall der Fälle für ihn den Preis entgegennehmen würde. Die beiden klären Details, als der Termin näher rückt, denn Koall will auf die Interviews vorbereitet sein, die in Leipzig auf ihn zukommen könnten, auf die Fragen zu Herrndorfs Lage und dem rätselhaften Buch. Sie sprechen über den Roman – und auch über die vielen Mottozitate. Alle sind echt, beteuert Herrndorf, bis auf zwei. Eines davon ist das «Sprichwort der Fulbe», das Kapitel 11 einleitet: «Wer nicht weiß, wohin er geht, erreicht mit jedem Schritt sein Ziel.» Sie verabreden, dass Koall, sollte es zu einer Dankesrede kommen, im Namen von Wolfgang Herrndorf ein weiteres erfundenes Zitat verliest.

Es ist zwanzig vor fünf an einem sonnigen Donnerstagnachmittag in Leipzig, als die Entscheidung verkündet wird: Wolfgang Herrndorf hat den Preis gewonnen. Robert Koall nimmt die Glückwünsche auf der Bühne der sogenannten Glashalle der Messe entgegen, er tritt ans Mikrofon und erklärt: «Ich bin von Wolfgang Herrndorf gebeten worden, im Erfolgsfall heute für ihn einzuspringen, ich freue mich wahnsinnig, freue mich in seinem

Namen, weiß auch, dass er sich wahnsinnig freut, und er hat mir einen Satz mitgegeben: ‹Die Sonne geht immer hinter der Düne unter, die dir gerade am nächsten ist.› In diesem Sinne: Vielen Dank an die Jury, vielen Dank für den Preis.» Beifall, Händeschütteln, Blumen, Fotos.

Herrndorf selbst meldet sich zwanzig Minuten später im Forum und fragt: «Hab ich was verpasst?» Es geht nie ohne Pointe. Aber er ist glücklich. «Hast Du fantastisch gemacht. Kannst Du immer machen», schreibt er Robert Koall am Tag danach. Und Herrndorf freut sich auch, weil die Sache mit dem erfundenen Satz so gut funktioniert hat: Die «Süddeutsche» macht «ein afrikanisches Sprichwort» daraus, die «Frankfurter Allgemeine» sogar einen «Sinnspruch aus Nordafrika». Nach den erfundenen Lebensläufen und den gestellten Autorenfotos Herrndorfs, auf die niemand so richtig reingefallen war (bis vielleicht auf Rainald Goetz, der den Witz mit der Zigarette und der falsch aufgesetzten Brille auf dem Buchumschlag des Erzählungsbandes nicht kapiert hat), hat dieser Prank geklappt.

Der Preis dagegen ist sehr real. Und vor allem mit fünfzehntausend Euro dotiert. «Im vergangenen Jahr war hier schon ein Roman von Wolfgang Herrndorf nominiert: ‹Tschick›», heißt es in der Jurybegründung. «Nun zu behaupten, dieses neue Buch sei erwachsener, wäre zu einfach – und es wäre auch falsch. Es ist ein vollkommen anderes, andersartiges Werk – und das zeigt eben auch, was für ein großer Erzähler dieser Autor ist.»

Die Bilder von der Verleihung sind ansteckend, die jubelnden Verlagsleute, Uwe Heldt mittendrin, das Sonnenlicht, Koall, der von einem Ohr zum anderen grinst. Noch im Moment der Preisvergabe streut dann aber der Literaturkritiker Denis Scheck im «Deutschlandfunk» einen Verdacht. «Ich stehe noch ein wenig unter dem Schock der Entscheidung», sagt er ins Mikrofon seiner Kollegin, als die ihn nach einer Bilanz fragt. Und führt dann aus:

«Wolfgang Herrndorf, der Preisträger, das ist eine Besonderheit. Wolfgang Herrndorf ist nämlich schwer, schwer krank, und das setzt eine Jury unter einen ganz besonderen Erwartungsdruck, dass diesem Autor der Preis nun auch zugesprochen wird. Ich war nicht begeistert, als ich diesen Namen auf der Nominiertenliste auftauchen sah – er wurde ja schon für ‹Tschick› im letzten Jahr nominiert –, weil mir schien die Entscheidung damit auch schon fast vorweggenommen. Das ist problematisch: Wie geht man eigentlich mit schweren Erkrankungen bei Künstlern um? Das kann man, glaube ich, mal zum Anlass nehmen, um da generell nachzudenken, ob das so besonders geschickt war.» Wo diese Logik geblieben war, als der damals schon sterbenskranke Herrndorf für «Tschick» nominiert war und den Preis trotzdem nicht bekam, führt Denis Scheck nicht aus.

Einen literaturkritischen Einwand gegen die Entscheidung der Jury bringt Scheck auch nicht an, sondern wertet lieber gleich die Bedeutung des Preises der Leipziger Buchmesse ab: «Der Büchner-Preis rangiert sicher vor ihm, ganz sicher ist der Deutsche Buchpreis ganz unvergleichbar viel höher einzuschätzen in seiner Wirkung, und das hier ist eben ein bisschen business as usual.» Und während Scheck, unter «Schock» und «nicht begeistert», die Auszeichnung zum Trostpreis für Wolfgang Herrndorf deklassiert, erregt sich fast zeitgleich Wolfgang Herles vom ZDF hinter den Kulissen darüber, dass Robert Koall sich weigert, mit ihm auf dem «Blauen Sofa» über die Erkrankung seines Freundes zu sprechen statt nur über das preisgekrönte Buch. Koall schildert die Szene danach angewidert im Forum. Die ganze Welt weiß doch, dass er Krebs hat, habe er Koall sinngemäß angefahren. Herles fragt dann trotzdem nach, vor laufenden Kameras, das kann er sich offensichtlich weder bieten noch entgehen lassen.

Dass sich die «Pappen» jetzt um Herrndorf scharen und ihn gegen Nachfragen der Presse abzuschotten versuchen, hat auch mit solchen Auftritten und Aussagen zu tun. «Tschick» ist Anfang März 2012 als Taschenbuch herausgekommen, was die Verkäufe noch einmal weiter antreibt. Aber selbst dieses bald millionenfach verkaufte, Generationen verbindende und überwindende Buch kommt gegen den Verdacht nur schwer an, dass Herrndorf vielleicht gar kein so guter Autor, aber ganz sicher ein prominenter Kranker sei. Und dass es da ja einen Zusammenhang geben muss, über den man irgendwie «nachdenken» oder sprechen will, im Interesse der deutschsprachigen Literatur. Es wird zum Motiv in der medialen Auseinandersetzung mit der eigentlich gar nicht so komplexen Denkaufgabe, dass hier ein Schriftsteller, der stirbt, auch in dieser existenziellen Situation seinen Beruf weiter ausübt: und schreibt. Dass es sein Recht ist, selbst zu entscheiden, wann und wie und wo er sich darüber äußert, und dass er der Öffentlichkeit keine weiteren Erklärungen schuldet, nur weil er seine Situation selbst freiwillig öffentlich gemacht hat.

Und Herrndorf schreibt schon weiter an «Isa». Den Science-Fiction-Roman hat er aufgegeben. «Isa» nennt er ein «Roadmovie zu Fuß», er habe «mit etwas Rumprobieren einen Ton gefunden, schreibt sich wie von selbst. Und praktisch: kein Aufbau. Man kann Szene an Szene stricken, irgendwo einbauen, irgendwo streichen, irgendwo aufhören.» Die Methode erinnert an seine Arbeitsweise bei «Tschick». Aber seit dem Frühjahr 2010 ist Zeit verstrichen auf der ablaufenden Uhr, die Form für «Isa» wird deswegen offener, elliptischer. Das Schlimmste ist einkalkuliert: Der Text kann abbrechen, falls das nötig wird.

Ein erneutes MRT am 19. April 2012 zeigt, dass Herrndorfs Vorsicht angebracht ist. Sein Zustand verschlechtert sich weiter. Auf Nachfrage gibt ihm sein Arzt auf jeden Fall drei Monate.

Carola Wimmer findet in dieser Zeit eine neue Wohnung für ihren Lebensgefährten. Ein Dachgeschoss im Wedding. Mit Fahrstuhl und Blick auf den Berlin-Spandauer Schifffahrtskanal. Bevor Herrndorf dort einzieht, Anfang Mai, fliegt er noch einmal in den Urlaub: wieder nach Essaouira, wieder mit Per Leo und Jochen Schmidt, diesmal sind auch Cornelius Reiber und Lars Hubrich dabei. Herrndorf sucht nach der Magie des Urlaubs zwei Jahre zuvor, als er die Spuren im Wüstensand recherchierte, und findet sie nicht. Er verläuft sich in den Gassen, der Lärm setzt ihm zu. Aber er schwimmt auch in der Brandung und läuft am Strand mit den anderen um die Wette. «Es war schön zu sehen, dass er sich so freut», erinnert sich Lars Hubrich, «aber gleichzeitig traurig, weil man spürte, dass Wolfgang wusste, dass es nicht mehr lange geht.» Nach der Landung in Schönefeld erleidet er wieder einen epileptischen Anfall. Symptome verstärken sich, in seinem neuen Viertel am Nordufer verliert er einmal auf dem Heimweg die Orientierung und findet ewig nicht zurück.

Es wird Sommer, zum dritten Mal seit der Diagnose. Im «Spiegel» erscheint eine Geschichte zur Sterbehilfe, auch Herrndorf wird erwähnt, er ist jetzt ein prominenter Fall einer größeren Debatte, abseits der Literaturkritik. Herrndorf setzt eine Patientenverfügung auf. Er benutzt dazu ein Formular aus dem Onkologischen Versorgungszentrum Friedrichshain. Und kreuzt an: keine lebenserhaltenden Maßnahmen. Aber bewusstseinsdämpfende Maßnahmen zur Beschwerdelinderung. Keine Wiederbelebungsmaßnahmen. Keine künstliche Beatmung. Und er kreuzt an, dass er zu Hause sterben möchte, wenn irgend möglich, beziehungsweise in vertrauter Umgebung – «in freier Natur», setzt er handschriftlich dazu. Der Verfügung legt er, ebenfalls handschriftlich, noch eine Ergänzung bei: «Ich möchte sterben, sobald ich ohne Bewusstsein bin und eine Rückkehr in das vorige Leben unmöglich oder unwahrscheinlich ist, und so schnell wie

349

die medizinischen Möglichkeiten es erlauben. Unter Leben verstehe ich ein schmerzfreies Leben mit der Möglichkeit zur Kommunikation. Alles Weitere – insbesondere Angaben über meinen körperlichen und geistig einwandfreien Zustand bei Abfassung dieser Erklärung – entnehmen Sie bitte meinem Blog ‹Arbeit und Struktur›. Berlin, 12. Juni 2012, Wolfgang Herrndorf.» Es ist sein 47. Geburtstag.

An diesem Tag sichtet er seine Bilder aus Nürnberg, die in Umzugskartons aus der alten Wohnung angekommen sind. Er schaut auch seinem Selbstporträt mit dem Kopftuch ins Gesicht, es ist das Bild, das seine Nürnberger Professorin Colditz so gelobt hatte: wie weich ihrem Meisterschüler der Stoff seines Oberteils gelungen sei, das Haar, der Himmel. Aber Herrndorf sieht auf diesem Porträt und den anderen Bildern nur: alles sinnlos, alles vergebens, all die Jahre und Energie verschwendet an nichts. Er tobt, Carola Wimmer schaut ihm schweigend zu. Und allein, dass sie bei ihm ist in der neuen Wohnung und so ruhig bleibt, holt Herrndorf irgendwann wieder herunter, er bricht weinend in ihren Armen zusammen.

Seine Sichtfeldeinschränkungen nehmen wieder zu. Herrndorf setzt sich neben einen Stuhl, fällt beim Fußball um, findet die Tastatur mit der linken Hand nicht mehr, schafft es nicht, sich seine Socken anzuziehen. Ein routinemäßig anstehendes MRT wird vorverlegt. Der Befund lautet auf: Rezidiv. Und auf ein Ödem, das für die Ausfälle verantwortlich sein könnte. Es ist der 4. Juli. Herrndorf wird gleich am nächsten Tag im Virchow-Klinikum aufgenommen und am 6. Juli operiert. Inzwischen zum dritten Mal. Sechs Stunden lang. Ohne Komplikationen. Nach der Operation ist Herrndorfs linke Körperhälfte gelähmt, das legt sich aber schnell wieder. Er bleibt fast eine Woche lang in der Klinik. In der neuen Gewebeprobe ist zwar kein Tumor nachweisbar. Was das Ödem ausgelöst hat, lässt sich auch nicht entscheiden. Aber letztlich geht Herrndorfs Ärzteteam doch von einem Glioblastom-Rezidiv aus. Und stellt im Arztbrief fest: Der Patient habe die Standardtherapiemaßnahmen «weitestgehend ausgeschöpft». «Wir halten in diesem Stadium eine Avastin-Therapie für sinnvoll.»

Das Mittel könnte weitere Überlebenszeit verschaffen, vielleicht bis zu zwei Jahren. Herrndorf, der schon früher einen Einsatz von Avastin recherchiert hat, bespricht sich mit der zuständigen Study Nurse der Charité. Aber die Krankenkasse lehnt seinen Antrag ab und beruft sich auf die Stellungnahme des Medizinischen Dienstes der Krankenkassen, der zu Herrndorfs Fall konsultiert worden sei. Ende November versucht er es ein weiteres Mal, vergeblich, die Kasse lehnt auch diesen Antrag ab, mit einem fast wortgleichen Schreiben. Doch diesmal gibt sie die Begründung des Medizinischen Dienstes wieder: Man beruft sich dort auf eine Entscheidung der Europäischen Arzneimittelzulassungsbehörde aus dem November 2009. «Ein positiver Einfluss von Avastin bei rezidiviertem Glioblastom ist nicht ersichtlich.» Die Entscheidung über die Verordnung liege beim behandelnden Arzt, teilt die Krankenkasse abschließend mit. Das heißt übersetzt: Solange der Arzt es empfiehlt und wir es nicht zahlen müssen.

Also entscheidet sich Herrndorf, das Medikament selbst zu bezahlen. Am 3. Januar 2013 beginnt die erste Infusion, «zwei Zyklen, ein Monat, kosten 3000 Euro. Davon habe ich früher ein Jahr gelebt.» Die Zeit schwindet, und es ist auch keine Kraft da für den Papierkrieg mit einer Krankenkasse, die Standardbriefe verschickt.

«Ohne Operation wären Sie tot», erklärt ihm einer seiner Neurologen in einer Besprechung, drei Wochen nach dieser dritten OP. Es ist Ende Juli, schwül und heiß. Herrndorf fiebert, legt sich nachts auf seinen Balkon und schläft mit Blick auf die Sterne ein, unter dem grünen Himmel, in einem sonderbar unverständlichen Universum wie diesem. Wenn er jetzt mit dem Rad durch die Stadt zu Carola fährt, stellt er fest, dass ihm der Ausblick von den Brücken nicht mehr so gefällt wie früher, als er noch keinen Balkon hatte. Er schaut auf den Kanal vor seinem Haus, auf die Stadtlandschaft und in den Himmel, und er sieht Malerei.

Es war, erinnert sich Carola Wimmer, als würde in der Krankheit seine Zeit in Nürnberg zu ihm zurückkommen, mit der er eigentlich komplett abgeschlossen hatte. «Vielleicht», überlegt sie, «um doch noch einmal Revue passieren zu lassen, was wichtig war in seinem Leben.» Herrndorf hält im Blog mit seinem Malerblick fest, was er sieht. «Jeden Morgen ist der Kanal von Salomon van Ruysdael gemalt.» Oder, ein anderes Mal: «Unter der Brücke loht ein haushohes Feuer, wahrscheinlich die Baustelle. Sattes Orange, vom warmen Blaulicht bedrängt und gelöscht, Naturalismus, frühes 19. Jh., Turner vielleicht.» Und so, wie in seinen Geschichten die vom eigenen Leben, von den Wünschen, von der Herzensnot und der Kommunikation verwirrten, genervten und erschöpften Figuren immer wieder in die Natur hinaustreten, um von ihrem Anblick getröstet und gehalten zu werden, so tritt Herrndorf selbst in diesen immer häufiger erscheinenden, kurzen Augenblicken in seinen eigenen Texten auf. Es wird still, aber nur kurz, dann bricht die Harmonie wieder. «Erwachen mit herrlichem Blick über rosigen Frühhimmel und gleichzeitig starken Kopfschmerzen jetzt unrelativierbar scheiße.» Oder: «Spaziergang zum Plötzensee. Um den Fastvollmond herum bricht die Wolkendecke auf. Erst von einer Bank aus der Natur bei ihrer unangestrengten Nachbildung Deutscher Romantik zugesehen, dann auf dem kleinen Weg, den wir im Sommer zum Tegeler See fuhren, den Kanal runter bis zu der schmalen Brücke und den Spundwänden, wo eine schöne Stelle ist. Blase gelaufen.»

Ende Juli 2012 kommt Herrndorfs Freund Calvin Scott nach Berlin. Sie haben sich seit Ewigkeiten nicht mehr gesehen. Je weiter die nuller Jahre voranschritten, desto länger waren auch die Pausen zwischen ihren Briefen geworden. Herrndorf zeigt ihm jetzt die Briefe, die er zu «Tschick» bekommt, die viele Post von den Schulklassen, den Fans, «schau dir das mal an», sagt er. Calvin Scott ist nur zufällig in Deutschland. «Ich hatte große Angst vor einer Begegnung», notiert Herrndorf, «wollte erst nicht. War dann aber doch gut. Mein ältester Freund. Mach's gut.»

Der Abschied von Calvin ist der erste, von dem Herrndorf in seinem Blog berichtet. Der zweite Abschied, ein halbes Jahr später, ist der vom Eishockeyspielen. Herrndorf versucht es ein letztes Mal auf dem zugefrorenen Plötzensee, die Bewegungsroutinen aber, die er eingeübt hat, seit er vier Jahre alt war, auf dem Postsee bei Preetz, laufen ins Leere. Er gibt auf. Und wie schwer ist ihm das Aufgeben von Routinen und Projekten gefallen, siebenundvierzig Jahre lang. Jetzt bleibt ihm nichts anderes mehr übrig. «Wenn ich noch einige Stunden übte – aber meine Freunde wollen nach Hause. Wayne Gretzky ist nicht mehr.»

Aus dem Blog können Freunde jetzt erfahren, alte wie neue, was Herrndorf für sie empfindet. «Ich habe ihn mehr geliebt als alle meine anderen Freunde», schreibt er über seinen Garstedter Kindheitsfreund Stefan, den er in den «Plüschgewittern» zur Romanfigur gemacht hat. Und auch Cornelius Reiber, den Herrndorf namentlich in «Tschick» verewigt hat, erfährt aus dem Blog, dass Herrndorf ihn liebt. «Das empfinde ich als ein ungewöhnliches Wort für diese Freundschaft», sagt Reiber heute. Er ist überrascht, als er es liest, in den nachgelassenen «Fragmenten» des Blogs, die erst nach Herrndorfs Tod erscheinen. Er räumt zwar ein, dass er immer einen «affektiven Unterstrom» gespürt habe, der von Herrndorf in seine Richtung ausging – aber Liebe? Reiber gehört zum engsten Kreis, der sich um den erkrankten

Herrndorf bildet. «Ich finde zwar auch», sagt Reiber, «dass es etwas Großes war, was wir dann hatten, es berührt mich auch sehr. Aber ‹Liebe› – ich weiß nicht mal, was das für ihn bedeutet hat.»

Marek Hahn wiederum, der mit Herrndorf früher jede Woche montags im Kino war, merkt auch, wie Herrndorf sich zurückzieht. Wenn er sich hin und wieder noch mit den «Pappen» trifft, dann meist im «Deichgraf», einer Kneipe gleich um die Ecke seiner neuen Wohnung im Wedding. Oder am Plötzensee. «Er hat sich zwar nicht abgeschottet, aber es wurde distanzierter zwischen uns», sagt Hahn. Das gilt aber nicht für den Blog, wo er das Herz oft auf der Zunge zu tragen scheint. «Es ist rührend, was er in ‹Arbeit und Struktur› über mich schreibt», sagt Lars Hubrich, doch er sagt auch: «Aber sowas kam dann auch eher in schriftlicher Form, als dass ich es im Alltag zu hören bekommen hätte.»

Nachdem Herrndorf fast zehn Jahre lang seine sozialen Bedürfnisse vierundzwanzig Stunden am Tag und sieben Tage in der Woche von einer Sekunde auf die andere über das Forum anbahnen und versorgen konnte («Bier! Jetzt!»), machen der Tumor und die Epilepsie das jetzt immer schwerer. Also kanalisiert Herrndorf diese Bedürfnisse, indem er darüber schreibt. Es ist fast wie bei den Briefen mit Calvin in den frühen neunziger Jahren. Die Freundschaftsidealisierungen aus «Tschick» haben ein Echo im Blog.

Anfang September gibt die Jury für den Deutschen Buchpreis ihre Shortlist bekannt: «Sand» ist auch hier nominiert. Diesmal bittet Herrndorf seinen Verleger Gunnar Schmidt, ihn zu vertreten. Und auch Schmidt gibt Herrndorf für den Fall der Fälle einen versteckten Gag für die Dankesrede mit auf den Weg, per Mail: «Sehr geehrte Damen und Herren, ich danke Ihnen. Ich danke allen, denen auch schon im Buch gedankt wurde, und widme diesen

Preis meiner ersten Frau Heather Gliese – komm zurück, Heather! Ich kann dir den Jensen Interceptor jetzt kaufen.» Schmidt dankt für «den schönen, rätselhaften Satz», den er mit nach Frankfurt nehme, und fragt scherzhaft zurück: «Sollte man statt Jensen Interceptor vielleicht Aston Martin oder Maserati Mexico sagen? Bei Jensen fällt bei den allerwenigsten der Groschen, dass es sich um einen Sportwagen handelt, und außerdem ist er der preiswerteste von den genannten Modellen ...» Aber der Jensen Interceptor muss es leider sein, antwortet Herrndorf, «genau den und nur den wünscht meine Frau sich. Außerdem schillert das Wort schön mit der schillernden Heather Gliese. Ob das im Publikum einer versteht, ist eigentlich egal, und die Journalisten dürfen googeln.» Den Buchpreis 2012 erhält dann Ursula Krechel für ihr Buch «Landgericht», doch «Sand» würdigt die Jury als «eine große Phantasie über die Verletzlichkeit des Menschen».

Ab dem Spätsommer 2012 haben Herrndorfs epileptische Anfälle und körperliche Ausfälle zugenommen. Er weiß nicht, ob es sein eigener Arm oder der von Carola Wimmer ist, den er abends im Bett streichelt. Er verläuft sich noch häufiger: einmal ganz dramatisch um Mitternacht am Plötzensee, dann aber auch auf dem Weg nach Charlottenburg zu Carola Wimmer. Im Skype-Chat, den Friebe eingerichtet hat, damit die Freundinnen und Freunde über Herrndorfs Zustand auf dem Laufenden sind, überbieten sich die «Pappen» mit technologischen Tricks und Gadgets zur Orientierung. Herrndorf aber will einfach nur nach Hause.

Im September beginnt er eine neue Chemotherapie, diesmal eine andere Variante, es ist die letzte, die noch bleibt, wie er schreibt, alle anderen habe er probiert. Es wird Herbst, und Herrndorf läuft am Kanal vor seinem Haus entlang. Er sucht nach einem Ort, an dem er, wenn es so weit ist, seinem Leben ein Ende setzen kann. Er sondiert die Brachen am Friedrich-Krause-Ufer, nicht weit vom Aldi-Parkplatz, wo er zwei Jahre zuvor, es ist wirklich schon zwei Jahre her, mit Carola Wimmer saß, um zur Feier von «Tschick» asiatisches Takeaway zu essen. Das nächste MRT, Ende November, zeigt: Die neue Chemovariante schlägt nicht an. Herrndorfs Zustand hat sich verschlechtert. Er stellt abermals einen Antrag auf Avastin bei der Krankenkasse, vergeblich. Und er schreibt jetzt mit dem Revolver neben dem Laptop.

Mühsam und immer weniger, aber er schreibt. Und er füttert die Vögel auf seinem Balkon, und er horcht nach der Maus, die ihn besucht hat, ob sie vielleicht wieder da ist, und er kauft Futter für die Tiere im Supermarkt, ein Franziskus vom Nordufer, die Freundlichkeit der Welt. Seine Balance ist permanent gefährdet. Die Wohnung muss blitzblank sein. Die Stimmen leise, die Reize nicht zu stark.

Ende März 2013 zeigt ein neues MRT: Das Avastin, das er noch immer selbst bezahlt, wirkt. Die Schrankenstörung geht zurück, der Tumor, der sich links gebildet hat, wächst zwar weiter, aber bereitet aktuell keine Probleme. Wie viel Zeit bedeutet das, fragt Herrndorf. Der Arzt weiß darauf keine statistisch ermittelbare Antwort zu geben, und so findet Herrndorf seine eigene: «Nach drei OPs, zwei Bestrahlungen, drei verschiedenen Chemos ist man seine eigene Statistik.»

Er kauft Käsekuchen, er taut Nusskuchen für Carola Wimmer auf. «Es gab Euphorie und gute Stimmung, weil das Avastin half», erinnert sie sich. «Aber es gab keine Hoffnung.» Ein paar Tage später entsteht ein Foto. Herrndorf trägt das T-Shirt, das Kathrin Passig ihm geschenkt hat, das mit der Aufschrift «Ich mache keine Fehler». Herrndorf trägt auch seine grüne Trainingsjacke auf diesem Foto. So wie der Mann auf dem Friedhof in dem Roman, der sich jetzt stockend entwickelt.

Die Geschichte von Isabel Schmidt ist der letzte literarische Text, den Wolfgang Herrndorf in seinem Leben schreiben wird. Es ist nicht sein erster Text mit einer weiblichen Hauptfigur – vor Isa kam Heidi, die Erzählerin der Geschichte, die den «Van-Allen-Gürtel» abschließt. Herrndorf hat ihr einen jener erhabenen Momente in der Natur angedichtet, höhere Einsichten in die Zusammenhänge unter den ewigen Sternen, die er sonst für seine jungen, komplizierten Männerfiguren reserviert hat. «Jeder Tautropfen war unvergänglicher als ich»: Auch Heidi erlebt so eine Epiphanie. Sie zeigen sich, wie Herrndorf früh an Calvin geschrieben hat, nur denen, die dafür empfänglich sind.

Isa erlebt diese Augenblicke auf ihrer Reise durch eine märchenhafte Bundesrepublik beinah in Serie. Sie ist die einzige andere weibliche Figur, aus deren Innenwelt Herrndorf auf einer längeren Textstrecke erzählt. «Bilder deiner großen Liebe» wird das Romanfragment auf Herrndorfs Wunsch heißen, als es, bearbeitet von Kathrin Passig und Marcus Gärtner, ein Jahr nach Herrndorfs Tod erscheint.

In «Tschick» tauchte Isa kurz auf wie das klassische «Manic Pixie Dream Girl» der männlichen Jugendliteratur, sie zog dann bald wieder weiter. Das Romanfragment zeigt Isas Weg aus dem Krankenhaus zu ihrer Schulfreundin in Prag. Die Begegnung mit den beiden Jungen ist da nur eine Station. Vielleicht verliebt sie sich in Maik, vielleicht auch nicht. Maik weiß es umgekehrt ja auch nicht so genau. Immerhin, das erfährt man aus «Tschick», schreibt Isa ihm noch einmal, wie versprochen, um sich mit ihm zur Geldübergabe am Alexanderplatz zu verabreden, vielleicht auch zu mehr.

Hinter den Rändern der Projektionsfläche, die Isa in «Tschick» abgegeben hat – ein cooles Mädchen, das liest, im Laufen fünfzig Meter weit werfen kann und Autoknackertricks draufhat –, erkannte man schon das eigensinnige, autonome Leben, das Herrndorf sie leben lässt. Oder besser: nach dem er Isa suchen lässt. Sie ist vierzehn wie die Jungen, die sie auf der Mülldeponie trifft, sie kommt aus der Nervenklinik, sie kämpft sich ins Freie und um ihre Autonomie, um das Recht, nicht so sein zu müssen, wie man es ihr anzutherapieren versucht. «Tschick» ist ein Aufbruchsroman, «Bilder deiner großen Liebe» ein Ausbruchsroman. Aber diesmal sind die Eltern nicht weg wie in «Tschick», diesmal haben die Eltern Isa weggegeben, und sie will zurück, wo auch immer das sein mag. Vielleicht lebt ihr Vater nicht mehr, vielleicht doch. Mit ihrem Autor teilt Isa die Sehnsucht nach dem Vergangenen, die sich schon in Kindertagen meldete. Und die Vorliebe, barfuß zu laufen – eine Reminiszenz an die Nürnberger Jahre.

In allen Büchern Herrndorfs ist Bewegung. Für einen Autor, der sein Berlin selten verlassen hat, ist das am Ende vielleicht nicht verwunderlich. Aber «Bilder deiner großen Liebe» übertrifft im Bewegungsdrang alle anderen Geschichten davor: Isa ist zu Fuß unterwegs, im Lastwagen, auf einem Schiff, in einem Auto, wieder zu Fuß. Und wie in jedem seiner Werke hat Herrndorf autobiographische, literarische und filmische Anspielungen in diesem Text versteckt: auf Beckett, Moritz, Thomas Mann, die üblichen Verdächtigen also, auf David Finchers «Sieben» und Helmut Käutners «Unter den Brücken». Er lässt «Pappen» wie Max Hiller, Natascha Podgornik und Stese Wagner namentlich auftauchen und den Knick auf dem Feld vor dem Haus in Garstedt. Isa redet in den Allmachtsfantasien einer Patientin aus der Psychiatrie der Charité, mit der sich Herrndorf im März 2010 angefreundet hatte. Und die Schatulle, die sie mit sich trägt, stammt nicht nur aus der Produktion von Per Leo: In «Tschick» hat Isa sie als «MacGuffin» durch die Gegend getragen. So bezeichnet man im Film einen ominösen Gegenstand, dessen Bedeutung unklar ist und um den sich alle reißen. Das Geheimnis eines solchen MacGuffins ist eigentlich, dass es seines nicht preisgibt, um die Spannung einer

Geschichte bis zuletzt zu halten. Im Falle von Isas Schatulle und dem Geldkoffer und dem Kugelschreiber aus «Sand» ist das anders. Wir wissen am Ende, was drinsteckt.

Aber Isas Geschichte ist, und das hebt sie von den anderen Herrndorfs ab, kein Formatexperiment. «Bilder deiner großen Liebe» hat märchenhafte Züge, ja, aber die sind vor allem atmosphärisch von Nutzen. Und die Anspielungen auf die Wanderschaftswerke deutscher Literatur – Eichendorffs «Taugenichts», Büchners «Lenz» – bleiben oberflächlich und dienen kaum zur Wahrheitsfindung. In seinem letzten, unvollendeten Roman führt Herrndorf allerdings trotzdem etwas vor, das über die Geschichte, die er erzählt, hinausweist: eine eigene literarische Autobiographie. Denn er bringt am Ende seines Lebens noch einmal alle Bücher zusammen, die er geschrieben hat. So abgerissen die Handlung auch wirkt, so Start-Stopp-artig die Passagen daherkommen, die Fahrt mit dem Binnenschiffer, der Besuch beim Schriftsteller und bei seiner Familie, der Stunt mit dem Schweinetransporter: Dieser Roman ist raffiniert angelegt. Und seine Komplexität erschließt sich erst, wenn man die anderen Bücher Herrndorfs kennt.

Herrndorf nennt Isas Geschichte in seinem Blog einmal eine «Fortsetzung» von «Tschick». Aber das ist sie gar nicht. Beide Romane enden zeitgleich, am Ende des Sommers 2010. «Bilder deiner großen Liebe» nimmt auch Verbindung auf zu Herrndorfs erstem Roman. Herrndorf nutzt Techniken, die er sich angeeignet hatte, als er für sein Debüt in den Büchern von Bret Easton Ellis las, etwa Figuren von Geschichte zu Geschichte wiederaufzunehmen. Im «Van-Allen-Gürtel» hat Herrndorf das dann perfektioniert. Natürlich ist schon auf den ersten Blick erkennbar, dass es die Isa aus «Tschick» ist, die uns hier wiederbegegnet, die Jungen tauchen dann ja auch auf. Aber die Verbindungen in andere Werke sind subtiler.

In einem Dialog, den Isa zufällig mithört, im Dunklen an der Tankstelle, wo sie Maik und Tschick kennenlernen wird, reden zwei Silhouetten auf Englisch miteinander, ein Ortsname fällt, «Camden», wie das College, an dem Sean Bateman in «Rules of Attraction» studiert, und wo ihn sein Bruder besucht: Patrick, der «American Psycho». Herrndorf nimmt also nicht nur einfach Figuren seiner anderen Romane auf: Er gibt zugleich einen Hinweis darauf, von wem er diese Technik gelernt und wo er sie das erste Mal angewendet hat. Isa ist ohnehin eher eine Verwandte des Erzählers der «Plüschgewitter» als eine von Maik und Tschick, vermutlich erklärt das auch ihre Anziehungskraft auf die beiden, sie wirkt kaputter, aber auch reifer.

Wer weiß, was aus dieser Geschichte geworden wäre, hätte Herrndorf mehr Zeit gehabt. «Ich schaffe nur noch drei oder fünf Sätze am Tag», meldet Herrndorf im März 2013 ins Forum. In dem aber, was er schafft, als er noch an «Isa» schreiben kann, in dem neuen Text, den er beginnt, ohne seitenweise auf vorhandenes Manuskriptmaterial zurückgreifen zu können, auch wenn er Elemente etwa aus dem «Stimmen»-Roman einbaut, komprimiert er sein ganzes literarisches Universum. Und dieses literarische Universum des Wolfgang Herrndorf bezieht sich immer stark auf sich selbst.

«Mein Großvater», erzählt Isa einmal, «hatte auch ein paar Luftgewehre, mit denen er im Sommer die Stare aus dem Kirschbaum schoss.» Eine autobiographische Anspielung auf Herrndorfs Sommer in Preetz. Es gibt in «Bilder deiner großen Liebe» fast so viele Waffen wie in «Sand», das eine ist aber ein Buch über Agentinnen und Polizisten, das andere ein bundesrepublikanisches Märchen über ein Mädchen auf Wanderschaft, hinter jedem Elektrozaun eine blaue Blume. Am Schluss fällt ein Schuss. «Ich halte die Waffe genau senkrecht hoch und sehe mit offenem Mund der Kugel hinterher, sehe sie steigen, sehe sie immer kleiner und kleiner und fast unsichtbar werden im tiefdunklen blauen Himmel, bevor sie sich aus dem Verschwundensein wieder materialisiert und zu fallen beginnt, millimetergenau zurück in den Lauf der Waffe.» Das Buch, das nicht fertig wurde, endet mit dem Bild einer unheimlichen, zielgenauen, harmonischen Bewegung.

«Meine Vorstellung des Lebens war immer die einer Parabel», hatte Herrndorf seinem Freund Calvin nur Wochen vor der ersten Diagnose geschrieben. In diesem Schuss, den Isa in den Himmel abgibt, in der Flugbahn der Kugel, die aufsteigt, nur um dann wieder zu fallen, kann man diese Vorstellung wiedererkennen. Es könnte eine Suizidszene sein. Aber wer erzählte uns dann davon.

«Bilder deiner großen Liebe» führt alles zusammen und schließt es ab. Nicht nur das letzte Bild, das Herrndorf gemalt hat, der ans Feld von Garstedt erinnernde Buchumschlag für Frank Schulz, sondern auch der letzte Roman, den er schrieb – endet mit einem Blick in den Himmel.

9. KAPITEL

«Ich mache keine Fehler.»

Die letzten Monate

Im Notizbuch von Wolfgang Herrndorf findet sich ein Satz, den er als Schluss für seinen Blog erwogen hatte: «Mit einem pfenniggroßen Loch in der Jalousie, durch das Dämmerung in mein Zimmer flutet, hat alles begonnen, und mit einem ebensolchen Loch, durch das Morgenlicht fällt, endet es nun auch wieder.» Am Ende ist er wieder am Anfang. Ein Kind in Garstedt. Hinter der Jalousie der Himmel, der aussieht, als hätte er ihn selbst gemalt. Die Vergeblichkeit, diese große Vergeblichkeit. Herausgekämpft aus dem Dunkeln, aber dann doch erschossen, wie in «Sand». Wer sein Leben plant und daran glaubt, dass es dann auch so kommt, ist ein Idiot. Man kann das alles herauslesen aus dem, was Herrndorf in diesen letzten Monaten seines Lebens schreibt. Es ist eine fatalistische Bilanz. Und zugleich der Versuch, sein Leben und Sterben selbst zur Erzählung zu formen.

Aber da ist dann doch auch der stolze, frohe, ehrgeizige Herrndorf, der irgendwann ein Foto ins Forum stellt. Es zeigt einen Tacho, dessen Kilometerstand kurz vor der Million steht: Das sind die Verkaufszahlen von «Tschick». Und der Calvin die Briefe von Schülerinnen und Schülern lesen lässt, die er bekommt. Vielleicht meldet sich da der Spieler Herrndorf, aber vielleicht ist er einfach nur glücklich über das, was er geschafft hat.

Am 20. April 2013 stirbt Carola Wimmers Vater, der seit mehr als einem Jahr im Koma lag. Herrndorf berichtet davon im Blog, von den Anstrengungen der Familie, ihn nicht allein zu lassen, davon, dass sich die Ärzte weigerten, die Geräte abzuschalten, bis es doch einer tat. Es geht Herrndorf mittlerweile so schlecht, dass er kaum noch etwas allein machen kann. Aber er kauft neue Möbel, für Tausende Euro, und findet es lustig, Marek Hahn und ein paar andere helfen dabei. Danach essen sie Schnitzel im «Deichgraf», Herrndorf fällt nicht mehr ein, wie die Farbe von Ketchup heißt. «Da hat er mich verzweifelt gefragt», erinnert sich Marek Hahn, «was ich machen würde, wenn das bei mir so wäre – er hatte keine Antwort, und ich hatte eigentlich auch keine. Die Zeit der ironischen Selbstbeschreibung war vorbei.»

Die «Pappen» sehen ihren Freund nur noch selten. Beim Schreiben hilft Herrndorf jetzt Google. Die Epilepsie, die Leere im Kopf, ein Nichtsgefühl: Herrndorf hat ein enormes Bedürfnis nach Ruhe. Wenn Carola Wimmer bei ihm ist, und sie ist jetzt ständig bei ihm, reden sie leise. «Das Gute war, dass Wolfgang sich in meiner Gegenwart immer herunterdimmen konnte», sagt sie. Am 23. Mai 2013 heiraten die beiden. «Aus pragmatischen Gründen», erklärt Carola Wimmer. Bei der Trauung zu zweit auf dem Standesamt in Charlottenburg trägt Herrndorf seine grüne Trainingsjacke. Sie machen ein Hochzeitsfoto mit seinem Macbook. Anschließend fährt er direkt ins Krankenhaus. Kein Wort zu alledem im Blog. Am nächsten Tag schaut er seinem alten Team beim Fußball in der Bergstraße zu, traurig, nicht mehr mitmachen zu können, das erzählt er aber.

Herrndorf hat Anfang Mai wieder Avastin bekommen, er nimmt auch Beruhigungsmittel. «Seit vielen Tagen keine Sprache mehr, Arbeit am Text reiner Unsinn, Worte, Fehler, Suche, Hilfe, Trauer, Sprache mündlich gar nicht», notiert er. «In C.s Gegenwart aushaltbar. Immer wieder schöne Tage. Ich vergesse das immer. Ich habe es mir aufgeschrieben, um es nicht immer zu vergessen. Aber ich vergesse es immer.»

Dinge, die er nicht kontrollieren kann, belasten ihn und lösen psychotische Zustände aus: Der unangekündigte Besuch einer Bekannten, die sich nicht hatte abwimmeln lassen. Oder die Facebook-Seite, die jemand in seinem Namen installiert, ohne Herrndorf um Erlaubnis zu fragen. «Ich bin nicht auf Facebook. Ich war nie auf Facebook. Ich werde nie auf Facebook sein», sagt Herrndorf, und es könnte ihm deswegen egal sein, was da passiert, ist es aber nicht.

Anfang Juni entdeckt seine Mutter auf Facebook einen Eintrag der Autorin Juli Zeh, die mit Herrndorf 2004 in Klagenfurt gelesen hat. Herrndorf leitet die Information gleich ins Forum weiter, damit sie gemeinsam klären, was dahintersteckt: «Was ist da gestern auf FB los gewesen?», fragt er. «Juli Zeh macht eine Diskussion, was wäre, wenn Herrndorf nicht krank wäre, Tenor so, was das für die Literatur bedeutet.» Die «Pappen» recherchieren und kopieren die Passage samt Kommentarleiste ins Forum. «Nein, ich kann's nicht lassen», hat Juli Zeh am 7. Juni auf ihrer Facebook-Seite gepostet. «Noch eine Frage, auf die Gefahr hin, dass ihr mich schlachtet: Und was wäre, wenn sich herausstellte (Gedankenspiel, nicht Unterstellung!), dass Wolfgang Herrndorf gar nicht krank ist?»

Zwei Tage vorher hat Herrndorf intravenös zum zwölften Mal achthundert Milligramm Avastin verabreicht bekommen. Und Juli Zeh spielt mit dem Gedanken, was wäre, wenn Herrndorfs Krankheit nur Inszenierung, Mittel zum Zweck der Aufmerksamkeitserzeugung sei. Wer erzeugt hier eigentlich Aufmerksamkeit? Und für wen?

Cornelius Reiber, Marek Hahn, auch Carola Wimmer raten Herrndorf im Forum dazu, das Ganze einfach zu ignorieren. Unter Zehs Kommentar versammeln sich derweil zwei Dutzend Follower, die gemeinsam mit Juli Zeh jetzt mal kurz darauf rumdenken, was das also bedeuten könnte, für die Literatur, wenn Herrndorf einfach nur behaupten würde, krank zu sein. «Wir sind in unserem Authentizitäts-Diskurs im Grunde zu der Auffassung gelangt, dass die Identitätsfiktion eines Autoren nicht unmoralisch sein kann», fügt Juli Zeh etwas später an. Anlass für das Ganze ist übrigens die rumänische Schriftstellerin Aléa Torik – eine Kunstfigur, die sich der deutsche Schriftsteller Claus Heck ausgedacht hat und die einen Blog betreibt. «Das (gewissermaßen auch fiktive) Herrndorf-Beispiel habe ich deshalb gebracht, weil ich ausloten möchte, ob es nicht doch Grenzen gibt, die wir gefühlsmäßig setzen, wenn wir über Autorenfiktionen nachdenken», erklärt Zeh. «Qualitativ wäre es nämlich im Grunde das Gleiche wie bei Aléa Torik, nur eben in einem Bereich (Krankheit), auf dem wir der Literatur/Fiktion eben doch nicht mehr alles erlauben. Dass das nichts mit der Qualität von Herrndorfs Texten zu tun hat, ist klar, darum geht es mir nicht. Auch nicht um die Frage, warum oder wie viel oder was er verkauft. So wie ich Herrndorf nach der Lektüre seiner Bücher (und nach einer kurzen Begegnung vor zehn Jahren) einschätze, glaube ich übrigens nicht, dass er ein Problem mit meinem Gedankenspiel hätte.»

Herrndorf antwortet im Forum. Nicht auf Facebook, da ist er ja nicht, war er nie und wird er nie sein. «Nein, ich kann's nicht lassen. Noch eine Frage, auf die Gefahr hin, dass ihr mich schlachtet: Und was wäre, wenn sich herausstellte (Gedankenspiel, nicht Unterstellung!), dass die Barnewitzerin krank ist und einfach den Arsch scheunentorweit offen hat?» Er reagiert also, wie fast immer, mit einer Imitation der Vorlage, und wie fast immer ist sie besser als das Original.

Zwei Wochen später sind Herrndorfs Sprachstörungen so heftig, dass er Tavor nimmt, ein starkes Beruhigungsmittel, das nicht anschlägt. Carola Wimmer errät, was er sagen will, vollendet seine Sätze. Er bricht an der Kasse im Supermarkt zusammen, weil er nicht sagen kann, was er sagen will. Er kauft sich eine Brille in der Drogerie. Im Restaurant setzt er sich neben den Stuhl. Er bastelt sich etwas an die Tasse, damit sie klirrt und er weiß, dass er sie in der Hand hat. Er weiß nicht mehr, was sein Arm macht. Er kann kaum mehr lesen. Im Forum reagiert er aber noch weiter auf die Korrekturen der anderen an seinen Blogeinträgen.

Am 4. Juli 2013 bekommt er zum vierzehnten Mal Avastin, achthundert Milligramm. Genau eine Woche später soll wieder ein MRT gemacht werden. Am 15. Juli erfährt er den Befund. «Avastin ohne Wirkung, Glioblastom beiderseits progressiv. Ende der Chemo. OP sinnlos.» Der Arzt rechnet die Zeit aber noch in Monaten. Herrndorf weint. Eine Woche später setzt er Vorsorgevollmachten für seine Frau und seine Mutter auf. Im Nachlass findet sich bei diesen Unterlagen ein handschriftliches Dokument.

«Optionen für Begräbnis:

– mit Blick auf den Plötzensee

oder Grabstätte nachweisen (um die Asche mitnehmen zu können) Asche austauschen und damit wie im Forum mehrfach beschrieben: bei Regen/Gewitter Fußball spielen (Beckett, Murphy, Kapitel 12)

oder Asche, mglw. heimlich, dort, wo ich starb am Kanal verstreuen wie Big Lebowski, dazu kleines, aus zwei stümperhaft zusammengeschweißten T-Schienen Metallkreuz plus Name und Daten

oder Invalidenfriedhof od. Dorotheeischer, wenn's dafür reicht»

Im Notizbuch hält er eine Chronik der letzten Jahre seit der Diagnose fest: Daten der Befunde, der Bücher, der Urlaube, des Einzugs in die neue Wohnung. Für 2013 schreibt Herrndorf drei Daten auf:

«25.3. MRT

11.7. MRT

15.7. Befund: † 14:26 h»

Am 23. Juli setzt Herrndorf sein Testament auf. Legt fest, wie mit dem Blog im Netz zu verfahren ist, welche Ordner auf seinem Computer zu löschen sind, welche Texte erhalten bleiben können, welche nicht. «Keine Fragmente aufbewahren, niemals Fragmente veröffentlichen. Niemals Germanisten ranlassen. Freunde bitten, Briefe etc. zu vernichten. Journalisten mit der Waffe in der Hand vertreiben.» Lars Hubrich soll Carola Wimmer dabei helfen, einen passenden Regisseur für die Verfilmung von «Tschick» zu finden. Die Filmrechte an «Sand» dürfen niemals an eine deutsche Produktion oder einen deutschen Regisseur gehen. Und er erteilt Carola Wimmer das letzte Wort.

Herrndorf bereitet, Ende Juli, Anfang August 2013, so gut er es noch kann, mit Kathrin Passig und Marcus Gärtner die Druckfassung von «Arbeit und Struktur» vor. Es ist das dritte von vier Büchern, die er in den letzten dreieinhalb Jahren geschrieben hat. «Arbeit und Struktur» wird im Dezember als Buch im Rowohlt Berlin Verlag erscheinen, ergänzt um die Fragmente, die Herrndorf nicht im Blog veröffentlichte, und die Einträge zur Exitstrategie und zur Waffe. Schon Ende Oktober 2012 hat er in einem Dokument weitere Einzelheiten festgelegt. Er nennt darin zwei Titel, die neben «Arbeit und Struktur» auch für die Druckfassung geeignet wären: «Final Girl» und «Vermutlich alles sinnlos». Ein Nachwort sei «nach Bedarf» zu ergänzen, «insbesondere, wenn ich, was ich nicht hoffe, mit meinen Aufzeichnungen nicht selbst bis zuletzt durchhalte». Und dann fügt er an: «Ablauf des möglichen Selbstmords medizinisch-fachlich beschreiben: Wie es gemacht wurde; wie es zu machen sei. Oder bei Misserfolg eben: Wie es nicht zu machen sei. Kaliber, Schusswinkel, Stammhirn etc., für Leute in vergleichbarer Situation. Das hat mich so viele Wochen so ungeheuer beunruhigt, keine exakten Informationen zu haben.» Das Dokument endet mit einem Stendhal-Zitat zu «Rot und Schwarz»: «Ich wollte, dass dieses Buch wie der Code Civil geschrieben sei. In diesem Sinne sind alle dunklen oder unkorrekten Sätze zu ergänzen.»

Unmittelbar vor dem letzten MRT hatte Herrndorf mit Carola Wimmer über das «Isa»-Manuskript gesprochen, an dem er nicht mehr arbeitet. «Ich habe gespürt», erinnert sie sich, «wie unglücklich er war, dass ‹Isa› nichts wird.» Sie liest den vorhandenen Text und glaubt sofort, dass es doch funktionieren könnte. Er lässt sich überzeugen, wünscht sich aber dennoch einen Koautor. Ende Juli treffen sich Gärtner und Kathrin Passig mit Carola Wimmer und Herrndorf in dessen Wohnung, um über die Druckfassung des Blogs zu sprechen – und auch über «Isa». Alle sind dafür, es zu probieren, Herrndorf schreit und tobt, aber dann schließt er Frieden mit der Lösung: Kein Koautor, Passig und Gärtner ordnen den Text zu einem druckbaren Fragment. «Wir haben es so gelöst», sagt Carola Wimmer, «dass er den Text loslassen konnte.»

Am 25. Juli schreibt sie in den Korrektur-Strang zum Blog: «Danke für die vielen Anmerkungen. In den letzten Tagen ging es vor allem darum, das Blog in die Gegenwart zu bringen. Ab jetzt geht es nur noch um Inhalt und Klang, Formales erledigt das Lektorat aus Gärtner und Passig für das Buch.» Zwei Tage später meldet sich Wolfgang Herrndorf noch einmal, das letzte Mal hier, im Forum der «Höflichen Paparazzi», seiner zweiten Heimat. «Keine Korrekturen mehr. Ich habe einen Verlag.»

Abschiede. Wolfgang Herrndorf trifft Marek Hahn und andere «Pappen» noch einmal am Plötzensee, und erst nachdem sie sich verabschiedet haben, sagt Hahn, sei ihm klar geworden, dass es jetzt wohl zum letzten Mal gewesen sein könnte. Herrndorf trifft auch seine Freundin Ines Kuth noch einmal, er schreibt jetzt, was in den Blog soll, in einen Ringblock, die Schrift mal klar, mal fliehend, Streichungen, neu angesetzte, abgebrochene Worte.

Am 5. August vergisst er den Namen seiner Frau. Vier Tage später kommen seine Eltern nach Berlin. «Wir hatten gehofft», sagt Katrin Herrndorf, «in den paar Tagen, die wir bei ihm waren, viel mit ihm zusammen zu sein. Der erste Tag war sonnig, wir haben geredet und Erinnerungen ausgetauscht, es war ein guter Tag. Aber später wurde es mit Wolfgangs Geräuschempfindlichkeit so schlimm, dass er uns weggeschickt hat.» Die Herrndorfs sind eine Straße weiter in einer Wohnung untergebracht, die Carola seit einiger Zeit für sich angemietet hat. «Zum Schluss ist er dann zu uns gekommen», sagt Katrin Herrndorf. «Es ist ihm so unendlich schwergefallen, da er wusste, wie entsetzlich sein Tod für uns sein würde. Wir hielten ihn stumm in den Armen und wussten: Es ist das letzte Mal.» Carola Wimmer begleitet Herrndorf zurück ans Norduser. Sie liegen weinend auf seinem Bett.

«Ich bin sehr zu viel», schreibt er in seinen Ringblock. Einträge, die er nummeriert, um sie in eine Reihenfolge zu bringen. «August, Dezember, Oktober, November, Dezember, Schnee», vielleicht sind das die Monate, die ihm sein Arzt beim letzten Befund noch in Aussicht gestellt hat. «Ich will im Winter sterben», hatte er Anfang des Jahres in den Blog geschrieben. «Das haben die letzten Sommer gezeigt, im Sommer geht es nicht. Im Winter ist es leicht.» Es ist Mitte August.

«Innerhalb einer Woche ging es ihm so schnell so viel schlechter», sagt Carola Wimmer. Die Epilepsie. Das absolute Nichtsgefühl im Kopf, das immer häufiger und immer stärker auftritt. Sie erkundigen sich bei seinen Ärzten, ob man die Medikamente neu justieren müsse oder ob das der Tumor sei. Aber es ist klar, es bleibt ihm nicht mehr viel Zeit für seine Exitstrategie. Kathrin Passig und Marcus Gärtner kommen, um über «Isa» zu sprechen. «Halten es für machbar.» Das ist der vorletzte Eintrag im Blog.

Der letzte, am 20. August, hält den Tod einer Freundin fest, der Musikerin und Autorin Almut Klotz, die Tage vorher an Krebs gestorben ist.

«Ich vergesse immer weiter, was ich vergesse», notiert Herrndorf am 23. August in seinen Ringblock. Die Buchstaben, die Worte sind unruhig, halbfertig, unfertig, kaputt. «Ich weiß, dass ich sterben will.» Er schreibt «WAFFE» dazu und zeichnet sie auch. Es ist die letzte Zeichnung seines Lebens.

Aus dem Obduktionsbericht vom 20. September 2013: «Der polizeilichen Ermittlungsakte ist zu entnehmen, dass der Betroffene am 26.08.2013 tot von einer Bekannten aufgefunden wurde. Man sei zu dritt an das Nordufer in Berlin-Wedding gegangen und habe dort zunächst eine Weile verbracht. Die Bekannten des Betroffenen wollten dann zu einem Lokal gehen. Der nunmehr Verstorbene wollte etwas später nachkommen. Als er nicht am Treffpunkt auftauchte, sei die Bekannte mit dem Fahrrad zurück ans Nordufer gefahren. Dort habe sie den Betroffenen tot vorgefunden. Er habe auf dem Rücken gelegen, die Beine Richtung Wasser, den Revolver in der rechten Hand. Am Ufer habe sich ein Abschiedsbrief befunden. Der Betroffene habe im Jahr 2010/2011 eine Hirntumor-Diagnose erhalten. Ihm wurde prognostiziert, nur noch wenige Monate zu leben. Er habe während der letzten Jahre immer häufiger geäußert, sich mittels Schusswaffen das Leben nehmen zu wollen.»

Die beiden Bekannten sind Kathrin Passig und Per Leo. Kathrin Passig ist auch dabei, als die Polizei Carola Wimmer in den frühen Morgenstunden des 27. August 2013 über den Tod ihres Ehemannes informiert. Carola Wimmer ruft gegen sieben Uhr morgens in Norderstedt an.

Es ist das Ufer des Hohenzollernkanals, an dem sich Wolfgang Herrndorf gegen Mitternacht zwischen dem 26. und dem 27. August 2013 das Leben nimmt. Unter einem Baum an der Böschung, an einem Weg, der an Schrebergärten und Sportanlagen entlangführt, gegenüber die Ausfallstraße zum damals noch betriebenen Flughafen Tegel. Herrndorf wollte in freier Natur sterben. Diese Stelle, am Wasser, links und rechts in der Ferne Brücken, sollte es eigentlich nicht sein, Herrndorf hatte auf Spaziergängen eine andere ausgewählt, aber hier geschieht es, an einem typischen Herrndorf-Ort, dessen Schönheit nur die erkennen können, die dafür empfänglich sind. Hier nimmt er sich das Leben, bevor der Tumor es kann, und bevor er körperlich nicht mehr in der Lage ist, es selbst zu tun. Es war vermutlich einer der letzten Abende, die Wolfgang Herrndorf dafür noch blieben, sagen jene, die ihn in diesen Tagen erlebt haben.

Eine Woche nach seinem Tod finden sich Carola Wimmer und Katrin und Christian Herrndorf zu einer kleinen Trauerfeier in einem Krematorium in Treptow zusammen, auch Kathrin Passig ist dabei, Holm Friebe, Per Leo, Cornelius Reiber und einige andere. Sie versammeln sich an einem schlichten hölzernen Sarg, der mit gelben Rosen geschmückt ist. Wolfgang Herrndorf wird eingeäschert. Carola Wimmer hat dafür gesorgt, dass er sein T-Shirt trägt, auf dem «Ich mache keine Fehler» steht.

Die Urne ist eine Schatulle aus der Manufaktur von Per Leo. Am 20. September 2013 wird Herrndorfs Asche auf dem Dorotheenstädtischen Friedhof beerdigt, nicht weit von der Novalisstraße 5. Als Erstes treten die Eltern ans offene Grab, Christian Herrndorf wirft Sand auf die Urne seines Sohnes und wendet sich sofort ab. Dann folgt Carola Wimmer. Dann Kathrin Passig. Die Trauerfeier findet im benachbarten Brecht-Haus statt. Auch Constanze Pallasch ist gekommen, ehemals Nikolai, Wolfgangs geliebte Grundschullehrerin. In die Kondolenzliste tragen sich manche aus dem Forum mit ihren Pseudonymen ein. «Elinor». «Ignaz Wrobel». «13K». Sie haben eine Traueranzeige in der «taz» geschaltet und sie im Forum genau besprochen, wie alles in den vergangenen zwölf Jahren: Schriftgröße, Rechtschreibung, Tonfall.

Ich hoffe, es kommt keiner auf die Idee,
eine Annonce aufzugeben oder einen Kranz
zu kaufen. Besauft Euch im Prassnik.

In Trauer um
Wolfgang Herrndorf
1965–2013
Wir hoeflichen Paparazzi

Sie folgen der Bitte und besaufen sich abends. Geschlossene Gesellschaft im «Prassnik».

Es regnet in Strömen, als Herrndorfs Eltern, Carola Wimmer und etwa vierzig «Pappen» am Nachmittag dieses 20. September vom Plötzensee aus zum Ufer des Hohenzollernkanals laufen. Max Hiller trägt das Kreuz. Es ist nach Herrndorfs Wünschen geschweißt worden: aus einfachen Winkeleisen. Der Trauerzug erreicht sein Ziel. Hiller hämmert das Kreuz in den Boden. Es handelt sich um alte Bodenwrangen aus dem Hauptschott der «Stever», einem Boot des Strommeisters von der Unterweser, der damit in den zwanziger Jahren seinen Dienst tat. Carola Wimmer hat darum gebeten, dass jemand die ersten Strophen des Gedichts rezitiert, Anna von Gayl tut das.

An der Weser, Unterweser, wirst du wieder sein wie einst.

Das Kreuz steht bis heute an der Stelle, an der sich Wolfgang Herrndorf das Leben nahm, der größte deutschsprachige Schriftsteller seiner Generation.

Literatur

Wolfgang Herrndorf
WERKE:
In Plüschgewittern. Roman. Verlag Gerd Haffmans bei Zweitausend-
eins. Frankfurt am Main 2002.

Diesseits des Van-Allen-Gürtels. Eichborn Verlag. Frankfurt am
Main 2007.

Die Rosenbaum-Doktrin. Im Gespräch mit Friedrich Jaschke.
SuKuLTur Verlag. Berlin 2007.

In Plüschgewittern. Roman. Überarbeitung der Erstfassung.
Rowohlt Taschenbuch Verlag. Reinbek bei Hamburg 2008.

Tschick. Roman. Rowohlt Berlin Verlag. Berlin 2010.

Sand. Roman. Rowohlt Berlin Verlag. Berlin 2011.

Arbeit und Struktur. Rowohlt Berlin Verlag. Berlin 2013.

Bilder deiner großen Liebe. Ein unvollendeter Roman.
Herausgegeben von Marcus Gärtner und Kathrin Passig.
Rowohlt Berlin Verlag. Berlin 2014.

Gesamtausgabe in drei Bänden. Rowohlt Berlin Verlag. Berlin 2015.
Darin auch:
Kathrin Passig: Porträt des Künstlers als erfolgloser Autor, Bd. 1,
S. 432–439.
Marcus Gärtner: «Tschick». Eine Entstehungs- und eine Erfolgsge-
schichte», Bd. 2, S. 741–755.
Michael Maar: «Er hat's mir gestanden». Überlegungen zu Wolfgang
Herrndorfs «Sand», Bd. 2, S. 756–773.

Tobias Rüther: Independence Day. Über das Werk von Wolfgang Herrndorf, Bd. 3, S. 585–603.

Stimmen. Texte, die bleiben sollten. Herausgegeben und mit einem Nachwort von Marcus Gärtner und Cornelius Reiber. Rowohlt Berlin Verlag. Berlin 2018.

LITERARISCHE UND PUBLIZISTISCHE BEITRÄGE:
Die Welt der Perversion, in: tageszeitung, 10. Dezember 1999.

Das Klo und das Mädchen, in: tageszeitung, 21. Dezember 1999.

Unterwegs in Harald Juhnke, in: tageszeitung, 12. Mai 2000.

Scham & Ekel GmbH, in: Der Rabe. Magazin für jede Art von Literatur. Nummer 62 (2001), S. 147–151.

Bulgarien, in: Volltext. Zeitung für Literatur (3/2004), S. 25.

Klagenfurt. Ein erfundener Erfahrungsbericht über das Ingeborg-Bachmann-Wettlesen am Wörthersee, in: Süddeutsche Zeitung, 17. Juli 2004.

Eis, in: The Gold Collection. Neue Weihnachtsgeschichten. Herausgegeben von Karsten Kredel und Jörn Morisse. Suhrkamp Verlag. Frankfurt am Main 2007, S. 7–12.

BILDNERISCHES WERK:
Wolfgang Herrndorf. Bilder. Katalog der gleichnamigen Ausstellung im Literaturhaus Berlin, Juni 2015. Herausgegeben vom Literaturhaus Berlin. Berlin 2015. Darin auch:
Oliver Maria Schmitt: Die Seele des Malers Wolfgang Herrndorf, S. 8–13.

Wolfgang Herrndorf. Das unbekannte Kapitel. Herausgegeben von Sebastian Möllers, Andreas Schäfer und Regina Wetjen. Katalog der

gleichnamigen Ausstellung im Kunsthaus Stade, 24. Juni bis 3. Oktober
2017. Kettler Verlag. Dortmund 2017. Darin auch:
Regina Wetjen: Ein abgeschlossenes Kapitel. Wolfgang Herrndorfs
Bilder, S. 10–21.
Dies.: «Wolfgang Herrndorf, sonst niemand.» Jürgen Roth ist Schrift-
steller und berichtet im Interview von seiner Zusammenarbeit und
Freundschaft mit Wolfgang Herrndorf, S. 92–101.
Dies.: «Es war ein kleines Ereignis, wenn der Herrndorf kam …» Nor-
bert Thomma, leitender Redakteur des «Tagesspiegel», im Interview
über seine Begegnungen mit Wolfgang Herrndorf, S. 102–111.
Frank Schulz: «Malen ist fuer mich ein Zahnarzt ohne Betaeubung.»
Über Wolfgang Herrndorf als Illustrator, S. 118–123.

ILLUSTRATIONEN:
Klassiker Kohl. Drei Originale von Wolfgang Herrndorf, in: Der Rabe.
Magazin für jede Art von Literatur. Nummer 51 (1997).

Klassiker Kohl. Kalender für das Jahr 1998. Haffmans Verlag.
Zürich 1997.

Jürgen Roth/Wolfgang Herrndorf (Hg.): Heribert Faßbender.
Gesammelte Werke. Band IX/5. Europameisterschaft 1996:
Italien – Deutschland. Klartext Verlag. Essen 1998.

Gerhard Henschel: Bruno in tausend Nöten. Abenteuergeschichten.
Edition Nautilus. Hamburg 1998.

Jürgen Roth/Rayk Wieland (Hg.): Öde Orte. Ausgesuchte Stadtkritiken
von Aachen bis Zwickau. Reclam Verlag. Leipzig 1998.

Die allerneueste klassische Sau. Das Handbuch der literarischen Hocherotik. Dritte Folge. Haffmans Verlag. Zürich 1999.

Kathrin Passig / Ira Strübel: Die Wahl der Qual. Handbuch für Sadomasochisten und solche, die es werden wollen. Rowohlt Taschenbuch
Verlag. Reinbek bei Hamburg 2000.

INTERVIEWS:
«Es ist ja nicht so, dass man auf einer Kunsthochschule was lernt»,
in: Jörn Morisse / Rasmus Engler (Hg.): Wovon lebst du eigentlich?
Vom Überleben in prekären Zeiten. Piper Verlag. München 2007,
S. 128–140.

Was wir Wolfgang Herrndorf zum Thema ‹Tiere› gefragt haben, und
was er geantwortet hat, in: Ulrike Sterblich / Stese Wagner: Supatopcheckerbunny & Hilfscheckerbunny: Was wir uns überlegt haben zu
verschiedenen Themen! Fischer Taschenbuch Verlag. Frankfurt am
Main 2008, S. 42–43.

Wann hat es Tschick gemacht, Herr Herrndorf? Gespräch mit Kathrin
Passig, in: Frankfurter Allgemeine Zeitung, 31. Januar 2011.

WEITERFÜHRENDE LITERATUR:
Wilhelm Bretfeld: Das Bumerang-Buch. Wie man Bumerangs baut,
wirft, fängt und warum sie fliegen. Franckh'sche Verlagshandlung.
Stuttgart 1985.

Ulrich Holbein: Deutscher Ausklang. Helmut Kohls Einmarsch in 784
Jahre Kunstgeschichte, in: Der Rabe. Magazin für jede Art von Literatur.
Nummer 54 (1998), S. 204–206.

Christian Ankowitsch / Tex Rubinowitz (Hg.): Wie Franz Beckenbauer
mir einmal viel zu nahe kam. Höfliche Paparazzi und ihre kuriosen
Begegnungen mit Prominenten. Eichborn Verlag. Frankfurt am Main
2004.

Ulrike Sterblich / Stese Wagner: Supatopcheckerbunny & Hilfscheckerbunny. Was wir uns überlegt haben zu verschiedenen Themen! Fischer
Taschenbuch Verlag. Frankfurt am Main 2008.

Kathrin Passig: Die Vermessung der Literatur, in: Angela Leinen: Wie
man den Bachmannpreis gewinnt. Gebrauchsanweisung zum Lesen und
Schreiben. Heyne Verlag. München 2010, S. 7–14.

Akademie der Bildenden Künste Nürnberg (Hg.): 350. Verlag für Moderne Kunst. Nürnberg 2012.

Katinka van Eycken / Jakob Winter (Hg.): Leben & Lesen lassen. Ein Leben für die Literatur. Gerd Haffmans zum 75. Geburtstag. Der Rabe. Magazin für jede Art von Literatur. Nummer 75 (2019).

INTERNET:
www.hoeflichepaparazzi.de
www.riesenmaschine.de
www.ueberwolfgang.de

Dank

Diese Biographie stützt sich auf den Nachlass Wolfgang Herrndorfs und auf Gespräche mit denen, die ihm nah waren und die ihn kannten.

Ich danke Carola Wimmer und Katrin Herrndorf und Christian Herrndorf für ihre jahrelange Unterstützung, ihre Offenheit und ihre Geduld. Sie haben ihre Tür für mich geöffnet, ihre Erinnerungen an Wolfgang mit mir geteilt, die glücklichen wie die traurigen, und selbst die nebensächlichsten Fragen beantwortet. Ohne ihre Großzügigkeit und ihr Vertrauen gäbe es dieses Buch nicht. Ich danke Euch von ganzem Herzen.

Ich danke auch meinen Gesprächspartnerinnen und Gesprächspartnern: Calvin Scott. Dorothee Köhl. Constanze Pallasch. Tatjana Adolphs. Karsten Schmidt. Ulrike Schulte Overberg. Marek Hahn. Per Leo. Cornelius Reiber. Ulrike Sterblich. Stese Wagner. Lars Hubrich. Holm Friebe. Oliver Maria Schmitt. Karen Duve. Tex Rubinowitz. Gerhard Henschel. Katja Scholtz. Gerd Haffmans. Heiko Arntz. Wolfgang Hörner. Marcus Gärtner. Nora Gottschalk. Professor Dag Moskopp (Klinikum am Friedrichshain, Berlin). Professorin Christine Colditz. Dr. Petra Meyer (Akademie der Künste, Nürnberg). Lutz Höber (Wohnheim Westtor, Nürnberg). Carina Engelbrecht-Tittel. Cornelius Tittel. Péter Zilahy. Klaus Nüchtern. Christine Westermann. Ruth Stifter-Trummer (Archiv ORF). Philipp Felsch. Philipp Köster. Katja Kullmann.

Ich danke Gunnar Schmidt für den intensiven Austausch, die genaue Lektüre, den großen Rückhalt und für Luft, als längst keine mehr da war.

Die Arbeit an diesem Buch begann im Januar 2018 mit einem

Aufenthalt als Critic in Residence am Department of Germanic Languages and Literatures an der Washington University in St. Louis (USA). Ich danke Professor Paul Michael Lützeler für die großzügige Einladung und den Studierenden meines Seminars für das kritische Lesen von «Tschick». Im September 2022 war ich zu Gast als Writer in Residence am Max Kade Center des Dickinson College in Carlisle (USA). Ich danke der Fakultät des dortigen Department of German und Professorin Margaret Frohlich (Film Studies). Ich danke meiner FAS-Feuilletonredaktion und besonders Julia Encke für die Unterstützung. Ich danke Stefanie Rüther, Marian Füssel, Moritz Baßler und Fabian Rüther. Ich danke David Hugendick, Harald Staun, Sophie Passmann, Matthias Kalle, Andreas Lesti. Sarah McGaughey. Und Bobby Koall.

Julia Bähr hat die Entstehung dieses Buchs von Anfang an begleitet, sie hat das Manuskript korrigiert, Antworten auf Fragen gefunden, über die ich mir den Kopf zerbrochen habe, sie war immer da für mich, auch wenn ich mal wieder abwesend war. Words cannot express.

Alle Fehler in diesem Buch sind meine. Wolfgang Herrndorf macht keine.

Für Coco.

Bildnachweis